"十四五"职业教育国家规划教材

湖南省职业教育优秀教材

汽车发动机电器与控制系统检修

（第2版）

主　编　马云贵

副主编　段春艳

参　编　马才伏　王铁强　刘　华

北京理工大学出版社
BEIJING INSTITUTE OF TECHNOLOGY PRESS

内容简介

本书以电控发动机为中心内容展开，重点介绍了电控点火系统、电控燃油喷射系统、怠速控制及辅助控制系统等，还介绍了发动机工作必备的电源和起动系统的相关内容。为了综合运用所学知识，设置了故障诊断章节，检验学习效果。

为了解决学生学不懂、学习兴趣不浓、教材内容枯燥乏味、老师不好教等问题，本书编写以“必需、够用”为原则，内容上图文并茂、通俗易懂。适合作为职业学校汽车专业教材，也可作为汽车售后服务专业技术人员培训教材。

图书在版编目（CIP）数据

汽车发动机电器与控制系统检修 / 马云贵主编. —2版. —北京：北京理工大学出版社，2023.8重印

ISBN 978-7-5682-7735-8

Ⅰ. ①汽…　Ⅱ. ①马…　Ⅲ. ①汽车－发动机－电气设备－车辆修理－岗位培训－教材 ②汽车－发动机－控制系统－车辆修理－岗位培训－教材　Ⅳ. ① U472.43

中国版本图书馆CIP数据核字（2019）第248866号

出版发行 / 北京理工大学出版社有限责任公司
社　　址 / 北京市海淀区中关村南大街5号
邮　　编 / 100081
电　　话 / （010）68914775（总编室）
（010）82562903（教材售后服务热线）
（010）68944723（其他图书服务热线）
网　　址 / http：//www.bitpress.com.cn
经　　销 / 全国各地新华书店
印　　刷 / 定州启航印刷有限公司
开　　本 / 787毫米 ×1092毫米　1/16
印　　张 / 14.75
字　　数 / 337千字
版　　次 / 2023年8月第2版第5次印刷
定　　价 / 48.00元

责任编辑 / 陆世立
文案编辑 / 陆世立
责任校对 / 周瑞红
责任印制 / 边心超

前言
PREFACE

随着汽车工业的快速发展，汽车保有量直线上升，汽车维修行业规模也在不断扩大。截至2022年9月底，我国汽车保有量已达3.15亿辆。随着汽车技术的发展，特别是建立在先进传感技术基础上的故障诊断系统在汽车上的广泛应用，各种现代化检测诊断仪器和维修技术也应运而生，现代汽车已发展成为机电一体化高科技载体。这给汽车维修业带来了极大的机遇和挑战，同时也对汽车维修人员的技术水平提出了更高、更新的要求。

党的二十大报告提出："教育、科技、人才是全面建设社会主义现代化国家的基础性、战略性支撑。必须坚持科技是第一生产力、人才是第一资源、创新是第一动力，深入实施科教兴国战略、人才强国战略、创新驱动发展战略，开辟发展新领域新赛道，不断塑造发展新动能新优势。"从战略全局上对全面建设社会主义现代化国家作出部署，对办好人民满意的教育、加强教材建设和管理提出明确要求。教材是立德树人的核心载体，是人才培养的重要支撑，是教育目标、理念、内容、方法、规律的集中体现，是教育核心竞争力的重要体现。建设高质量教材体系，既是建设高质量教育体系应有之义，也是重要基础和保障。为贯彻落实党的二十大精神，推进职普融通、产教融合、科教融汇，弘扬劳动光荣、技能宝贵的时代风尚，坚持职教特色、示范引领、质量为先的建设原则。

同时为了解决学生学不懂、学习兴趣不浓、教材内容枯燥乏味、老师不好教等问题，构建了一支由教学经验丰富的高素质教师和企业能工巧匠组成的教材编写团队。

本教材在第一版的基础上，以电控发动机为中心内容展开，重点介绍了电控点火系统、电控燃油喷射系统、怠速控制及辅助控制系统等，还介绍了发动机工作必备的电源和起动系统的相关内容。为了综合运用所学知识，设置了故障诊断章节，检验学习效果。

教材特色：

（1）融入“1+X”证书制度相关职业技能等级标准；

（2）以准确全面、结合学科特点、效果导向为原则，使教材符合职业教育汽车类课程体系设置；

（3）以提高学生综合素质为基础，充分考虑对学生个人能力的提高；

（4）以内容为核心，注重形式的灵活性，以便于学生接受；

（5）内容上强调面向应用、任务驱动、精选案例、严控质量、打造精品；

（6）风格上力求文字简练、脉络清晰、图表明快、版式新颖；

（7）理论阐述上，遵循“必需、够用”的原则，在保证知识体系相对完整的同时，做到知识讲解实用、简洁和生动。

本书坚持理论知识图解化的基本理念，教材配有插图、表格和立体化教学资源。一方面匹配有PPT等教学必备资源。同时由上海景格科技股份有限公司和长沙市博信教育科技有限公司匹配大量的视频教学资源，通过录像和动画更生动形象地展示相关知识，学生可利用手机扫描二维码查询本章节拓展知识。

本书由湖南交通职业技术学院马云贵教授担任主编，湖南交通职业技术学院段春艳副教授担任副主编，湖南交通职业技术学院马才伏副教授、王铁强工程师，湖南省技术能手、湖南省五一劳动奖章获得者、全国交通技术能手刘华参与了教材的编写。

本书图文并茂、通俗易懂，适合作为职业学校汽车专业教材，也可作为汽车售后服务专业技术人员培训教材。

在编写过程中，查阅了大量书籍、文献资料，并深入企业一线调研，得到了汽车售后服务站和汽车生产厂家的支持，在此表示衷心的感谢。

由于汽车技术的飞速发展，以及编者水平有限，书中难免有疏漏之处，敬请广大专家和读者批评指正。

编　者

课程思政教学设计方案

随着我国国民经济的飞速发展，汽车技术不断更新，电子控制系统的运用也显得越来越重要。“汽车发动机电器与控制系统检修”课程作为汽车运用与维修类专业人才培育的重要环节，课时长、影响大，对学生的职业生涯规划、价值观念树立等都有着潜移默化的影响。希望在之后的教学中，教师能将思想建设内容与实训教学内容结合，将“工匠精神、创新精神、职业信仰、社会主义核心价值观”等落实、落细、落微于教学过程中，将学习成才和健康成长相互融合统一。培育学生积极践行社会主义核心价值观，培养爱国情怀，增强民族自豪感和自信心。树立诚信工作、诚信经营的理念。

一、课程思政教学总体设计

课程思政教学总体设计思路是在习近平新时代中国特色社会主义思想指引下，强化政治导向、创新意识、科学素养、人文情怀和工匠精神教育，根据“汽车发动机电器与控制系统检修”课程特点，挖掘课程蕴含的思想政治教育资源，培养具有高度社会责任感、德、智、体、美、劳全面发展，具有良好的职业素质、实践和创新创业意识的高端技术技能型汽车维修人才。

1. 课程目标。学生掌握运用汽车发动机电器与控制系统检修的技术方法、思维方式，结合具体情况对汽车故障进行分析实践，在此基础上通过真实案例教学，强化学生在汽车检测与诊断过程中的职业道德意识和职业素质的养成。

2. 课程思政育人目标。面向学生未来的工作岗位，在“汽车发动机电器与控制系统检修”课程教学中融入思想政治教育，使学生实际工作中具备良好的职业道德、创新意识、科学素养、人文情怀和工匠精神。

3. 职业道德目标。学生能根据汽车故障现象正确判断、分析检测结果和故障形成原因，准确查找故障的部位并给予排除。在此过程中进行工匠精神教育，培养学生践行社会主义核心价值观，使学生逐步养成良好的职业道德和严谨的工作作风。

二、教学过程中的课程思政融入设计

根据“汽车发动机电器与控制系统检修”课程特点进行课程思政资源挖掘。以学生的汽车维修职业道德的塑造为主线，挖掘汽车发动机基础知识认知模块、发动机检测与诊断模块和控制系统检测与诊断模块的思想政治教育资源，在教学中强化政治导向、创新意识、科学素养、人文情怀和工匠精神教育。

在教学环节，围绕“汽车发动机电器与控制系统检修”课程特点，挖掘汽车维修行业常见的职业道德问题，主要包括过度维修、大病小修、偷工减料、私自修理、过度推介、隐瞒与欺诈客户、人为制造故障等现象。要培育学生积极践行社会主义核心价值观，树立诚信工作、诚信经营的理念。

在此基础上，根据专业人才培养目标、顶岗实习要求及管理规定，厘清知识点、技能点和课程思政的关系，确定教学模块的课程思政教学内容的切入点及切入方法，优化课程教学内容，确定课程教学内容与课程思政的深度融合。

教学模块	课程教学内容	课程思政
熟悉蓄电池、交流发电机、起动机	掌握蓄电池、交流发电机、起动机的构造及工作原理，熟悉其功能及组成，掌握其拆装、检查方法等	（1）培养爱国精神、民族自信、家国情怀； （2）培养产品质量意识和国家标准规范意识
汽油发动机电控系统	熟悉汽油发动机的组成及功能，掌握汽油发动机电控系统的控制方法，了解各传感器和执行器的功能和安装位置	培养学生规范操作安全意识，严谨求实的工作作风
电控燃油喷射系统	1. 熟悉汽油发动机电控燃油喷射系统的分类方式； 2. 掌握汽油发动机电控燃油喷射系统的组成和工作原理，能够辨别、认识燃油喷射系统各部件； 3. 掌握燃油喷射系统的检修方法	目前汽车制造、汽车维修行业，由于双方对汽车知识的掌握情况不一致以及维修后终检不严格等原因，带来汽车维修过程中的诚信问题，早在两千年前孔子曾说“言必信，行必果”，这就是诚信的基本表现，我们作为未来的维修人员，需要诚信工作
电控点火系统	1. 熟悉汽油发动机电控点火系统的分类方式； 2. 掌握汽油发动机电控点火系统的组成和工作原理； 3. 能够辨别、认识点火系统各部件； 4. 掌握电控点火系统各部件的检测、更换方法	培养学生认真负责、追根溯源的职业精神
汽油发动机怠速控制系统	1. 掌握汽油发动机怠速控制系统的组成和工作原理； 2. 能够辨别、认识发动机怠速控制系统各部件； 3. 掌握怠速控制系统的检修方法； 4. 能够对怠速控制系统进行简单的故障诊断排除	目前汽车制造、汽车维修行业，由于双方对汽车知识的掌握情况不一致以及维修后终检不严格等原因，带来汽车维修过程中的诚信问题，早在两千年前孔子曾说“言必信，行必果”，这就是诚信的基本表现，我们作为未来的维修人员，需要诚信工作。要培育学生积极践行社会主义核心价值观，树立诚信工作、诚信经营的理念
汽油发动机辅助控制系统	1. 熟悉发动机谐波增压控制系统的构造和工作原理； 2. 熟悉可变进气歧管控制系统的构造和工作原理； 3. 掌握发动机废气涡轮增压控制系统的构造和工作原理； 4. 掌握可变气门正时控制系统的分类、构造和工作原理； 5. 掌握废气再循环系统的类型、组成和工作原理； 6. 能够辨别、认识发动机辅助控制系统各部件； 7. 掌握电控发动机辅助控制系统各部件的检测、更换方法	
电控发动机故障诊断	1. 掌握电控发动机的诊断方法与注意事项； 2. 掌握电控发动机故障诊断的基本流程； 3. 能够对电控发动机故障进行诊断、排除	

三、课程教学过程设计

教学过程是实现教学目标的途径，是专业教学成效的具体实施。“汽车发动机电器与控制系统检修”课程特点是融实践性、实用性与理论性、知识性于一体，是多门学科的交叉与融合。因此，将实践性知识与理论融通、教学中将理论知识渗透到教学案例中、将抽象的理论与工程应用性结合，是本门课的课程教学的特点；如何将实践、理论与课程思政有机结合，将课程思政内容融入，灵活把握切入点，是本门课程的重点。

1. 案例教学融入课程思政。根据课程特点和模块内容，创造情境，引入汽车故障案例，从客户实际应用和社会效应的角度，切入课程思政内容；从理论与实践相结合的角度，在实训车辆上复现故障，通过实践教学，切入汽车维修职业道德、工匠精神等课程思政内容。

2. 分组教学引入课程思政。根据课程内容，通过若干典型案例，将班级学生分成若干小组，每个小组首先讨论典型案例蕴含的课程思政内容，首先自评然后小组间互评，最后教师总结提升。通过这种方法，以典型案例为载体，将理论知识与实践以直观、形象的方式有机结合，提高了学生的工程应用实践引入课程思政的能力。

3. 小论文形式作业融入课程思政。由于本门课程是在顶岗实习的前一学期实施，学生在学完本课程之后即进入顶岗实习环节，因此，课程思政在本课程中的地位尤为突出。为更好地将课程思政与专业教学内容相结合，在传统的作业形式之外，以小论文的形式，将课堂教学内容整理、归纳并融入课程思政内容，形成小论文（每次课程的小论文作业不超过 1000 字），在下次课程中教师优选优秀小论文点评，对课程思政内容进行提炼升华。

四、结语

将社会主义核心价值观、工匠精神和汽车维修职业道德融入专业课教学过程，保证专业内容的系统性、完整性，强化课程思政的融入，是新时代职业教育发展中专业课程教学的重要课题，也是“汽车发动机电器与控制系统检修”课程建设的重要课题。做好“汽车发动机电器与控制系统检修”课程思政研究，将思政元素与“汽车发动机电器与控制系统检修”专业知识、实践知识进行融合，更好地使学生逐步建立正确的人生观、价值观，是新时代赋予汽车维修职业教师的历史使命。

目录 CONTENTS

课题一

蓄电池

学习目标

通过本课题的学习，你应能：

1. 熟悉蓄电池的功用、分类。
2. 掌握蓄电池的构造与工作原理
3. 掌握蓄电池的拆装、检查方法。
4. 能够对蓄电池进行充电和简单的故障诊断与排除。

任务一 蓄电池的构造与检测

认识蓄电池

一、蓄电池的功用

蓄电池（俗称“电瓶”）是汽车上的两个电源之一，在汽车上与发电机并联，共同向用电设备供电。蓄电池在车上的安装位置如图 1-1 所示。

蓄电池是一种既能将化学能转换为电能的装置，也能将电能转化为化学能的可逆低压直流电源。当蓄电池放电时，将其储存的化学能转换为电能；当蓄电池充电时，将电能转换为化学能储存起来，直到化学能储存满时充电结束。汽车上蓄电池的功用如下：

图 1-1 蓄电池在车上的安装位置

1）在发动机起动时，向起动机和点火系统供电。

2）在发电机不发电或电压较低的情况下向用电设备供电。

3）当发电机超载时，协助发电机供电。

4）蓄电池存电不足，而发电机负载又较少时，它可将发电机的电能转变为化学能储存起来（即充电）。

5）过载保护。蓄电池相当于一个大容量电容器，在发电机转速和负载发生比较大的变化时，能够保持汽车电气系统电压的相对稳定；同时，还可吸收发电机产生的瞬间过电压，保护汽车电子元件不被损坏，所以，发电机不允许脱开蓄电池运转。

二、蓄电池的分类

汽车上所使用的蓄电池主要是为了满足起动发动机的需要，所以，通常称为起动型蓄电池。起动型蓄电池在短时间内可提供强大的起动电流（一般为 200 ~ 600A，最大可达 1 000A）。

根据电解液的不同，起动型蓄电池的分类与特点如表 1-1 所示。

表 1-1 起动型蓄电池的分类与特点

分　类		特　点	
铅酸蓄电池	普通铅酸电池	新蓄电池内没有电解液，极板不带电，使用前需加注规定量的电解液并进行初充电。在使用过程中需要定期维护	铅酸蓄电池结构简单，内阻小，起动性能好，价格低廉，所以在汽车上广泛采用
	干荷电蓄电池	又称干式荷电蓄电池，新蓄电池内没有电解液，极板处于干燥且已充电的状态下。如需使用，只要在规定的保存期（一般为 2 年）内加入规定量的电解液，静置 30min 后即可使用（无须初充电）。在使用过程中需要定期维护	
	湿荷电蓄电池	又称湿式荷电蓄电池，新蓄电池内有少量电解液，极板处于已充电的状态下。如需使用，只要在规定的保存期（一般为 2 年）内加入规定量的电解液，静置 30min 后即可使用（无须初充电）。在使用过程中需要定期维护	

续表

分类		特点
铅酸蓄电池	免维护蓄电池	在有效使用期（一般为4年）内，无须检查电解液液面高度，无须添加蒸馏水，无须清理极桩等维护工作
镍碱蓄电池	铁镍蓄电池	具有容量大、使用寿命长、维护简单等优点，但其价格昂贵，目前只在少数汽车上使用
	镉镍蓄电池	

目前，世界各国正在不断探索和研制电动汽车，其主要的动力源为新型高能蓄电池。电动汽车新型高能蓄电池具有无污染、比容量大、充放电性能好、使用寿命长等优点，但结构复杂、成本高。

三、蓄电池的结构

汽车蓄电池由3只或6只单格电池串联而成，每只单格电池电压约为2V，串联成6V或12V以供汽车选用。普通铅酸蓄电池主要由极板、隔板、电解液、外壳、联条、极桩等组成，如图1–2所示。

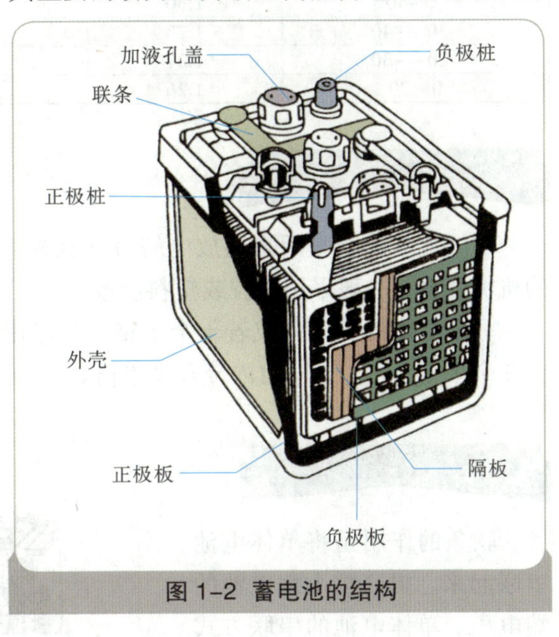

图1–2　蓄电池的结构

1. 极板

极板是蓄电池的核心，分正极板和负极板。蓄电池极板由栅架和活性物质组成，如图1–3所示，活性物质填充在铅锑合金铸成的栅架上。蓄电池充、放电过程中，电能和化学能的相互转换是依靠极板上活性物质和电解液的化学反应来实现的。

2. 隔板

隔板的作用是将相互紧靠的正、负极板隔开，防止相互接触而短路，如图1–4所示。隔板材料应具有良好的耐酸性和抗氧化性。常用的隔板有木质隔板、微孔橡胶隔板、微孔塑料隔板、玻璃纤维隔板和纸板等。隔板通常一面带有沟槽，安装时，有沟槽面应对着正极板，且与底部垂直，以便于电解液的流通、脱落活性物质的下沉及气泡的逸出。

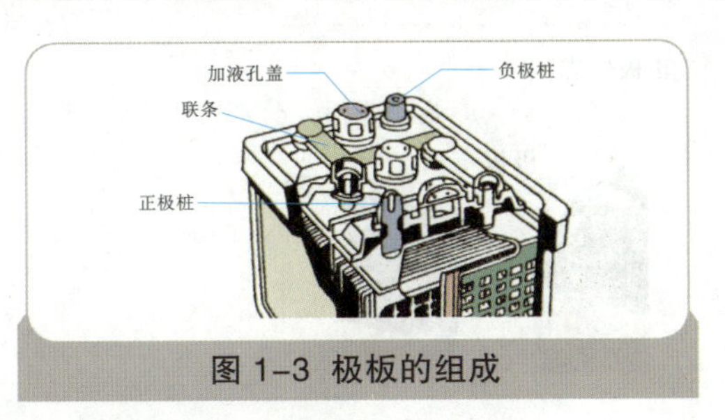

图1–3　极板的组成

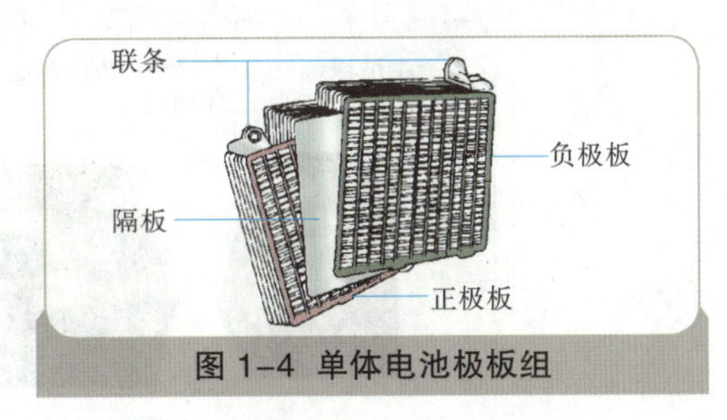

图1–4　单体电池极板组

3. 电解液

电解液是蓄电池内部发生化学反应的主要物质，由纯净硫酸和蒸馏水按一定的比例配制而成。

蓄电池电解液的密度一般为 1.24 ~ 1.31g/cm^3，使用中密度应根据地区、气候条件和制造厂的要求而定，如表 1-2 所示。对于透明塑料容器的蓄电池，可以通过观察液面高度指示线检查电解液的液面高度，如图 1-5 所示。

表 1-2 不同气温下电解液密度的选择

使用地区最低温度 /℃	冬季 / (g·cm^{-3})	夏季 / (g·cm^{-3})
< -40	1.30	1.26
-30 ~ -40	1.28	1.25
-20 ~ -30	1.27	1.24
0 ~ 20	1.26	1.23

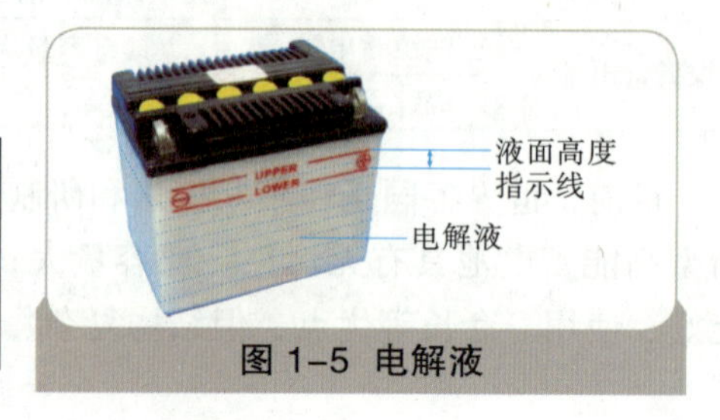

图 1-5 电解液

4. 外壳

蓄电池的外壳是用来盛放电解液和极板组的。它必须耐酸、耐温、耐寒、抗振，并具有足够的机械强度，一般采用橡胶或塑料制成。

一个整体的外壳分成若干个单格。汽车用蓄电池电压多为 6V 和 12V 两种规格，6V 蓄电池内分 3 个单格，12V 蓄电池内分 6 个单格。

5. 联条

联条的作用是将单体电池串联起来，提高整个蓄电池的端电压。单体电池的串联方式有传统外露式、内部穿壁式和跨越式 3 种，如图 1-6 所示。

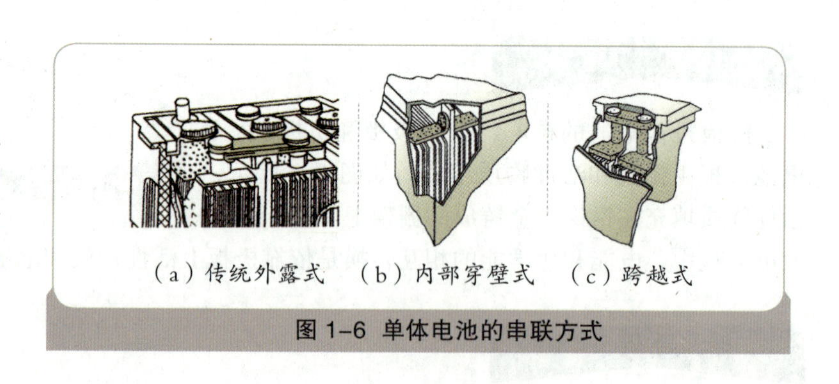
（a）传统外露式 （b）内部穿壁式 （c）跨越式

图 1-6 单体电池的串联方式

6. 极桩

极桩有圆锥形和 L 形等形式，如图 1-7 所示。为便于识别，在正极桩的上方或旁边标刻有“+”（或 P）标记，在负极桩的上方或旁边标刻有“-”（或 N）标记，或者在正极桩上涂红色油漆。

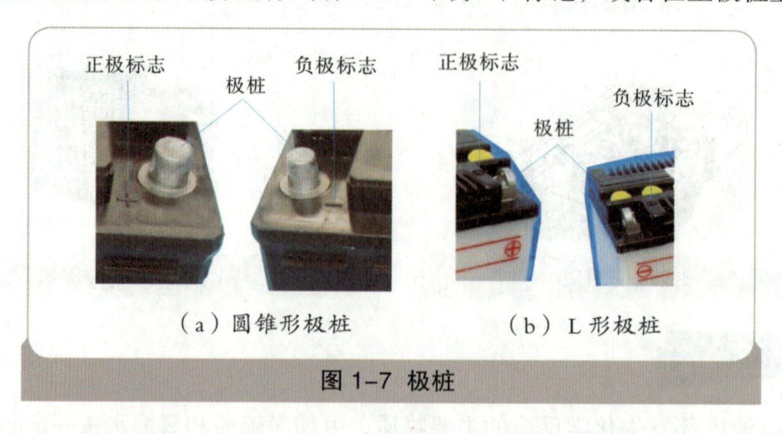

（a）圆锥形极桩 （b）L 形极桩

图 1-7 极桩

四、蓄电池的工作原理

蓄电池的工作原理就是化学能与电能的相互转化。当蓄电池将化学能转化为电能而向外供电时，称为放电过程；当蓄电池与外界直流电源相连而将电能转化为化学能储存起来时，称为充电过程。蓄电池的工作过程如图 1-8 所示。

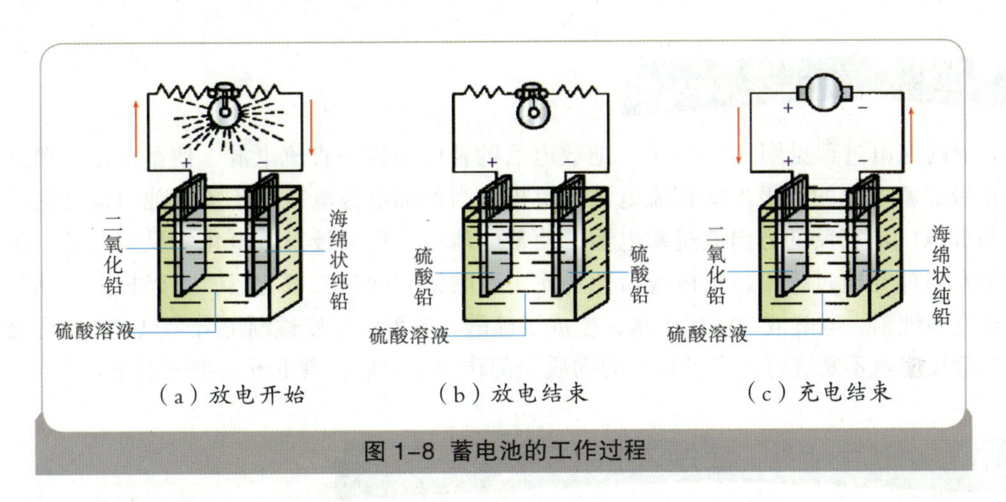

图 1-8　蓄电池的工作过程

1. 电动势的建立

蓄电池的单格电池由浸在电解液中的正极板和负极板组成，电解液是硫酸水溶液。当放电尚未开始时，正极板是二氧化铅（PbO_2），负极板是纯铅（Pb），电解液是硫酸溶液（H_2SO_4）。

当极板浸入电解液后，由于少量的活性物质溶解于电解液，产生了电极电位，并且由于正负极板的电极电位不同形成了蓄电池的电动势。

正极板处，少量 PbO_2 溶入电解液，与水生成 $Pb(OH)_4$ 再分离成四价铅离子和氢氧根离子，即

$$PbO_2+2H_2O \rightarrow Pb(OH)_4$$
$$Pb(OH)_4 \rightarrow Pb^{4+}+4OH^-$$

其中，溶液中的 Pb^{4+} 有沉附于正极板的倾向，使正极板呈正电位，同时由于正、负电荷的吸引，极板上 Pb^{4+} 有与溶液中 OH^- 结合，生成 $Pb(OH)_4$ 的倾向，当两者达到动态平衡时，正极板的电极电位约为 +2.0V。

在负极板处，金属铅受到两方面的作用，一方面它有溶解于电解液的倾向，因而有少量铅进入溶液，生成 Pb^{2+}，在负极板上留下两个电子 2e，使负极板带负电；另一方面，由于正、负电荷的相互吸引，Pb^{2+} 有沉附于极板表面的倾向。当两者达到平衡时，溶解便停止，此时极板具有负电位，约为 -0.1V。

因此，当外电路未接通时，蓄电池的静止电动势约为 2.1V。

2. 蓄电池的放电过程

蓄电池的放电过程见图 1-8（a）。蓄电池与外电路接通后，在极板电位差的作用下，电流从正极流出，经过灯泡流回负极，使灯泡通电发光。在蓄电池放电过程中，正极板活性物质由二氧化铅转变为硫酸铅，负极板上的活性物质由纯铅也转变为硫酸铅，电解液消耗硫酸生成水，电解液密度逐渐下降。

3. 蓄电池的充电过程

蓄电池的充电过程见图 1-8（c）。把放电后的蓄电池接一直流电源，使蓄电池正极连接直流电源的正极，蓄电池的负极连接直流电源的负极，当外加电源电压高于蓄电池电动势时，电源电流将以与放电电流相反的方向流过蓄电池，使蓄电池正、负极板发生电化学反应对蓄电池进行充电。在铅蓄电池充电过程中，正极板活性物质由硫酸铅转变为二氧化铅，负极板上的活性物质由硫酸铅转变为纯铅，电解液中消耗了水，生成了硫酸，电解液密度逐渐上升。只要充电过程进行，上述电化学反应就不断进行。当极板上的物质全部转变完成后，蓄电池就会充满电。

4. 铅酸蓄电池充、放电后电解液的变化

铅酸蓄电池放电时，电解液中的硫酸不断减少，水逐渐增多，溶液密度下降；铅酸蓄电池充电时，电解液中的硫酸不断增多，水逐渐减少，溶液密度上升。

实际工作中，可以根据电解液密度的变化来判断铅酸蓄电池的充电程度。

五、蓄电池的检查与维护

蓄电池检查

1. 蓄电池的检查

（1）蓄电池外壳的检查

蓄电池外壳出现裂纹，除了用肉眼观察之外，还可用以下方法检查：

1）将蓄电池壳注满电解液，然后搁置 24h，查看其有无渗漏痕迹。

2）也可将蓄电池加注稀硫酸溶液（相对密度为 1.1）至离蓄电池外壳上边缘 2mm，然后将蓄电池放入充满相同相对密度的稀硫酸溶液的容器中，并使蓄电池壳内与容器中的液面高度一样。将一个电极与电源相连，另一个电极与电压表相连，此时若电压表指针发生偏转，即表明外壳有渗漏，反之说明其外壳完好。还可用相同方法检查蓄电池相邻单格之间的隔板是否完好。

（2）蓄电池电压的测量

如图 1-9 所示，用万用表电压挡测量蓄电池的电压，应为 12V 左右。

（3）蓄电池电压降的检测

在检查蓄电池工作性能的时候，可以通过检测蓄电池电压降的方法进行判断。

1)检测蓄电池电压降时，可用万用表分别测量蓄电池正、负电极极桩与对应导线间的电压降，测得的电压应不大于 0.5V（理想状态为 0V）。

2）如果电压大于 0.5V，说明蓄电池极桩与对应的导线之间的电阻过大，原因是极桩与导线接触不良（不紧固或有氧化物析出），应清理蓄电池极桩（蓄电池极桩上的氧化物如图 1-10 所示），并重新紧固蓄电池导线。

图 1-9 蓄电池电压的测量

图 1-10 蓄电池极桩上的氧化物

（4）通过观察孔判断蓄电池的技术状况

全密封型免维护蓄电池，内部安装有电解液密度计（俗称电眼），如图 1-11 所示。

通过顶端的检查孔（观察窗）观察其颜色可判断蓄电池的技术状况，如图 1-12 所示。

绿色：表示蓄电池的技术状况良好。

黑色：表示电解液密度偏低，应对蓄电池进行补充充电。

浅黄色：表示电解液液面过低，蓄电池已不能继续使用。

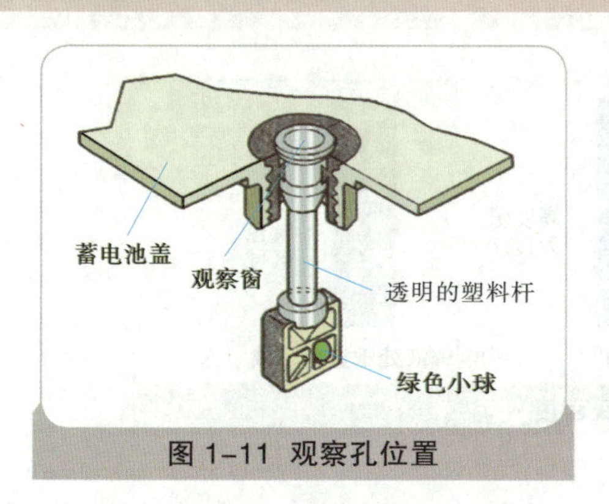

图 1-11 观察孔位置

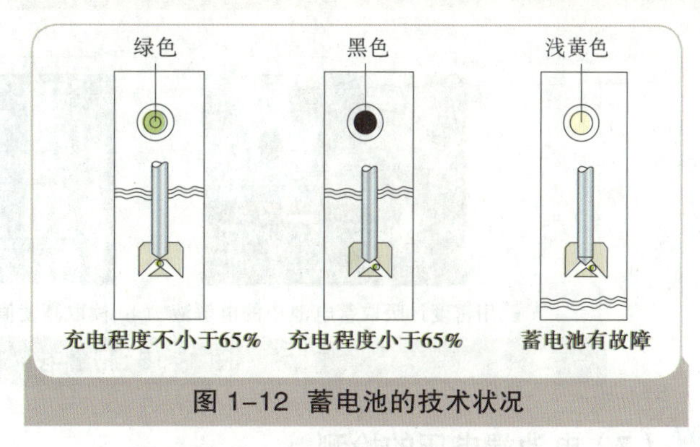

图 1-12 蓄电池的技术状况

（5）电解液液面高度的检查

1）对于透明或半透明塑料壳体的蓄电池，可以直接通过外壳上的液面线检查。如图 1-13 所示，壳体前侧面上标有最高液位线和最低液位线，电解液液面应保持在高、低液位线之间，电解液不足时应加注蒸馏水。

2）对于不能通过外壳上的液面线进行检测的蓄电池，可以用玻璃管测量液面高度。

检测方法见图 1-14，将玻璃管垂直插入蓄电池的加液孔中，直到与保护网或隔板上缘接触为止，然后用手指堵紧管口并将管取出，管内所吸取的电解液的高度即液面高度，其值应为 10 ~ 15mm。

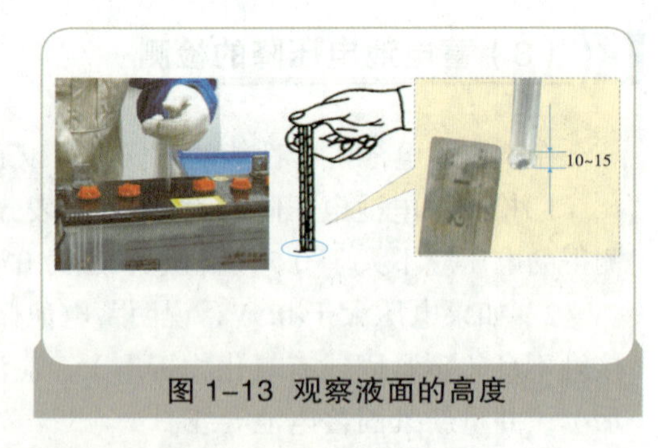

图 1-13 观察液面的高度

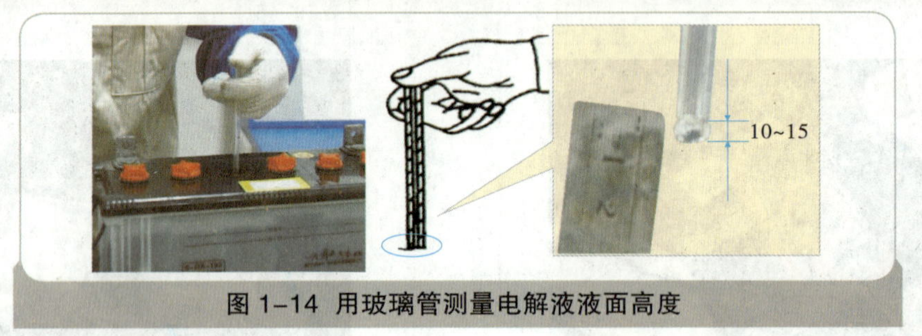

图 1-14 用玻璃管测量电解液液面高度

（6）电解液密度的检测

用密度计测试电解液密度是最直接的一种测试方法。测量蓄电池电解液密度时，蓄电池应处于稳定状态。蓄电池充、放电或加注蒸馏水后，应静置 0.5h 后再测量。

测量方法如图 1-15 所示，吸取蓄电池中的电解液，直到浮子浮起，然后检查浮子高度和浮子刻线之间的关系，可读出高度的数值，也可通过浮子彩色标记来判断蓄电池的放电程度。

1）电解液处于黄色区域，说明电量充足。

2）电解液处于绿色区域，说明电量比较充足。

3）电解液处于红色区域，说明蓄电池必须充电。

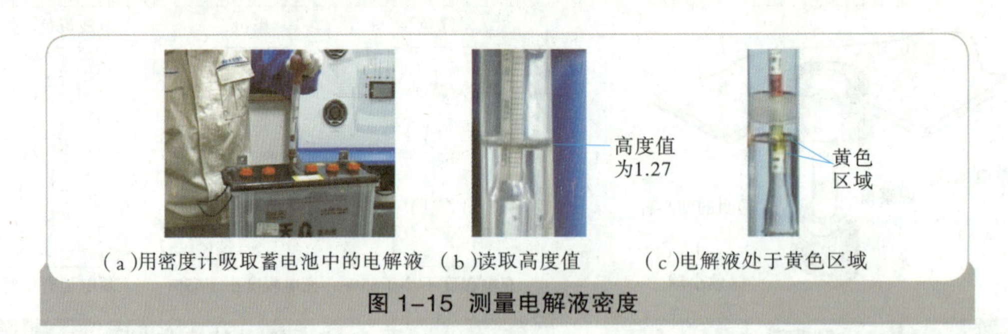

（a）用密度计吸取蓄电池中的电解液 （b）读取高度值 （c）电解液处于黄色区域

图 1-15 测量电解液密度

（7）电池端电压的检测

用高功率放电计测量放电电压。方法如下：将高功率放电计的红色鳄鱼夹与蓄电池的正极相连，黑色鳄鱼夹与蓄电池的负极相连，按压高功率放电计测试开关并保持 5s 后放开，待测试仪上的指针静止不动后读出读数，如图 1-16 所示，此读数即蓄电池的端电压。

1）如电压大于 11.5V，则表明蓄电池良好。

2）如电压为 9.5 ~ 11.5V，则说明蓄电池较好。

3）如电压小于 9.5V，则说明蓄电池需要充电或存在故障。

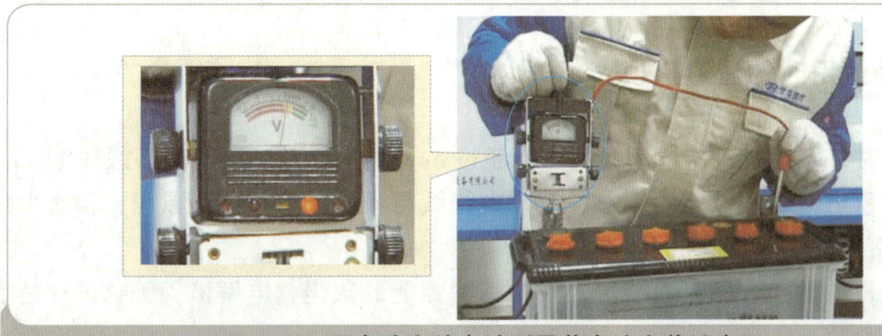

图 1-16　用高功率放电计测量蓄电池空载端电压

2. 蓄电池的维护

汽车蓄电池的日常维护

（1）蓄电池的日常维护

为了使蓄电池经常处于完好状态，延长其使用寿命，对使用中的蓄电池需进行下列维护工作：

1）观察蓄电池外壳表面有无电解液漏出；

2）检查蓄电池在车上安装是否牢靠，导线插头与电桩的连接是否紧固；

3）经常清除蓄电池盖上的灰尘泥土，擦去电池顶上的电解液，通透加液孔盖上的气孔，清除电桩和导线插头上的氧化物；

4）定期检查和调整电解液的相对密度及液面高度；

5）经常检查蓄电池的放电程度，超过规定时立即充电。

（2）蓄电池的储存

对于暂不使用的蓄电池，进行湿储存的方法是先将电池充足电，相对密度达 1.285，液面至正常高度，密封加液塞通气孔后放置室内暗处。储存的时间不宜超过 6 个月，其间应定期检查电解液的相对密度并用高功率放电计检查容量，如低于 25% 应立即充电。交付使用前也要先充足电。

对于存放期长的蓄电池，最好以干储法储存。先将电池以 20 h 放电率完全放电，倒出电解液，用蒸馏水多次冲洗至水中无酸性，倒尽水滴，晾干后旋紧加液塞后密封储存。启用前的准备和新电池相同。

（3）蓄电池正、负极性的识别

连接或充电时需要正确判断蓄电池的极性。方法如下：

1）蓄电池的极柱上一般都标有“+”、“-”记号，或正极柱上涂红色。

2）观察极柱的颜色，使用过的蓄电池正极柱呈深棕色，负极柱呈淡灰色。

3）用直流电压表接蓄电池的两极，按照指针偏摆方向判断其正、负极。

4)利用电解液进行识别,将蓄电池的两极接上导线,分别插入电解液中(不要使两导线相碰),导线周围产生气泡多的为负极。

（4）蓄电池使用时的注意事项

1）汽车使用时，发动机每次起动时间不能超过 5s，两次起动间隔时间必须在 15s 以上。

2）经常检查蓄电池的安装是否牢靠，起动电缆线与极柱的连接是否紧固，检查电缆线的线夹与极柱上是否有氧化物，若有应及时清除。

3）经常检查蓄电池盖表面是否清洁，及时清除盖上的灰尘、电解液等脏物，保持加液孔盖上的气孔畅通。

4）定期检查电解液的液面高度，当液面降低到一定程度时，应及时补加电解液。

5）定期对蓄电池进行补充充电，以保证蓄电池始终保持充足电的状态。

6）经常检查蓄电池的放电程度，超过规定时应立即进行补充充电。

7）冬季要加强蓄电池的充电检查，以防电解液结冰。

（5）蓄电池维护作业的内容

①蓄电池的加液方法

初次使用的蓄电池，加液作业应该按照使用地区温度条件加注适当密度的电解液。不同地区温度条件加注电解液的密度标准如表 1-3 所示。

表 1-3 电解液的密度标准

地区气候条件	完全充足电的蓄电池在温度为 25℃时电解液的密度 / (g/cm^3)	
	冬季	夏季
冬季温度低于 -40℃的地区	1.30	1.26
冬季温度高于 -40℃的地区	1.28	1.25
冬季温度高于 -30℃的地区	1.27	1.24
冬季温度高于 -20℃的地区	1.26	1.23
冬季温度高于 0℃的地区	1.24	1.23

在加注电解液作业时应注意以下几个问题：

1）需要调整电解液密度时，绝对禁止将蒸馏水倒入硫酸中，以免发生爆溅造成烧伤事故。

2）操作人员必须佩戴防护镜、橡胶防酸手套，穿着塑料围裙和高筒胶鞋，以防烧伤。当有硫酸溅到皮肤和衣服上时，应立即用 10% 的碳酸钠水溶液中和，然后用清水冲洗。

3）配制电解液时，因硫酸稀释放热，使电解液温度升高，因此配制好的电解液须待其冷却到 35℃以下时，方可注入蓄电池内。

4）大容量的蓄电池初次加注电解液时，内部会产生较高的温度，当外壳温度高于50℃时，应该采取将其放置在冷水槽中降温的措施。

5）蓄电池加注电解液后需要静置30min后才能使用。

②蓄电池的补液方法

蓄电池的补液维护作业是在清洁和检测作业后进行的。其方法是：直接将专用蓄电池补液（蒸馏水）加入到蓄电池内部，满足液面高度要求即可。

禁止使用不符合要求的水作为补液加注，也不可以加注电解液替代蒸馏水。

③电解液密度的调整方法

对于经常使用的蓄电池，在维护作业时，如果单格电解液密度有明显不同，则应该进行密度调整，以防止放电内阻的变化影响蓄电池正常工作。具体方法是：在完成补充充电作业后，检查电解液密度，对于不符合规定值的单格，用吸液器抽出部分电解液，后根据具体情况补充蒸馏水或者高密度电解液，直至符合规定值。调整完电解液密度之后，对蓄电池进行放电作业，待它放电终止后，按照规范进行补充充电作业。

3. 蓄电池的更换

（1）拧松负极插头螺母

打开隔热棉两个固定纽扣，可以看到正、负极插头上面红、黑两个绝缘罩，翻开绝缘罩就可以看到锁紧螺母，如图1–17所示。

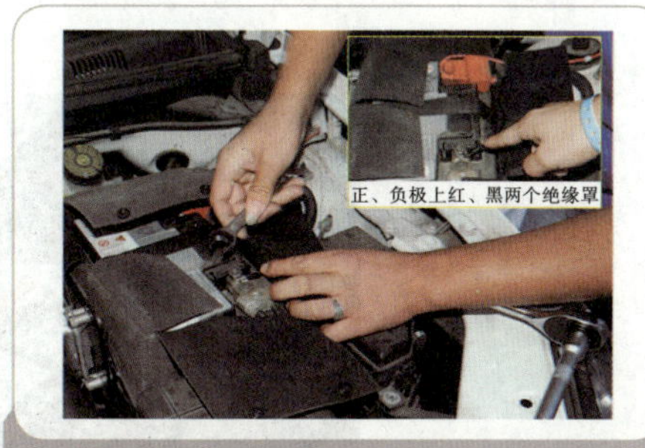

图1–17　拧松负极插头螺母

注意：

在拆下旧的蓄电池时一定要按照“先拆负极再拆正极”的顺序。由于车身是与蓄电池负极连接的（搭铁端），如果先拆正极，在拆卸过程中螺钉旋具有可能会触碰到车身，一旦触碰到就相当于将蓄电池正、负极直接连接，有可能引发短路烧坏蓄电池。因此拆卸时要“先负极后正极”，但在安装时则相反，遵循“先正极后负极”的顺序。

（2）拆开负极插头

用扳手或六角套筒分别拧开负极的紧固螺母，再用一字螺钉旋具慢慢撬开紧固块，接着即可拔出负极插头，如图1–18所示。

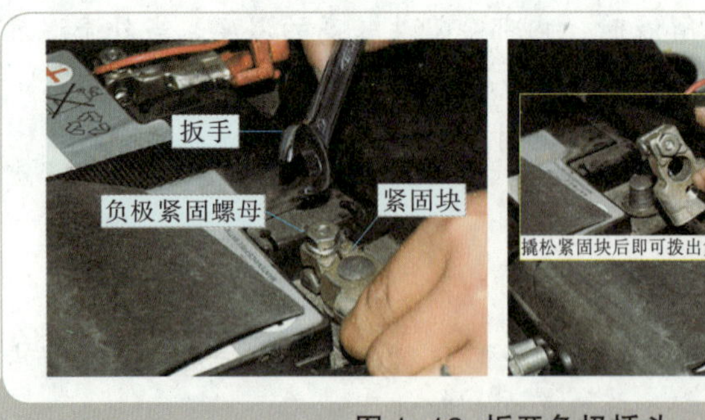

图 1-18 拆开负极插头

（3）拆开正极插头

用相同的方法拆开正极插头，如图 1-19 所示。

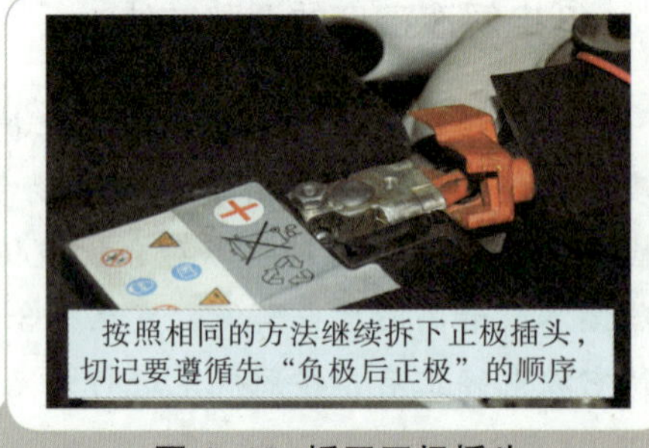

图 1-19 拆开正极插头

（4）拆开锁紧带

拧开用于固定蓄电池的锁紧带的螺母，松开锁紧带，进而将蓄电池取出，如图 1-20 所示。

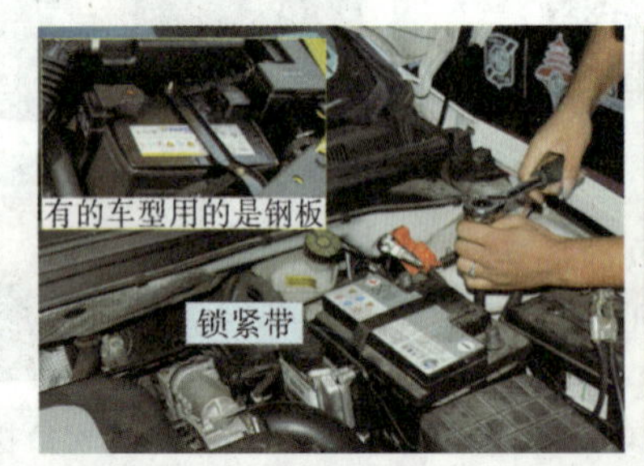

图 1-20 拆开锁紧带

（5）安装新的蓄电池

按照拆卸时的相反步骤安装，如图 1-21 所示。

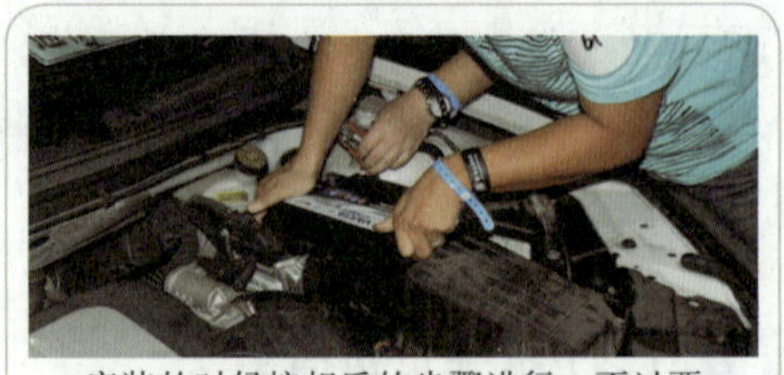

图 1-21 安装新的蓄电池

注意：

蓄电池正、负极一定不能接反，否则，将会造成汽车电子部件损坏。拆卸时“先负极后正极”，但在安装时则相反，遵循“先正极后负极”的顺序。

任务二 蓄电池的充电与故障诊断

一、蓄电池的充电

1. 充电种类

蓄电池的充电种类有初充电、补充充电和去硫化充电等。

(1)初充电

新蓄电池或更换极板修复后的蓄电池在使用之前的首次充电为初充电。具体操作步骤如下：

按规定将一定密度的电解液加注到蓄电池中，加入电解液的温度不得超过35℃，加入电解液后，要静止3 ~ 6h，再将电解液液面调整到高出极板10 ~ 15mm。

待蓄电池内温度低于30℃时，将充电机正极与蓄电池的正极相连，充电机负极与蓄电池的负极相连，准备充电。

充电时容易过热，所以初充电的电流选用得较小，充电分两个阶段进行。

第一阶段：充电电流约为蓄电池额定容量的1/15，充电至电解液中有气泡析出，蓄电池单格端电压达到2.4V。

第二阶段：充电电流约为蓄电池额定容量的1/30（第一阶段电流的一半）。

充电过程中，应经常测量电解液的密度和温度。充电初期密度会有降低情况，不需要调整它，当液面高度低于规定值时，用相同密度的电解液调至规定值。如果充电时电解液的温度上升到40℃，则应将充电电流减半。如果温度继续上升到45℃，则应停止充电，采用人工降温，待冷至35℃以下时再继续充电。整个初充电大约需60h，充电过程中，如减少充电电流则应适当延长充电时间。

初充电接近终了时，如果电解液密度不符合规定，应用蒸馏水或密度为1.40g/cm^{3}的稀硫酸进行调整，再充电2h；若相对密度仍不符合规定，应再调整并充电2h，直至相对密度符合要求为止。

(2)补充充电

蓄电池在使用中，如果发现存在下列情况之一，都必须进行补充充电：

●起动机运转无力，灯光比平时暗淡，电喇叭声音小；

●冬季放电超过25%，夏季放电超过50%；

●蓄电池电解液密度下降到1.15g/cm^{3}以下；

●已近一个月不用的普通蓄电池。

另外，由于在汽车上使用的蓄电池进行的是定电压充电，不可能使蓄电池充电充足，为了有效防止硫化，最好 2 ~ 3 个月进行一次补充充电。补充充电的过程和方法与初充电相同，也分两个阶段：

第一阶段：充电电流约为蓄电池额定容量的 1/10，充至冒气泡，单格电压为 2.3 ~ 2.4V 为止。

第二阶段：充电电流约为容量的 1/20，充至蓄电池内产生大量气泡，电解液呈“沸腾”状态，单格电压为 2.5 ~ 2.7V，电解液密度达到规定值，并且在 2 ~ 3h 内基本不变，此时表示电池电已充足，时间约为 15h。

（3）去硫化充电

蓄电池发生极板轻度硫化时，可用去硫化充电法加以消除。具体操作如下：

首先倒出原有的电解液，并用蒸馏水清洗两次，然后加入足够的蒸馏水。

接通充电电路，用初充电电流进行充电，当密度上升到 1.15g/cm^3 时倒出电解液，加入蒸馏水再进行充电，如此反复多次，直到电解液密度不再增加为止。

以 10h 放电率放电检查蓄电池容量，当蓄电池容量达到额定值 80% 以上，说明硫化已基本消除，可上车使用。

2. 充电方法

蓄电池的充电方法有定流充电、定压充电和脉冲快速充电 3 种。

（1）定流充电

蓄电池在充电过程中，充电电流保持恒定不变的充电方法称为定流充电。由于充电过程中蓄电池电动势逐渐升高，因此充电过程中要不断调整充电电压。当充到蓄电池单格电压升到 2.4V（电解液开始冒气泡）时，再将充电电流减小一半后保持恒定，直到蓄电池完全充足。

定流充电时，被充电的蓄电池采用串联的方式进行充电，如图 1–22 所示。

（2）定压充电

在充电过程中，加在蓄电池两端的充电电压保持恒定不变的充电方法称为定电压充电。

定电压充电的特点是：充电开始，充电电流很大，随着蓄电池电动势的不断提高，充电电流逐渐减小，充电终了，充电电流将自动减小到零。

定压充电充电时间短，充电过程中不需调整充电电压，因此适合于蓄电池的补充充电。定压充电时，蓄电池采用并联接法，如图 1–23 所示。

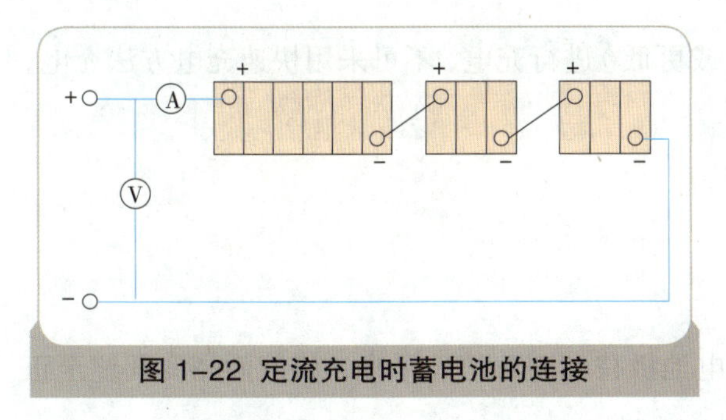

图 1-22 定流充电时蓄电池的连接

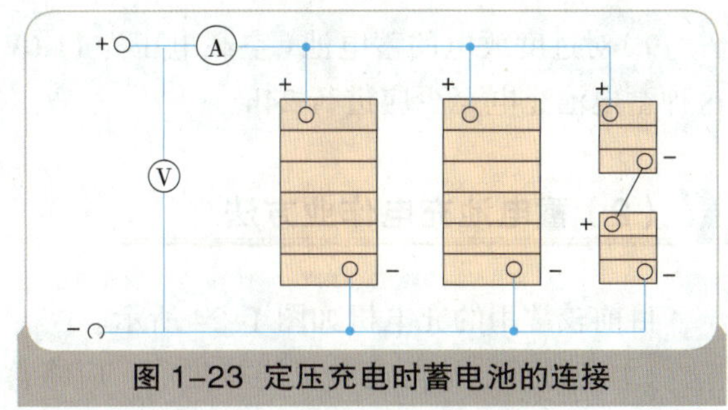

图 1-23 定压充电时蓄电池的连接

(3)脉冲快速充电法

脉冲快速充电法也称为分段充电法。充电初期采用大电流，使电池在较短的时间内达到额定容量的60%左右，当单格电压上升到2.4V，电解液开始分解冒出气泡时，在充电设备的控制下，进行脉冲充电。

脉冲快速充电法的优点是：充电速度快，可缩短充电时间；增加蓄电池容量，极板去硫化明显。

脉冲快速充电法的缺点是：出气率高，即充电过程中产生大量的气泡，对极板活性物质的冲刷力强，易使活性物质脱落，对蓄电池的使用寿命有一定的影响。

3. 充电作业

蓄电池的充电作业方法通常有恒压充电、恒流充电和脉冲快速充电 3 种，目前比较流行的充电方法是脉冲快速充电。蓄电池的充电作业根据使用情况，分初充电和补充充电两种工艺过程。

(1)蓄电池充电作业注意事项

1）严格遵守各种充电方法的操作规范。

2）充电过程中，要及时检查记录各单格电池电解液密度和端电压。在充电初期和中期，每2h 检查记录一次即可，接近充电终了时，每 1h 检查记录一次。

3）若发现个别单格电池的端电压和电解液密度上升比其他单格电池缓慢，甚至变化不明显，应停止充电，及时查明原因。

4）在充电过程中，必须随时测量各单格电池的温度，以免温度过高影响蓄电池的性能。当电解液温度上升到 40℃时，应立即将充电电流减半，减小充电电流后，如果电解液温度仍继续升高，应该停止充电，待温度降低到 35℃以下时，再继续充电。

5）初充电作业应连续进行，不可长时间间断。

6）充电时，应旋开出气孔盖，使产生的气体能顺利逸出。充电室要安装通风和防火设备。在充电过程中，严禁烟火，以免发生事故。

7）就车充电时，一定要将蓄电池负极断开，否则充电机的高电压会将电控系统的电气元件损坏。

8）如果蓄电池长时间未在行车中使用，如库存车蓄电池等，必须以小电流进行充电。

9）对过度放电的蓄电池（空载电压为11.6V或更低）进行充电，不可采用快速充电方法充电，这种蓄电池充电至少应进行24h。

（2）蓄电池充电作业方法

目前较常用的充电机如图1-24所示。

1）在将蓄电池与充电机连接之前，应将蓄电池极柱和表面清理干净，将液面高度调整至正常水平。

2）按图1-25所示正确连接充电机和蓄电池。

3）将充电机上的电压调节旋钮调至最小位置。

4）打开交流电源开关。

5）打开充电机上的电源开关，调节电压旋钮，观察电流表读数，直到电流表读数指示出所确定的电流值为止（按照充电规范，确定充电电流大小）。

6）通过加液孔观察蓄电池的内部情况，用万用表测量蓄电池两端的电压，当有连续气泡冒出或连续3h电压不变时，应立即停止充电。

蓄电池充电

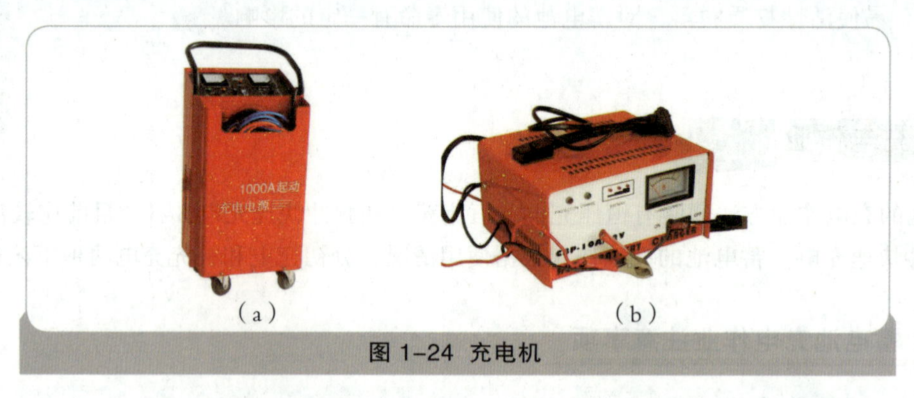

（a） （b）

图1-24 充电机

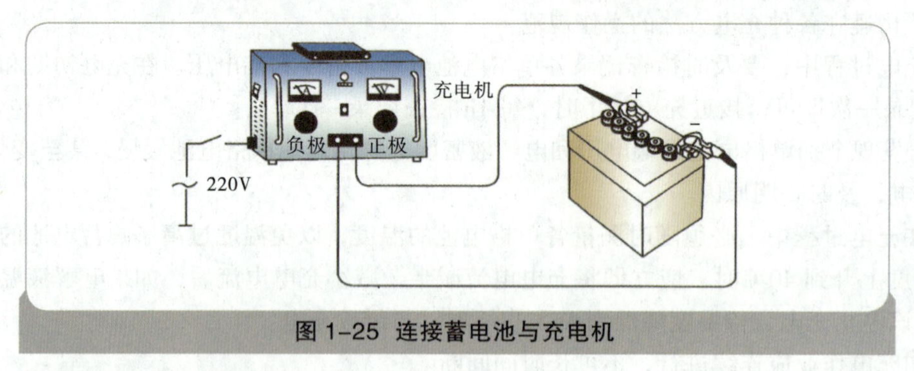

图1-25 连接蓄电池与充电机

二、故障诊断与排除

蓄电池的外部故障有外壳裂纹、封口胶破裂、接线松脱、接触不良或极桩腐蚀等；内部故障有极板硫化、活性物质脱落、内部短路和自行放电等。

1. 外壳裂损、变形与封口胶破裂

汽车行驶中，由于强烈的振动或击伤，会使蓄电池外壳破裂；另外蓄电池发热，气体压力过大或电解液冰冻膨胀也会使外壳变形或封口胶破裂。封口胶裂口可以重新填补，外壳破裂需换新的。

2. 极板硫化

蓄电池长期充电不足或放电后长时间未充电，极板上会逐渐生成一层白色粗晶粒的硫酸铅，在正常充电时不能转化为二氧化铅和海绵状铅，这种现象称为“硫酸铅硬化”，简称“硫化”。这种粗而坚硬的硫酸铅晶体导电性差、体积大，会堵塞活性物质的细孔，阻碍了电解液的渗透和扩散，使蓄电池的内阻增加，起动时不能供给大的起动电流，以致不能起动发动机。

产生极板硫化的主要原因如下：

1）蓄电池长期充电不足，或放电后未及时充电。

2）蓄电池内液面太低，使极板上部与空气接触而强烈氧化（主要是负极板），造成极板上部硫化。

3）电解液相对密度过高、电解液不纯、外部气温剧烈变化时也将促进硫化。

为了避免极板硫化，蓄电池应经常处于充足电状态，放完电的蓄电池应及时充电，电解液相对密度要恰当，液面高度应符合规定。

对于已硫化的蓄电池，较轻者可按过充电方法进行处理，较严重者可用小电流充电法或去硫化充电法消除硫化。

3. 自行放电

充足电的蓄电池，放置不用会逐渐失去电量，这种现象称为蓄电池的“自行放电”。

若一昼夜容量损失不超过 0.7%，属于正常自放电。铅蓄电池的正常自行放电现象是由于蓄电池本身因素所造成的一种不可避免的现象。若一昼夜自行放电量超过了 2% ~ 3%，则属于故障性自行放电，这主要是使用维护不当所造成的。造成故障性自行放电的原因很多，主要有以下几个方面。

1）电解液杂质含量过多，这些杂质在极板周围形成局部电池而产生自行放电。

2）蓄电池内部短路引起的自行放电。例如，隔板或壳体隔壁破裂、极板活性物质大量脱落而沉于极板下部，都将使正、负极板短路而引起自行放电。

3）蓄电池盖上洒有电解液时，会造成自行放电，同时还会使极柱或连接条腐蚀。

因此，为减少自行放电，电解液的配制应符合要求，并使液面不致过高，使用中还应经常保持蓄电池表面的清洁。

自行放电严重的蓄电池，可将它完全放电或过度放电，使极板上的杂质进入电解液，然后将电解液倾出，用蒸馏水将电池仔细清洗干净，最后灌入新电解液重新充电。

4. 极板活性物质大量脱落

活性物质脱落一般多发生在正极板，其特征为电解液中有沉淀物，充电时电解液有褐色物质自底部上升，但电压上升快，电解液沸腾现象比正常蓄电池出现得早，充电时间大大缩短，放电容量却明显下降。

故障产生的原因如下：

1）极板本身质量太差；

2）充、放电时活性物质的体积总在不断地膨胀和收缩；

3）充足电后极板孔隙中逸出大量气泡，在极板内部造成压力，从而使活性物质容易脱落。

因此，若使用不当，如充、放电电流过大，使电解液温度太高，或经常过充电，都将导致极板过早损坏。另外，蓄电池受剧烈振动时，也会引起活性物质脱落。

5. 极板拱曲

极板拱曲也多发生于正极板，极板拱曲后将会造成内部短路等故障。

造成极板拱曲的原因主要如下：

1）极板在制造过程中铅膏涂填不匀，使充、放电时极板各部分所引起的电化学反应强弱不匀致使极板膨胀和收缩程度不一样。

2）经常大电流放电，使极板表面各部分电流密度不同而造成弯曲。

3）蓄电池过量放电时，使极板内层深处生成硫酸铅，充电时得不到恢复造成内部膨胀而导致极板拱曲。

4）电解液中含有杂质，在引起局部电化学作用时，仅有小部分活性物质转变为硫酸铅，致使整个极板的活性物质体积变化不一致也会造成极板拱曲。

极板轻度拱曲时. 可用木夹板夹紧校正，如极板拱曲严重，则应更换新极板。

6. 极板短路

极板短路的故障现象为开路电压较低，大电流放电时端电压迅速下降，甚至到零；充电过程中，电压与电解液相对密度上升缓慢，甚至保持很低的数值就不再上升了，充电末期气泡很少，但电解液温度迅速升高。

极板短路的原因主要如下：

1）隔板质量不高或损坏使正、负极板相接触而短路；

2）活性物质在蓄电池底部沉积过多、金属导电物落入正负极板之间也将造成蓄电池内部极板短路。

对于短路的蓄电池，可拆开进行检查，也可更换新品。

一、填空题

1. 铅蓄电池的充电过程是__________ 转变成__________的过程。

2. 蓄电池充不进电的原因有__________，__________，__________。

3. 定期对蓄电池补充充电，如冬季放电超过__________，夏季超过__________；再如，出现灯光暗淡，起动无力现象时应停止使用，立即进行补充充电。

4. 蓄电池的保养应经常消除铅蓄电池盖上的________，保持加液孔盖通气孔的_______。

5. 放完电的蓄电池在__________小时内充电。

二、选择题

1. 蓄电池与发电机两者在汽车上的连接方法是（　）。

A. 串联连接　B. 并联连接　C. 各自独立　D. 以上都不对

2. 蓄电池电解液消耗过快的原因之一是（　）。

A. 充电电流过大　B. 充电电流过小　C. 充电电流不稳　D. 无充电电流

3. 在发动机正常工作时，用电设备所需要电能由（　）提供。

A. 发电机　B. 蓄电池　C. 点火线圈　D. 底盘

4. 在闭合电路中，蓄电池内阻变大，则输出的端电压将（　）。

A. 升高　B. 降低　C. 不变　D. 升高或降低

5. 蓄电池充电时，正极板上的活性物质是（　）。

A. 硫酸　B. 纯铅　C. 二氧化铅　D. 硫酸铅

6. 有一蓄电池的型号为 6-QA-75，其中 A 的表示（　）。

A. 干荷电式　B. 薄型极板　C. 低温起动性好　D. 起动型蓄电池

7. 某一 3-Q-90 型蓄电池，其 20h 放电率的放电电流为（　）。

A. 3A　B. 4.5A　C. 6A　D. 90A

8. 无须维护蓄电池是指使用中（　）。

A. 根本不需维护　B. 3 ~ 4 年不必加蒸馏水

C. 3 ~ 4 月不必加蒸馏水　D. 需要定期补充蒸馏水

三、判断题

1. 一般情况下，当蓄电池液面高度低于规定值时，应添加蒸馏水，不许添加电解液或纯硫酸。（　）

2. 调整电解液密度必须在充足电的情况下进行。（　）

3. 当充电电流过大时，会使蓄电池电解液过快消耗。（　）

4. 在对蓄电池充电的过程中，使充电电流保持恒定的充电方法称为定电压充电。 ( )

5. 蓄电池初充电的特点是充电电流小，充电时间长。 ( )

四、简答题

1. 如何对蓄电池进行充电？

2. 蓄电池的充电内容有哪些？

3. 简述蓄电池的工作原理。

4. 蓄电池的功用和组成有哪些？

课题二

交流发电机

学习目标

通过本课题的学习，你应能：

1. 熟悉发电机的功用及组成。
2. 掌握发电机的构造与工作原理
3. 掌握发电机的拆装、检查方法。
4. 能够对充电系统常见故障进行诊断与排除。

任务一 交流发电机的构造与工作原理

一、交流发电机的功用

发电机概述

交流发电机安装在发动机的前端，由汽车发动机驱动，是汽车电气的主要电源，它在正常工作时，对除起动机以外的所有用电设备供电，并向蓄电池充电以补充蓄电池在使用中所消耗的电能。

二、交流发电机的构造

普通交流发电机一般由转子、定子、整流器、风扇、带轮及前、后端盖等组成，如图 2-1 所示。

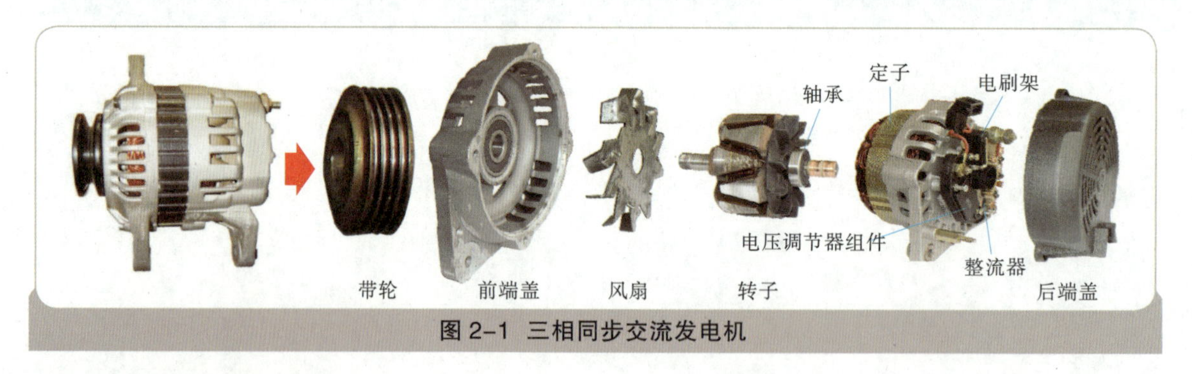

图 2-1 三相同步交流发电机

1. 转子

转子的作用是产生磁场。转子由爪极、磁轭、励磁绕组、集电环、转子轴等组成，如图 2-2 所示。 转子轴上压装着两块爪极，爪极空腔内装有励磁绕组和磁轭。集电环由两个彼此绝缘的铜环组成，压装在转子轴上并与轴绝缘，两个集电环分别与励磁绕组的两端相连。 当给两个集电环通入直流电时，励磁绕组中就有电流通过，并产生轴向磁通，使爪极一块被磁化为 N 极，另一块被磁化为 S 极，从而形成 6 对（或 7 对）相互交错的磁极。

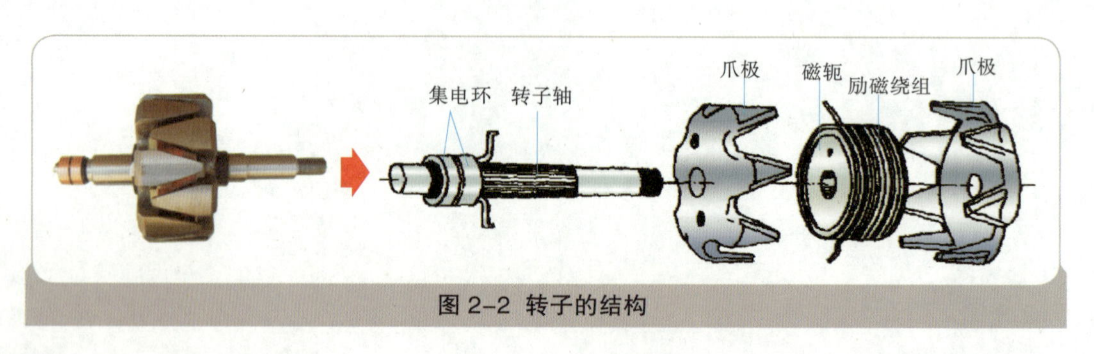

图 2-2 转子的结构

2. 定子

定子的作用是产生交流电。定子安装在转子的外面，和发电机的前、后端盖固定在一起。当转子在其内部转动时，引起定子绕组中磁通的变化，定子绕组中就产生交变的感应电动势。

图 2-3 定子

定子由定子铁芯和定子绕组组成，如图 2-3 所示。定子铁芯由内圈带槽、互相绝缘的硅钢片叠成。定子绕组有 3 组线圈，对称地嵌放在定子铁芯的槽中。三相绕组的联结有星形和三角形两种，一般采用星形联结。

3. 整流器

整流器（图 2-4）的作用是将定子绕组产生的三相交流电变为直流电。整流器由整流二极管组成，6 管交流发电机的整流器是由 6 只硅整流二极管分别压装或焊装在相互绝缘的两块板上组成的，其中一块为正极板（带有输出端螺栓），另一块为负极板。负极板和发电机外壳直接相连（搭铁），也可以将发电机的后盖直接作为负极板。6 只整流二极管分为正极管和负极管两种。引出电极为正极的称为正极管，引出电极为负极的称为负极管，如图 2-5 所示。

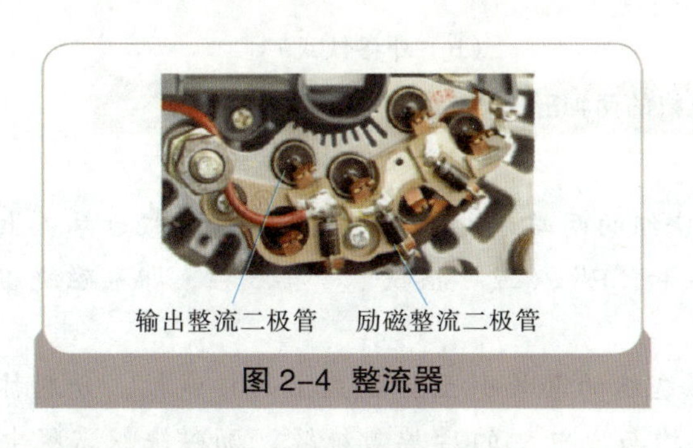

图 2-4 整流器

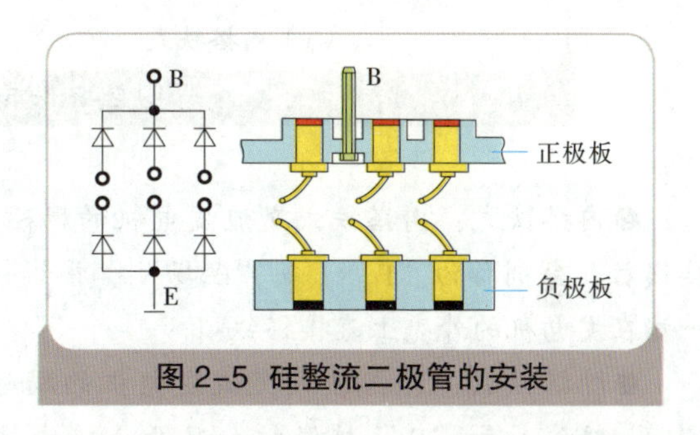

图 2-5 硅整流二极管的安装

4. 电刷与电刷架

在发电机的后端盖上装有电刷组件，电刷组件由电刷、电刷架和电刷弹簧组成，如图 2-6 和图 2-7 所示。

电刷的作用是将电流通过集电环引入励磁绕组。两个电刷分别装在电刷架的孔内，借助弹簧压力与集电环保持接触。

目前国产交流发电机的电刷架有外装式和内装式两种结构，如图 2-7 所示。

●外装式：电刷架可直接从发电机的外部拆装，因此，拆装维修方便。

●内装式：电刷架不能直接从发电机外部进行拆装，如需更换电刷，还需将发电机拆开，这种结构将逐渐被淘汰。

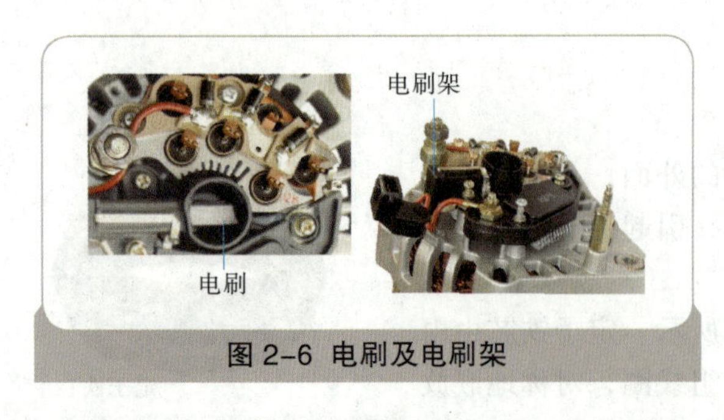

图 2-6 电刷及电刷架

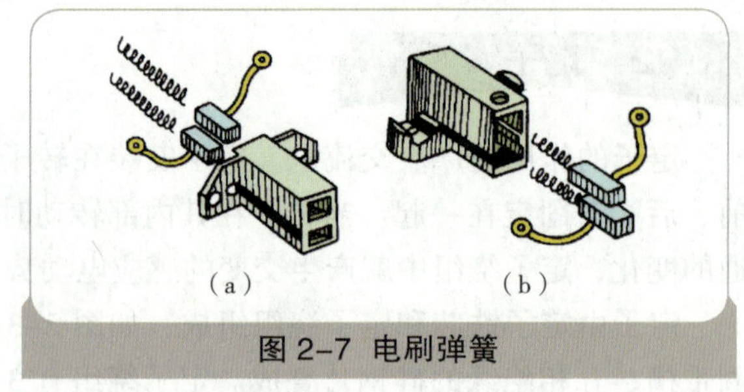

图 2-7 电刷弹簧

（a）外装式；（b）内装式

励磁绕组通过两只电刷（F 和 E）和外电路相连，根据电刷和外电路的连接形式不同，发电机分为内搭铁式和外搭铁式两种，如图 2-8 所示。

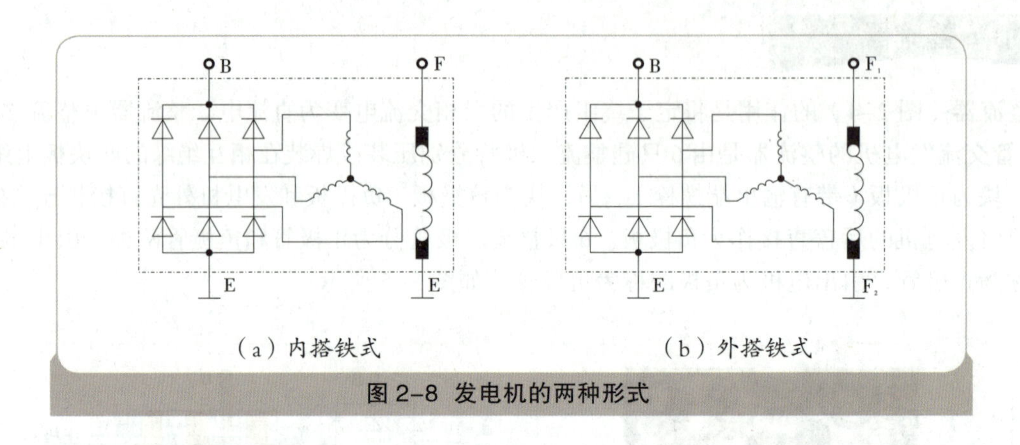

（a）内搭铁式 （b）外搭铁式

图 2-8 发电机的两种形式

●内搭铁式：内搭铁式交流发电机的励磁绕组的两端通过电刷分别引至发电机后端盖上的接线柱，分别称为“F”（或“磁场”）接线柱和“E”（或“搭铁”）接线柱，即励磁绕组的一端在发电机的外壳上直接搭铁。

●外搭铁式：外搭铁式交流发电机的励磁绕组的两端引至后端盖上的接线柱，分别称为“F_1”接线柱和“F_2”接线柱，且两个接线柱均与发电机的后端盖绝缘，励磁绕组需经电压调节器搭铁。

5. 前、后端盖

前、后端盖（图 2-9）是由非导磁材料铝合金制成的，漏磁少，并具有轻便、散热性能好等优点。在后端盖上装有电刷架和电刷。

6. 风扇与带轮

交流发电机的前端装有带轮和风扇，如图 2-10 所示。由发动机通过传动带驱动发电机的转子轴和风扇一起旋转。前、后端盖上分别有出风口和进风口。当发动机带动发电机高速旋转时，可使空气流经发电机内部，对发电机进行冷却。为了提高散热能力，有的发电机装有两个风扇（前、后各一个），如丰田轿车的发电机。

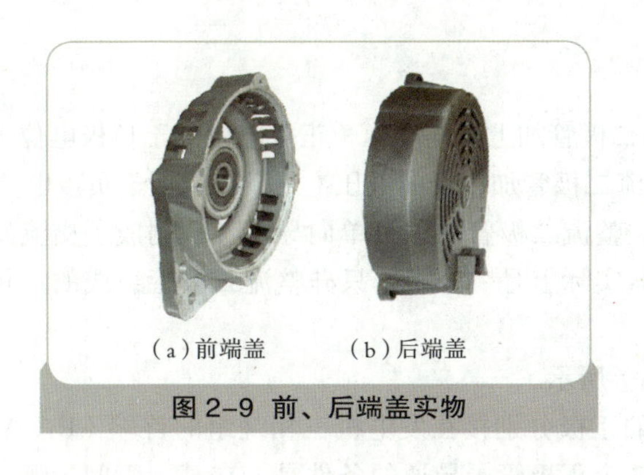

图 2-9　前、后端盖实物

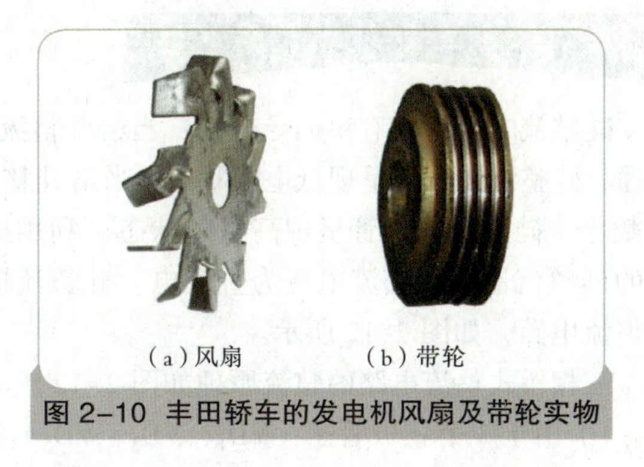

图 2-10　丰田轿车的发电机风扇及带轮实物

三、交流发电机的工作原理

1. 交流发电机的发电原理

交流发电机产生交流电的基本原理是电磁感应原理，即交流发电机利用产生磁场的转子旋转，使穿过定子绕组的磁通量发生变化，在定子绕组内产生交流感应电动势。图 2-11 所示为交流发电机的工作原理。

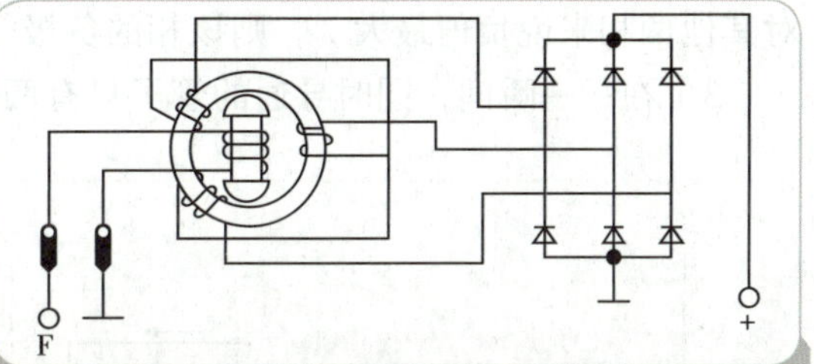

图 2-11　交流发电机的发电原理

当励磁绕组有电流通过时，励磁绕组便产生磁场，转子轴上的两个爪极分别被磁化为 N 极和 S 极。当转子旋转时，磁极交替地在定子铁芯中穿过，形成一个旋转的磁场，磁力线和定子绕组之间产生相对运动，在三相绕组中产生交流感应电动势。

在交流发电机中，由于转子磁极呈鸟嘴形，其磁场的分布近似正弦规律，所以在发电机定子绕组中产生的交流感应电动势也近似正弦规律。

由于三相绕组在定子槽中是对称绕制的，因此在三相绕组中产生的三相电动势亦是对称的。在三相绕组中所产生的交流感应电动势可用下列方程式表示：

$$e_U=E_m\sin\omega t=\sqrt{2}\,E_\phi\sin\omega t$$

$$e_V=E_m\sin(\omega t-120°)=\sqrt{2}\,E_\phi+\sin(\omega t-120°)$$

$$e_W=E_m\sin(\omega t-240°)=\sqrt{2}\,E_\phi+\sin(\omega t-240°)$$

式中　E_m——相电动势的最大值；

E_ϕ——相电动势的有效值；

ω——电角速度，$\omega=2\pi f$。

发电机每相绕组中所产生的电动势的有效值 E_ϕ（V）为

$$E_\phi=4.44pKfN\Phi$$

式中　K——定子绕组系数，一般小于 1；

f——感应电动势的频率，Hz，$f=\frac{pn}{60}$，其中 p 为磁极对数，n 为转速（r/min）；

N——每相绕组的匝数；

Φ——磁极的磁通量，Wb。

当外接负载时，三相绕组输出的交流电压 u_U、u_V、u_W 也是对称的，如图 2-12（b）所示。

2. 交流发电机的整流原理

硅整流二极管具有单向导电性：当给硅整流二极管加上正向电压（正极电位高于负极电位）时导通，硅整流二极管呈现低电阻状态；当给硅整流二极管加一反向电压（正极电位低于负极电位）时截止，硅整流二极管呈现高电阻状态。利用硅整流二极管的这种单向导电性，制成了交流发电机的硅整流器，使交流电变为直流电。硅整流器实际上是一个由 6 只硅整流二极管组成的三相桥式整流电路，如图 2–12 所示。

三相桥式整流电路的整流原理如图 2–12（a）所示。

1）由于 3 个正极管子（VD_1、VD_3、VD_5）的正极分别接在发电机三相绕组的首端（U_1、V_1、W_1），而它们的负极同接在元件板上，因此这 3 个正极管子导通的条件是：在某一瞬间，哪一相的电压最高（相对其他两相来说正值最大），则该相的正极管子就导通。

2）由于 3 个负极管子（VD_2、VD_4、VD_6）的负极也分别接在发电机三相绕组的首端，而它们的正极同接在后端盖上，所以这 3 个负极管子的导通条件是：在某一瞬间，哪一相的电压最低（相对其他两相来说负值最大），则该相的负极管子就导通。

3）在每一瞬间，同时导通的管子只有两个，即正、负管子各一个。

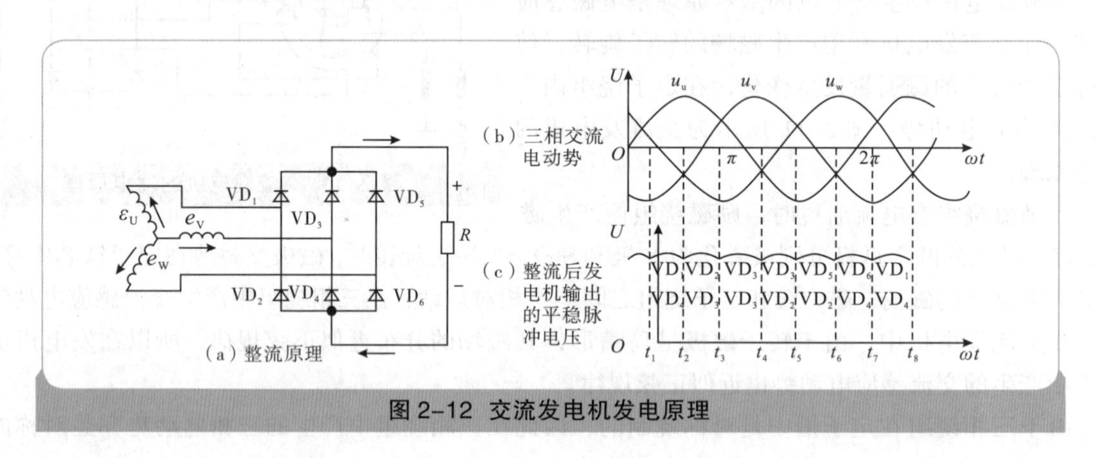

图 2–12 交流发电机发电原理

据上述原则，其整流过程如下：

在 $t_1 \sim t_2$ 时间内，U 相的电压最高，而 V 相的电压最低，故 VD_1、VD_4 处于正向电压下而导通，负载 R 两端得到的电压 U_{UV} 为线电压的瞬时值（不计管子导通时的压降）。

在 $t_2 \sim t_3$ 时间内，U 相的电压仍最高，而 W 相的电压变为最低，于是 VD_1、VD_6 导通，R 两端的电压为 U_{UW}。

在 $t_3 \sim t_4$ 时间内，VD_3、VD_6 导通，R 两端的电压为 U_{VW}。

这样依次类推，循环反复，就在 R 两端得到一个比较平稳的脉冲直流电压 U，一个周期内有 6 个波形，如图 2–12（c）所示。

有的发电机具有中性点接线柱，如图 2–13 所示。中性点接线柱是从三相绕组的末端引出来的，标记为“N”，输出电压为 U_N。由于 U_N 是通过 3 个搭铁的负极管子整流后得到的直流电压（即三相半波整流），所以

$$U_N=\frac{1}{2}U$$

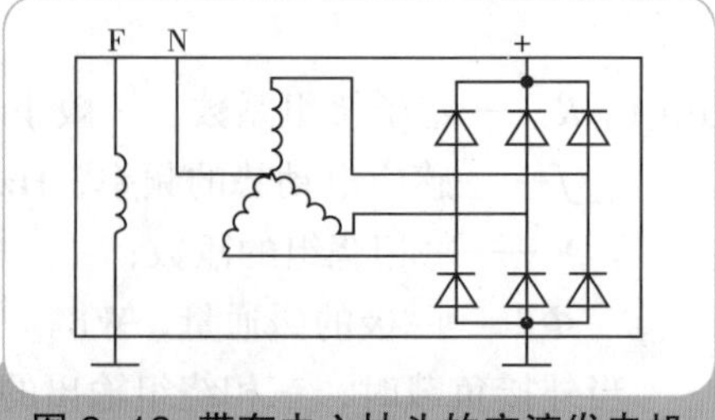

图 2–13 带有中心抽头的交流发电机

中性点电压 U_N 一般用来控制各种用途的继电器，如磁场继电器、充电指示灯继电器等。实际上，对于有些交流发电机（如帕萨特、奥迪等轿车）来说，在三相绕组的中性点处接上两只中性点二极管（功率二极管），并通过两只中性点二极管与桥式整流器的正、负输出端相连，如图 2–14 所示为其整流电路，图中 VD_7、VD_8 为中性点二极管。采用此种做法，当发动机高速运转时，可有效地利用中性点电压来增加发电机的输出功率。实践证明，在交流发电机上采用中性点二极管后，输出功率可增加 10% ~ 15%。

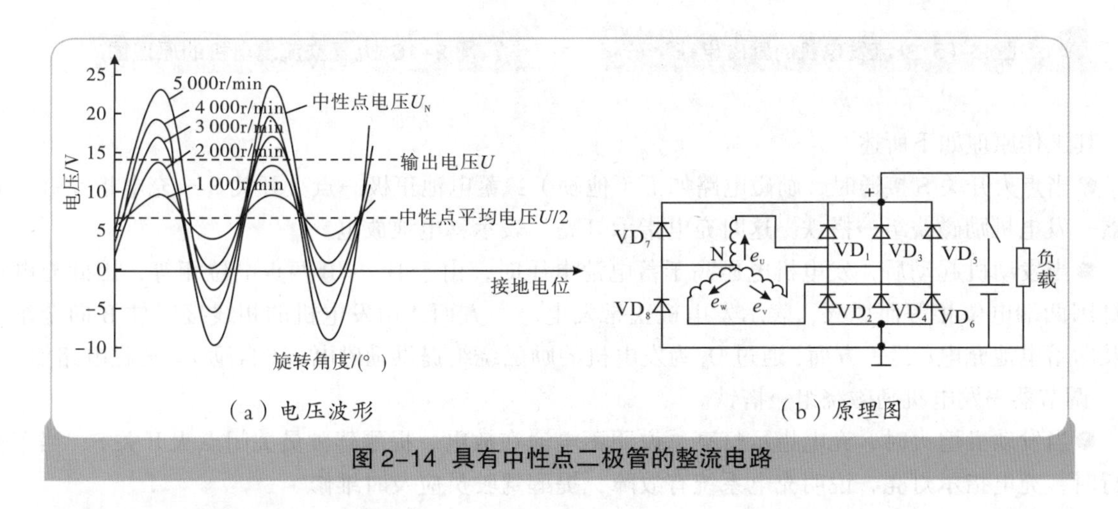

图 2–14　具有中性点二极管的整流电路

3. 交流发电机的励磁特点

交流发电机在无外接直流电源时，由于转子保留的剩磁很弱，因此在低速时，仅靠磁产生的电动势（小于 0.6V）并不能使二极管导通，发电机也就不能发电。为了克服这一缺点，在发电机开始发电时采用了他励方式，即由蓄电池为励磁绕组提供励磁电流，以增强磁场，使发电机在低速转动时电压能够迅速上升，从而实现发动机怠速时发电机便可向蓄电池充电。发电机向蓄电池充电时，励磁方法由他励方式变为自励方式，即励磁电流由发电机自己提供。简单地说，交流发电机的励磁方法是先他励，后自励。

图 2–15 所示为交流发电机的励磁电路。当点火开关 S 接通时，蓄电池便通过调节器向发电机的励磁绕组提供励磁电流（他励），励磁电路如下：蓄电池正极→点火开关 S→调节器“+”接线柱→调节器→调节器的 F 接线柱→发电机的 F 接线柱→发电机励磁绕组→搭铁。

当发动机起动后，发电机的输出电压略高于蓄电池电压时，发电机自己给励磁绕组提供励磁电流（自励），励磁电路如下：发电机正极→点火开关 S→调节器“+”接线柱→调节器→调节器的 F 接线柱→发电机的 F 接线柱→发电机励磁绕组→搭铁，发电机自励发电。

以上分析的励磁电路只是一个基本电路，这样的励磁电路还存在着一个缺点，即驾驶员如果在发动机熄火后忘记将点火开关 S 关闭，蓄电池就会通过调节器向发电机励磁绕组长时间放电。针对这一问题，有很多车型使用了九管交流发电机。如图 2–16 所示，增加了 3 个功率较小的硅二极管，专供励磁电流，称为励磁二极管，励磁二极管同时也控制充电指示灯。3 只励磁二极管与 3 只负极管子同样组成桥式整流电路，D_+ 点与相线接线柱 B 点电位相等。

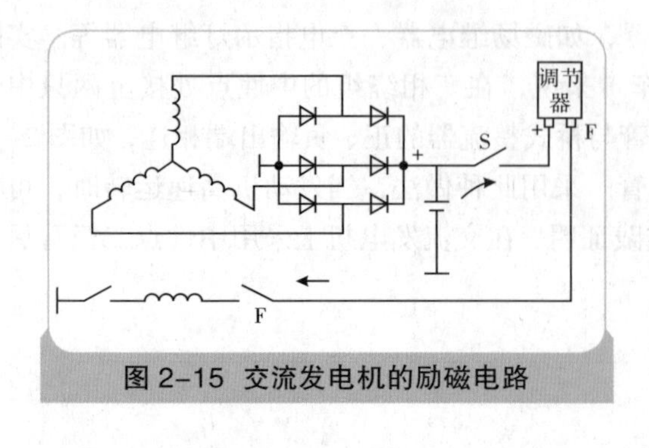

图 2-15 交流发电机的励磁电路

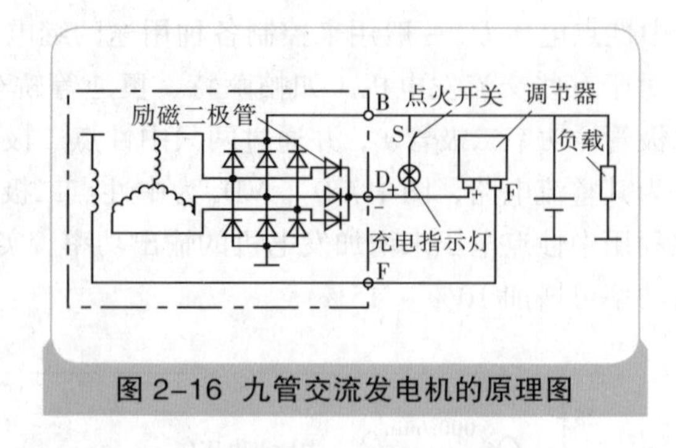

图 2-16 九管交流发电机的原理图

其工作原理如下所述。

●当点火开关 S 接通时，励磁电路如下（他励）：蓄电池正极→点火开关 S→充电指示灯→调节器→发电机励磁绕组→搭铁。这时充电指示灯亮，表示蓄电池放电。

●当发动机起动后，发电机电压高于蓄电池电压时，由于 D_+ 与 B 两点电位相等，因此充电指示灯因两端电位相等而熄灭，表示发电机正常发电。一方面，由发电机的相线接线柱 B 向全车供电及向蓄电池充电；另一方面，通过 D_+ 为发电机的励磁绕组提供励磁电流（自励）。励磁电路如下：D_+→调节器→发电机励磁绕组→搭铁。

●当发动机熄火时，充电指示灯亮，说明蓄电池在放电，提醒驾驶员关闭点火开关 S；当车辆运行时，充电指示灯亮，说明充电系统有故障，提醒驾驶员应及时维修。

四、电压调节器的工作原理

由于交流发电机的转子是由发动机通过 V 带驱动旋转的，且发动机和交流发电机的速比为 1.7 ~ 3，因此，交流发电机转子的转速变化范围非常大，这样将引起发电机的输出电压发生较大变化，无法满足汽车用电设备的工作要求。为了满足用电设备恒定电压的要求，交流发电机必须配用电压调节器，使其输出电压在发动机所有工况下保持恒定。

1. 电压调节器的基本工作原理

由交流发电机的工作原理可知，交流发电机的三相绕组产生的三相电动势的有效值 $E_\phi=4.44KfN\Phi$，这样，交流发电机每相绕组电动势有效值可写成：

$$E_\phi=Cn\Phi$$

这里 C 为发电机的结构常数，n 为转子的转速，Φ 为转子的磁极磁通量。也就是说交流发电机所产生的感应电动势 E_ϕ 与转速 n 和磁极磁通量 Φ 成正比。当转速 n 升高时，要想使发电机的输出电压保持恒定，只能通过减小磁极磁通量 Φ 来实现。又因为磁极磁通量 Φ 与励磁电流 I_j 成正比，减小磁极磁通量 Φ 也就是减小励磁电流 I_j。

所以，交流发电机调节器的工作原理是：当交流发电机的转速 n 升高时，调节器通过减小发电机的励磁电流 I_j 来减小磁极磁通量 Φ，使发电机的输出电压保持不变。

2. 集成电路调节器的工作原理

集成电路调节器也称 IC 调节器，是根据使用要求，将电路中的若干元件集成在同一基片上，制成一个独立的电子芯片。集成电路调节器装于发电机内部，构成整体式交流发电机。发电机外部有 2 个或 3 个接线柱。

集成电路调节器的工作原理与晶体管调节器的工作原理完全一样，都是根据发电机的输出电压信号，利用晶体管的开关特性控制发电机的励磁电流，使发电机的输出电压保持恒定。

集成电路调节器的电压检测方法可分为发电机电压检测法和蓄电池电压检测法两种，如图 2-17 所示。下面分别对其进行介绍。

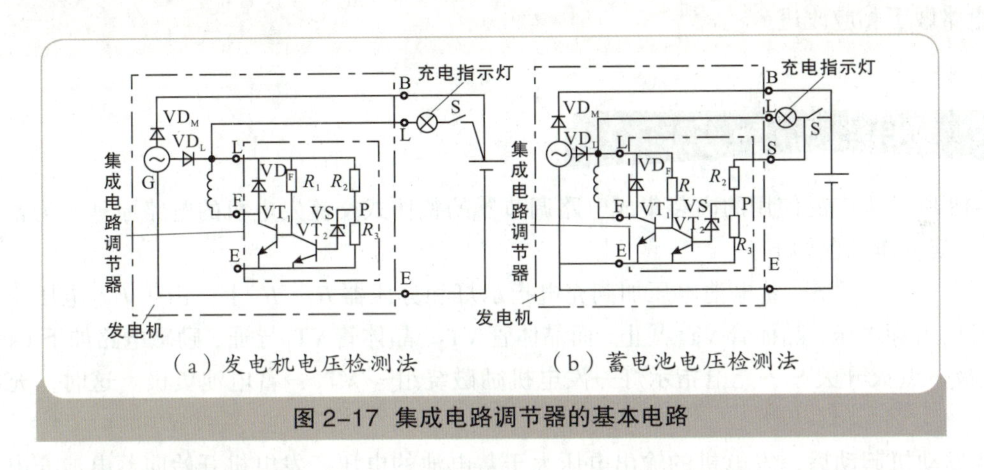

图 2-17　集成电路调节器的基本电路

（1）发电机电压检测法

如图 2-17（a）所示，分压器 R_2 和 R_3 的端电压 U_{LE} 等于发电机的端电压 U_{BE}。由检测点 P 加到稳压管 VS 两端的反向电压 U_{PE}（经 VT_2 的发射结）正比于发电机的输出电压 U_{BE}，因此，这种基本电路称为发电机电压检测法。其工作原理如下所述。

点火开关 S 接通后，蓄电池电压加到充电指示灯和分压器 R_2、R_3 上。这时由于 U_{PE} 小于 VS 的击穿电压，晶体管 VT_2 截止；而晶体管 VT_1 则由于发射结（经 R_1）承受正向电压而导通，励磁电路如下（他励）：蓄电池正极→点火开关 S →充电指示灯→励磁绕组→ VT_1 →蓄电池负极（搭铁）。

这时由蓄电池提供励磁电流，充电指示灯亮。发动机起动后，随着发动机转速升高，当发电机的输出电压超过蓄电池电动势时，发电机开始向蓄电池充电，同时，励磁方法由他励变为自励，励磁电路如下：发电机二极管 VD_L →励磁绕组→ VT_1 →蓄电池负极（搭铁）。

同时，充电指示灯由于两端的电位相等而熄灭，表示发电机正常发电。当发电机的输出电压达到调整值时，U_{PE} 大于 VS 的击穿电压，使 VS 导通，VT_2 导通，VT_2 导通的同时将 VT_1 的发射结短路，使 VT1 截止，励磁电流迅速减小，发电机输出电压 U_{BE}（即 U_{LE}）也随之下降，接着 VS 和 VT_2 又重新截止，VT_1 又导通，产生励磁电流。如此循环，VT_1 反复导通与截止，控制励磁电流，使发电机的输出电压保持恒定。

VT_1 截止瞬间，在励磁绕组中产生的自感电动势，经续流二极管 VD_F 自成回路，迅速消失，从而保护了 VT_1，防止被反向击穿。

（2）蓄电池电压检测法

如图 2-17（b）所示，蓄电池电压检测法的工作原理与发电机电压检测法基本相同，所不同的是：发电机电压检测法的控制信号直接来自于发电机的输出电压，而蓄电池电压检测法的控制信号来自于蓄电池的正极。

相比而言，采用发电机电压检测法，可省去信号输入线，缺点是当发电机至蓄电池电路上的压降较大时，可导致蓄电池充电不足。因此，一般大功率发电机多采用蓄电池电压检测法，使蓄电池的端电压得以保证。若采用蓄电池电压检测法，当发电机的电压输出线或信号输入线断路时，由于无法检测发电机的工作情况，可造成发电机失控现象。故多数车型在应用中，都对具体电路做了相应改进。

3. 集成电路调节器实例

图 2-18 所示为广泛使用的内装集成电路调节器的整体式交流发电机的电路原理，为蓄电池电压检测法。其工作过程如下。

1）闭合点火开关 S，蓄电池电压加到充电指示灯和分压器 R_2、R_3 上，由于 U_{PE} 电压小于稳压管 VS 的反向击穿电压，晶体管 VT_3 截止，而晶体管 VT_2、晶体管 VT_1 导通，励磁电路如下（他励）：蓄电池正极→点火开关 S→充电指示灯→发电机励磁绕组→ VT_1 →蓄电池负极。这时，充电指示灯亮。

2）当发动机起动后，发电机的输出电压大于蓄电池的电压，发电机开始向蓄电池充电，励磁方法由他励变为自励，励磁电路如下：发电机二极管 VD_L →发电机励磁绕组→ VT_1 →蓄电池负极。同时，充电指示灯由于两端电位相等而熄灭，表示发电机正常发电。

3）当发电机的输出电压达到调整值时，U_{PE} 电压大于 VS 的反向击穿电压，VS 导通，VT_3 导通，VT_2、VT_1 截止。这时，励磁电流迅速下降，发电机的输出电压迅速下降。

4）接着 VS 和 VT_3 又重新截止，VT_2、VT_1 又重新导通，产生励磁电流。如此循环，VT_1 反复导通与截止，控制励磁电流，使发电机的输出电压保持恒定。

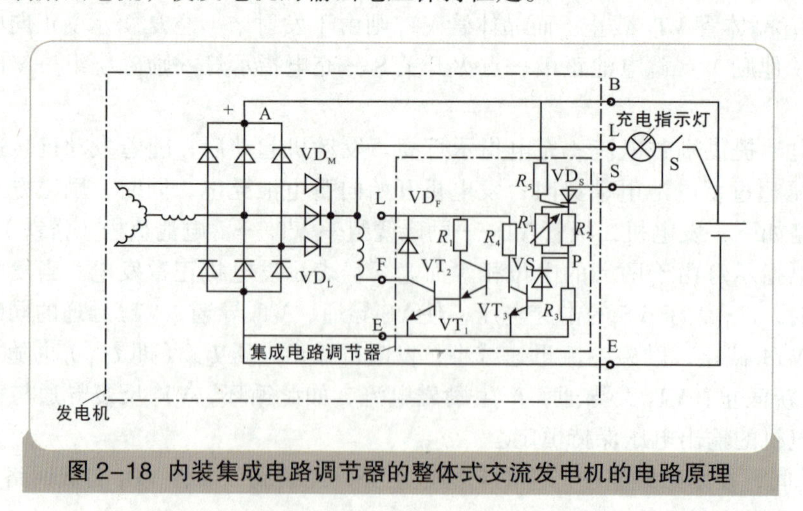

图 2-18 内装集成电路调节器的整体式交流发电机的电路原理

其他元件的作用：

在此电路中，增加了一个与分压器 R_2、R_3 串联的二极管 VD_S，同时在 VD_S 的负极和发电机 B 端之间接入电阻 R_5。这样可防止当蓄电池正极与发电机的接线有断路现象时，发电机失控。

R_T 为热敏电阻，温度升高阻值减小，与 R_2 并联。这样可降低蓄电池在高温（环境温度）时的充电电压，有利于蓄电池的充电。

为了减小发电机流经 S 接线柱的电流，增大了 R_2、R_3 的电阻，这样在电路中增加了 VT_3，VT_3 起放大作用。

任务二 交流发电机的检测与故障诊断

一、交流发电机的使用与维护

1. 交流发电机与调节器的使用注意事项

1）蓄电池的极性必须负极搭铁，不得接反；否则，会烧坏发电机与调节器中的电子元件。

2）发电机工作时，不允许用试火的方法检查发电机的相线接线柱是否发电，否则将损坏发电机的整流器。

3）当发现发电机不发电或发电量小时，应及时到修理厂检修，否则易导致蓄电池充电不足。

4）发电机正常工作时，切不可任意拆动用电设备的连接线，以防止引起电路中的瞬时过电压，损坏电子元件。

5）发动机自行熄火时，应及时关闭点火开关，以防止蓄电池通过励磁电路放电。

6）选用专用调节器，特殊情况临时使用代用调节器时，注意代用调节器的标称电压与搭铁极性。

2. 交流发电机与调节器的维护注意事项

（1）充电系统的初步检验

在进行充电系统检测前，初步检验是很必要的。许多故障都是从这简单的步骤中查出的。其检查项目如下：

1）检查发电机 V 带张紧状况。过松将影响发电机的发电量，过紧将导致轴承过早损坏。

2）检查发电机、调节器的线束连接。

3）检查蓄电池的电缆线和极桩、发动机与底盘的搭铁线。

4）检查蓄电池有无充电不足的迹象。

5）检查蓄电池有无过充电的迹象。

（2）解体后的检验

解体后清洁各个部件，在进行零部件检测前进行简单检验。

1）通过使前后轴承在转子轴上旋转的办法检查轴承有无噪声、晃动或发涩，如果有任何一种情况，都必须更换轴承。

2）目测检查集电环。如果集电环烧蚀、划伤、变色、变脏可用细砂布抛光。

3）目测定子绕组和励磁绕组转子有无绝缘物烧蚀的迹象，如果有，更换定子或转子总成。

4）目测前后端盖、风扇及带轮有无裂纹。如果有，则更换该部件。

5）电刷高度小于 7 mm 时，必须更换。

（3）发电机的拆卸注意事项

1）必须首先拆下蓄电池的搭铁线，然后才可以断开发电机与调节器的线束。

2）当拆卸发电机轴承时，必须使用拉力器。

3）一般情况下，发电机的带轮、风扇和前端盖不必从转子轴上拆卸。

4）拆卸整流器及后端盖上的接线柱时，所有绝缘衬套和绝缘垫圈不得丢失。

（4）就车维修检测时注意事项

1）最好使用专用工具对充电系统进行检测。

2）在判断不发电故障部位是在发电机还是调节器，将调节器短路时，必须注意这时发电机的电压将失控，电压可能达到 16 ~ 30V，所以检测要控制在很短时间内进行。

3）当线路故障没有排除时，不要更换新的调节器，这样做可能会损坏新的调节器。

二、交流发电机的拆装

拆卸发电机

1. 发电机总成的更换

1）松开发电机的固定螺栓，松开张紧轮，如图 2-19 所示。

2）取下多楔带，如图 2-20 所示。

3）取紧固螺栓，将发电机摇松。

4）将发电机倒置，拧下发电机输出接线柱（图 2-21），取下发电机。

5）按相反的顺序安装发电机总成。

6）检查传动 V 带是否偏斜，检查 V 带的张紧度。

图 2-19 松开固定螺栓

图 2-20 取下多楔带

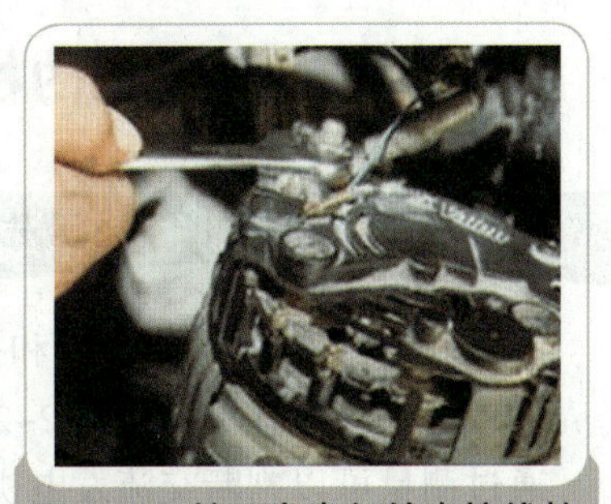
图 2-21 拧下发电机输出接线柱

2. 发电机的分解与装配

1）用扭力扳手拧出发电机带轮的紧固螺母，取出螺母垫圈。

2）用拉力器拉出发电机带轮，如图 2–22 所示。

图 2-22 拉出发电机带轮

3）拧下发电机后端盖的整流器罩盖螺栓，取下后端盖。

4）拧下发电机前、后端壳体各紧固螺栓，用橡胶锤敲击转子轴，如图 2–23 所示。

5）取出前端盖，如图 2–24 所示。

6）取出止推垫圈，取出风扇叶轮，如图 2–25 所示。

7）取出转子总成，如图 2–26 所示。

8）按拆解的反顺序装复。装复后，转动发电机带轮，转子转动平顺，无摩擦及碰击声。

分解发电机

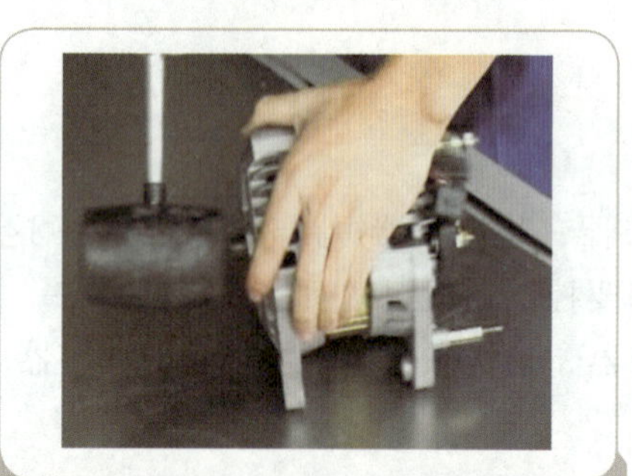
图 2-23 敲击转子轴

图 2-24 取出前端盖

图 2-25 取出风扇叶轮

图 2-26 取出转子总成

三、交流发电机的检测

检查发电机

1. 交流发电机的整机检测

测量发电机的输出端子 B_+ 和搭铁端 E 之间的阻值（壳体或搭铁接线柱），如图 2–27 所示。

通过测量可以判断交流发电机整流器是否有故障，如有故障应将发电机解体进一步检测。

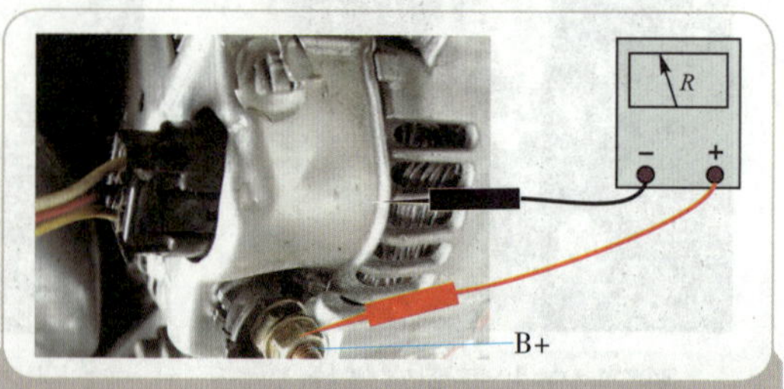

图 2-27 测量发电机 B_+ 和搭铁端 E 之间的阻值

2. 交流发电机零部件的检修

（1）整流器的检测与维修

如图 2-28 所示，将二极管的引线与其他连接分离，分别将红表笔和黑表笔与二极管正、负极接触测量，然后更换表笔再测量。若两次测量值一次小（正向电阻，8 ~ 10Ω）、一次大（反向电阻，大于 10kΩ），说明二极管性能良好；若两次均测量值均为“∞”，说明二极管断路；若两次测量值均为“0”，说明此二极管被击穿短路。短路和断路的二极管均应更换。

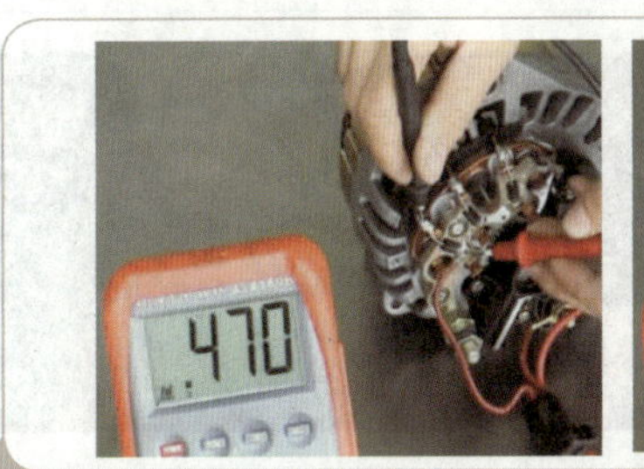

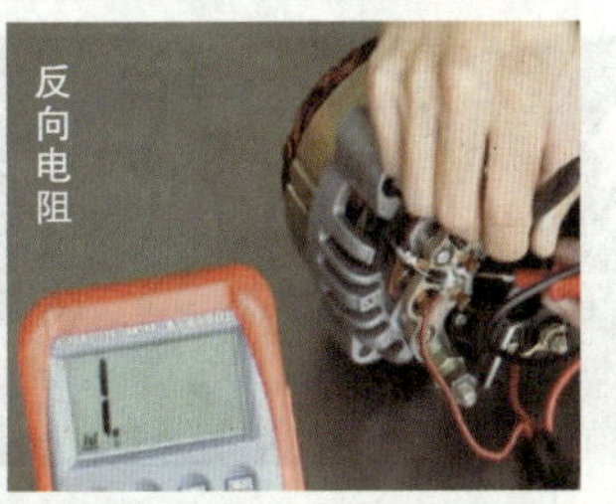

图 2-28　二极管的检测

（2）转子的检测

①集电环的检修

集电环表面应光洁，不得有油污，否则应进行清洁。当集电环脏污严重并有轻微烧损时，可用细砂布磨光，如图 2-29 所示；若严重烧损或失圆，可在车床上车削修复，修复后，集电环表面粗糙度 $Ra \leqslant 1.60\mu m$，集电环厚度不小于 1.50mm。

②转子轴的检修

转子轴的弯曲会造成转子与定子之间间隙过小而摩擦或碰撞，如发现发电机运转时阻力过大或有异响，应检查转子轴是否有弯曲。要求发电机转轴对其轴线的径向圆跳动不大于 0.05mm，否则应进行校正或更换，如图 2-30 所示。

图 2-29　集电环的磨光

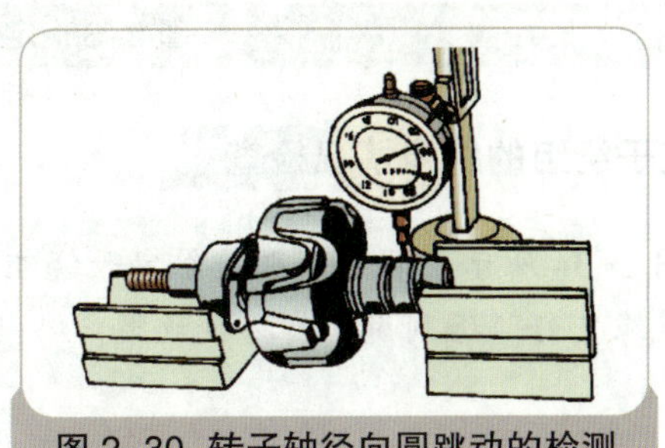

图 2-30　转子轴径向圆跳动的检测

③励磁绕组的检测

励磁绕组短路和断路检测：表笔分别接触两个集电环，如图 2-31 所示。如果电阻无穷大，说明励磁绕组有断路故障；如果电阻为零，说明有短路故障。

励磁绕组的绝缘性能检查：用万用表电阻挡，表笔分别接触集电环和转子轴，如图 2-32 所示。如果电阻无穷大，说明励磁绕组绝缘良好，否则说明有搭铁故障。

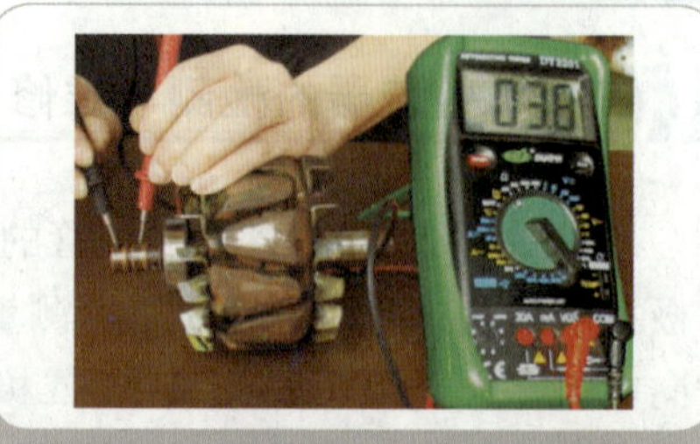

图 2-31 励磁绕组短路和断路检测

图 2-32 励磁绕组的绝缘性能检查

（3）定子的检测

①定子绕组的断路检查

如图 2-33 所示，两表笔每触及定子绕组的任何两相首端，电阻值都相等并且电阻很小，说明没有断路故障；如果电阻无穷大，说明定子绕组有断路故障。

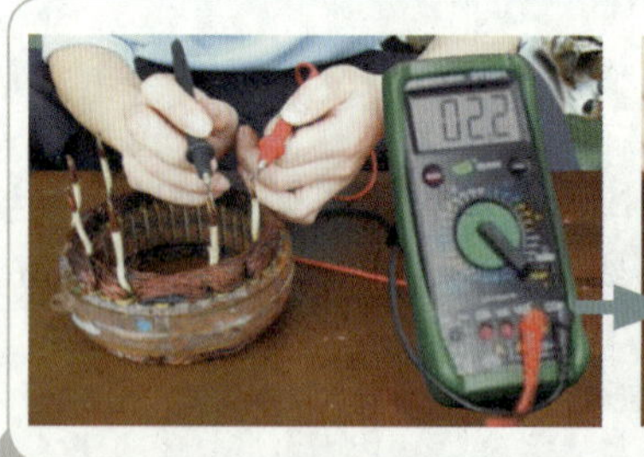

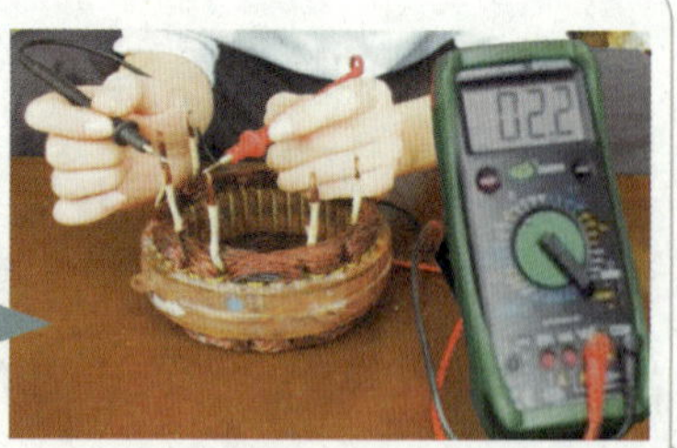

图 2-33 定子绕组的断路检查

②定子绕组的绝缘情况检查

如图 2-34 所示，表笔分别接触定子绕组间和定子绕组与定子铁芯间，如果电阻无穷大，说明绕组绝缘良好，否则说明有搭铁故障。

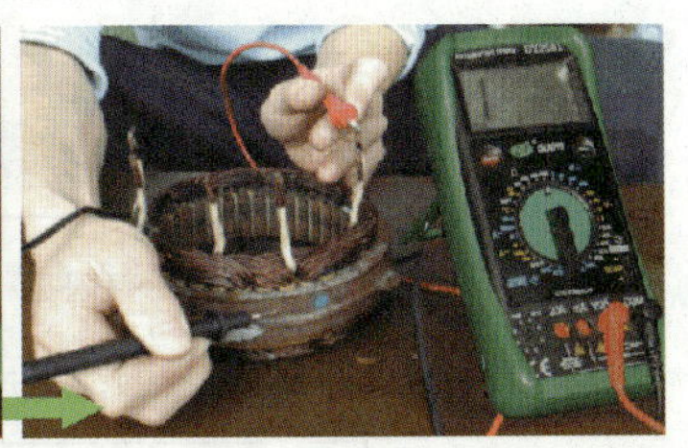

图 2-34　定子绕组的绝缘情况检查

3. 电刷组件的检测

电刷及电刷架应无破损或裂纹，电刷在电刷架中应能活动自如，无卡滞现象。测量电刷的高度，当电刷的高度低于原来的 2/3 时应更换，如图 2-35 所示。

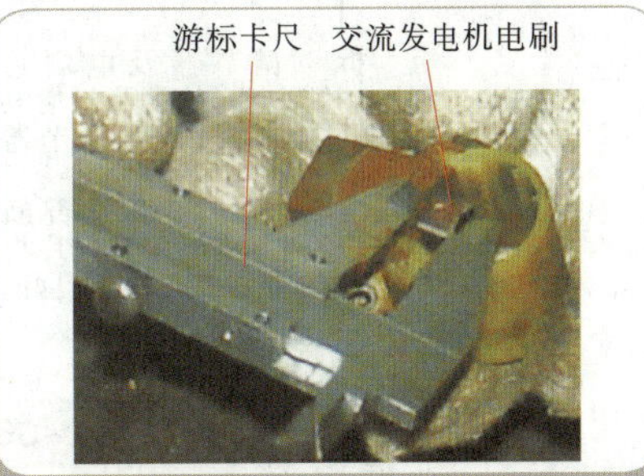

图 2-35　交流发电机电刷高度的检测

四、故障诊断与排除

1. 发电机不充电故障的诊断与排除

（1）故障现象

发动机在怠速以上转速运转时，充电指示灯不熄灭；在怠速以下转速运转时，充电指示灯不亮，但蓄电池出现亏电现象。

（2）故障原因

- 发电机 V 带过松或有油污引起打滑。
- 磁场绕组断路、搭铁或匝间短路。
- 定子绕组断路、搭铁或匝间短路。
- 电刷与集电环接触不良。
- 整流二极管、励磁二极管断路或击穿。
- 充电指示灯损坏。
- 充电指示灯与仪表板 14 孔黑色插接件 T14/12 插孔间的二极管断路。
- 电压调节器损坏。

（3）故障的诊断与排除

接通点火开关，检查充电指示灯是否闪亮，如果不亮，则可按图 2-36 所示的步骤进行判断与排除。

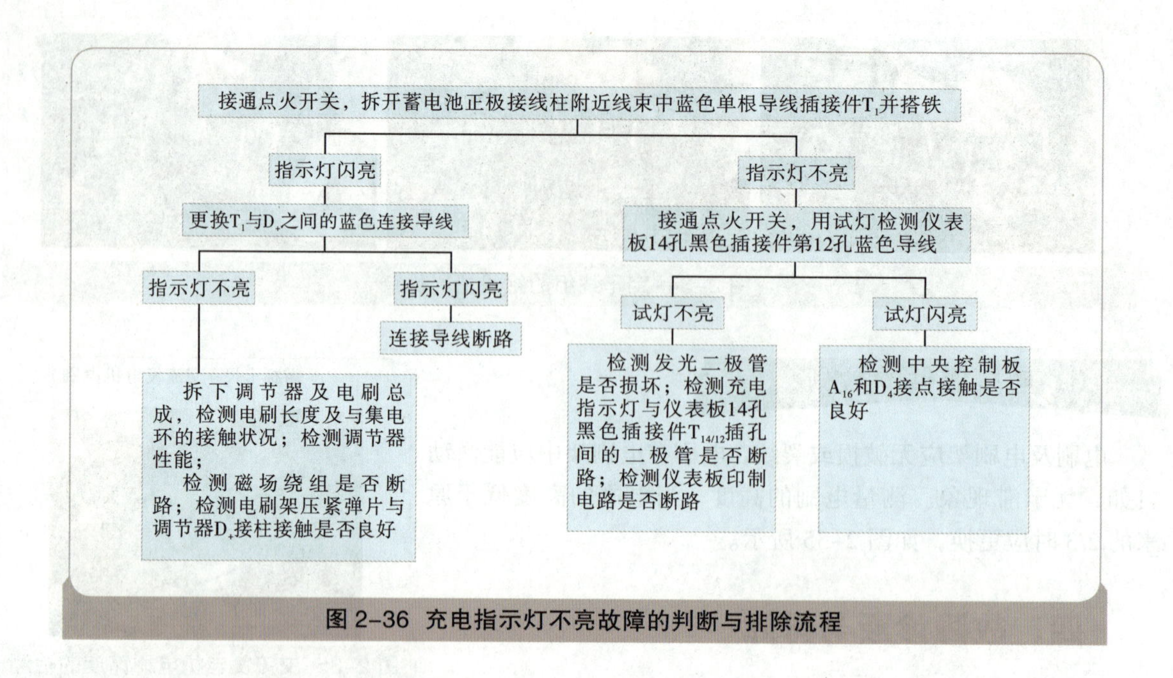

图 2-36 充电指示灯不亮故障的判断与排除流程

发动机在怠速以上转速运转时充电指示灯仍亮，则按图 2-37 所示的顺序进行判断与排除。

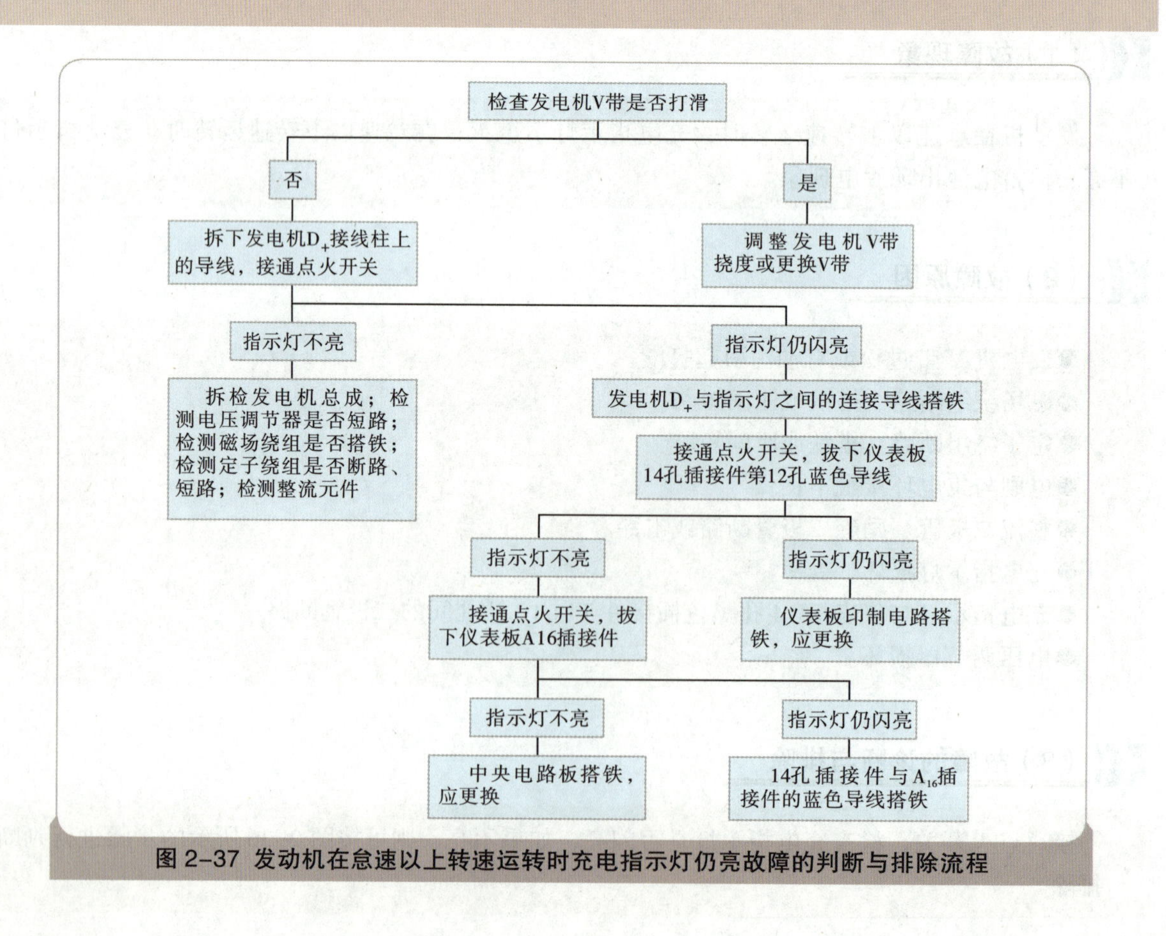

图 2-37 发动机在怠速以上转速运转时充电指示灯仍亮故障的判断与排除流程

2. 充电电流过小故障的诊断与排除

（1）故障现象

发动机在中速以上转速运转时，充电指示灯方能熄灭，打开前照灯时灯光暗淡。

（2）故障原因

- 发电机 V 带打滑。
- 充电线路接触不良。
- 电刷与集电环接触不良。
- 电枢绕组局部短路。
- 个别整流二极管或励磁二极管断路、击穿。
- 定子绕组断路或局部短路。
- 电压调节器工作不良。

（3）故障的诊断与排除

充电电流过小故障的诊断与排除流程如图 2-38 所示。

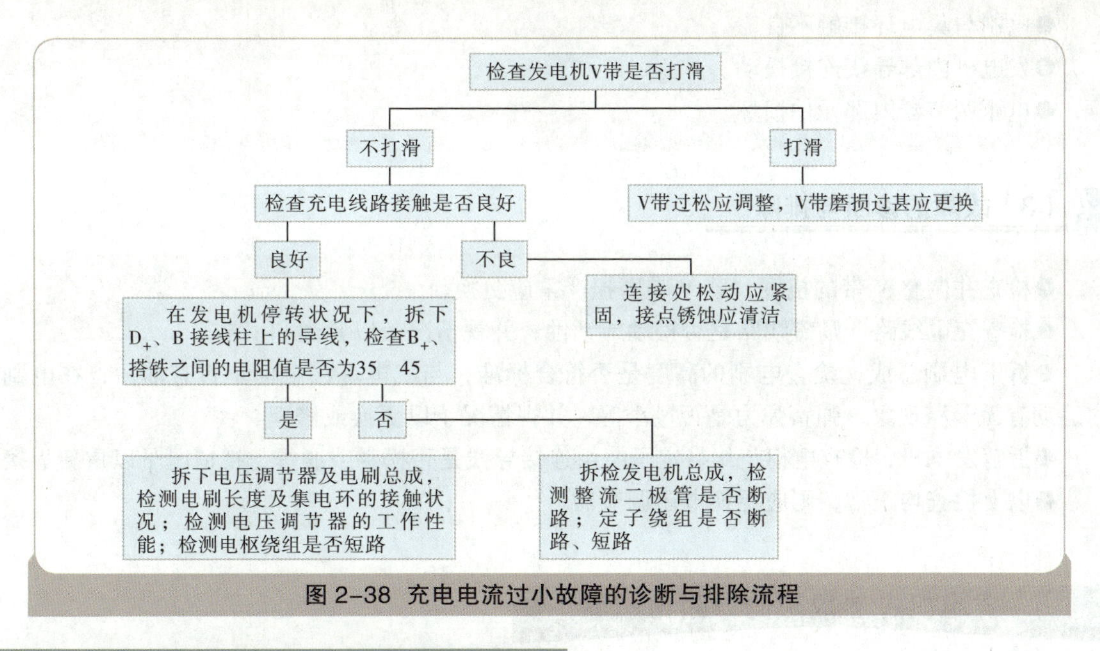

图 2-38 充电电流过小故障的诊断与排除流程

3. 充电电流过大故障的诊断与排除

（1）故障现象

蓄电池电解液消耗过快，发电机及点火线圈容易过热，灯泡易烧坏。

（2）故障原因

电压调节器 D_F 与 D- 之间短路。

（3）故障的诊断与排除

更换电压调节器。

4. 充电不稳故障的诊断与排除

（1）故障现象

发动机在怠速以上转速运转时，充电指示灯时亮时灭。

（2）故障原因

●发电机 V 带打滑。
●充电线路或磁场绕组接线柱松动。
●电刷与集电环接触不良。
●发电机内部导线连接松动。
●电压调节器内部元件损坏。

（3）故障的诊断与排除

●检查并调整 V 带的挠度，若 V 带磨损严重应更换。
●检查充电线路、励磁线路是否松动或锈蚀，并视情况予以紧固和清洁。
●拆下电刷总成，检查电刷的高度是否符合标准，与集电环接触面是否有油污，在电刷架内运动有无卡滞现象，弹簧弹力是否过小等，并视情况予以更换或修理。
●拆解发电机，检查电枢绕组、定子绕组连接导线是否松动或脱焊，视情况予以重新焊接。
●以上检查均正常，则应更换电压调节器。

5. 发电机过热故障的诊断与排除

（1）故障现象

发电机运转过程中温度过高，严重时烧坏磁场绕组或定子绕组。

（2）故障原因

●发电机前、后端轴承润滑不良。

●发电机电枢爪极与定子铁芯相互摩擦。

●交流发电机与发动机不匹配，最高转速过低。

（3）故障的诊断与排除

●若非原装发电机，应比较现装与原装的最高允许转速及 V 带轮直径。若现装发电机的最高允许转速低于原装发电机的最高允许转速，且差值较大，或 V 带轮直径小于原装 V 带轮直径，应按标准进行更换。

●若为原装发电机，则应拆解发电机，检查前、后端轴承是否破裂，润滑是否良好，转子爪极与定子铁芯之间有无摩擦刮痕。

6. 发电机异响故障的诊断与排除

（1）故障现象

发电机工作过程中发出连续或断续的异常响声。

（2）故障原因

●发电机 V 带打滑。

●发电机轴承损坏。

●转子与定子间发生碰擦。

●风扇叶片与前端盖碰擦。

（3）故障的诊断与排除

●若异响断续出现，且发电机转速变化时响声严重，应检查发电机 V 带的挠度，并予以调整。

●若异响连续，应观察风扇叶片与前端盖是否碰擦。用听诊器或旋具听诊发电机前、中、后端部，如图 2-39 所示。如果响声在发电机的前、后部严重，则为发电机轴承损坏或润滑不良；若响声在发电机中部且有振动感，则为转子与定子发生碰擦。应拆解发电机，润滑或更换相应部件。

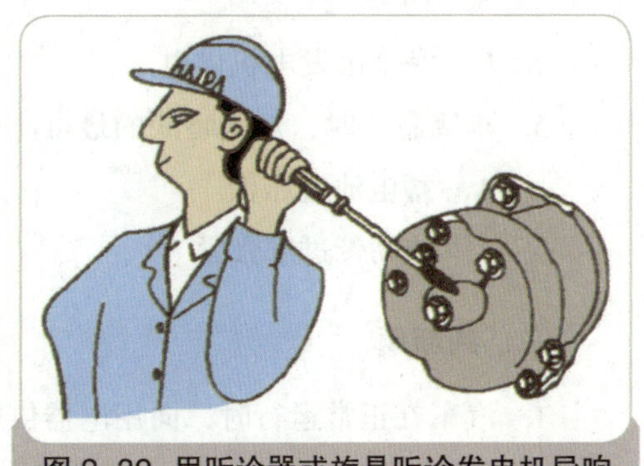

图 2-39　用听诊器或旋具听诊发电机异响

一、填空题

1. 交流发电机由______驱动，是汽车电气的主要______，它在正常工作时，对除______以外的所有______供电，并向______充电以补充______在使用中所消耗的电能。

2. 普通交流发电机一般由______、______、______、______、______及______等组成。

3. 转子的作用是产生______。转子由______、______、______、______、______等组成。

4. 定子的作用是______。定子安装在______，和发电机的______固定在一起。当______在其______转动时，引起定子绕组中______的变化，______中就产生交变的感应电动势。

二、选择题

1. 汽车上交流发电机配装了调节器后，具有（ ）的性能。

A. 限制自身最大输出电流　　B. 限制自身最大输出电压

C. 同时限制最大输出电流和最大输出电压　　D. 控制励磁电流保持恒定不变

2. 经常烧毁灯泡和分电器触点的故障原因是（ ）。

A. 调节器调节电压过高　　B. 发电机 V 带打滑

C. 充电电流不稳　　D. 以上均不是

3. 交流发电机电刷在其架内卡滞或磨损过大，将使发电机（ ）。

A. 不发电　　B. 充电电流过大

C. 发出响声　　D. 以上均不正确

4. 汽车电气设备有着共同的特点，即直流低压、（ ）、并联单线和负极搭铁。

A. 均为 12V　　B. 两个电源

C. 完全由发电机供电　　D. 有点火系

5. 车辆怠速时，灯泡暗淡的最可能故障原因是（ ）引起的。

A. 蓄电池电压低　　B. 发电机输出电压低

C. 传动带过度张紧　　D. 前照灯开关有故障

三、判断题

1. 汽车在正常运行时，向用电器供电的是发电机。（ ）

2. 汽车上用的电和日常生活上用的电是一样的，都是交流电。（ ）

3. 汽车上采用单线制时，必须是负极搭铁。 （ ）
4. 起动发动机的电源是发电机。 （ ）
5. 充电指示灯熄灭说明发电机有故障。 （ ）
6. 充电指示灯亮说明蓄电池处于充电状态。 （ ）
7. 充电时，充电指示灯亮；不充电时，充电指示灯熄灭。 （ ）
8. 充电指示灯熄灭就表示发电机有故障不发电。 （ ）
9. 发动机运转时，严禁将蓄电池回路突然断开，以免损坏晶体管设备。 （ ）

四、简答题

1. 简述发电机的工作原理。

2. 发电机的由哪几部分组成？各自的功用是什么？

3. 在汽车上怎么样检测交流发电机是否发电？

课题三
起动机

学习目标

通过本课题的学习，你应能：

1. 熟悉起动机的功用及组成。
2. 掌握起动机的构造与工作原理
3. 掌握起动机的拆装、检查方法。
4. 能够对起动系统常见故障进行诊断与排除。

任务一 起动机的构造与工作原理

一、起动机的功用与组成

起动机的功用是将电能转化成机械能，用以驱动发动机飞轮旋转，完成发动机的起动。起动机由直流电动机、传动机构、操纵机构 3 个部分组成，如图 3-1 所示。

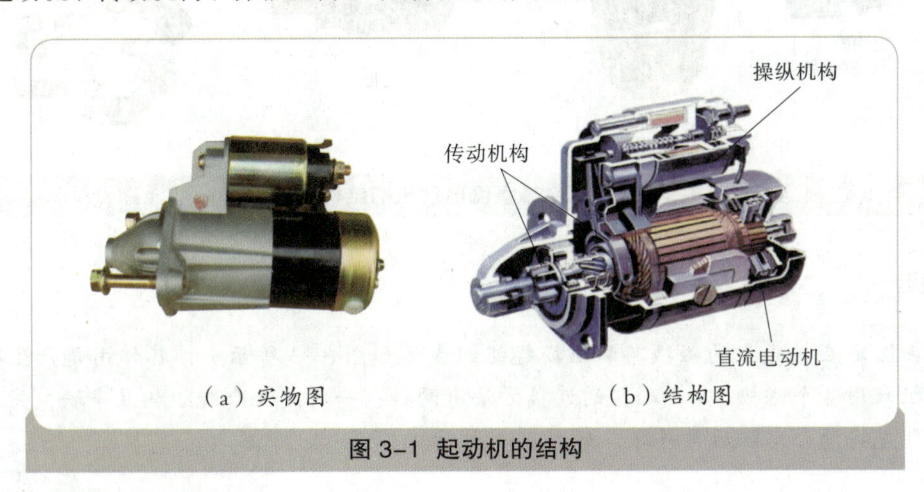

（a）实物图　（b）结构图

图 3-1 起动机的结构

1. 直流电动机

直流电动机的作用是将蓄电池输入的电能转换为机械能，产生电磁转矩。

2. 传动机构

传动机构的作用是当起动发动机时，使起动小齿轮与飞轮齿圈啮合，将电动机的转矩传递给发动机曲轴；在发动机起动后又能及时切断曲轴与电动机之间的动力传递。

3. 操纵机构

操纵机构也称电磁开关或控制机构。控制机构的作用是接通或切断直流电动机与蓄电池之间的电路，控制起动机小齿轮与发动机飞轮齿圈的啮合与分离。有些起动机的控制机构还具有在起动发动机时短路点火线圈附加电阻的作用。

二、结构与工作原理

1. 直流电动机

(1) 直流电动机的结构

直流电动机主要由磁极、电枢、电刷与电刷架、机壳、端盖等组成，如图 3-2 所示。

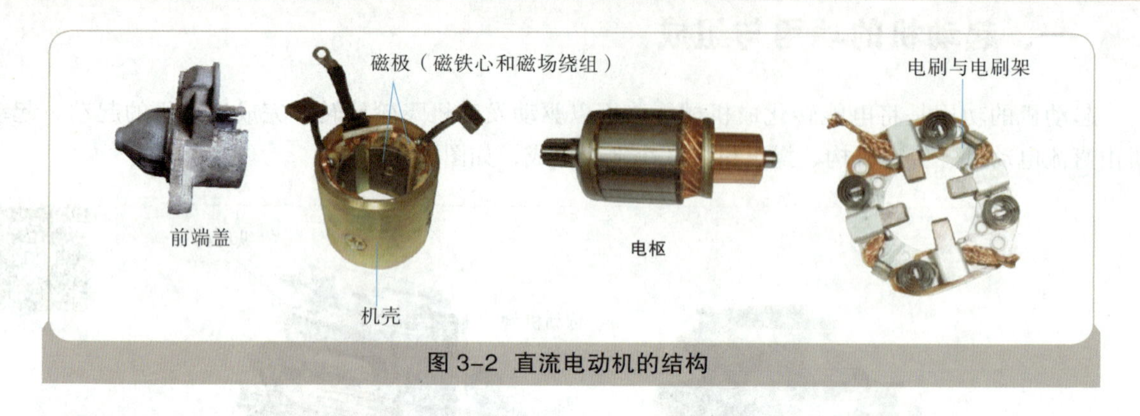

图 3-2 直流电动机的结构

①磁极

磁极由固定在机壳上的磁铁芯和磁场绕组组成（如图 3-3 所示），其作用是产生磁场。大多数起动机采用 4 个磁极。4 个磁极的连接方法有两种：一种是 4 个绕组相互串联，另一种是两串两并，即先将两个串联后再并联，如图 3-4 所示。

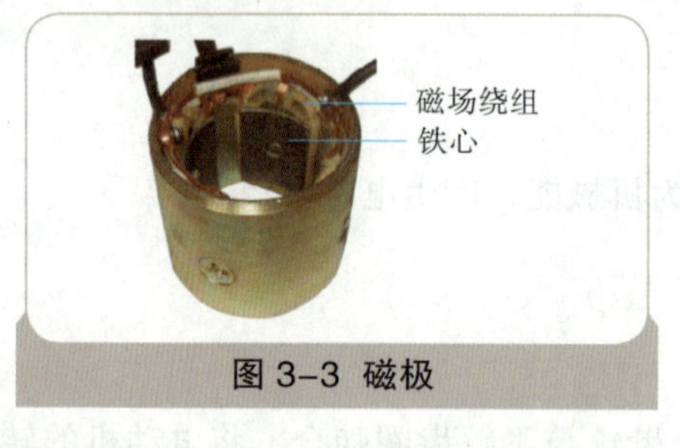

图 3-3 磁极

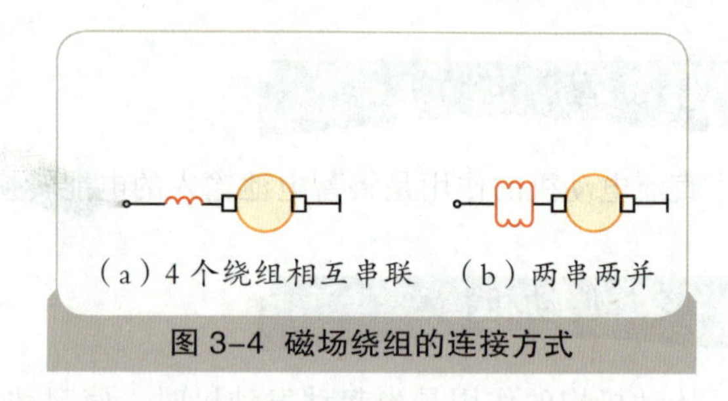

图 3-4 磁场绕组的连接方式

②电枢

电枢的作用是产生磁转矩。电枢由电枢轴、电枢铁芯、电枢绕组和换向器组成，如图 3-5 所示。

电枢铁芯由硅钢片叠装而成并固定在轴上，铁芯外围开有线槽，用来安放电枢绕组。

换向器由铜质换向片和云母片相间叠压而成，作用是把通入电刷的直流电流传递给电枢线圈，并适时地改变电枢绕组中电流的方向。

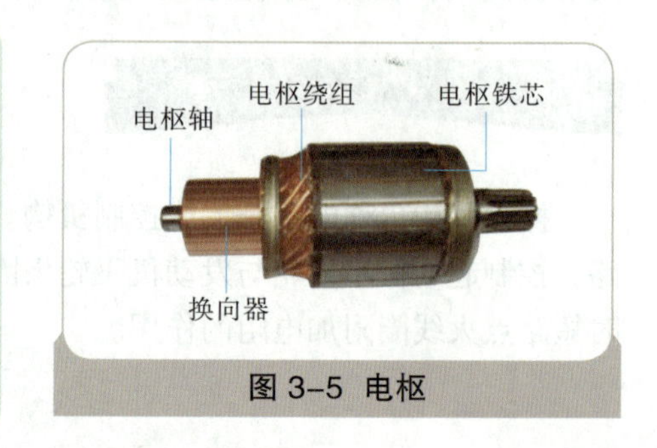

图 3-5 电枢

③电刷与电刷架

电刷与电刷架的作用是将电流引入电动机。电刷一般用铜和石墨粉压制而成。电刷装在电刷架中，借弹簧压力将它压紧在换向器上，如图 3-6 所示。

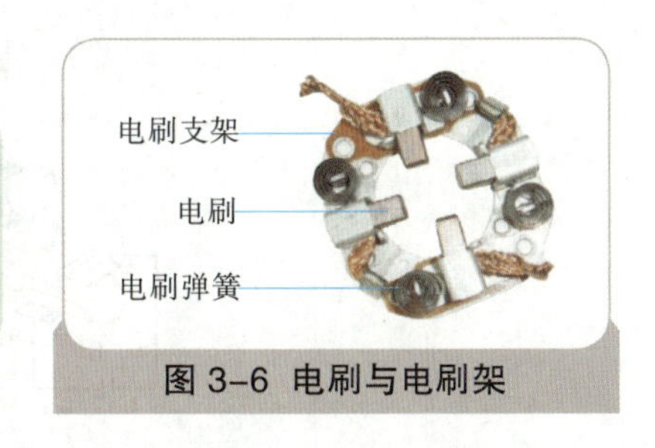

图 3-6 电刷与电刷架

④机壳

机壳一般做成圆筒状，如图 3-7 所示。一端开有窗口，用于观察电刷和换向器，平时用防尘箍盖住。机壳上有一绝缘接线端，在内部与磁场绕组的一端相接。

⑤端盖

端盖分为前端盖和后端盖，如图 3-8 所示。后端盖一般用钢板压制而成，其上装有 4 个电刷架。前端盖用铸铁浇铸而成，其上有拨叉座。前、后端盖分别装在机壳的两端，靠两个长螺栓与起动机机壳紧固在一起。

图 3-7 机壳

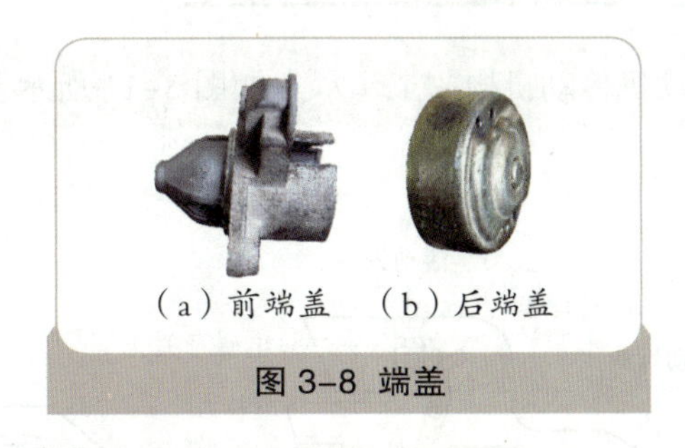
（a）前端盖 （b）后端盖

图 3-8 端盖

（2）直流电动机的工作原理

直流电动机是根据通电导体在磁场中受磁场力作用的原理制成的。其工作原理如图 3-9 所示，电动机工作时，电流通过电刷和换向器流入电枢绕组。如图 3-9（a）所示，换向片 A 与正电刷接触，换向片 B 与负电刷接触，绕组中的电流方向为 a → b → c → d，根据左手定则，绕组 ab 边、cd 边均受到电磁力 F 的作用，由此产生逆时针方向的电磁转矩使电枢转动；当电枢转动至换向片 A 与负电刷接触，换向片 B 与正电刷接触时，电流方向改为 d → c → b → a，如图 3-9（b）所示，但电磁转矩的方向仍保持不变，使电枢按逆时针方向继续转动。

图 3-9 只列举了电枢绕组中的一匝线圈的工作过程，实际上，直流电动机电枢是由很多组线圈组成的，换向器的铜片数量也随线圈数量的增加而增多。

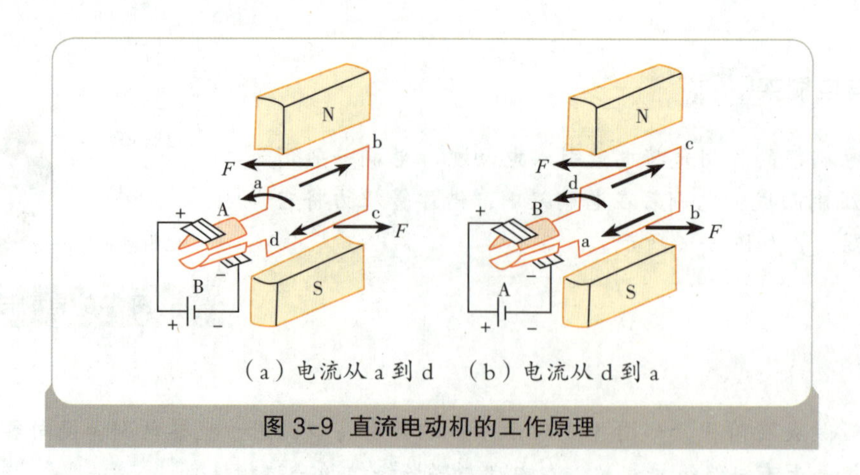

（a）电流从 a 到 d （b）电流从 d 到 a

图 3-9 直流电动机的工作原理

2. 传动机构

传动机构由驱动齿轮、单向离合器（图 3-10）、拨叉、减速机构（有的起动机不具有减速机构）等组成。

图 3-10 单向离合器

（1）传动机构的工作过程

起动机传动机构的工作示意如图 3-11 所示。

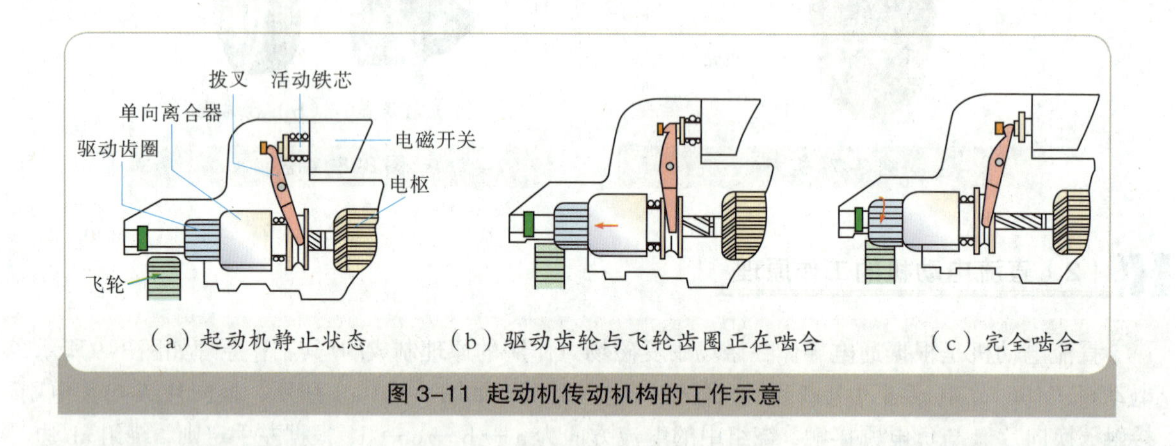

（a）起动机静止状态 （b）驱动齿轮与飞轮齿圈正在啮合 （c）完全啮合

图 3-11 起动机传动机构的工作示意

●起动机静止状态：起动机不工作时所处的位置。

●驱动齿轮与飞轮齿圈正在啮合：在电磁开关的作用下，驱动齿轮与飞轮齿圈正在啮合，此时起动机的主电路还没有接通。

●完全啮合：驱动齿轮与发动机飞轮齿圈完全啮合，主电路接通，电枢轴开始带动发动机曲轴旋转。发动机起动后，驱动齿轮与飞轮齿圈仍处于啮合状态，单向离合器打滑，驱动齿轮在飞轮的带动下空转。起动结束后，驱动齿轮在电磁开关的作用下，与发动机飞轮齿圈脱离啮合。

（2）单向离合器的结构及工作原理

常见的起动机单向离合器主要有滚柱式、摩擦片式和弹簧式 3 种。

①滚柱式单向离合器

滚柱式离合器的结构如图 3-12 所示。驱动齿轮与外壳连成一体，滚柱和弹簧嵌装在与花键套筒制成一体的十字块上。整个离合器总成套装在电动机轴的花键部位上，既可在拨叉作用下沿电枢轴轴向移动，又可在电枢驱动下做旋转运动。

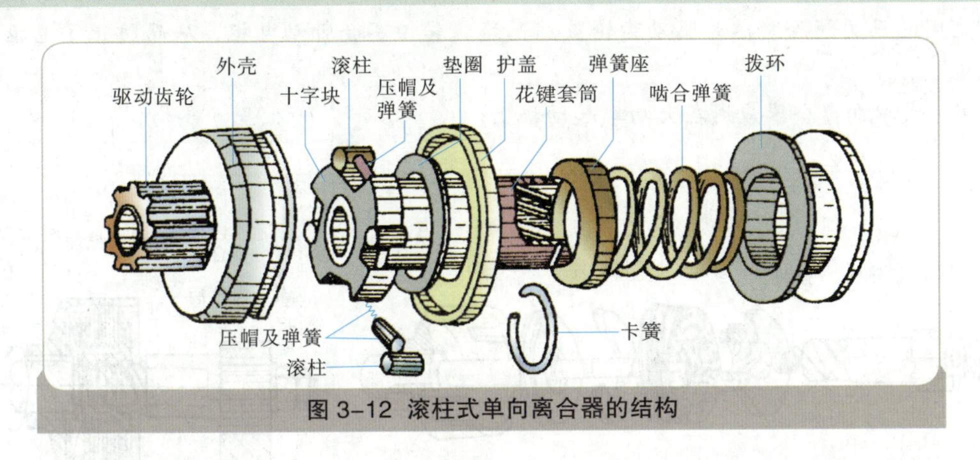

图 3-12　滚柱式单向离合器的结构

滚柱式离合器的工作原理是通过改变滚柱在楔形槽中的位置来实现分离和结合的。具体分析如下：

起动时，拨叉动作，将驱动齿轮与发动机飞轮齿圈啮合，电枢转矩由传动套筒传给十字块，使十字块随同电枢轴旋转。此时，飞轮齿圈施加给小齿轮的阻力使滚柱滚向槽的窄端而卡死，如图 3-13（a）所示。电枢轴产生的转矩通过驱动齿轮传给飞轮，起动发动机。

发动机起动后，飞轮齿圈带动驱动齿轮高速旋转。当驱动齿轮的转速大于十字块的转速时，滚柱滚入楔形槽的宽处而打滑，如图 3-13（b）所示。这样，驱动齿轮高速旋转的转矩不会传给电枢轴，从而防止电枢因高速飞转而造成电枢飞散的事故。

滚柱式单向离合器主要用于中、小功率的起动机。

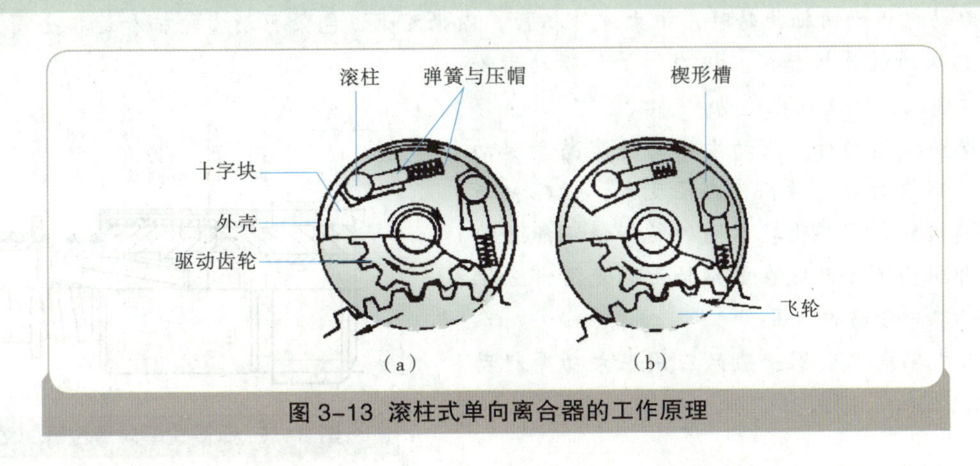

图 3-13　滚柱式单向离合器的工作原理

②摩擦片式单向离合器

摩擦片式单向离合器的结构如图 3–14 所示。其工作原理是通过主、从动摩擦片的压紧和放松来实现分离和接合的。具体分析如下：

起动时，当驱动齿轮啮入飞轮齿圈后，起动机通电旋转，内接合毂由于螺旋花键的作用向右移动，摩擦片被压紧而将起动机的力矩传给驱动齿轮。当发动机的阻力矩较大时，内接合毂会继续向右移动，增大摩擦片之间的压力，直到摩擦片之间的摩擦力足够传递所需的起动力矩，带动曲轴旋转，起动发动机。

起动后，驱动齿轮被飞轮齿圈带动，其转速超过电枢转速时，内接合毂沿螺旋花键向左退出，摩擦片之间的压力消除。这时驱动齿轮虽然高速旋转但不会带动电枢，从而防止了电枢超速飞散的危险。

摩擦片式单向离合器应用在大功率起动机上。

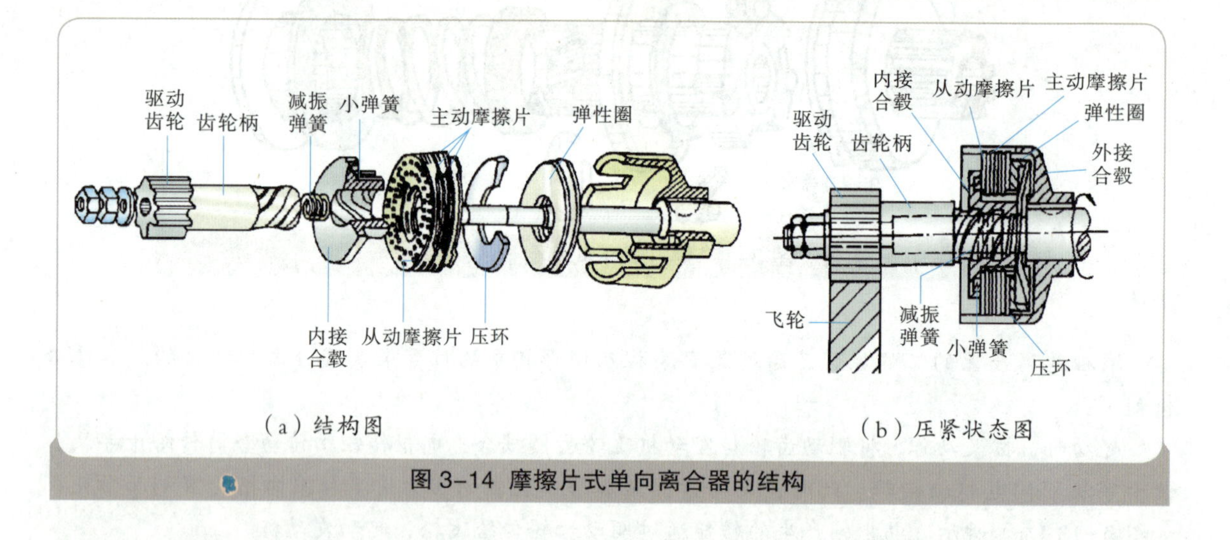

图 3–14 摩擦片式单向离合器的结构

③弹簧式单向离合器

弹簧式单向离合器的结构如图 3–15 所示。其工作原理是通过扭力弹簧的径向收缩和放松来实现分离和接合。具体分析如下：

当起动机带动曲轴旋转时，扭力弹簧扭紧，内径变小，包紧驱动齿轮柄和连接套筒，于是电枢的转矩通过连接套筒、扭力弹簧、驱动齿轮传至飞轮齿圈，使发动机起动。

当发动机起动后，驱动齿轮的转速高于起动机电枢，则扭力弹簧放松，内径变大，齿轮柄与连接套筒松脱，这样飞轮齿圈的转矩便不能传给电枢，即驱动齿轮只能在电枢轴上的光滑部分上空转而起单向分离的作用。

弹簧式单向离合器一般只应用在大功率起动机上。

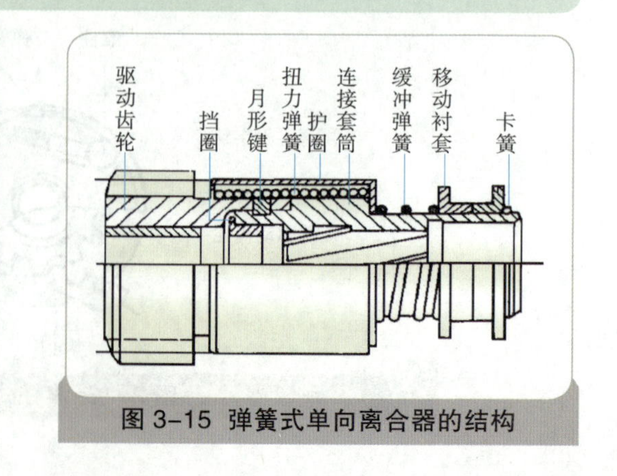

图 3–15 弹簧式单向离合器的结构

3. 操纵机构

（1）操纵机构的结构

起动机的操纵机构（或称为控制机构）主要由起动电磁开关、拨叉等组成。起动机的工作主要受电磁开关的控制，电磁开关由吸拉线圈、保持线圈、活动铁芯、主开关接触盘及复位弹簧等组成，电磁开关实物如图 3–16 所示。

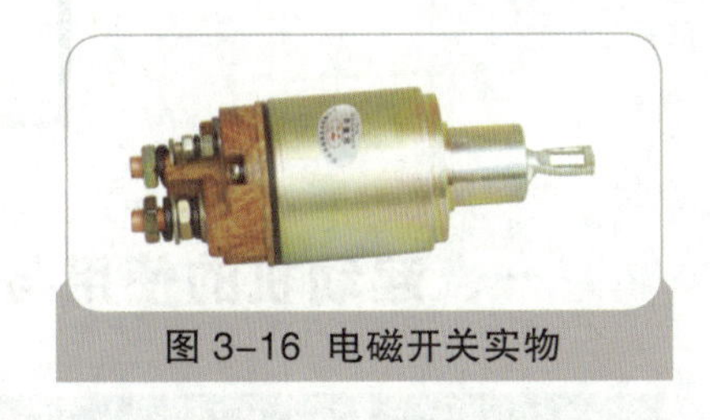

图 3–16 电磁开关实物

（2）操纵机构的工作原理

电磁操纵式起动机电路原理如图 3–17 所示。

将起动开关接通时，蓄电池经起动控制电路向起动机电磁开关通电，接通了两条回路，其电流回路如下：

回路 1：蓄电池正极→起动开关→ 50 接线柱→吸拉线圈→ C 接线柱→起动机励磁绕组→电枢→搭铁→蓄电池负极；

回路 2：蓄电池正极→起动开关→ 50 接线柱→保持线圈→搭铁→蓄电池负极。

此时，磁场铁芯向左移动，带动拨叉推动起动机驱动齿轮向右移动，与飞轮齿圈啮合。同时压动推杆使导电盘接通电磁开关上的 30 接线柱与 C 接线柱，起动机主电路接通，即蓄电池正极→ 30 接线柱→导电盘→ C 接线柱→起动机励磁绕组→电枢→搭铁→蓄电池负极。直流电动机产生强大转矩通过接合状态的单向离合器传给发动机飞轮齿圈。

起动机起动后，松开起动开关，50 接线柱断电，但电磁开关内吸拉线圈和保持线圈通过仍然闭合的主开关得到电流，其电流回路如下：蓄电池正极→ 30 接线柱→导电盘→吸拉线圈→保持线圈→搭铁→蓄电池负极。吸拉线圈与保持线圈产生相反方向的磁场而导致有效磁场大大削弱，磁场铁芯因失去磁场力而在复位弹簧的作用下迅速回位，导电盘与 30 接线柱分开，同时驱动齿轮通过拨叉被拉回位，起动机停止工作，起动完成。

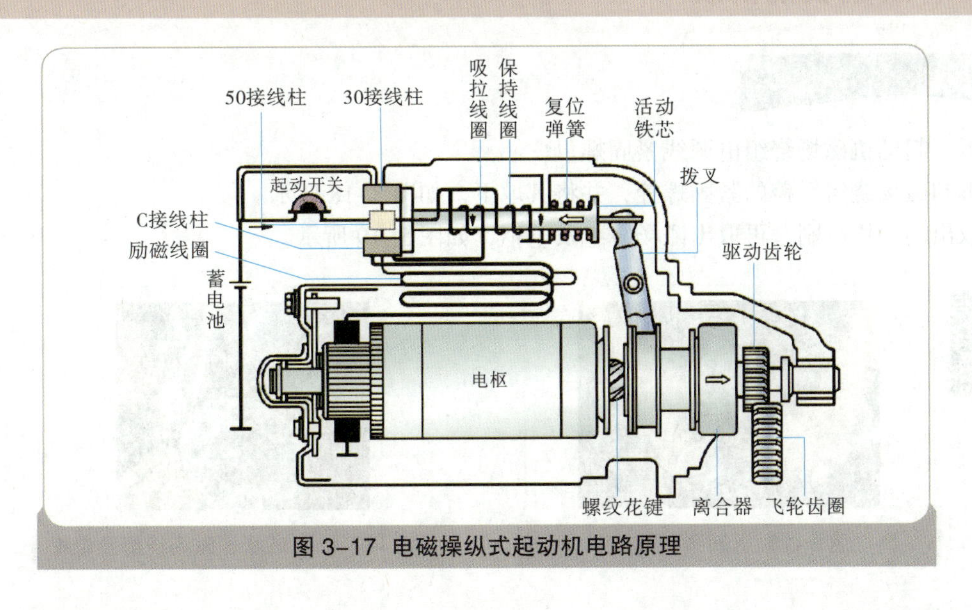

图 3–17 电磁操纵式起动机电路原理

任务二 起动机的检测与故障诊断

一、起动机的使用与维护

1. 起动机的使用注意事项

●起动前应将变速器挂上空挡，自动变速器的汽车应将变速杆置于 P 位或 N 位，起动同时踩下离合器踏板。

●每次接通起动机的时间不得超过 5s，两次之间应间歇 15s 以上。

●当发动机起动后应立刻松开点火开关，切断点火开关起动挡，使起动机停止工作。

●经过 3 次起动后，发动机仍没有起动运转，则停止起动，进行简单的检查，如蓄电池的容量、极柱的连接、油路及电路等，排除故障后再起动，否则蓄电池的容量将严重下降，起动发动机变得更加困难。

●严禁利用起动机驱动发动机以转动传动机构的方法驱驶车辆。

2. 起动机的维修注意事项

●在车上进行起动检测之前，一定要将变速器挂上空挡，并实施驻车制动。

●在拆卸起动机之前，应先拆下蓄电池的搭铁电缆线。

●有些起动机在起动机与法兰盘之间使用了多块薄垫片，在装配时应按原样装回。

二、起动机的拆装

1. 拆解

●拆下起动机磁场绕组电源线紧固螺母。

●拆卸磁场绕组后盖的紧固螺栓，并将其取下，如图 3-18 所示。

●取出起动机电刷，再取出磁场绕组及电枢，如图 3-19 所示。

拆卸起动机

图 3-18 拆卸紧固螺栓

图 3-19 取出电刷、磁场绕组及电枢

●拧下电磁开关后盖的紧固螺钉，并取出后盖及电磁开关。

●用冲击起子将起动机前端盖的紧固螺栓取出。

●用橡胶锤敲出前端盖。

●用橡胶锤敲出单向离合器总成，如图 3-20 所示。

●再用橡胶锤敲出前盖上的离合器、飞轮与钢珠。

图 3-20 用橡胶锤敲出单向离合器总成

2. 安装

安装起动机

●将单向离合器与前盖涂上润滑油。

●将单向离合器与减速齿轮装上前端盖，并涂上润滑脂，如图 3-21 所示。

●将钢珠装入单向离合器内部（图 3-22），并装上电磁开关绕组壳体，涂上润滑脂。

图 3-21 装上前端盖

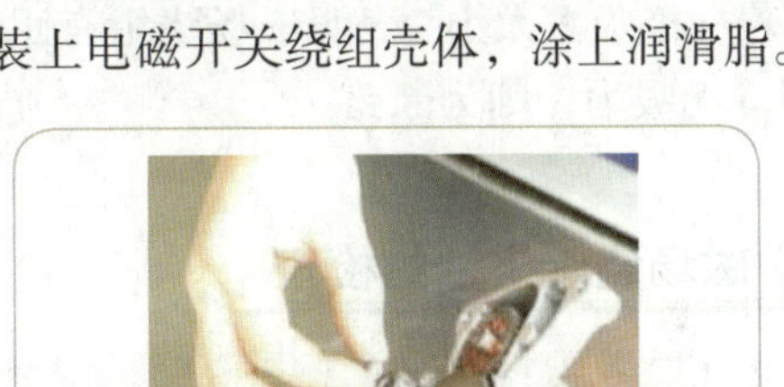

图 3-22 装入钢珠

●锁紧前端紧固螺栓。

●用细砂纸对电磁开关工作面进行打磨。

●将电磁开关导向管涂上润滑油，并装好，其转动应自如，如图 3-23 所示。

●装上后盖，并拧紧紧固螺钉。

●装上电枢及磁场绕组，装好电刷及后端盖，并拧紧紧固螺栓，如图 3-24 所示。

●装上磁场绕组电源线，并拧紧紧固螺母。

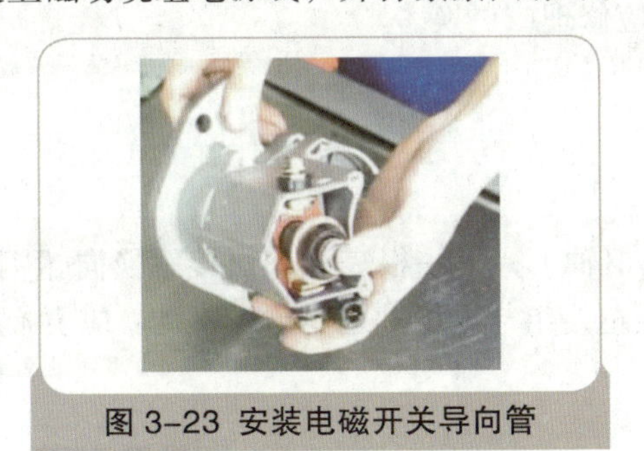

图 3-23 安装电磁开关导向管

图 3-24 安装电枢、磁场绕组及电刷

三、起动机的检测

检查起动机

1. 磁场绕组的检测

磁场绕组的故障有断路、短路和对地短路。

（1）磁场绕组断路的检查

用万用表测量磁场绕组两端的导通情况（图3-25），若不通，则说明磁场绕组有断路现象。

图 3-25 磁场绕组断路的检查

（2）磁场绕组短路的检查

当怀疑磁场绕组有短路现象时，可用蓄电池的 2V 直流电源检查磁场绕组有无短路，如图 3-26 所示。开关接通后，将旋具放在每个磁极上，磁极对旋具吸力应相同。若一极吸力太小，表明磁场绕组有匝间短路。若各磁极均无吸力，则为断路。

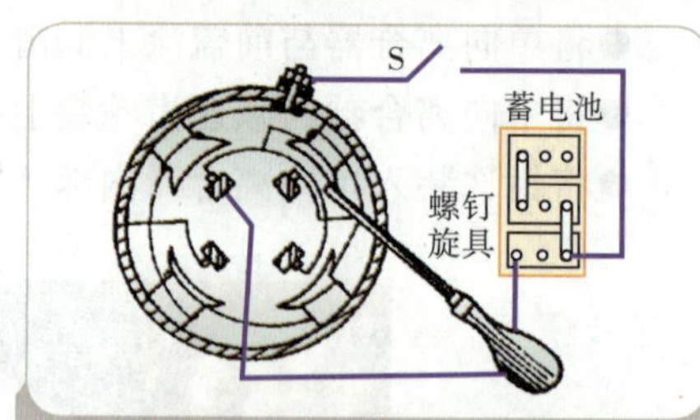

图 3-26 磁场绕组有无匝间短路的检查

（3）磁场绕组搭铁的检查

用万用表检查磁场绕组与外壳之间的电阻值（图3-27）。若导通，说明励磁绕组有搭铁故障。

图 3-27 磁场绕组搭铁的检查

2. 电枢绕组的检修

电枢绕组的故障主要是断路、短路和对地短路。

（1）电枢绕组断路的检查

用电阻挡，将两个表笔分别接触换向器相邻的铜片，如图 3-28 所示，测试换向器片之间是否导通，如不导通，说明焊点或电枢线圈断路，应修理或更换。

（2）电枢绕组搭铁的检查

用电阻挡检测，用一根表笔接触铁芯（或电枢轴），另一根表笔依次接触换向器铜片，电阻为无穷大，如图 3-29 所示。如果导通，说明电枢绕组与电枢轴之间绝缘不良，应更换。

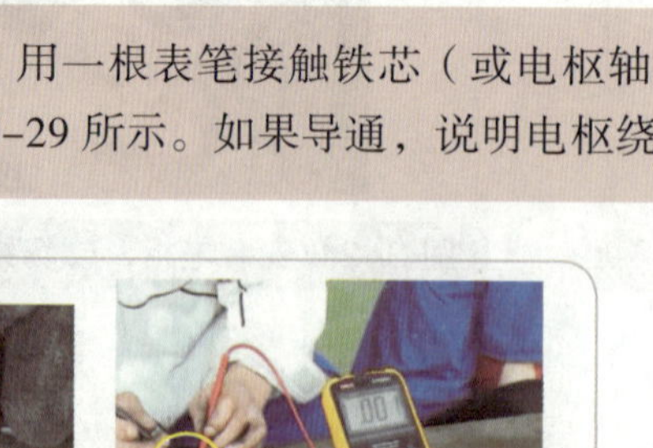

图 3-28 电枢绕组断路的检查

图 3-29 电枢绕组搭铁的检查

3. 电枢轴的检修

电枢轴的常见故障是弯曲变形，检查方法如图 3-30 所示，用百分表测量电枢轴的弯曲程度，径向圆跳动不大于 0.15mm，否则应校正。

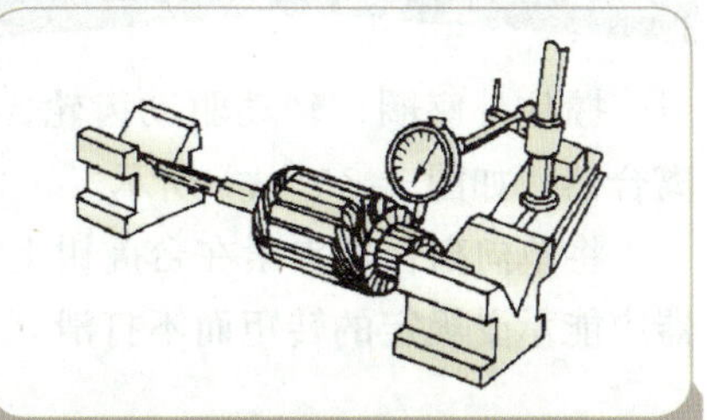

图 3-30　电枢轴的弯曲检查

4. 换向器的检修

检查换向器表面是否清洁，如有烧蚀、脏污，可用细砂纸打磨修整（图 3-31），严重烧蚀或失圆（径向圆跳动大于 0.05 mm）时应进行机加工。

检查换向器云母深度，深度应为 0.5 ~ 0.8mm，最浅应为 0.2mm，如不符合标准，修理或更换换向器，如图 3-32 所示。

用游标卡尺测量换向器的外径（图 3-33），当磨损低于使用极限时，应更换。

图 3-31　用细砂纸打磨换向器

图 3-32　检查换向器云母深度

图 3-33　测量换向器外径

5. 电刷与电刷架的检修

（1）检查电刷长度

测量电刷长度，检查电刷是否磨损，如图 3-34 所示。如果低于极限值，更换电刷。

（2）检查电刷架与底板之间的绝缘情况

检查时可按图 3-35 所示，用万用表进行，如果绝缘效果不好，必须更换。

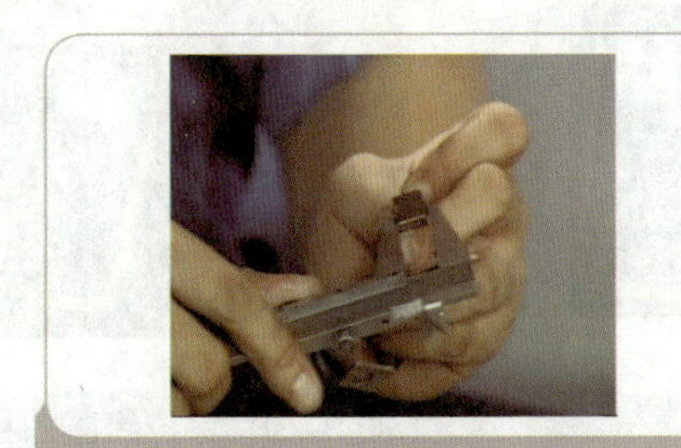

图 3-34　测量电刷的长度

图 3-35　检查电刷架与底板之间的绝缘

6. 单向离合器的检修

握住外座圈，转动驱动齿轮，应能自由转动；反转时不应转动，否则就有故障，应更换单向离合器，如图 3-36（a）所示。

将单向离合器夹紧在台虎钳上，用扭力扳手逆时针方向转动，如图 3-36（b）所示，单向离合器应能承受规定的转矩而不打滑。

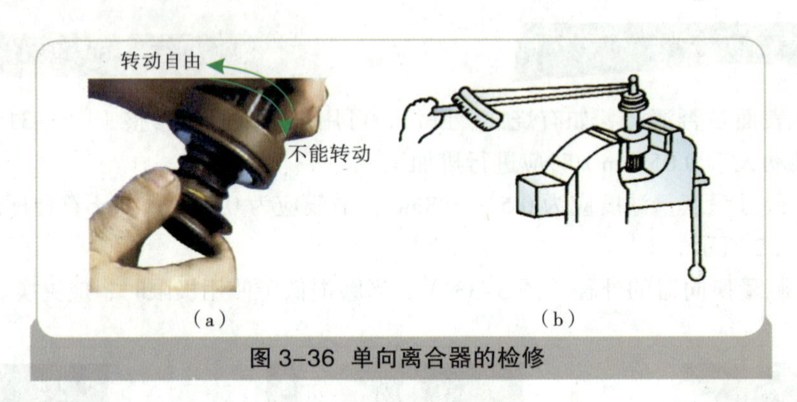

图 3-36 单向离合器的检修

7. 电磁开关的检修

可用万用表测量线圈电阻的通断来判断电磁开关内部线圈有无断路。

（1）吸拉线圈的检测

检查电磁开关 50 接线柱与励磁绕组 C 接线柱之间的导通情况，如图 3-37 所示。如果不导通，线圈开路，应更换。

（2）保持线圈的检测

检查电磁开关 50 接线柱与电磁开关壳体之间的导通情况，如图 3-38 所示。如果不导通，线圈开路，应更换。

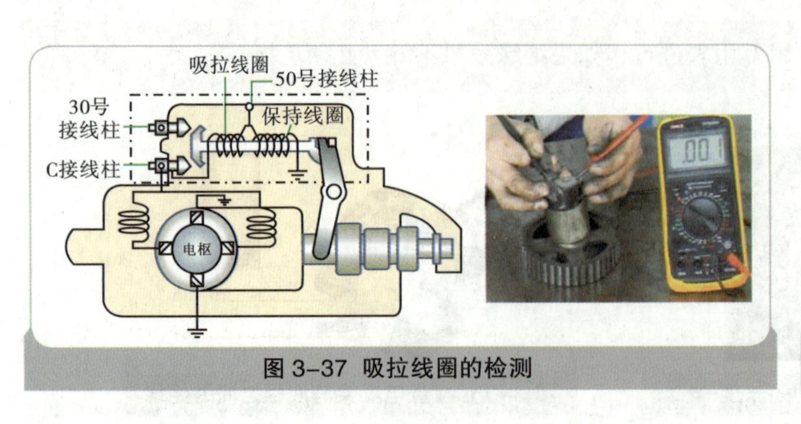

图 3-37 吸拉线圈的检测

图 3-38 保持线圈的检测

四、故障诊断与排除

1. 起动机不转

（1）故障现象

点火开关旋至起动挡时，起动机不转。

（2）原因分析

●电源部分的故障：蓄电池亏电或内部损坏，电瓶导线与电瓶接线柱接触不良，电瓶相线与起动机接线柱连接松动，电瓶搭铁线接触不良或连接松动，电瓶导线断路等。

●控制线路部分的故障：点火开关或起动继电器（或复合继电器）故障，电磁开关“相线接线柱”→点火开关→起动继电器→电磁开关“起动接线柱”的导线断路、短路、搭铁。

●起动机故障：电磁开关触点烧蚀引起接触不良，电磁开关线圈断路、短路、搭铁，电枢轴弯曲或轴承过紧，换向器脏污或烧坏，电刷磨损过短，弹簧过软，电刷在架内卡住与换向器不能接触，电枢绕组或励磁绕组断路、短路、搭铁。

（3）诊断与排除

●检查蓄电池存电是否充足和电源线路有无故障检查电源导线接触情况。可用开前照灯或按喇叭、查看灯光亮度和声音强度的方法来检查电源是否有故障。也可用电池高率放电计等，检查蓄电池储电状况。

●判断故障在起动机还是在控制线路。点火开关旋至起动挡时，起动机有“叭、叭”响声，说明控制电路无故障，故障在起动机。

短接电磁开关“相线接线柱”与“起动接线柱”，是否出现如下状况：

· 起动机运转，说明起动机良好，故障在控制线路。可用短接的方法，检查出起动开关、继电器和导线是否正常，也可通过检查导线的电压情况确定故障部位。

· 起动机不转，说明故障在起动机。然后短接电磁开关“相线接线柱”与“定子绕组接线柱”，若起动机运转正常，则电磁开关有故障；仍不转，则说明起动机的直流电动机部分有故障。

· 短接时如有强烈的火花，说明起动机内部短路；短接时如火花很弱或无火花，说明起动机内部断路或电路接触不良。

2. 起动不转，电磁开关连续撞击声

（1）故障现象

点火开关转至起动挡，电磁开关有连续通断的“叭、叭”响声，起动机无法转动。

（2）故障原因

电磁开关保持线圈断路。

（3）诊断与排除

当点火开关在起动挡，起动机电磁开关连续不断地接通、断开，即为电磁开关保持线圈断路，无法保持接通状态。可拆开电磁开关，检查线圈的搭铁点是否脱焊，通常断路都是搭铁点脱焊造成的，线圈很少断路。

3. 起动机转动无力

（1）故障现象

接通起动开关，起动机转动缓慢或不能连续运转。

（2）故障原因

●电源部分的故障：蓄电池存电不足，电源导线插头松动、脏污，接触不良。

●起动机部分的故障：

·电磁开关触点、接触盘烧蚀接触不良，电磁开关线圈局部短路。

·换向器表面烧蚀、脏污；电刷磨损过多，弹簧过软，使电刷与换向器接触不良；电枢绕组或磁场绕组局部短路，使起动机功率下降。

·电枢轴弯曲、轴承间隙过大，导致转子与定子碰擦；起动机轴承过紧，转动阻力过大。

（3）诊断与排除

●检查蓄电池存电是否充足。

·首先按喇叭根据响声强度判断蓄电池电力是否充足，也可用电池高功率放电计检查蓄电池储电状况。

·检查蓄电池极柱、相线和搭铁线插头等处是否接触良好。检查方法是转动点火开关让起动机接通工作 10s 左右停止，再用手摸蓄电池到起动机各连接线、连接端子和搭铁点，如果哪个部位发热，即接触不良的故障点。

·在起动工况时，通过测量起动电路电压降的方法确定故障的部位，如图 3–39 所示。

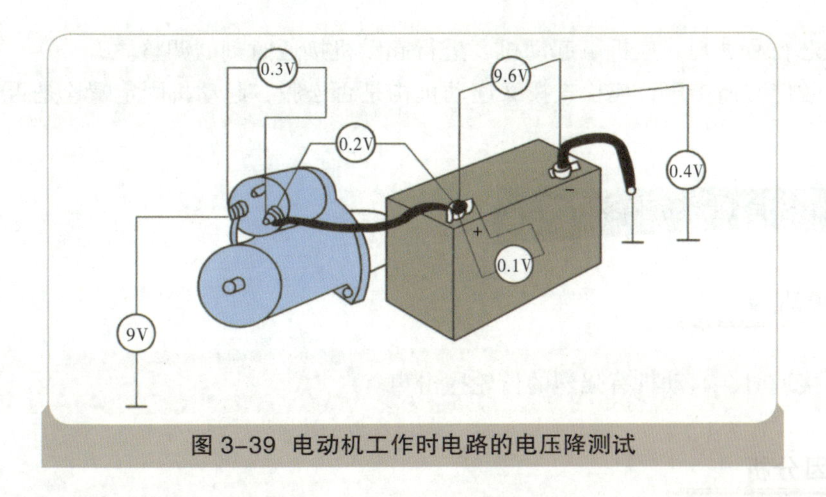

图 3-39　电动机工作时电路的电压降测试

●如蓄电池和电源导线线路良好，则说明故障在起动机部分。短接电磁开关主接线柱，如火花强烈说明起动机内部短路；如无火花或火花弱，说明起动机内部断路。拆检起动机，排除故障。

4. 起动机空转

（1）故障现象

接通点火开关起动挡，起动机只是高速空转，不能带动发动机运转。

（2）原因分析

●单向离合器打滑或损坏。

●拨叉变形或拨叉连动机构松脱。

●起动机驱动齿轮与飞轮齿圈之间的行程调整不当，或驱动齿轮不能自由活动。

●电磁开关铁芯行程太短。

●起动机驱动齿轮或发动机齿圈严重磨损或打坏。

（3）诊断与排除

●起动机空转时转速很高，虽然驱动齿轮已与飞轮齿圈啮合，但不能带动飞轮旋转，可听到“嗡、嗡”的高速旋转声，无碰齿声音，一般为单向离合器打滑或损坏。

●起动机空转，如有严重的碰擦轮齿的声音，说明飞轮轮齿或起动机驱动齿轮严重磨损。进一步检查，可重新转动曲轴或将车挂上挡，前后移动一下汽车，使起动机的驱动齿轮与发动机的飞轮重新啮合。如果能起动发动机，说明飞轮齿圈的齿轮啮合面部分损伤，飞轮齿圈损伤轻微的可将飞轮齿圈翻转过来，重新使用，严重的则应更换飞轮齿圈。

●起动机空转，如有较轻的摩擦声音，即驱动齿轮没有和飞轮齿圈啮合，电磁开关就提前接通，说明铁芯行程太短，应拆下起动机，进行起动机接通时刻的调整。

●若起动时伴有撞击声，应检查拨叉连动机构是否松脱，起动机固定螺栓是否松动。

5. 起动时有强烈的噪声

（1）故障现象

起动开关接通时，起动机有强烈的齿轮撞击声。

（2）原因分析

●飞轮轮齿或起动机驱动齿轮严重磨损。

●起动机齿轮没有和飞轮齿圈啮合，电磁开关就提前接通。

（3）诊断与排除

●如果多做几次起动操作能够起动，说明飞轮轮齿或起动机驱动齿轮严重磨损，应拆下起动机进一步检查，根据实际情况更换驱动齿轮或飞轮齿圈。

●如果多做几次起动操作不能够起动，即驱动齿轮没有和飞轮齿圈啮合，电磁开关就提前接通，说明铁芯行程太短，可调整铁芯行程。调整方法：根据起动机型号不同，调整的位置不一样，通常是转动偏心连接轴或调整铁芯连接轴长短。

一、填空题

1、起动机的功用是将__________转化成__________，用以驱动发动机__________旋转，完成发动机的__________。起动机由__________、__________、__________3个部分组成。

2. 直流电动机的作用是将__________输入的__________转换为__________，产生__________。

3. 控制机构也称__________。控制机构的作用是__________或__________直流电动机与__________之间的电路，控制起动机__________与发动机__________的啮合与__________。

4. 直流电动机主要由________、________、________与________、________等组成。

5. 常见的起动机单向离合器主要有________、________和________3种。

6. 磁场绕组的故障类型主要有________、________和________。

7. 电枢轴的常见故障是____，用百分表测量电枢轴的弯曲程度，径向圆跳动____0.15mm，否则应________。

二、选择题

1. 下列不属于起动机控制装置作用的是（　）。

A. 使活动铁芯移动，带动拨叉，使驱动齿轮和飞轮齿圈啮合或脱离

B. 使活动铁芯移动，带动接触盘，使起动机的两个主接线柱接触或分开

C. 产生电磁力，使起动机旋转

D. 以上均正确

2. 永磁式起动机中用永久磁铁代替常规起动机的（　）。

A. 电枢绕组　　B. 励磁绕组

C. 电磁开关中的两个线圈　　D. 以上均不正确

3. 起动机空转的原因之一是（　）。

A. 蓄电池亏电　　B. 单向离合器打滑

C. 电刷过短　　D. 以上均不正确

4. 不会引起起动机运转无力的原因是（　）。

A. 吸引线圈断路　　B. 蓄电池亏电

C. 换向器脏污　　D. 电磁开关中接触片烧蚀、变形

5. 在起动机的解体检测过程中，（　）是电枢的不正常现象。

A. 换向器片和电枢轴之间绝缘

B. 换向器片和电枢铁芯之间绝缘

C. 各换向器片之间绝缘

6. 在判断起动机不能运转的过程中，在车上短接电磁开关 30 号接线柱和 C 接线柱时，起动机不运转，说明故障在（ ）。

A. 起动机的控制系统中　　B. 起动机本身

C. 不能进行区分　　D. 以上均不正确

三、判断题

1. 常规起动机中，吸拉线圈、励磁绕组及电枢绕组串联连接。（ ）
2. 起动机中的传动装置只能单向传递力矩。（ ）
3. 在起动机起动的过程中，吸拉线圈和保持线圈中一直有电流通过。（ ）
4. 在永磁式起动机中，电枢是用永久磁铁制成的 。（ ）
5. 起动机励磁线圈和起动机外壳之间是导通的。（ ）
6. 用万用表检查电刷架时，两个正电刷架和外壳之间应该绝缘。（ ）
7. 起动机换向器的作用是将交流电变成直流电。（ ）
8. 起动机电磁开关中只有一个电磁线圈。（ ）
9. 起动机的啮合过程应该是边低速旋转边啮合。（ ）

四、简答题

1. 起动机由哪几部分组成？各部分的功用是什么?

2. 简述起动机的常见故障类型及诊断方法。

3. 起动机的控制装置有哪些作用? 简要说明其工作过程。

课题四

汽油发动机电控系统

学习目标

通过本课题的学习，你应能：

1. 熟悉汽油发动机的组成及功用。
2. 掌握汽油发动机电控系统的控制方法。
3. 了解各传感器和执行器的功用和安装位置。

任务一 汽油发动机电控系统的组成与功用

一、ECU

发动机 ECU 是一种综合控制装置，ECU 外形及功能，如图 4-1 所示，车型不同，其型号、功能也有所区别。

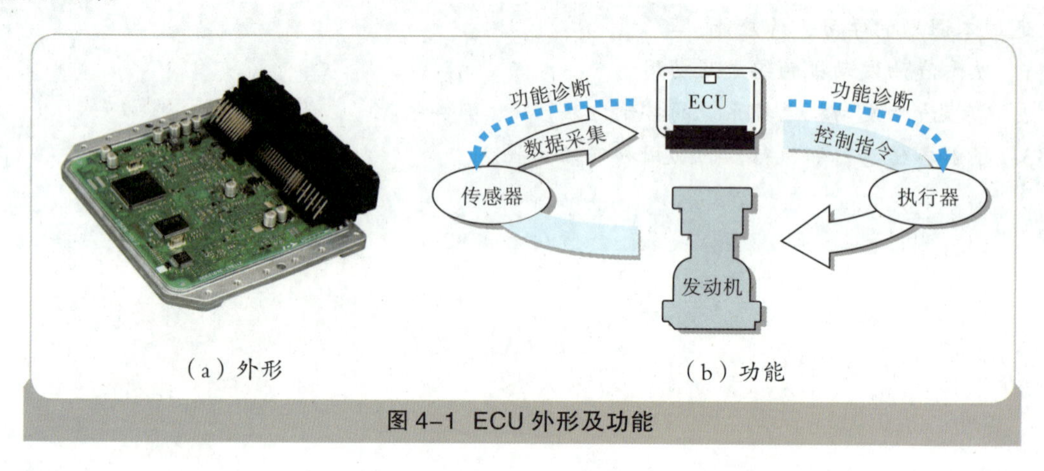

（a）外形　（b）功能

图 4-1 ECU 外形及功能

ECU 的基本功能如下。

●接收各种传感器和其他装置（如起动开关、制动开关等）输入的信息，为传感器等外部元器件提供 2V、5V、9V 和 12 V 的参考电压。

●将输入的模拟信号转换成微机所能接收的数字信号。

●储存该车型的特征参数、处理程序、故障信息及运算所需的有关数据信息等。

●根据信息参数计算出执行命令数值，将输出的信息与标准值做对比，查出故障所在。

●向执行元件输出指令，输出已储存的故障信息。

●自我修正功能（自适应功能）。

发动机 ECU 一般安装在仪表台、杂物箱或控制台中，或座椅、滤清器的下面或后面。安装时需注意 ECU 的防水、防振、防热、防过电压、防磁等。

发动机集中控制系统中使用的 ECU 主要由输入回路、模 / 数转换器（A/D 转换器）、微机和输出回路组成，如图 4-2 所示。

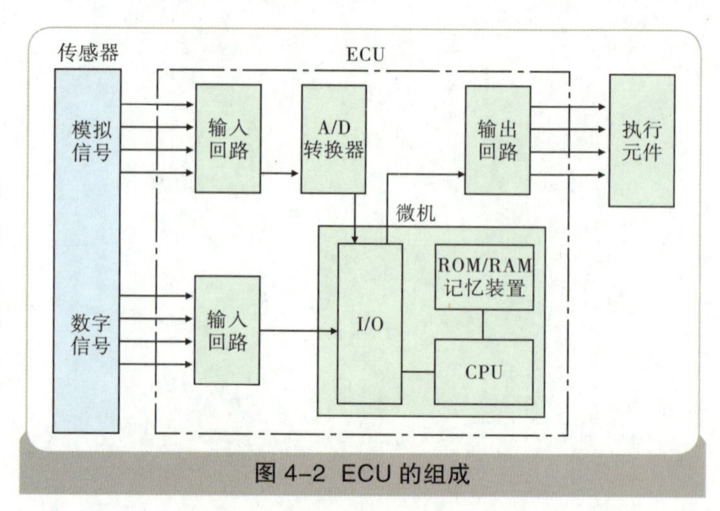

图 4-2 ECU 的组成

1. 输入回路

发动机工作时，各传感器的信号输入ECU后，输入回路对输入的模拟信号或数字信号（图4-3）进行处理。输入的信号不同，处理的方法也不同，输入回路将输入信号中的杂波滤除，将正弦波转变为矩形波，再将其转换成输入电平信号，如图4-4所示。

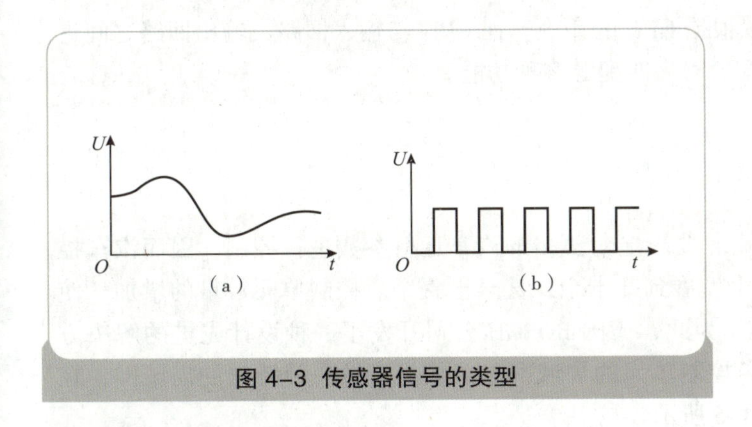

图4-3 传感器信号的类型

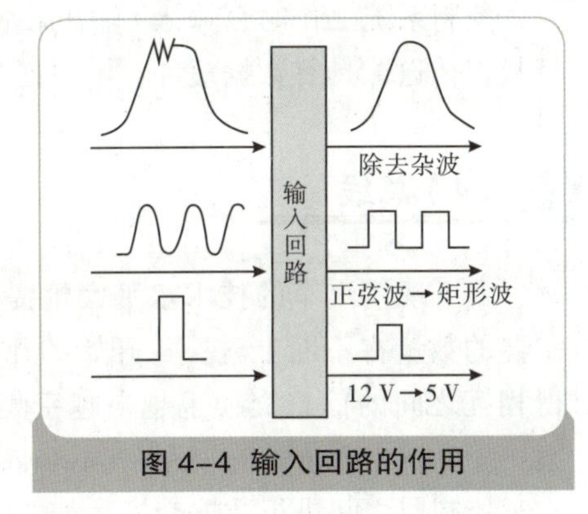

图4-4 输入回路的作用

2. A/D转换器

传感器输送给ECU的信号有模拟信号和数字信号两种，如图4-3所示。数字信号可直接输入微机，但模拟信号不能直接输入微机，必须由A/D转换器将其转换成数字信号后才可输入微机。

3. 微机

微机是控制系统的神经中枢，利用内存程序和数据对各传感器输送的信号进行运算处理，并将处理结果经过输出回路传送给执行器。

微机主要由中央处理器（CPU）、存储器（RAM/ROM）和输入/输出（I/O）装置组成，如图4-5所示。

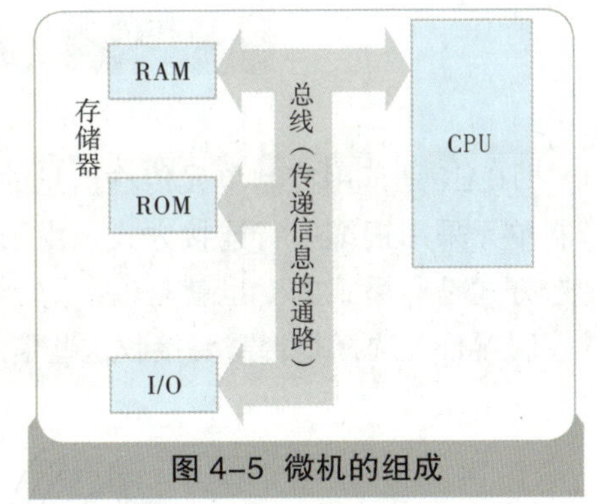

图4-5 微机的组成

（1）中央处理器

中央处理器读出命令并执行数据处理任务，主要由完成算术运算和逻辑运算的运算器、按照程序在各装置之间完成信号输送及控制任务的控制器等组成。

（2）存储器

存储器包括随机存储器（RAM）和只读存储器（ROM），用于存储信息和程序。

RAM：存储微机输入、输出和计算过程中产生的中间数据，存储的信息可调出或被新的数据取代。RAM中存储故障码等信息，给RAM提供电源的专用电路不受点火开关的控制，当专用电路断开时，存储在RAM中的信息会丢失。

ROM：存储一系列控制程序软件、喷油脉谱图、点火控制脉谱图及发动机特征参数等固定信息。存储的内容由厂家一次性存入，存储内容不可修改，只可使用存储的原始数据。即使切断电源，存储的信息也不会丢失。

（3）输入/输出装置

控制系统工作时，输入/输出装置根据CPU的命令，在CPU与输入回路、输出回路之间进行数据传送，具有数据缓冲、电平匹配、时序匹配等多种功能。

（4）总线

由于现代汽车的技术水平大幅提高，要求能对更多的汽车运行参数进行控制，因而汽车控制器的数量在不断上升，从开始的几个发展到几十个，甚至上百个。控制单元数量的增加，使得相互之间的信息交换也越来越密集。为此，德国BOSCH公司开发了一种设计先进的解决方案——CAN（Controller Area Network，控制单元的局域网）总线，提供一种特殊的局域网，在汽车控制器之间进行数据交换，如图4-6所示。

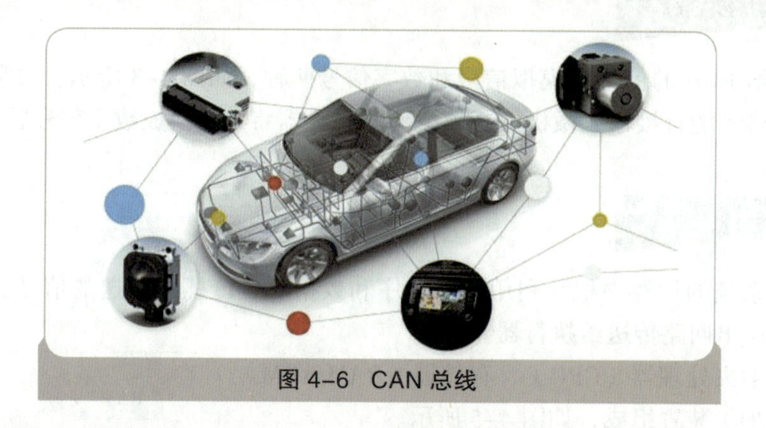

图4-6 CAN总线

CAN是车用控制单元传输信息的一种传送形式。车上的布线空间有限，CAN总线系统的控制单元采用铜缆串行连接方式。由于控制器采用串行合用方式，因此不同控制器之间的信息传送方式是广播式的。也就是说，每个控制单元不指定接收者，把所有的信息向外发送，由接收控制器自主选择是否需要接收这些信息，如图4-7所示。

图4-7 广播式传输

CAN 总线的数据传递类似于电话会议，一个电话用户（控制单元）将数据“讲”入网络，其他用户通过网络“接听”这个数据，对这个数据感兴趣的用户就会利用该数据，而其他用户则选择忽略，如图 4-8 所示。

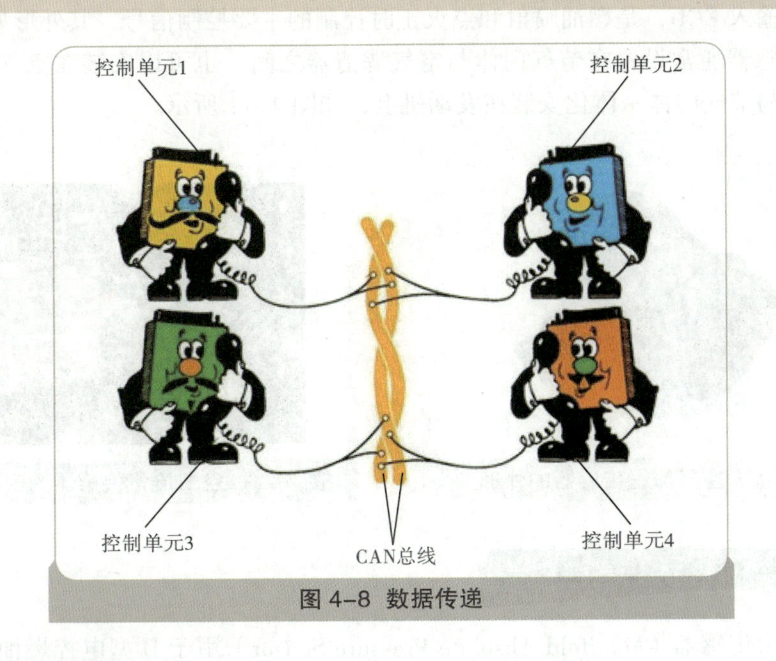

图 4-8 数据传递

4. 输出回路

输出回路的功能是将微机输出的数字信号转换为可以驱动执行元件工作的控制信号。微机输出的数字信号电压很弱，通过使用大功率晶体管，控制执行元件搭铁回路的导通或截止。

控制喷油器工作的输出回路如图 4-9 所示。大功率晶体管导通时，喷油器通电喷油；截止时，喷油器停止喷油。

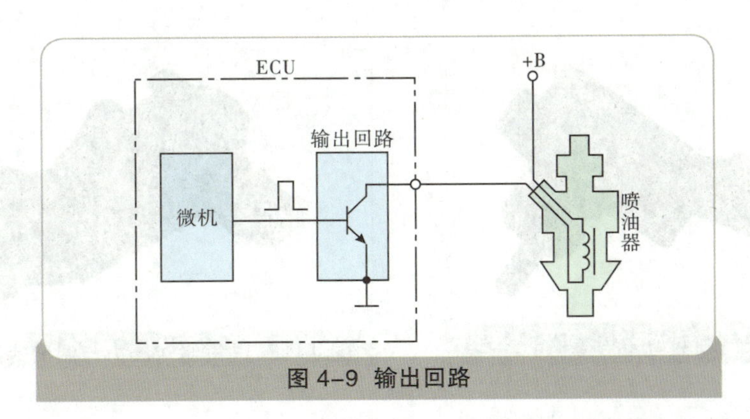

图 4-9 输出回路

二、传感器

发动机控制系统通过传感器或信号开关将发动机工况信号输入 ECU，发动机电控系统的常用传感器主要有下列几种。

1. 空气流量传感器

空气流量传感器（Air Flow Sensor，AFS）用于 L 型电控燃油喷射系统，将发动机吸入的空气量转换成电信号输入 ECU，是燃油喷射和点火正时控制的主要控制信号，其外形如图 4-10 所示。

空气流量传感器通常设置在节气门体与空气滤清器之间，也可以安装在空气滤清器上，或将空气流量传感器与节气门体一体化安装在发动机上，如图 4-11 所示。

图 4-10 空气流量传感器的外形

图 4-11 空气流量传感器的安装位置

2. 进气绝对压力传感器

进气绝对压力传感器（Manifold Absolute Pressure Sensor）用于 D 型电控燃油喷射系统，ECU 根据进气绝对压力传感器信号与发动机转速信号推算进气量，确定进气绝对空气密度与质量。进气绝对压力传感器与发动机转速信号是确定基本喷油量和基本点火提前角的依据。

进气绝对压力传感器通常安装在振动较小的车身处，取气管是一根与进气总管相连的橡胶管，或者安装在节气门后方的进气管，其外形如图 4-12 所示。

进气绝对压力与温度传感器（DS-S-TF）集成了进气温度传感器，监测进气歧管的绝对压力，同时可监测进气温度，其外形如图 4-13 所示。

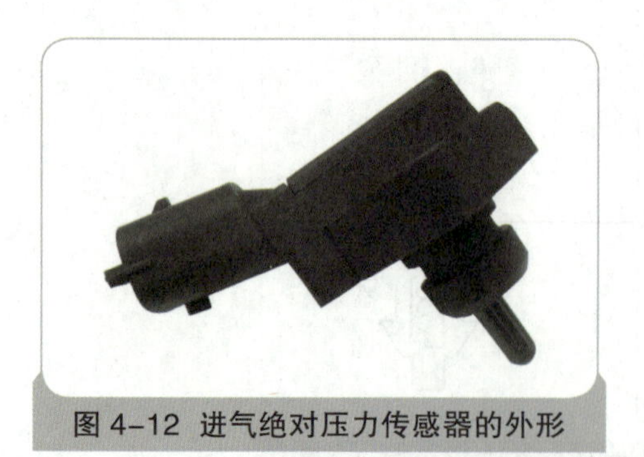

图 4-12 进气绝对压力传感器的外形

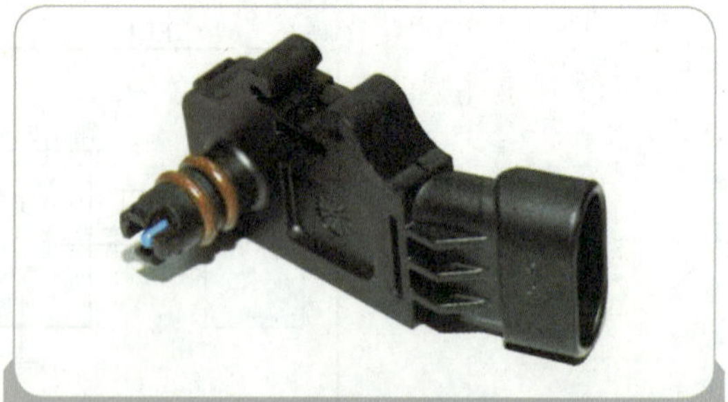

图 4-13 进气绝对压力与温度传感器的外形

3. 节气门位置传感器

节气门位置传感器（TPS）安装在节气门体上，将节气门的开度转换成电压信号输送给 ECU，便于 ECU 判定发动机怠速、部分负荷、全负荷工况，其外形如图 4-14 所示。

节气门位置传感器通常在节气门拉索对面，和节气门轴连接在一起，如图 4-15 所示。

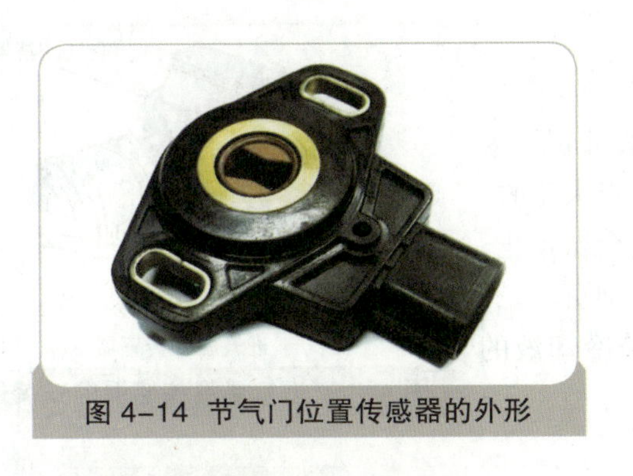

图 4-14　节气门位置传感器的外形

图 4-15　节气门位置传感器的位置

4. 凸轮轴位置传感器

凸轮轴位置传感器（CLS）向 ECU 提供曲轴转角基准位置信号和凸轮轴相位信息。ECU 根据凸轮轴位置传感器信号，判断曲轴压缩上止点和排气上止点。该信号是供油正时控制和点火正时控制的主控制信号之一。

凸轮轴位置传感器通常安装在凸轮轴或分电器上，其外形如图 4-16 所示。

5. 曲轴位置传感器

曲轴位置传感器（CPS）检测曲轴转速和转角，向 ECU 提供发动机转速和曲轴上止点信息，是供油正时控制和点火正时控制的主控制信号之一；是油泵工作触发信号，用于发动机失火检测。其外形如图 4-17 所示。

曲轴位置传感器通常安装在曲轴前端、凸轮轴前端、飞轮上或分电器内。曲轴、凸轮轴位置传感器既可以分开设置，也可以组合在一起。

6. 进气温度传感器

空气密度影响实际进气量，密度随温度和压力的变化而变化。进气温度传感器（IATS）检测进气温度，ECU 根据进气温度信号修正喷油量，获得最佳空燃比。其外形如图 4-18 所示。

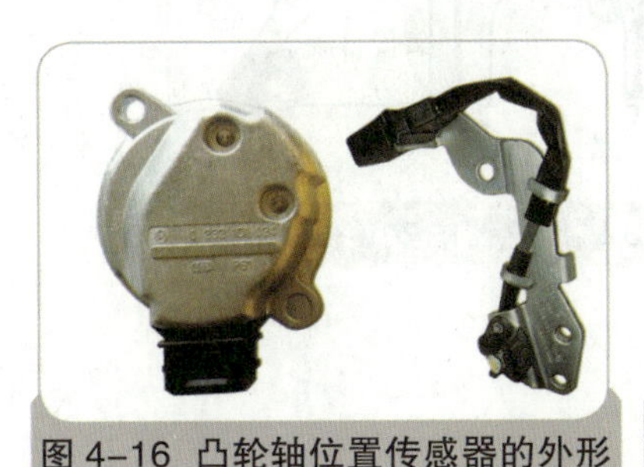

图 4-16　凸轮轴位置传感器的外形

图 4-17　曲轴位置传感器的外形

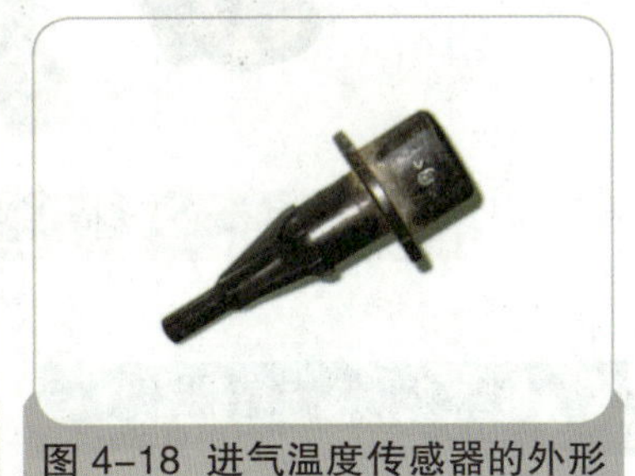

图 4-18　进气温度传感器的外形

D 型电控燃油喷射系统进气温度传感器安装在空气滤清器壳体内或进气总管内，L 型电控燃油喷射系统的进气温度传感器安装在进气流量传感器内，如图 4-19 所示。

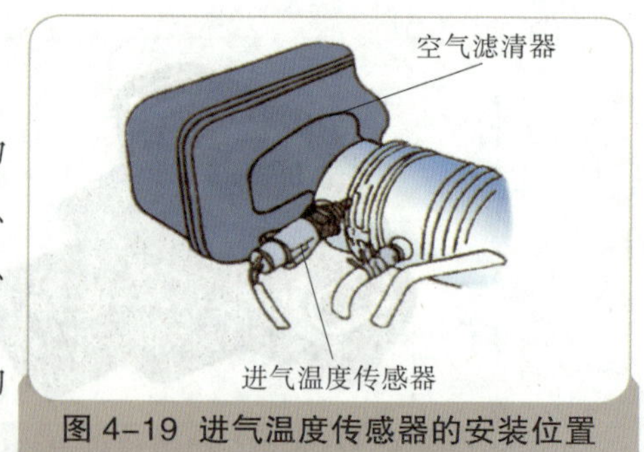

图 4-19 进气温度传感器的安装位置

7. 冷却液温度传感器

冷却液温度传感器（ECTS）将冷却液温度信息转换为电信号并输入ECU，ECU根据该信号对燃油喷射、点火正时、废气再循环（EGR）、空调、怠速、变速器换挡及离合器锁止、爆燃、冷却风扇控制进行修正。其外形如图 4-20 所示。

冷却液温度传感器安装在发动机缸体、缸盖冷却液的通道上，如图 4-21 所示。

图 4-20 冷却液温度传感器的外形

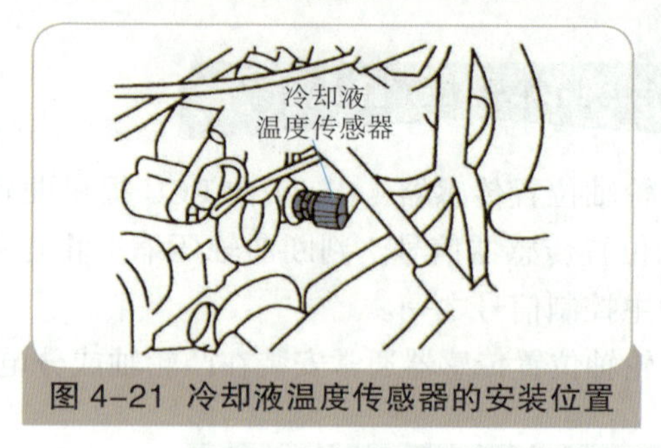

图 4-21 冷却液温度传感器的安装位置

8. 氧传感器

氧传感器（Oxygen Sensor）将废气中的含氧量转变为电压信号并传送给ECU，ECU 根据该信号对喷油时间进行修正，使发动机可燃混合气空燃比接近于理想值，降低有害气体的排放量。其外形如图 4-22 所示。

氧传感器通常安装在排气总管上，如图 4-23 所示。

氧传感器的认知

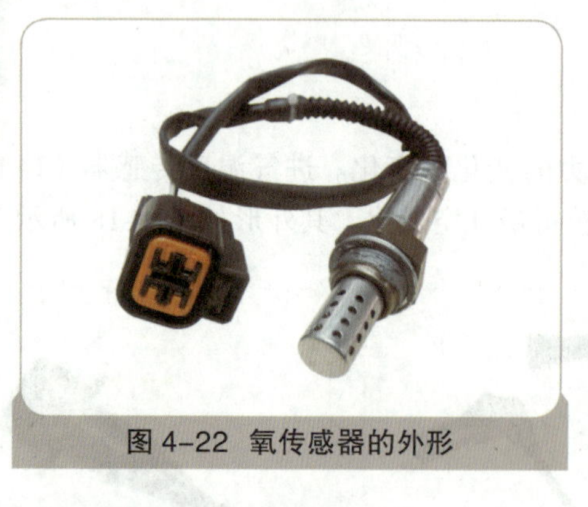

图 4-22 氧传感器的外形

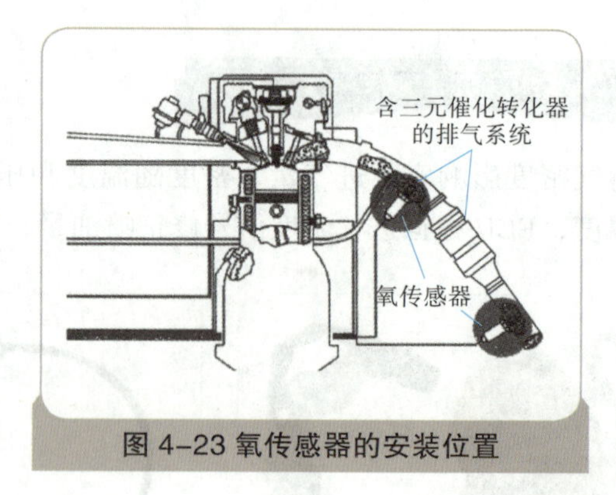

图 4-23 氧传感器的安装位置

9. 爆燃传感器

爆燃传感器（KS）向 ECU 输入爆燃信号，ECU 根据该信号对点火正时进行修正，推迟点火以防止发动机爆燃。其外形如图 4-24 所示。

爆燃传感器通常安装在发动机气缸体中上部或火花塞上，如图 4-25 所示。

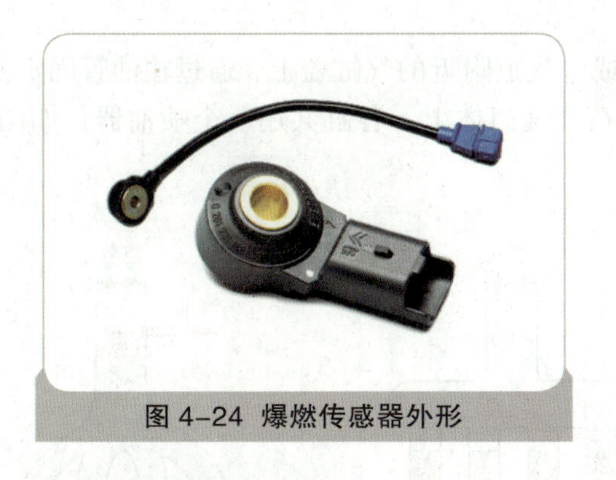

图 4-24 爆燃传感器外形

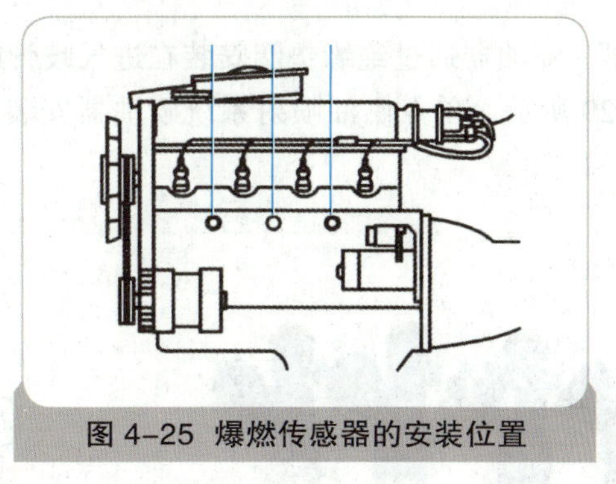

图 4-25 爆燃传感器的安装位置

10. 车速传感器

车速传感器检测汽车的行驶速度，给 ECU 提供车速信号（即 SPD 信号），用于巡航定速控制和限速断油控制。在汽车集中控制系统中，车速信号也是自动变速器的主控制信号。

三、执行器

发动机电控系统依靠执行器完成各项控制功能，执行器将 ECU 传来的控制信号转换成机械运动或电器运动，改变发动机运行参数，完成控制功能。控制功能不同，执行器也有所不同，主要有下列几种。

1. 燃油泵

电动燃油泵将燃油从油箱压入燃油供给系统，确保燃油管内足够的燃油压力。燃油泵的外形及支架如图 4-26 所示。燃油泵安装在油箱内，由电动机驱动，如图 4-27 所示。电动燃油泵安装在油箱内时需要提供良好的安装支架，同时隔离振动，油泵支架配有电源插座，此外可集液位传感器、滤清器、压力调节器等部件于一体。燃油泵也可以安装在油箱外。

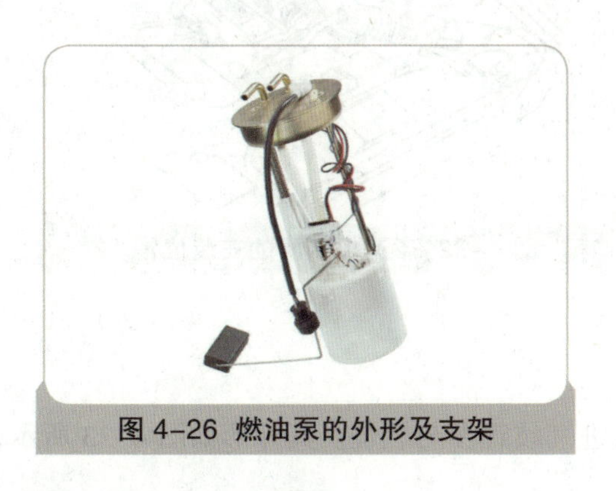

图 4-26 燃油泵的外形及支架

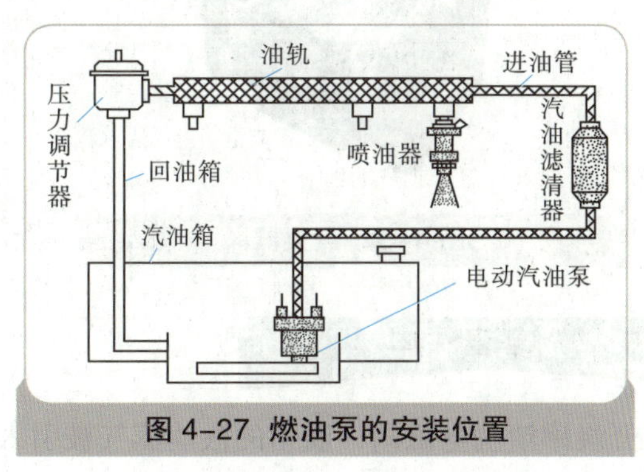

图 4-27 燃油泵的安装位置

2. 喷油器

电磁式喷油器根据 ECU 的控制信号，将燃油以一定压力喷出并雾化。其外形如图 4-28 所示。燃油喷射分为多点燃油喷射系统和单点燃油喷射系统。在多点燃油喷射系统中，每个气缸有一个喷油器，喷油器通过绝缘垫圈安装在进气歧管或进气道附近的气缸盖上，通过输油管固定安装，如图 4-29 所示。单点燃油喷射系统喷油器安装在节气门体上，各缸共用一个喷油器，如图 4-30 所示。

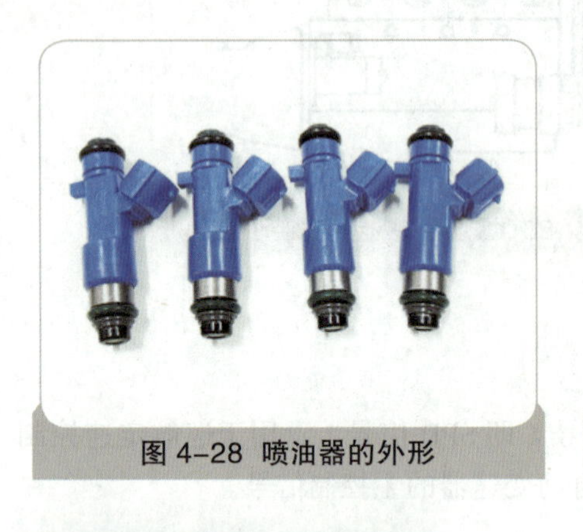

图 4-28 喷油器的外形

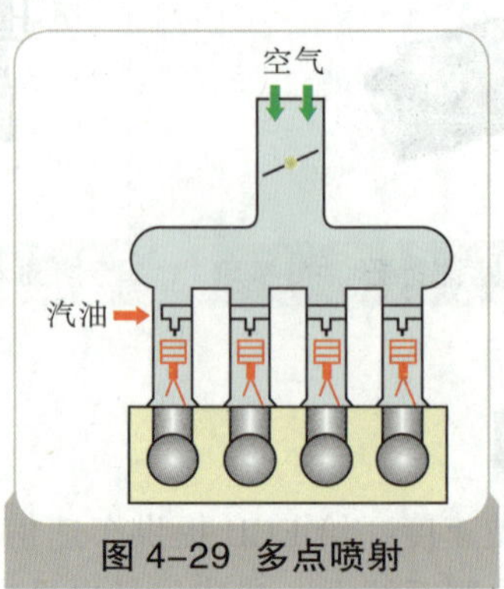

图 4-29 多点喷射

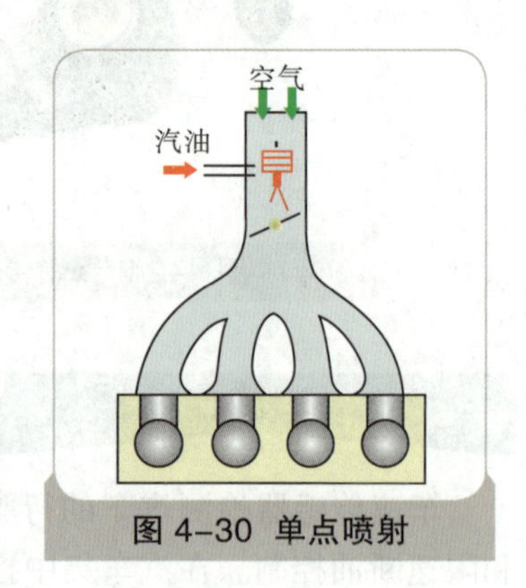

图 4-30 单点喷射

3. 点火器

点火器的主要功能是控制点火正时和点火能量，点火器根据 ECU 输出的控制信号，驱动点火线圈将蓄电池的低压直流电转变成高压电，通过火花塞产生电火花，引燃气缸内的燃油混合气，如图 4-31 所示。点火器壳体上有和 ECU 连接的线束插头及高压线插口等。

4. 怠速控制阀

怠速控制阀通过改变旁通进气量，使发动机在目标转速下稳定运行。其安装位置如图 4-32 所示。

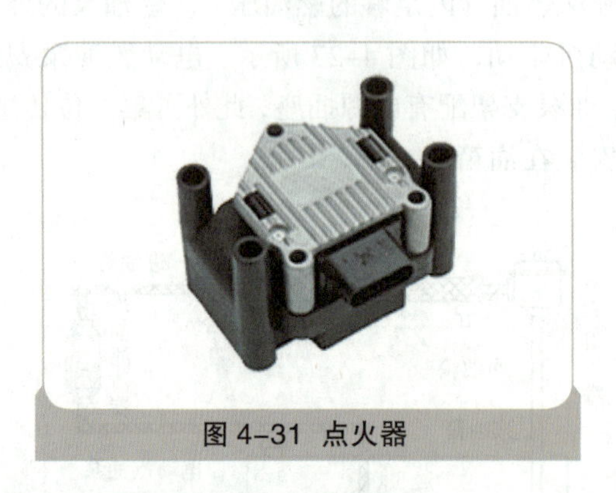

图 4-31 点火器

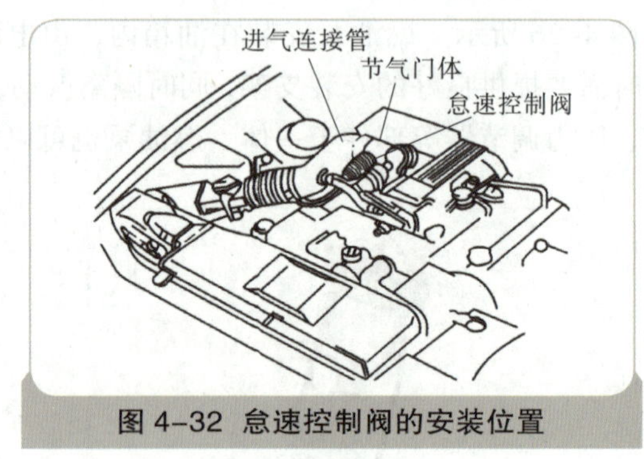

图 4-32 怠速控制阀的安装位置

5. 炭罐清洗电磁阀

打开炭罐清洗电磁阀，油箱的汽油蒸气被引入进气歧管参与燃烧。其外形如图 4-33 所示，安装位置如图 4-34 所示。

6. 节气门驱动装置

节气门驱动装置执行来自 ECU 的指令以调节节气门开度从而控制进气量。其安装位置如图 4-35 所示。

图 4-33 炭罐清洗电磁阀的外形

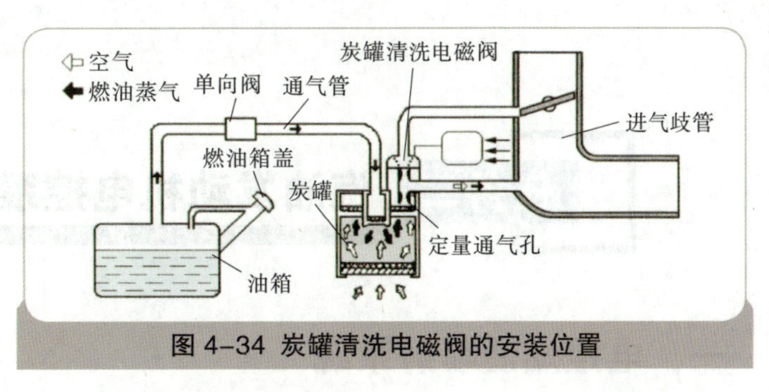

图 4-34 炭罐清洗电磁阀的安装位置

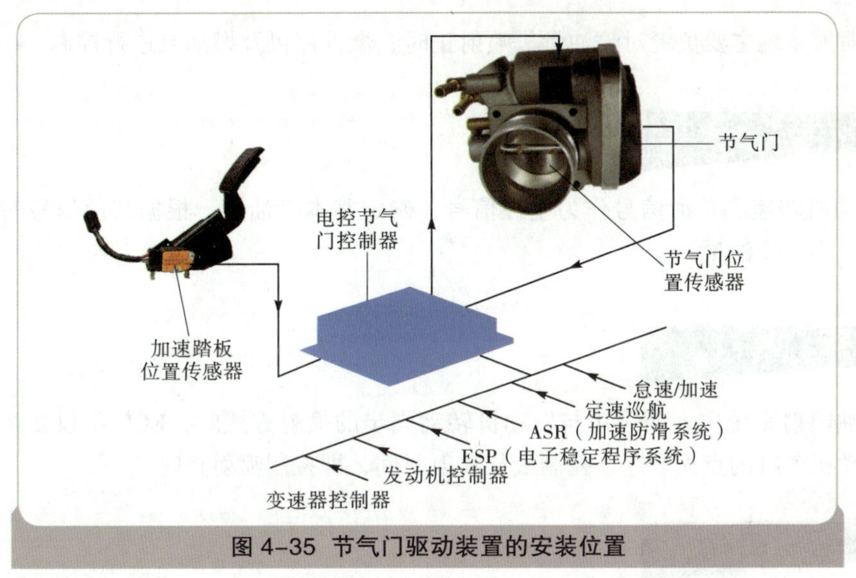

图 4-35 节气门驱动装置的安装位置

除了上述的执行元件之外，还有其他执行元件，如 EGR 阀、二次空气喷射阀、进气控制阀、油泵继电器、冷却风扇继电器、自动变速器挡位电磁阀、空调压缩机继电器、自诊断显示与报警装置、故障备用程序起动装置、仪表显示器等。

任务二 汽油发动机电控系统的控制内容与功能

一、电控燃油喷射系统

电控燃油喷射系统主要负责对喷油量、喷射正时、燃油停供及燃油泵进行控制。

1. 喷油量控制

ECU 将发动机转速和负荷信号作为主控信号，确定基本喷油量，根据其他信号对基本喷油量进行修正，确定实际喷油量。

2. 喷射正时控制

在电控燃油喷射系统中，当采用与发动机转动同步的喷射方式时，ECU 不仅要控制喷油量，而且要根据发动机各缸的点火顺序，控制最佳喷射时间，即控制喷射正时。

3. 燃油停供控制

（1）减速断油控制

汽车行驶，驾驶员快速收起加速踏板时，ECU 会切断燃油喷射控制电路，停止喷油，降低减速时 HC 及 CO 的排放量；当发动机转速降至特定转速时，恢复供油。

（2）限速断油控制

当发动机转速超过安全转速或汽车车速超过设定的最高转速时，ECU 会切断燃油喷射控制电路，停止喷油，防止超速。

4. 燃油泵控制

当点火开关打开时，ECU 控制燃油泵运转 2 ~ 3s，以建立必需的油压。若不起动发动机，ECU 将切断燃油泵控制电路，燃油泵停止运转。在发动机起动过程和运转过程中，ECU 控制燃油泵正常运转。

二、电控点火系统

电控点火系统（ESA）的控制包括点火正时控制、闭合角控制与恒流控制及爆燃反馈控制。

1. 点火正时控制

点火正时控制即点火提前角控制。ECU 存储发动机各种工况下理想的点火提前角。发动机运转时，ECU 根据发动机的转速和负荷信号，确定基本点火提前角，根据其他信号对基本点火提前角进行修正，确定最佳点火提前角，将点火控制信号输出给电子点火控制器，以最佳点火提前角点燃混合气，改善发动机的燃烧过程。

2. 闭合角控制与恒流控制

ECU 根据蓄电池电压及转速等信号，控制点火线圈一次侧电路的通电时间，保证点火线圈一次侧电路有足够大的断开电流，产生足够高的二次电压，同时防止因通电时间过长使点火线圈过热而损坏。

3. 爆燃反馈控制

ECU 接收到爆燃传感器输出的信号，对信号进行滤波处理并判断有无爆燃发生，若检测到爆燃的产生，则通过推迟点火提前角，实现爆燃反馈控制功能，避免爆燃的产生。

三、排气净化系统

为了减少汽车的排气污染，现代汽车采取了多种排气净化措施，如三元催化转化器开环与闭环控制、EGR 控制、活性炭罐电磁阀控制、二次空气喷射控制等。ECU 可控制以上系统和装置的工作。

四、进气控制系统

为改善现代电控发动机的动力性和经济性，ECU 根据发动机转速和负荷的变化，通过进气惯性增压控制系统、动力阀控制系统、废气涡轮增压控制系统等，控制发动机的进气，提高发动机的充气效率。

五、指示和警告装置

ECU 通过各种指示和警告装置，显示控制系统的工作状况，当控制系统出现故障时，及时发出警告信号，如冷却液泄漏、氧传感器失效、催化剂过热、油温过高等。

六、自诊断系统

ECU对控制系统各传感器和执行器等部分的工作进行监测，当监测到信号不正常或有故障时，ECU点亮仪表板上的“检查发动机”（CHECK ENGINE）灯，提醒驾驶员发动机已出现故障，并将故障信息以故障码形式储存在ECU存储器中，通过诊断仪器，将故障码及相关信息调出，帮助维修人员确定故障类型和范围，提高故障排除效率。

七、失效保护与应急备用系统

当电控系统中某些传感器或线路出现故障时，ECU将不采用故障传感器的信号，自动按微机预设的程序提供预设定值，使发动机保持运转，但性能有所下降。

应急备用系统是在发动机控制模块内，并列于控制模块的一套集成电路，由自诊断系统控制开启。当ECU发生故障时，会导致发动机停机，车辆不能行驶。ECU将起动应急备用系统，按设定的信号使发动机进入强制运行状态（跛行模式），以便驾驶员将车辆开到维修站维修。

一、填空题

1. 发动机控制系统由______、______和执行器3部分组成。

2. ECU给传感器提供______、______、______和______等电压。

3. 发动机集中控制系统中使用的ECU主要由______、______、______和输出回路组成。

4. 空气流量传感器的作用是______，安装位置为______。

5. 节气门位置传感器的作用是______，安装位置为______。

6. 曲轴位置传感器的作用是______，安装位置为______。

7. 现代电控发动机温度传感器主要有______和______。

8. 氧传感器将废气中的______转变为电压信号传送给ECU，ECU根据该信号对______进行修正，使发动机可燃混合气空燃比接近______。

9. 执行器根据种类的不同，主要有______、______、______和怠速控制阀等。

10. 电控燃油喷射系统主要包括______、______、______和燃油泵的控制。

11. 电控点火系统的控制包括______、______和爆燃反馈控制。

二、选择题

1. 发动机工作时，随冷却液温度升高，爆燃倾向（　）。

A. 不变　　B. 增大　　C. 减小　　D. 与温度无关

2. 一般来说，缺少了（　）信号，电子点火系将不能点火。

A. 进气量　　B. 水温　　C. 曲轴转速　　D. 节气门开度

3. 对于D型电喷发动机，当发生真空泄漏时，发动机怠速会（　）。

A. 降低　　B. 不变　　C. 增高　　D. 熄火

4. 下列选项哪一项将会引起汽油喷射系统的汽油压力过高（　）。

A. 电动汽油泵的电刷接触不良　　B. 回油管堵塞

C. 汽油压力调节器密封不严　　D. 以上都正确

5. 丰田公司磁脉冲式曲轴位置传感器一般安装在（　）。

A. 曲轴带轮之后　　B. 曲轴带轮之前

C. 曲轴靠近飞轮处　　D. 分电器内部

三、判断题

1. 爆燃传感器是用来检测发动机回火、放炮的。（　）

2. 电控发动机检验的基本内容仍是油路、电路和密封（特别是进气系统的密封性）的检验。（　）

3. 电控发动机所要求的燃油喷射量，一般由 ECU 控制喷油器燃油压力高低的来确定。 ( )

4. ECU 有学习功能，但 ECU 的电源电路一旦被切断后，它在发动机运行进程中储存的数据会消失。 ( )

5. 在电喷发动机大多数运转工况下，喷油系统采用同步喷射，只有起动、加速等工况时采用异步喷射。 ( )

6. A/D 转换器将数字信号转换为模拟信号后再输入微机。 ( )

7. 不要在油箱无油的情况下运转燃油泵，也不要等油用光后才去加油，以免烧坏燃油泵。 ( )

8. 电喷系统在高速紧急制动、节气门全关时，仍然供油。 ( )

四、简答题

1. 汽油发动机电控系统由哪几部分组成？各有何功用？

2. 发动机传感器有哪些？各有何功用？

3. 发动机电控系统有哪些功能？

课题五

汽油发动机电控燃油喷射系统

学习目标

通过本课题的学习，你应能：

1. 熟悉汽油发动机电控燃油喷射系统的分类方式。
2. 掌握汽油发动机电控燃油喷射系统的组成和工作原理。
3. 能够辨别、认识燃油喷射系统各部件。
4. 掌握燃油喷射系统的检修方法。

任务一 电控燃油喷射系统的分类

电控燃油喷射系统按喷射位置、喷射时序、喷射控制装置、进气量的计量方式、有无反馈信号等方法进行分类。

一、按喷射位置不同分类

按喷射位置不同，电控燃油喷射系统分为缸内喷射和进气管喷射两种类型，如图 5-1 所示。缸内喷射技术是近年来研究和开发的发动机新技术，它将喷油器安装在气缸盖上，把燃油直接喷入气缸内，与缸内流动的气体形成可燃混合气，实现分层燃烧和稀混合气燃烧，进一步提高了汽油发动机的经济性和排放性。

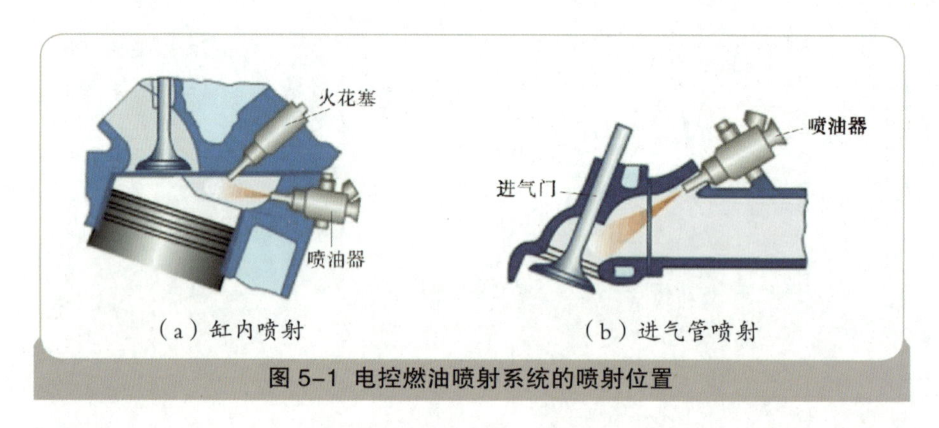

图 5-1 电控燃油喷射系统的喷射位置

目前，进气管燃油喷射方式广泛应用于现代汽车，按喷油器的数量不同，分为多点喷射系统和单点喷射系统，如图 5-2 所示。

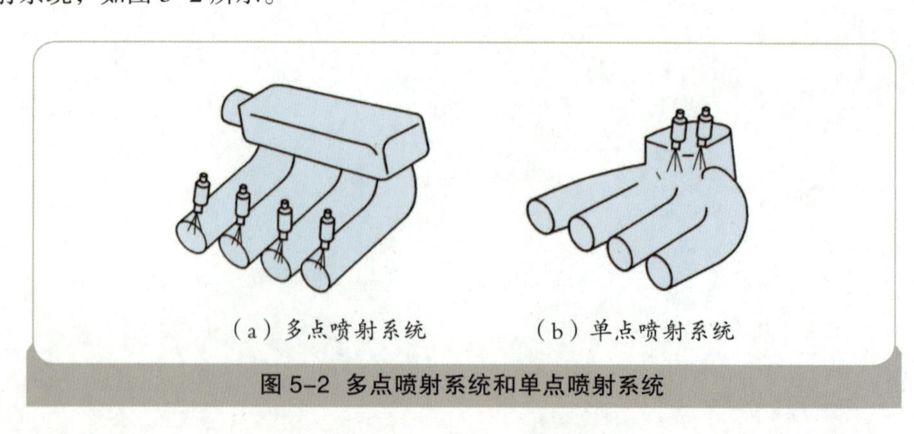

图 5-2 多点喷射系统和单点喷射系统

1. 多点喷射系统

喷油器分别安装在每缸进气门处，由 ECU 控制喷油。多点喷射系统燃油分配均匀性好，控制系统比较复杂，成本较高，主要用于性能较高的中、高级轿车。

2. 单点喷射系统

单点喷射系统又称为节气门体喷射系统或中央喷射系统。

在节气门体上安装一个中央喷射装置，用一只或两只喷油器集中喷射。汽油喷入，与进气流形成可燃混合气，通过进气歧管分配到各气缸。

单点喷射系统采用的是顺序喷射方式，空气量采用空气流量传感器直接计量或采用绝对压力传感器间接测量，在每个气缸进气行程开始时喷油，又称独立喷射方式。顺序喷射方式可使燃油在进气管中滞留的时间最短，各缸燃油量的供给接近一致。

单点喷射系统出现较晚，其性能介于多点喷射系统与传统化油器式供给系统之间。单点喷射系统性能比多点喷射系统差，但结构简单、故障少、维修调整方便，对发动机本身的改动较小，大量生产成本较低，广泛应用于普通轿车和货车。

二、按喷射时序不同分类

按喷射时序不同，电控燃油喷射系统分为连续喷射和间歇喷射两种类型。

连续喷射方式是指在发动机运转期间，汽油连续不断地喷入进气道，大部分汽油在进气门关闭时喷射，在进气道内蒸发。除早期的 K 型机械式汽油喷射系统和 ICE 型机电组合式汽油喷射系统外，电控燃油喷射系统一般不采用此种喷射方式。

间歇喷射方式是指在发动机运转期间，汽油间歇地喷入进气道。

三、按喷射控制装置不同分类

按喷射控制装置不同，电控燃油喷射系统分为以下几种。

●机械控制系统（K 系统）：燃油的计量是通过机械传动与液体传动实现的。

●机电一体混合控制系统（KE 系统）：由机械、液体喷射装置控制，同时设有一个 ECU、多个传感器和一个电液混合调节器控制混合气成分，增强了控制功能。

●电控系统（E 系统）：燃油的计量是由 ECU、多个传感器及喷油器共同完成的。

四、按进气量的计量方式分类

电控燃油喷射系统精确计量进入气缸的空气量，精确控制喷油量，实现混合气浓度的高精度控制。根据进气量的计量方式不同，电控燃油喷射系统分为速度密度控制式（D 型）、质量流量控制式（L 型）和节流速度控制式等。

1. D 型电控燃油喷射系统

D 型电控燃油喷射系统利用进气绝对压力传感器检测进气歧管内的绝对压力，ECU 根据进气歧管内的绝对压力和发动机转速推算发动机的进气量，再根据进气量和发动机转速确定基本喷油量。D 型电控燃油喷射系统的基本工作原理如图 5-3 所示。

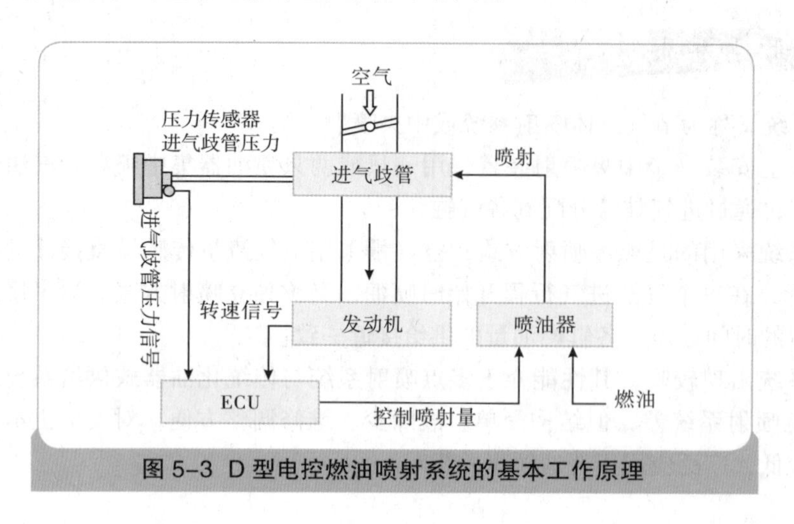

图 5-3 D 型电控燃油喷射系统的基本工作原理

由于空气在进气歧管内存在压力波动，该方法的测量精度稍差。D 型电控燃油喷射系统的结构如图 5-4 所示。

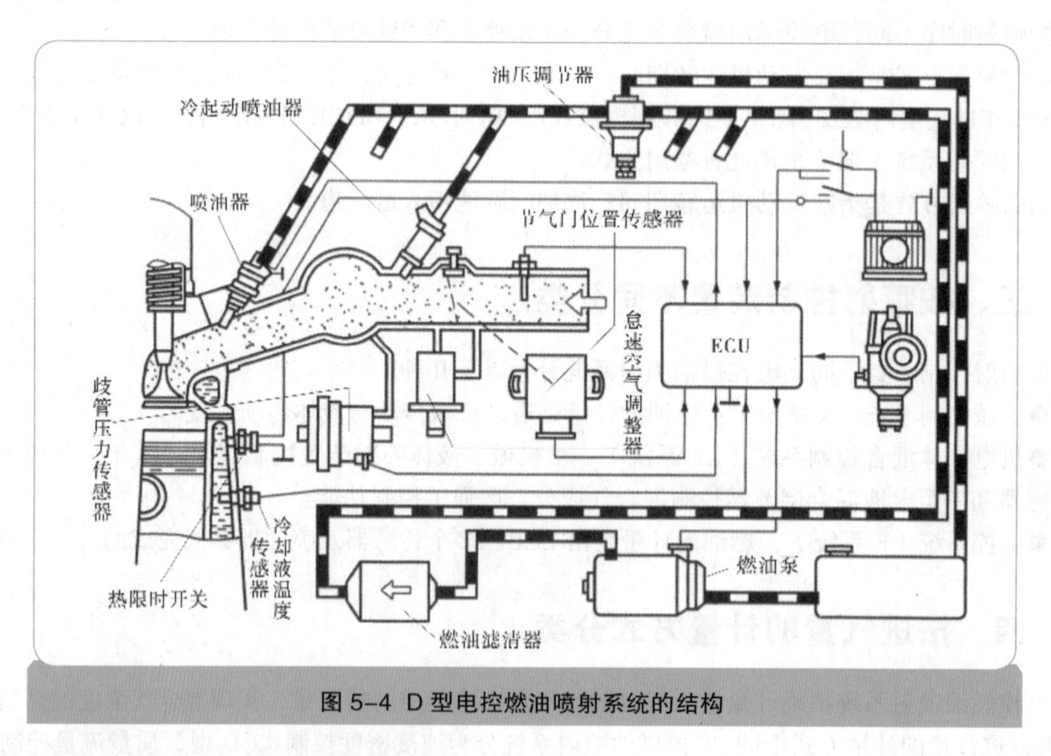

图 5-4 D 型电控燃油喷射系统的结构

2. L 型电控燃油喷射系统

L 型电控燃油喷射系统的基本工作原理如图 5-5 所示。

L 型电控燃油喷射系统利用空气流量传感器直接测量发动机的进气量，ECU 根据空气流量传感器信号和发动机转速信号计算与该空气量相适应的喷油量，消除了 D 型电控燃油喷射系统推算进气量有误差的问题，混合气浓度控制的准确程度高于 D 型电控燃油喷射系统。

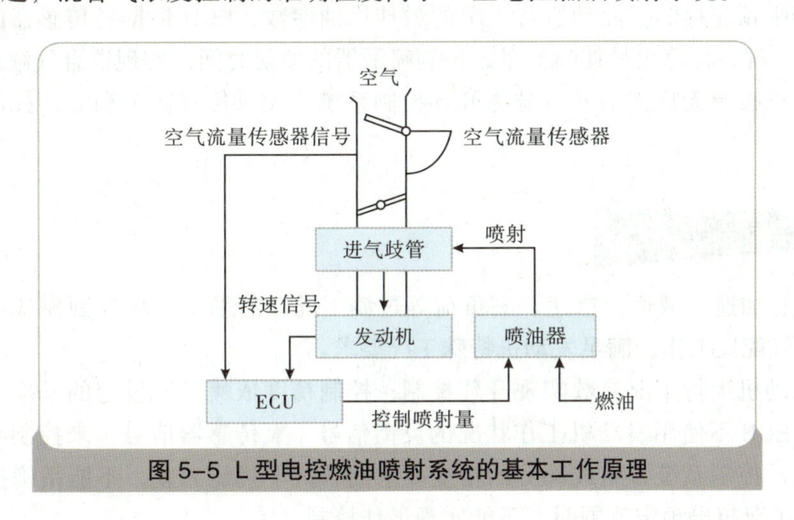

图 5-5 L 型电控燃油喷射系统的基本工作原理

（1）叶片式空气流量传感器电控燃油喷射系统

叶片式空气流量传感器属于体积流量型，叶片式空气流量传感器计量进入气缸的空气体积量，将体积量转变成电信号，输送至 ECU，ECU 根据空气体积量信号和发动机转速计算出相适应的喷油量，实现最佳空燃比的控制。

叶片式空气流量传感器有体积大、不便安装和加速响应慢的缺点，计量空气体积量时需要考虑大气压力的修正问题。

（2）热式空气流量传感器电控燃油喷射系统

热式空气流量传感器包括热线式和热膜式两种，是质量流量型的空气流量传感器。热式空气流量传感器直接测量进入气缸内的空气质量，将空气质量转换成电信号输送给 ECU，ECU 根据空气质量和发动机转速计算出与之相适应的喷油量，实现最佳空燃比的控制。

3. 节流速度控制式电控燃油喷射系统

节流速度控制式电控燃油喷射系统利用节流阀开度和发动机转速推算每一次循环吸入发动机的空气量，根据推算出的空气量计算汽油喷射量。由于其直接测量节流阀开度的角位移，所以过渡响应性能好。它在赛车中应用广泛，有些 Mono 系统（单点喷射）也采用该方式。由于吸入的空气量与节流阀开度和发动机转速存在复杂的函数关系，所以不容易准确测定吸入的空气量。

五、按有无反馈信号分类

ECU 存储器中预先存储了发动机各工况的最佳供油参数，ECU 根据各传感器的输入信号，判断发动机的运行工况，计算出最佳喷油量，控制喷油器的喷射时间，实现混合气浓度的精确控制。电控燃油喷射系统按有无反馈信号可分为开环控制系统（无氧传感器）和闭环控制系统（有氧传感器）。

1. 开环控制系统

起动、暖机、加速、减速、怠速、满负荷等过渡工况，需采用开环控制模式。喷油器按预先设定的加浓混合气配比工作，满足发动机特殊工况要求。

ECU 根据发动机运行工况参数实现开环控制，控制精度依赖于所设定的基准数据和喷油器调整标定的精度。ECU 不使用发动机工作状况的反馈信号（氧传感器信号）来控制喷油量。开环控制系统对发动机及控制系统各组成部分的精度要求高，抗干扰能力差，不能精确控制混合气的空燃比。当发动机工况超出预定范围时，不能实现最佳控制。

2. 闭环控制系统

安装在发动机排气管上的氧传感器检测排气中的含氧量，ECU 根据氧传感器反馈信号，判断气缸混合气的空燃比，与目标空燃比进行比较，根据误差修正喷油量，使空燃比保持在目标值附近。闭环控制系统空燃比控制精度高，工作稳定性好，抗干扰能力强，适用于发动机匀速行驶及稳定怠速工况。闭环控制过程如图 5-6 所示。

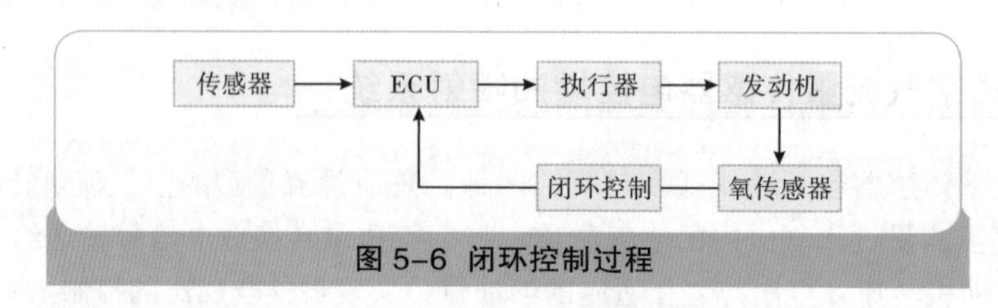

图 5-6 闭环控制过程

任务二 电控燃油喷射系统的组成和工作原理

汽油机电控燃油喷射系统由燃油供给系统、空气供给系统和电子控制系统 3 个子系统组成，如图 5-7 所示。

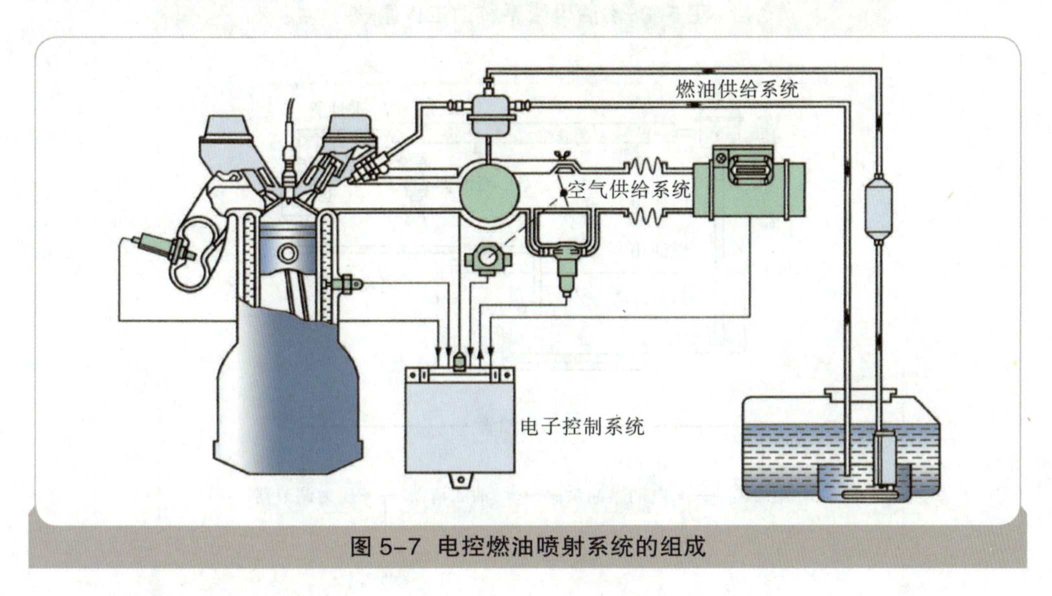

图 5-7 电控燃油喷射系统的组成

一、燃油供给系统

燃油供给系统的作用是提供汽油喷射所需的压力燃油，并在 ECU 的控制下将燃油喷入进气歧管或燃烧室。

电控汽油喷射系统中的燃油供给系统由燃油箱、电动燃油泵、燃油滤清器、油压调节器、喷油器、燃油管路与燃油分配管等组成。

燃油供给系统的工作原理：当发动机工作时，电动燃油泵将汽油从燃油箱内吸出，经燃油滤清器过滤后送入输油管，燃油泵供给的多余汽油经压力调节器和低压回油管流回燃油箱，输油管负责向各缸喷油器供油。压力调节器通过控制回油量来调节输油管内的燃油压力，以保证喷油器后面的油压与喷油器前面的气压压力差恒定，如图 5-8 所示。

燃油供给系统工作过程：发动机工作时，汽油从燃油箱内被燃油泵吸出并压入油管，经燃油滤清器过滤后，由压力调节器将油路系统的压力调整到比进气管压力高 0.25 ~ 0.3MPa，再由燃油分配管送至各电磁喷油器和冷起动喷油器（部分汽车有）。ECU 控制电磁喷油器喷射正时及喷油脉宽。喷油器电磁线圈通电时间越长，喷油量就越多，反之，喷油量就越少。燃油供给系统的工作过程如图 5-9 所示。

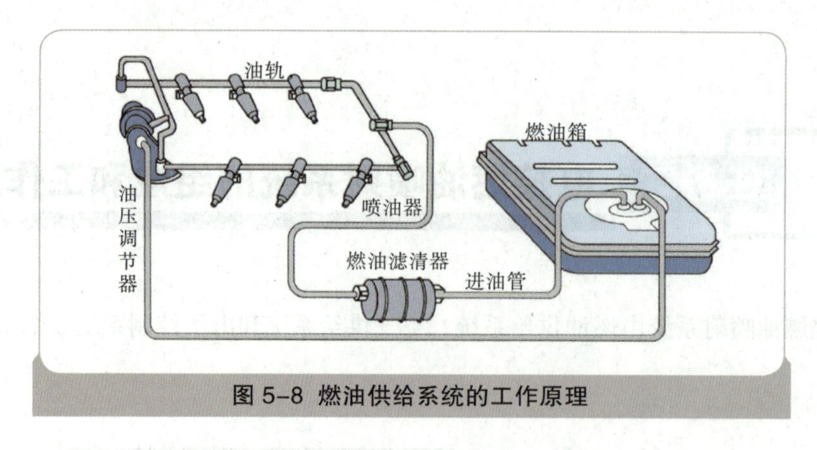

图 5-8 燃油供给系统的工作原理

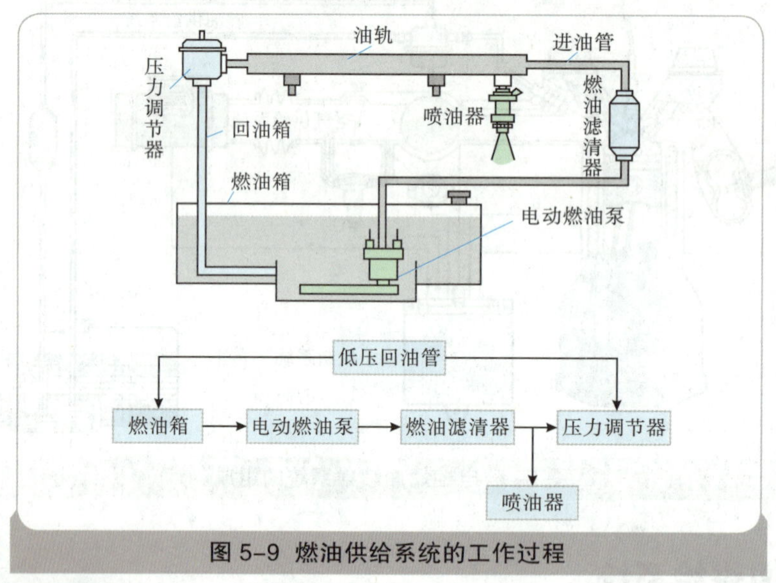

图 5-9 燃油供给系统的工作过程

1. 燃油箱

燃油箱的作用是储存汽油，如图 5-10 所示。在一般车辆中，燃油箱一般做成简单的方形或圆柱体形状，但轿车燃油箱为了适应整车外观造型及车架的需要往往做成比较复杂的形状，油箱体一般采用薄钢板冲压焊接而成，为了提高其强度，其表面往往冲压成加强筋形式。油箱体上设有加油口和加油管，管内装有用金属网制成的滤网。为了防止汽车振动带来的燃油振荡，箱内装有隔板。燃油箱顶面装有输油管及油面传感器。

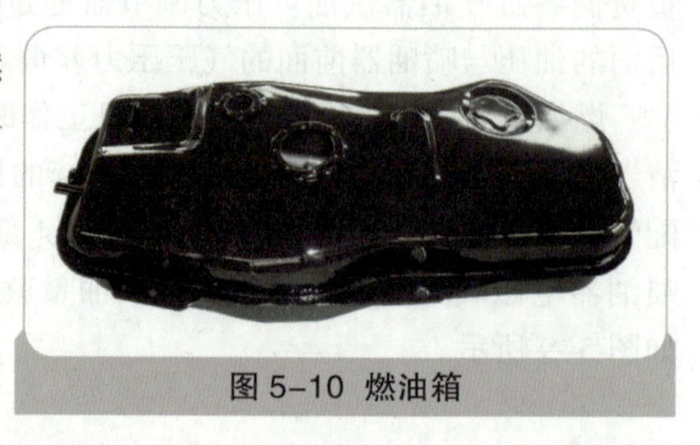

图 5-10 燃油箱

在密闭的燃油箱中，当汽油输出而油面降低时，箱内将产生一定的真空度，真空度过大时汽油将不能被燃油泵吸出而影响发动机的正常工作；另一方面，在外界温度高的情况下，汽油蒸气过多，将使箱内压力过大。这两种情况都要求燃油箱能在必要时与大气相通。为此，一般采用装有空气阀和蒸气阀的燃油箱盖。燃油箱盖内有垫圈用以封闭加油管口。当箱内汽油减少，压力降低到 0.098MPa 以下时，空气阀被大气压开，空气便进入燃油箱内，使燃油泵能正常供油。当燃油箱内汽油蒸气过多，其压力大于 0.11MPa 时，蒸汽阀被顶开，汽油蒸气泄出，以保持燃油箱内的正常压力。

2. 燃油泵

电动燃油泵是电喷发动机燃油供给系统的基本部件之一，它把燃油从燃油箱中吸出，加压后输送到管路中，和燃油压力调节器配合建立正常范围内的系统压力。

（1）电动燃油泵的分类

电动燃油泵根据安装位置的不同可分为两种：内置式和外置式。

内置式电动燃油泵安装在燃油箱中，具有噪声小、不易产生气阻、不易泄漏、安装管路较简单等优点。有些车型将燃油泵置于燃油箱内的小燃油箱中，防止燃油箱燃油不足时，因汽车转弯或倾斜引起燃油泵周围燃油的移动，使燃油泵吸入空气产生气阻。外置式电动燃油泵串接在燃油箱外部的输油管路中，容易布置，安装自由度大，但噪声大，易产生气阻。目前大多数电控燃油喷射系统均采用内置式电动燃油泵，但有些车型仍使用外置式，少数车型将两者串联在油路上使用。

电动燃油泵按泵体结构的不同，可分为滚柱式电动燃油泵、涡轮式电动燃油泵、齿轮泵等。外置式电动燃油泵主要采用滚柱式；内置式电动燃油泵主要采用涡轮式，也可以采用滚柱式。

①滚柱式电动燃油泵

如图 5-11 所示，滚柱式电动燃油泵主要由电动机、滚柱泵、单向阀、限压阀等组成。滚柱式电动燃油泵的输油压力波动较大，在出油端一般安装了阻尼减振器，这样就导致燃油泵体积增大。滚柱式电动燃油泵一般安装在燃油箱的外面，属于外冒式燃油泵。

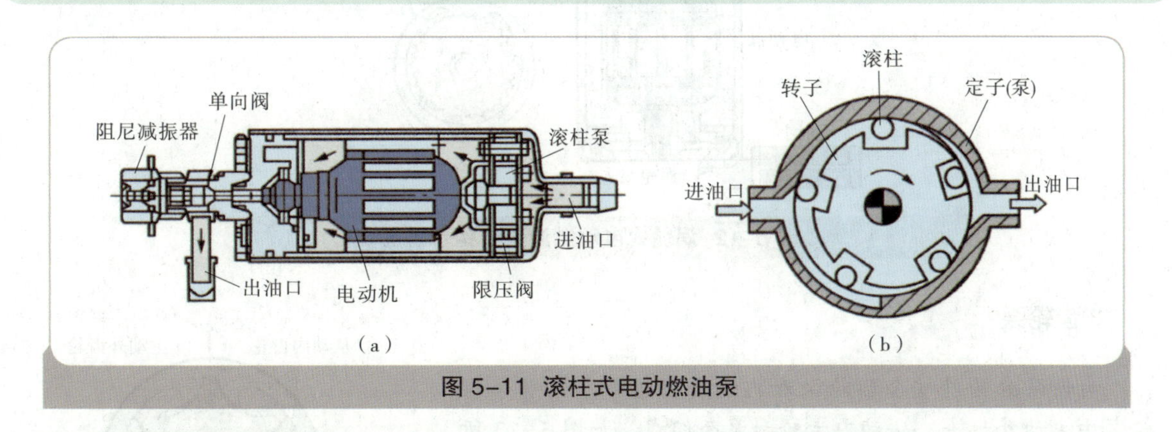

图 5-11 滚柱式电动燃油泵

阻尼减振器主要由膜片和弹簧组成，它可吸收燃油压力波的能量，降低压力波动，以提高喷油控制精度。

滚柱泵由转子、滚柱和泵套组成。转子偏心安装在泵套内，电动机带动转子运转，离心力的作用使滚柱向外侧移动与泵套内壁紧密接触，在相邻两个滚柱之间形成了工作腔。当工作腔转过出油口时，其容积不断增大，形成一定的真空度，与进油口连通，将燃油吸入；吸满燃油的工作腔转过进油口后，容积不断减小，使燃油压力增高，从出油口输出。

在燃油管路阻塞导致压力过高时，燃油泵安全阀打开，高压燃油卸荷，避免造成油管破裂或燃油泵损伤。燃油泵停止工作时，单向阀密封油路，防止油液倒流回燃油箱和空气进入，使燃油系统保持一定残压，便于下次快速起动，同时避免油管内部产生气阻，确保油液流动顺畅。

②涡轮式电动燃油泵

涡轮式电动燃油泵的工作原理与滚柱式电动燃油泵相似。其转子是一块圆形平板，周围开有小槽，形成叶轮，如图 5-12 所示。当燃油泵电动机通电时，驱动涡轮泵叶轮旋转，由于离心力的作用，叶轮周围小槽内的叶片贴紧泵壳，将燃油从进油室带往出油室。

由于进油室燃油不断被带走，形成真空，燃油箱内的燃油经进油口吸入。出油室燃油不断增多，燃油压力升高，当燃油压力达到一定值时，顶开出油单向阀，经出油口输出。

燃油箱内的燃油经过滤网初步过滤后进入燃油泵进油室。这种燃油泵的泵油量大，最大泵油压力较高，可达 600 kPa 以上，在各种工况下都能保持较稳定的供油压力，而且运转噪声小，叶轮无磨损，使用寿命长。

为了防止油压过高，当燃油泵输出的燃油压力达到 0.6MPa 时，安全阀开启，使燃油泵内的进、出油室连通，防止输油压力过高。燃油泵不工作时，出油口单向阀阻止燃油倒流回燃油箱，保持油路压力，便于下次起动并防止气阻产生。

燃油泵运转时，燃油不断穿过燃油泵和电动机，使燃油泵和电动机得到润滑和冷却。使用时，严禁在无油情况下运转电动燃油泵，也不能在燃油耗尽后才添加燃油，避免烧坏电动燃油泵。

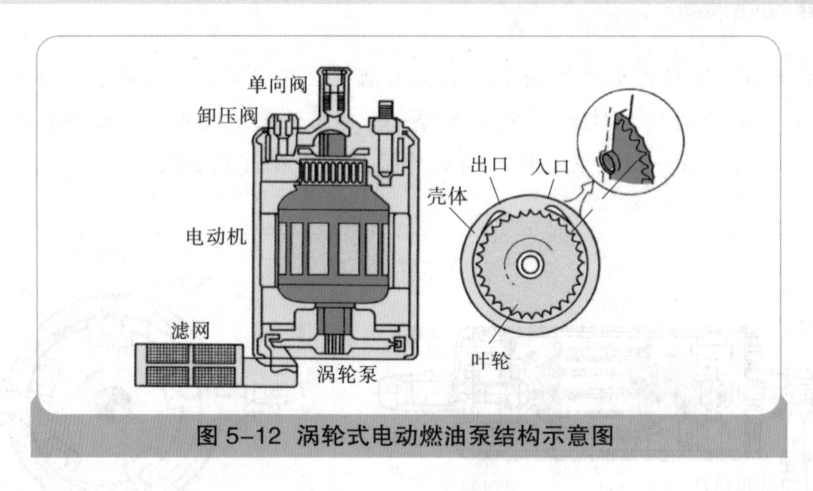

图 5-12 涡轮式电动燃油泵结构示意图

③齿轮泵

齿轮泵分为外啮合齿轮泵和内啮合齿轮泵。内啮合齿轮泵由主动外齿轮、从动内齿轮和泵套组成，如图 5-13 所示，从动内齿轮相对主动外齿轮偏心安装。燃油泵工作时，电动机带动主动外齿轮旋转，主动外齿轮带动从动内齿轮转动。在主、从动齿轮内外齿啮合的过程中，两对内、外啮合轮齿与泵盖所形成的密封容积发生变化：左腔室容积由小变大，产生真空，完成吸油；右腔室容积由大变小，将燃油以一定的压力压出。

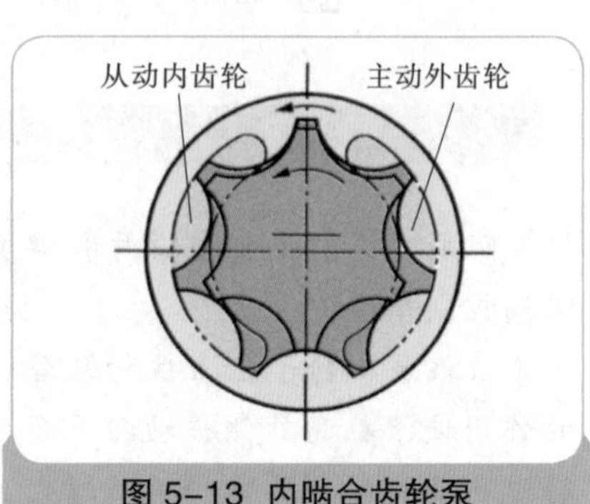

图 5-13 内啮合齿轮泵

（2）燃油泵的检测

测试燃油泵工作状况时应保证蓄电池电压正常，燃油泵熔断器正常，燃油滤清器正常。

①燃油泵电路的检查

●接通点火开关，应该能够听到燃油泵起动的声音，若用手指捏住输油管应能感受到油压。

●如果燃油泵没有起动，应检查燃油泵、燃油泵继电器以及燃油泵控制电路。

●点火开关置于“ON”位置，燃油泵继电器必须有动作声，否则检查燃油泵继电器电路，如果电路正常，更换燃油泵继电器。

●如果燃油泵继电器良好，燃油泵仍然不工作，则在点火开关置于“ON”位置的情况下，用万用表测量燃油泵导线上的供电电压，电压的额定值约为蓄电池电压（12V 左右）。如果电压额定值没有达到，则根据电路图查找并消除电路中的断路故障；如果达到了额定值，同时燃油泵处的搭铁导线没有发现断路情况，说明燃油泵有故障，应检查、更换燃油泵。

②燃油泵的检验

●点火开关置于“OFF”位置，脱开燃油泵电插头。

●用电阻表测燃油泵线圈电阻，如不在规定范围，则更换燃油泵总成。

●给燃油泵加上 12V 电源（注意极性），检查燃油泵的运转情况。如不正常，则更换燃油泵总成。（注意：本检验应在 10s 内完成以免烧毁燃油泵线圈，同时使燃油泵远离蓄电池）

③燃油泵供油量的测量

●关闭点火开关。

●泄压后，将油压表连接到输油管上。将软管接到回油管上，并伸到量杯内。

●使用插头导线短接燃油泵继电器的触点和蓄电池正极端子，使燃油泵运转，建立系统油压后断电。

●倒空量杯。

●接通燃油泵，使之运转。测量规定时间内的泵油量，与规定值进行比较。如果没有达到最低的输油量，故障原因可能为输油管弯曲或阻塞，燃油滤清器阻塞，燃油泵故障等。

3. 燃油滤清器

电控燃油喷射系统在油路中装有一个全封闭、高强度、高过滤性的滤清器。燃油滤清器的作用是把发动机汽油中的氧化铁、粉尘等固体杂物除去，防止燃油供给系统堵塞，降低机械磨损，确保发动机稳定行驶，提高可靠性。燃油供给系统发生故障，会严重影响车辆的行驶性能。

燃油滤清器应具备以下性能：使用过滤效率高，使用寿命长，压力损失小，耐压性能好，体积小、质量小。

燃油滤清器（如图 5-14 所示）安装在燃油泵的高压油路中，壳体上标有燃油进出方向。

200 ~ 300kPa 的高压燃油要经过燃油滤清器，因此要求燃油滤清器的耐压强度在 500 kPa 以上。燃油管一般使用旋入式金属管。

燃油滤清器由纸质滤芯串联棉纤维过滤网制成，滤纸叠成菊花形或盘簧形。燃油从入口进入滤清器，经过壳体内滤芯过滤掉 φ0.01mm 以上的杂质微粒，清洁的燃油从出口流出。根据车辆行驶里程，一般每行驶 20 000 ~ 40 000km 或 1 ~ 2 年更换一次燃油滤清器。燃油滤清器是一次性的，如果使用的汽油杂质成分较大，则应缩短更换周期。更换燃油滤清器时，应首先释放燃油系统压力，注意燃油滤清器壳体上标记的燃油流动方向。如果倒装燃油滤清器，则即使工作时间很短也必须更换。

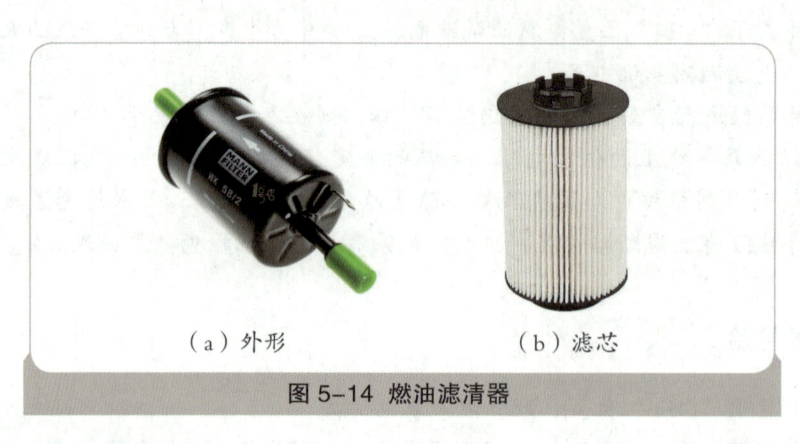

（a）外形　　（b）滤芯

图 5-14 燃油滤清器

4. 燃油压力调节器

燃油压力调节器的功能是使喷油器喷前、喷后油压与气压差保持恒定，喷油压差是燃油分配管内燃油压力与进气歧管内气体压力的差值。通常，燃油压力比进气歧管内气体压力高 250 kPa。

在电控燃油喷射系统中，ECU 通过控制喷油器的喷油时间实现喷油量的控制。喷油器的喷油量取决于喷油器的喷孔截面积、喷油时间和喷油压差。当喷油器的结构尺寸一定时，要保证燃油喷射量的精确控制，必须保持恒定的喷油压差。进气歧管气体压力随发动机转速和负荷的变化而变化，喷油器将燃油喷入进气歧管内，燃油压力必须根据进气歧管内气体压力的变化来调节，燃油压力调节器调节燃油压力，使喷油压差保持恒定。

（1）结构与原理

燃油压力调节器通常安装在燃油分配管的一端，其外形和安装位置如图 5-15 所示。其结构如图 5-16 所示，主要由膜片、弹簧、空气室等组成。膜片将调节器壳体内部分成上、下两个室，即空气室和燃油室。膜片上方的空气室通过软管与进气歧管相通，膜片与回油阀相连，回油阀控制回油量。

工作原理：发动机工作时，燃油压力调节器膜片上方承受的压力为弹簧的弹力和进气歧管内气体作用力之和，膜片下方承受燃油作用力，当膜片上、下承受的作用力相等时，膜片处于平衡位置不动。

图 5-15　燃油压力调节器的外形及安装位置

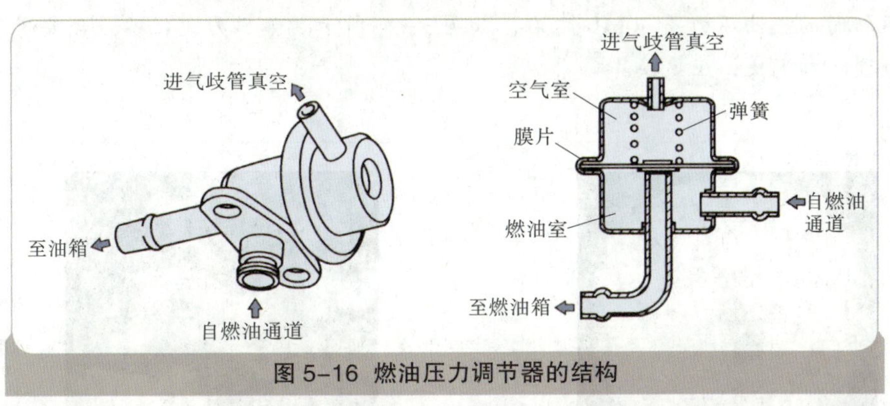

图 5-16　燃油压力调节器的结构

当进气歧管内气体压力下降（真空度增大）时，膜片向上移动，回油阀开度增大，回油量增多，使燃油分配管内的燃油压力下降；反之，进气歧管内的气体压力升高，膜片带动回油阀向下移动，回油阀开度减小，回油量减少，使燃油分配管内的燃油压力升高。当发动机工作时，燃油压力调节器通过控制回油量来调节燃油分配管内的燃油压力，保持喷油压差恒定不变。其原理如图 5-17 所示。

发动机工作时，由于燃油泵的供油量远大于发动机消耗的油量，因此回油阀始终保持为开启状态，多余燃油经过回油管流回燃油箱。发动机停止工作（燃油泵停转）时，燃油分配管内的燃油压力下降，燃油泵出油口单向阀在弹簧作用下逐渐关闭，以保持燃油系统有一定的残余压力。压力调节器不能维修，当工作不良时，应进行更换。拆卸压力调节器时应注意先释放燃油系统压力。

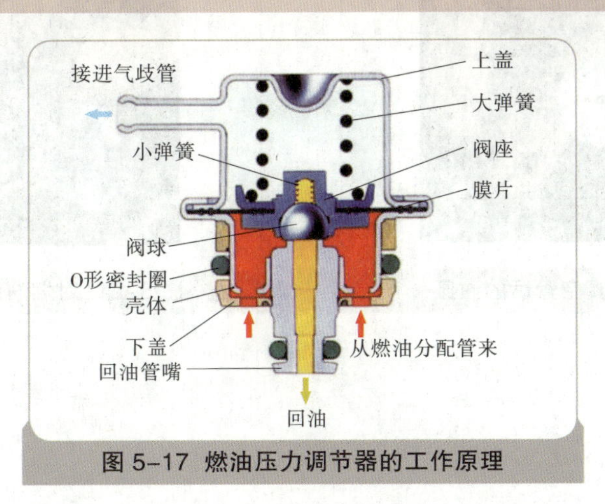

图 5-17　燃油压力调节器的工作原理

（2）燃油压力调节器的检修

①系统油压过低的检查

在正常情况下，发动机怠速运行时，汽油压力应上升到一定的值（如捷达轿车为250kPa左右，如图5-18所示）。

发动机怠速运行时，用包上软布的钳子将燃油压力调节器的回油管夹紧，如图5-19所示。如油压上升到400kPa以上，说明燃油压力调节器有故障。

发动机怠速运行时，拔下燃油压力调节器上的真空软管，检查燃油压力，此时的燃油压力应比怠速运转时的燃油压力高50kPa左右，如图5-20所示。如压力变化不符合要求，即说明燃油压力调节器工作不良，应更换。

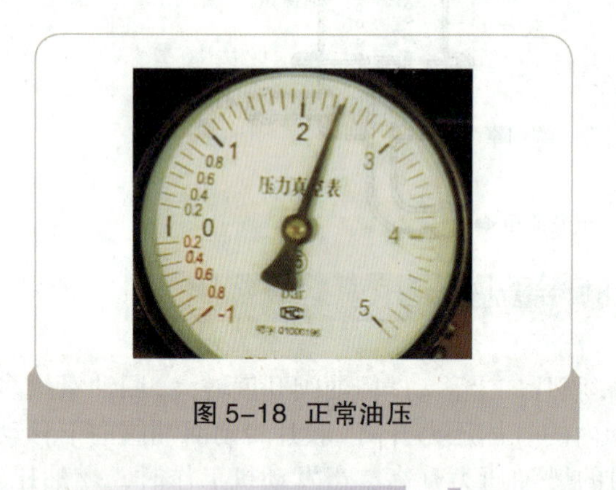

图5-18 正常油压

图5-19 夹回油管

②系统油压过高的检查

当油压过高时，首先对系统卸压（图5-21），拆下燃油压力调节器上的回油管，套上准许的容器，接通点火开关，观察燃油压力调节器的回油量，如回油量少或没有回油，则燃油压力调节器损坏，应更换。

图5-20 拔真空管后的油压

图5-21 对燃油系统进行卸压

5. 喷油器

（1）作用

喷油器的作用是按照电控单元的指令将一定数量的汽油以雾状喷入进气道或进气管内。电控汽油喷射系统中都采用电磁式喷油器，如图 5-22 所示。

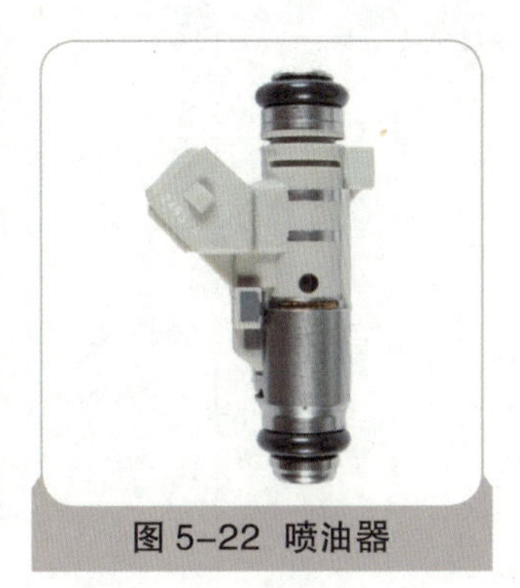
图 5-22　喷油器

（2）结构及工作原理

①轴针式喷油器

轴针式喷油器的结构如图 5-23 所示。喷油器主要由滤网、电磁线圈、磁心、针阀、阀体、弹簧、壳体等组成。

当喷油器的电磁线圈无电流通过时，阀内弹簧将针阀紧压在锥形密封阀座上；当电磁线圈通电时，产生磁场，衔铁被吸引，同衔铁一体的针阀也被一起吸起，喷油口打开，燃油沿通路从喷油口喷出。

喷油器的燃油喷射量取决于针阀升程、喷油孔尺寸、喷油压力、喷油持续时间等，喷油压力由燃油压力调节器调节为恒定值。对于一定形式的喷油器，其喷油量取决于喷油持续时间，即线圈通电时间。

轴针式喷油器的喷油口不易堵塞，但质量较大，动态响应较差。

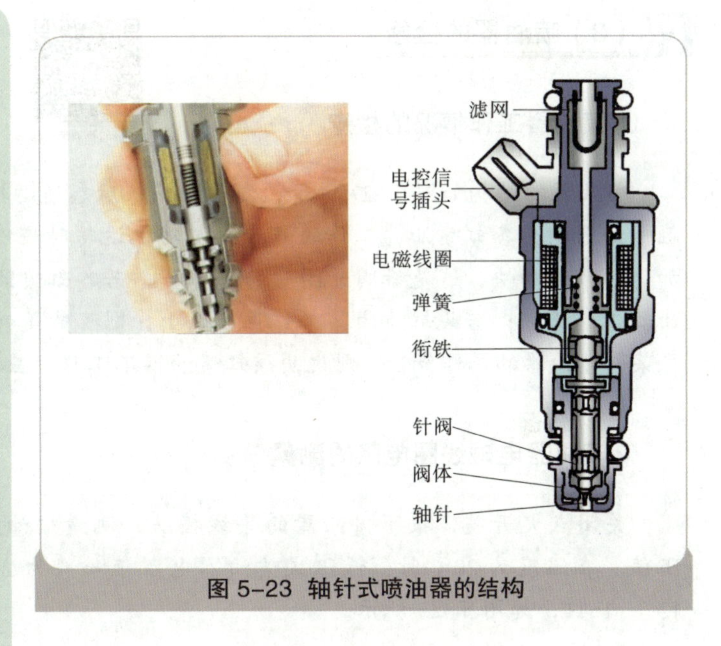

图 5-23　轴针式喷油器的结构

②孔式喷油器

孔式喷油器针阀的前端没有轴针，故针阀不露出喷孔。孔式喷油器的喷孔数有 1 或 2 个，阀门一般为锥形或球形（也称球阀式喷油器），其结构如图 5-24 所示。球阀的阀针是由钢球、导杆和衔铁焊接成的一个整体，其质量只有普通轴针式的一半，且导向杆也比轴针式喷油器的短。

孔式喷油器雾化质量较好，响应速度快，缺点是易堵塞。

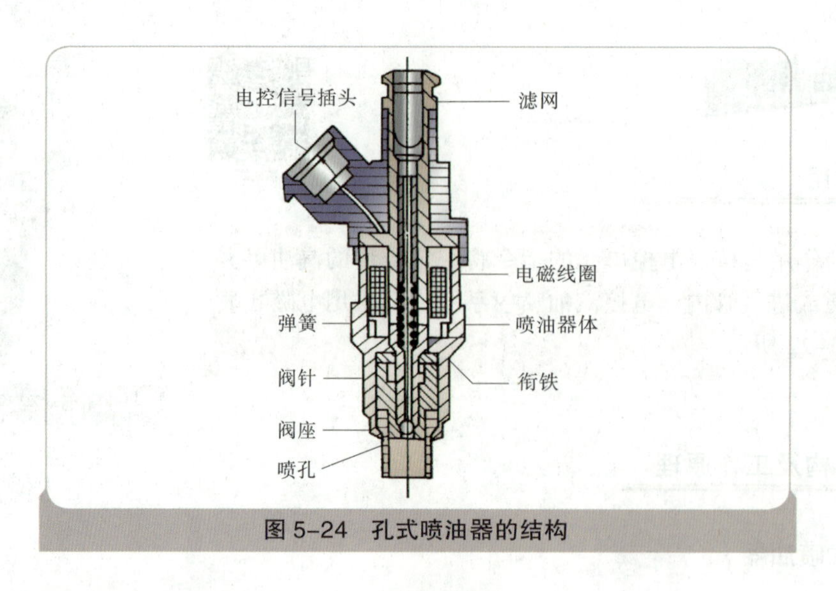

图 5-24 孔式喷油器的结构

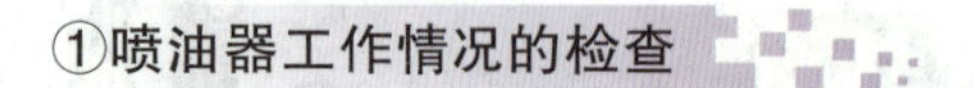

（3）喷油器的检修

①喷油器工作情况的检查

喷油器的结构如图 5-23 所示，发动机热机后怠速运转时，可用手触摸或用触杆式听诊器接触喷油器测听各缸喷油器工作的声音，发动机运转时应能听到有节奏的“嗒、嗒”声，发动机加速时节奏加快，这是针阀开闭时的工作声；若各缸喷油器工作声音清脆、均匀，则说明各喷油器工作正常；若某缸喷油器工作声音很小，则可能是针阀卡滞，应做进一步的检查；若听不见某缸喷油器的工作声音，则说明该缸喷油器不工作，应检查喷油器及其控制线路。

②喷油器电磁线圈电阻的测量

关闭点火开关，拔下喷油器的导线插头，测量喷油器两个接线端子间（电磁线圈）的电阻值。在温度为 20℃时，低阻式喷油器电阻值一般为 2 ~ 3Ω，高阻式喷油器电阻值一般为 13 ~ 16Ω，如图 5-25 所示。

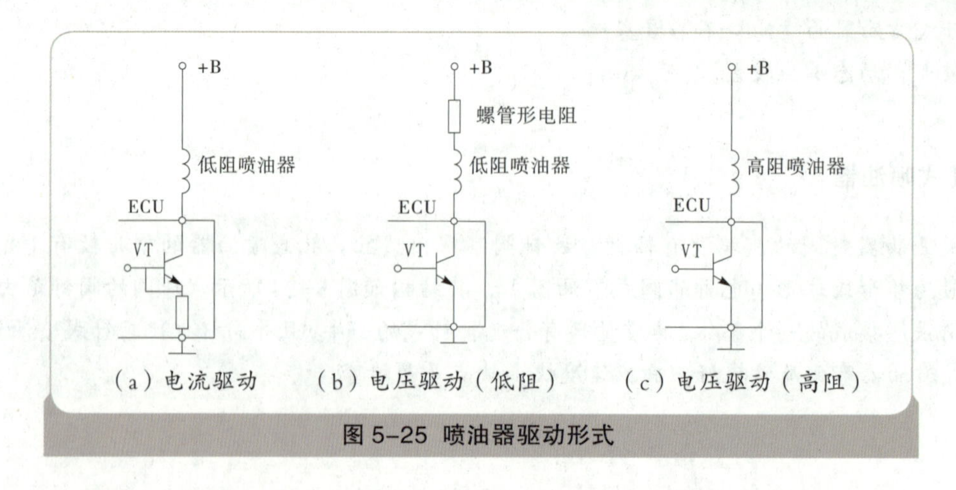

图 5-25 喷油器驱动形式

③喷油器喷油质量的检查

喷油质量的检查包括喷油量、雾化和泄漏的检查。此项检查可在专用的喷油器试验台上进行。若无试验台，可按下述方法进行（以丰田汽车为例）。

●断开点火开关，拆下蓄电池搭铁线。拆下进油管，按图 5-26 装上丰田汽车专用软管插接器和检查用软管。把喷油器、压力调节器和油管用插接器和连接卡夹连接好。

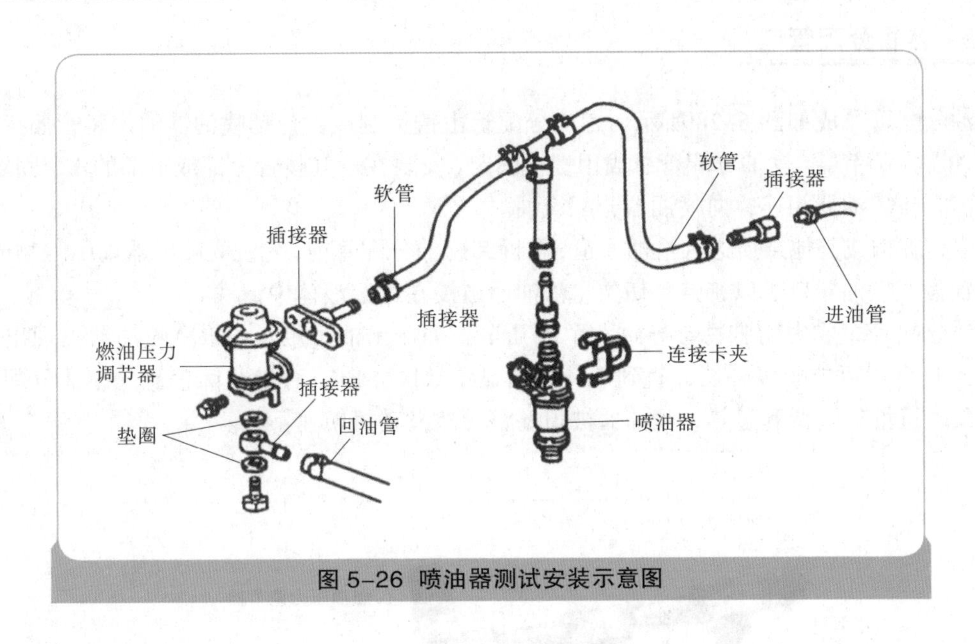

图 5-26　喷油器测试安装示意图

●用跨接线短接诊断座中 +B 与 FP 端子，使燃油泵开始泵油。

●将喷油器两接线端子直接与蓄电池相连，接通电源 15s，用量筒测量喷油量的大小并同时观察喷油器喷油雾化状况。每个喷油器测 2 ~ 3 次，标准喷油量为 70 ~ 80mL/15s，各喷油器允许误差 9mL。

喷油器喷油状况检查如图 5-27 所示。停止喷油后检查喷油器喷口处有无漏油，每分钟漏油量应不超过 1 滴。如不符合上述要求，可以先清洗再检查，如果还不符合要求，则应更换喷油器。

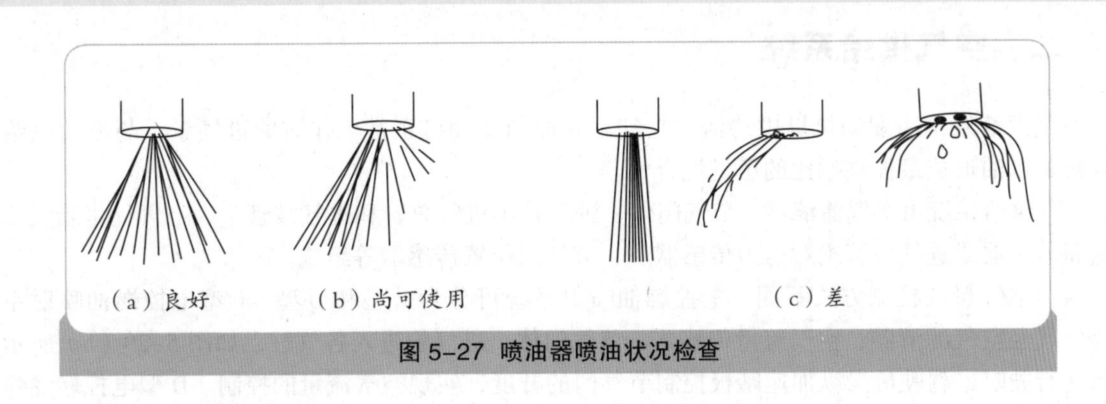

图 5-27　喷油器喷油状况检查

6. 燃油管路与燃油分配管

（1）燃油管路

燃油管路是燃油系统中连接其他各燃油部件及输送燃油的管道部件。

（2）燃油分配管

燃油分配管总成如图 5–28 所示。燃油分配管由铸铝制成，包括喷油器的内装管插头、供油管和燃油压力调节器。燃油分配管总成用螺栓固定，安装在进气歧管上部或下部的 4 个固定座上。燃油分配管与喷油器相连，向喷油器分配汽油。

为阻止脏物或其他杂质进入汽油通道，在拆卸燃油分配管前，先洗去喷射器周围脏物或油渍，管插头加盖，喷油器口予以遮盖，切勿将汽油通道浸在可溶液体中清洗。

燃油分配管总成中的脏物会导致一个或几个喷油器出油不足，如果有喷油器出现出油不足情况，ECU 会尽可能予以补偿，直到氧传感器显示故障，ECU 存储故障信息。燃油分配管阻塞会导致发动机性能降低和过热，喷油器被阻塞将导致发动机转速不稳。

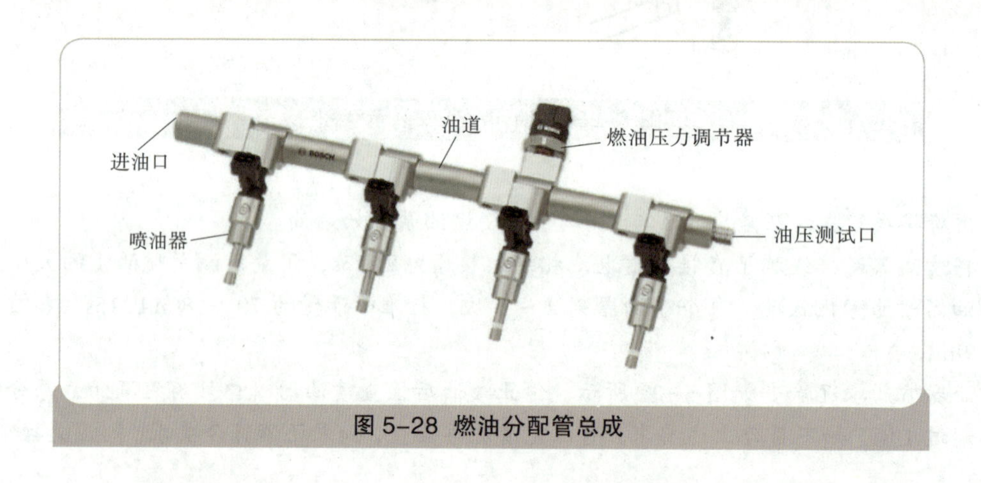

图 5–28 燃油分配管总成

二、空气供给系统

空气供给系统为发动机提供清洁的空气，并控制发动机正常工作时的进气量，与燃油供给系统喷出的汽油形成最佳空燃比的可燃混合气。

空气供给系统由空气滤清器、节气门体、进气管（进气总管和进气歧管）、空气计量装置（空气流量传感器或进气歧管绝对压力传感器）、节气门位置传感器等组成。

根据空气量的检测方式不同，电控燃油喷射系统可分为 L 型和 D 型。L 型电控燃油喷射系统所需空气经空气滤清器、空气流量传感器、节气门体、进气管进入各气缸，如图 5–29（a）所示。当汽车行驶时，驾驶员操纵加速踏板控制节气门的开度，实现空气流量的控制。D 型电控燃油喷射系统的空气供给系统如图 5–29（b）所示。

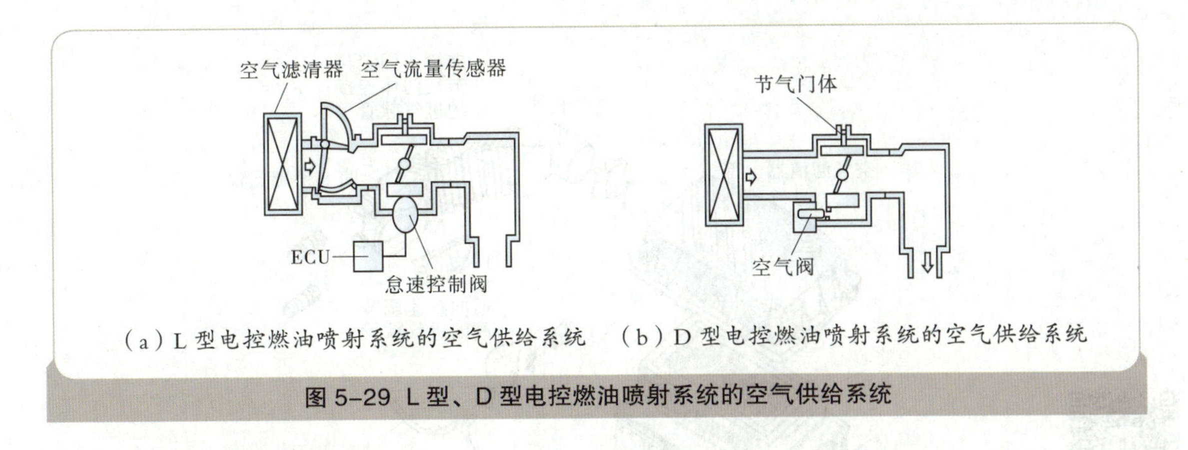

（a）L 型电控燃油喷射系统的空气供给系统　（b）D 型电控燃油喷射系统的空气供给系统

图 5-29 L 型、D 型电控燃油喷射系统的空气供给系统

怠速控制机构的类型如图 5-30 所示。怠速时，旁通气道式怠速控制系统节气门关闭，空气经由旁通气道进入燃烧室，ECU 控制怠速控制阀的开度，调整空气量，实现怠速转速的控制。在节气门直动式怠速控制系统中，怠速控制阀控制节气门的最小开度，当节气门为最小开度时，空气通过。

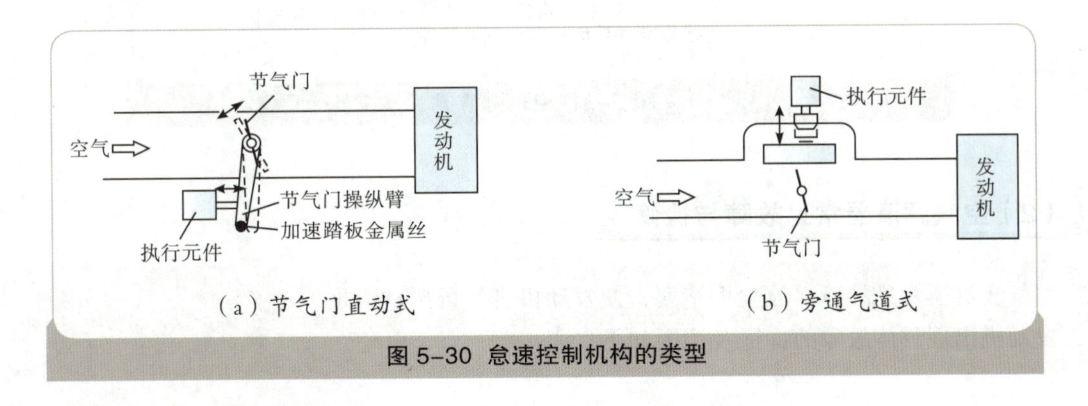

（a）节气门直动式　（b）旁通气道式

图 5-30 怠速控制机构的类型

1. 空气滤清器

（1）空气滤清器的作用

现代汽车发动机空气滤清器多采用纸质滤芯，纸质滤芯用经过树脂处理的微孔滤纸制成，具有质量小、成本低、保养方便、性能稳定、滤清效果好等优点。

空气滤清器滤除空气中的杂质，降低进气噪声，减轻发动机磨损。有的空气滤清器还装有温控装置，具有自动调节进气温度的功能，如图 5-31 所示。通过真空控制阀开度的大小，控制进入空气滤清器的热空气流量，使进入发动机的进气温度保持为恒定值，改善混合气形成条件，降低排放量。真空控制阀的开启由温控开关控制，当进气温度低时，温控开关打开真空控制阀热空气入口，关闭冷空气通道，发动机吸入的空气为排气管周围的热空气；当进气温度高时，关闭热空气入口，打开冷空气入口，使进气温度保持恒定。

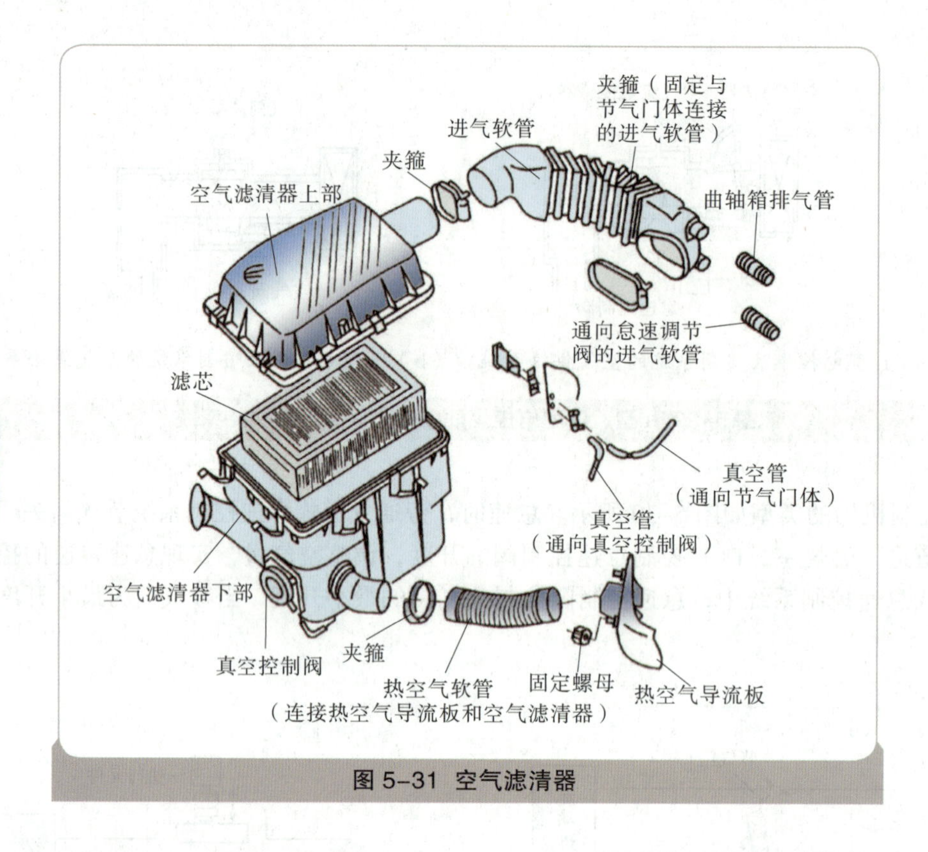

图 5-31 空气滤清器

（2）空气滤清器常见故障与检修

空气滤清器常见故障：被尘垢堵塞，使发动机进气量严重不足。
发动机出现具体故障的特征及原因如下。

①轰鸣声发闷

混合气燃烧到中、后期因严重缺氧，延长了燃烧时间，工作压力明显下降，当排气门开启时，缸内压力过低，排气压力差过小，导致轰鸣声发闷。

②加速反应迟缓

因发动机进气不足，影响到压缩行程接近终了时的缸内压力，此时火花塞不能迅速点燃混合气，造成加速时发动机动作迟缓。

③工作无力

因进气量不足，气缸内缺少助燃氧气，使混合气的燃烧时间后移，活塞做功行程与燃料燃烧时间后移，使发动机功率不足。

④水温相对升高

因为混合气爆发时间后移，活塞进入排气行程，燃烧仍在进行，缸内温度远远高于正常温度，通过金属的热传导作用，使水温相对升高。

⑤加速时尾气烟度变浓

因缸内进气量不足，燃料不能完全燃烧而引起。

发动机工作时，只要出现上述现象中的一种，基本可以断定是空气滤清器堵塞所致。

空气滤清器的检修：停车后，检查空气滤清器的进气管和滤芯，清除尘垢或更换滤芯，再起动发动机，上述症状就会消除。

空气滤清器的保养：纸质滤芯的使用寿命一般为 20 000 ~ 40 000km。在使用中应按汽车保养规定，及时清洁滤芯，以免滤芯黏附尘土过多增大进气阻力、降低发动机功率、增加耗油量。取出滤芯，轻轻拍打滤芯端面，用高压空气由里向外吹，清除滤芯上的尘土。为防止损坏滤芯，压缩空气的压力不能超过 196kPa，切不可用汽油和水刷洗。

使用中应注意观察滤芯内、外表面滤纸颜色的差别。使用过的滤芯，外表面因灰尘沉积，颜色呈灰黑色。清除灰尘后，滤芯内表面鲜艳的颜色显露出来，可以继续使用。当滤芯内表面呈灰黑色时，表明灰尘微粒已穿过滤材，在静电的作用下排列在滤芯表面，因此必须更换新的滤芯。

2. 节气门体

（1）节气门体的构造

节气门体安装在进气管中，用以控制发动机正常工况下的进气量。节气门体由节气门、怠速旁通气道等组成。由于电控燃油喷射系统在发动机怠速时通常将节气门全关，所以需设一个怠速旁通气道，以供给发动机怠速时所需的少量空气，ECU 通过怠速控制阀控制怠速旁通气道开度的大小，如图 5-32 ~ 图 5-35 所示。

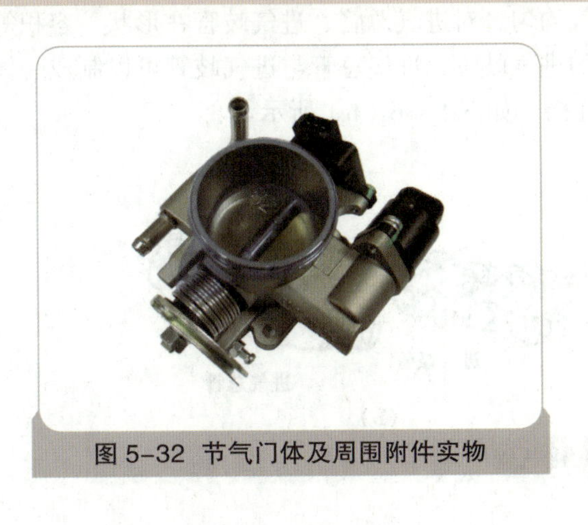

图 5-32 节气门体及周围附件实物

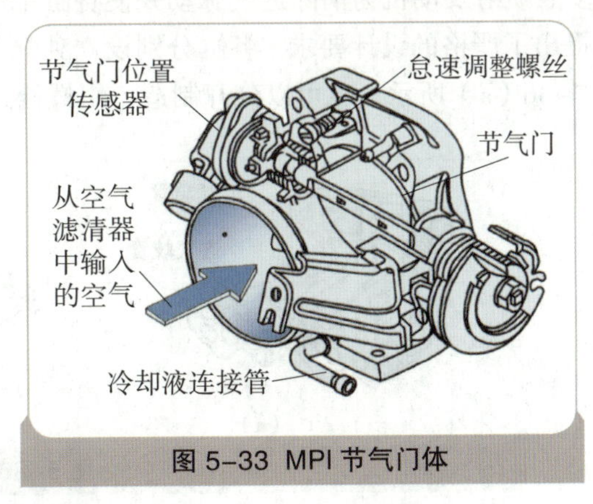

图 5-33 MPI 节气门体

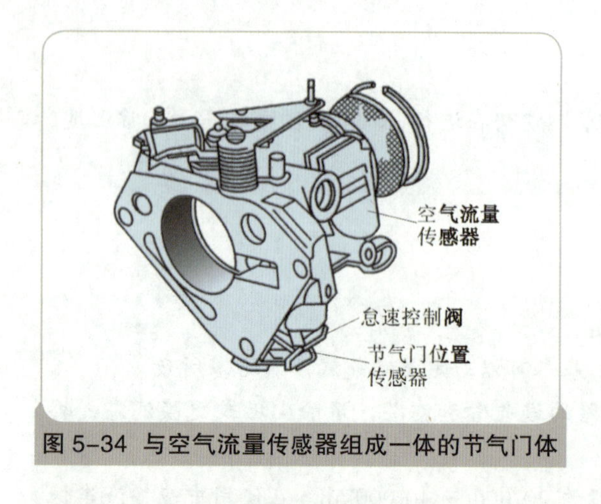

图 5-34 与空气流量传感器组成一体的节气门体

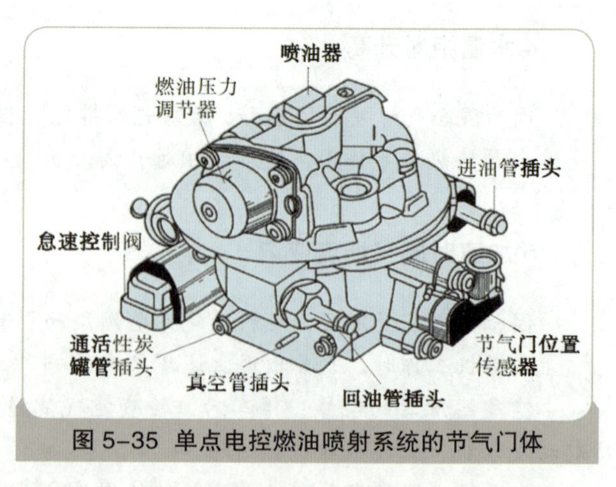

图 5-35 单点电控燃油喷射系统的节气门体

节气门位置传感器安装在节气门轴上，用以检测节气门开度。为防止寒冷季节空气中的水分在节气门体上冻结，有些节气门体上设有使发动机冷却液流经的管路。

(2) 节气门体检修

装有节气门限位螺钉的汽车，使用中一般不允许调整节气门限位螺钉，但当怠速控制阀发生故障而又无法及时修复时，可通过调整节气门最小开度来保持发动机怠速运转，故障排除后，应将节气门限位螺钉调回原位。

绝对不允许用砂纸或刮刀等清理积垢和结胶，以免损伤节气门体内腔，导致节气门关闭不严或改变怠速气道尺寸，影响发动机正常工作。

3. 进气管

进气管一般包括进气软管、进气总管和进气歧管。进气软管用于连接空气滤清器与节气门体，进气总管用于连接节气门体与进气歧管，进气歧管的功能是为各缸分配空气。

单点喷射发动机采用中央喷射的方法，进气管形状与化油器式发动机基本一致。

多点喷射发动机为消除进气脉动并使各缸配气均匀，对进气总管、进气歧管在形状、容积等方面都提出了严格的设计要求。各缸分别设立独立的进气歧管，进气总管与进气歧管可以制成一体，如图 5-36（a）所示；也可以分开制造，用螺栓连接，如图 5-36（b）所示。

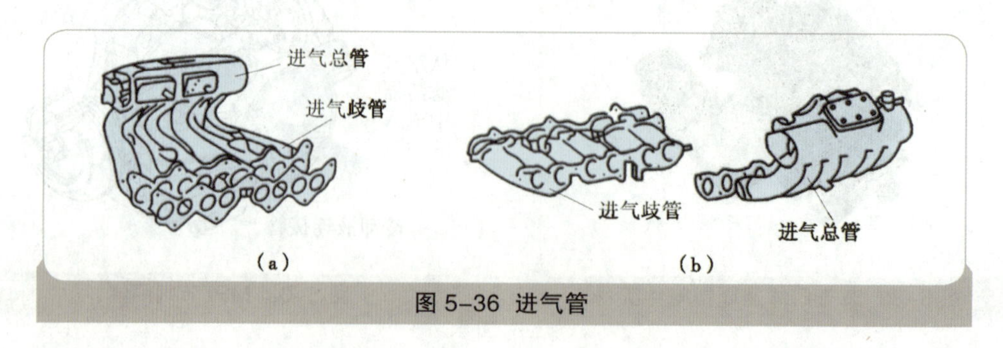

图 5-36 进气管

空气供给系统各连接部位应连接可靠，密封垫应完好。进气管漏气会导致未经空气滤清器过滤和空气流量传感器检测的空气进入进气管，使混合气偏稀，发动机经济性、动力性、排放性能下降。

4. 空气计量装置

空气计量装置的作用是对进入气缸的空气质量进行直接或间接计量，并把空气流量的信息输送给 ECU。在电控燃油喷射系统中可采用空气流量传感器（空气流量计）和进气歧管绝对压力传感器两种方式测量进入气缸的空气量。

（1）空气流量传感器

在 L 型电控燃油喷射系统中，空气流量传感器测量发动机进气量，它是确定喷油量和控制点火提前角的重要参数。

空气流量传感器安装在空气滤清器与节气门体之间。

①空气流量传感器的分类

根据结构形式和进气量检测原理，空气流量传感器分为体积型和质量型两种。体积型包括叶片式、卡门旋涡式，质量型包括热线式和热膜式。

1）体积型空气流量传感器。

●叶片式空气流量传感器。叶片式空气流量传感器也称为风门式、翼片式或活门式空气流量计，主要由测量叶片、缓冲叶片、缓冲室、回位弹簧、电位计、旁通气道等组成。此外，它还包括怠速调整螺钉、燃油泵开关、进气温度传感器等，如图 5-37 所示。

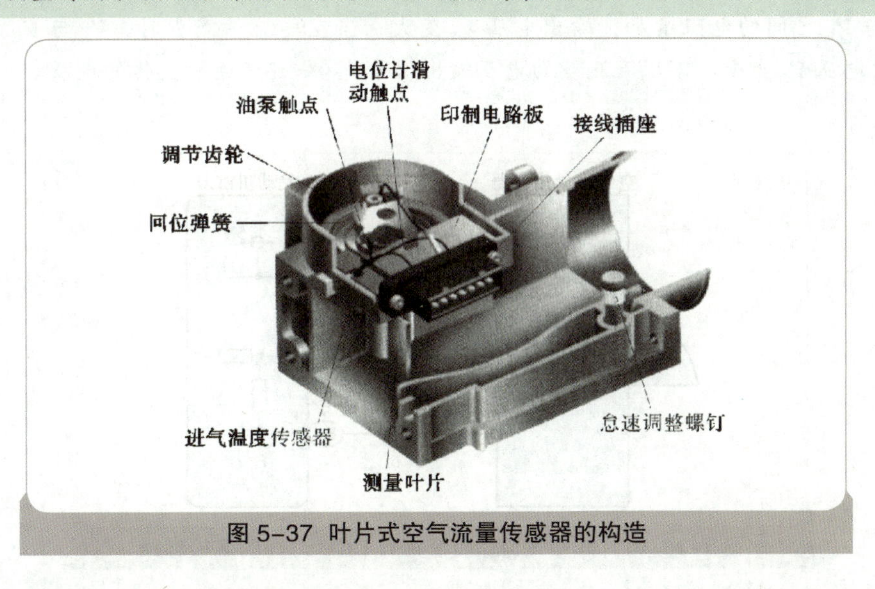

图 5-37　叶片式空气流量传感器的构造

叶片由测量板和缓冲叶片铸成一体，安装在空气流量传感器壳体内的转轴上。转轴的一端装有螺旋式回位弹簧，当回位弹簧的弹力与作用在测量叶片上的气流推力平衡时，测量叶片保持在稳定位置。测量叶片随空气流量的变化在空气主通道内偏转，缓冲叶片在缓冲室内偏转，当空气量急剧变化和发生气流脉动时，缓冲叶片和缓冲室使测量叶片平稳转动，稳定空气流量传感器的输出电压，提高测量精度。电位计安装在空气流量传感器壳体的上方，电位计的滑动触点与测量叶片同轴转动。叶片式空气流量传感器的结构如图 5-38 所示。

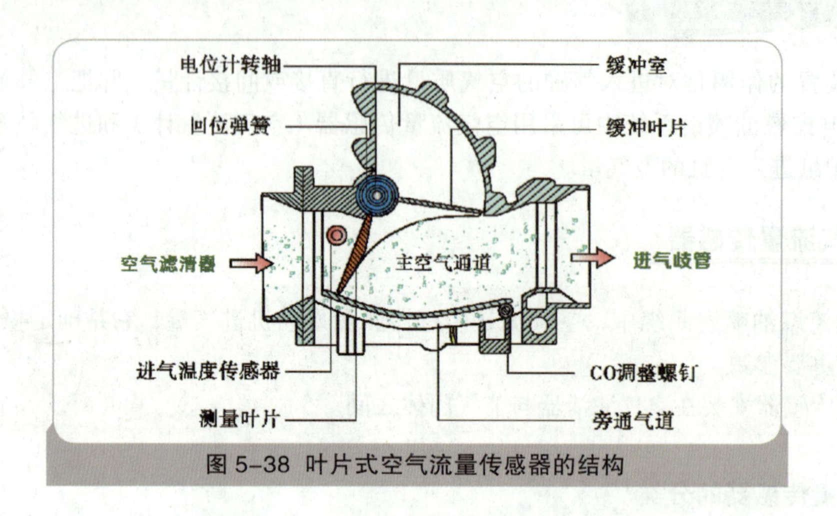

图 5-38 叶片式空气流量传感器的结构

叶片式空气流量传感器只能检测进气的体积流量，ECU 必须根据进气温度信号对喷油量进行修正。进气温度传感器安装在空气流量传感器主空气通道的进气口处，将测得的进气温度信号送给 ECU。

叶片式空气流量传感器与 ECU 之间的连接电路如图 5-39 所示，电源通过 ECU 的 V_C 端子给空气流量传感器提供标准的 5V 电压，发动机工作时，空气流推动叶片转动，同时带动电位计滑动触点转动，使电位计滑动触点 V_S 端子与电源 V_C 端子之间的电阻发生变化。当空气流量增加时，V_S 与 V_C 之间的电阻增加，输出电压 V_S 变大；当空气流量减少时，V_S 与 V_C 之间的电阻减小，输出电压 V_S 变小。万用表测量的电压输出信号为 0 ~ 5V 连续变化的电压。

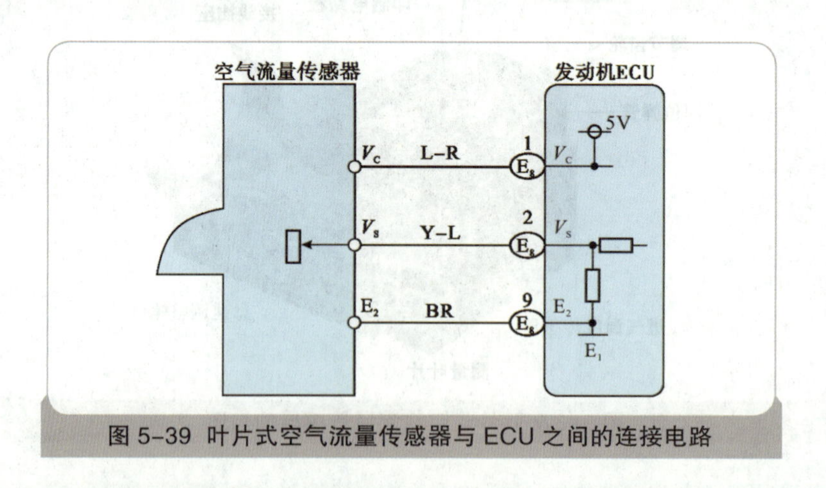

图 5-39 叶片式空气流量传感器与 ECU 之间的连接电路

部分叶片式空气流量传感器中装有燃油泵控制开关，用来控制燃油泵电路。当发动机运转时，空气流量传感器叶片转动，燃油泵开关闭合。当发动机停止运转时，燃油泵开关断开，即使点火开关闭合，燃油泵也不工作。

带有燃油泵控制开关的叶片式空气流量传感器线束插接器有7个端子，其内部电路如图5−40所示。

发动机怠速时，空气通过叶片与活动板间隙及旁通气道流入，怠速空气量由活动板与叶片间隙的大小决定。

向外旋出怠速调整螺钉：旁通气道通道截面积加大，叶片与活动板间隙减小，故流经叶片与活动板间隙的空气量减少，喷油量亦减少，但因为进入气缸的空气总量不变，所以混合气变稀。

向内旋入怠速调整螺钉：旁通气道通道截面积减小，叶片与活动板间隙增大，旁通气道内通过的空气量减少，流经叶片与活动板间隙的空气量增加，喷油量增加，进入气缸的空气总量没变，导致混合气变浓，如图5−41所示。

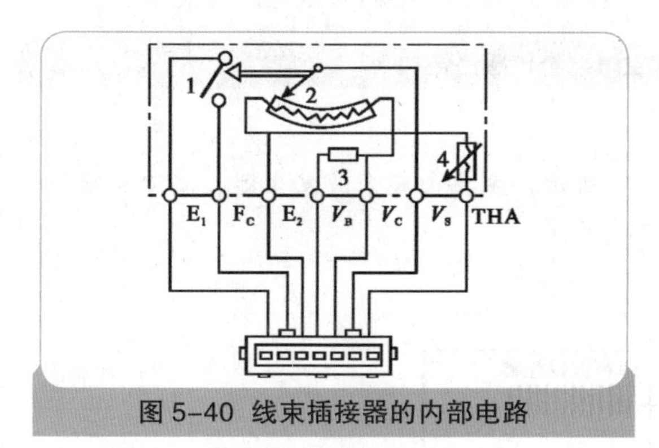

图5−40　线束插接器的内部电路

1—油泵开关；2—电位计；
3—附加电阻；4—进气温度传感器；
THA—气温传感器信号；V_S—电源信号或者输入信号；
V_C—流量传感器输出信号：V_B—电源电压；E_2—搭铁；
F_C—燃油泵控制开关；E_1—燃油泵控制开关搭铁

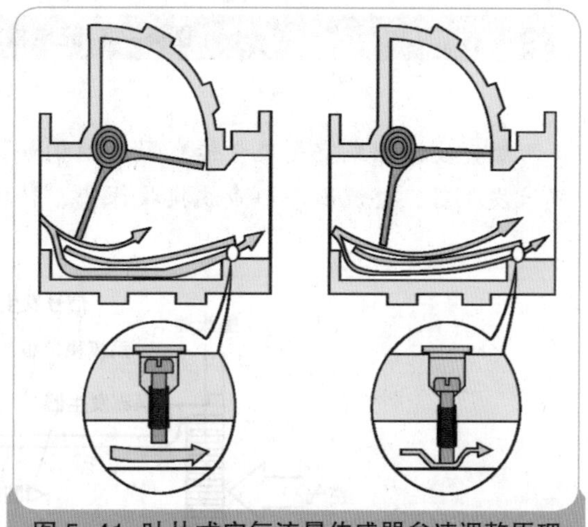

图5−41　叶片式空气流量传感器怠速调整原理

叶片式空气流量传感器中的调整螺钉用于调整传感器输出特性。汽车出厂后，调整螺钉大多被密封。在汽车维修过程中，一般不需要进行调整。在需要调整时，取下密封堵塞，调整完毕后必须重新密封好。

●卡门旋涡式空气流量传感器。卡门旋涡式空气流量传感器具有体积小、质量小、进气道结构简单、进气阻力小、充气效率高等优点。

卡门旋涡式空气流量传感器通常与空气滤清器外壳安装成一体，锥状涡流发生器设置在空气通道中央，气体流过涡流发生器后形成两列涡旋。当空气通道气体流速V发生变化时，涡旋的频率也随之改变，根据涡旋出现的频率测量空气流量，流速V与频率f之间的关系如下。

$$V=d\frac{f}{S_t}$$

式中，d为涡流发生器外径尺寸；St为常数，约为0.2。

卡门旋涡式空气流量传感器直接测量进气的体积流量，在流量传感器内需要安装进气温度传感器，修正空气密度，准确计算进气质量。

卡门旋涡式空气流量传感器有光电检测和超声波检测两种。

光电检测式空气流量传感器的结构如图5−42所示，检测装置由反光镜、发光二极管、光电晶体管、涡流发生器、导压孔、钢板弹簧等组成。

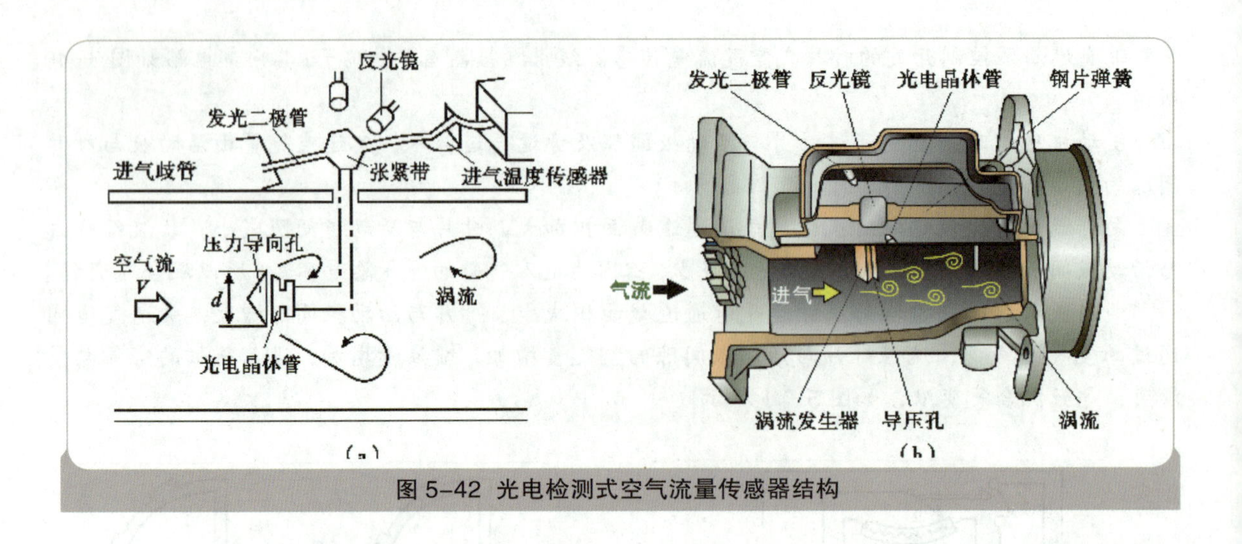

图 5-42 光电检测式空气流量传感器结构

超声波检测式空气流量传感器的结构如图 5-43 所示，主要由超声波发生器、涡流稳定板、涡流发生器、整流器、超声波接收探头、转换电路等组成。

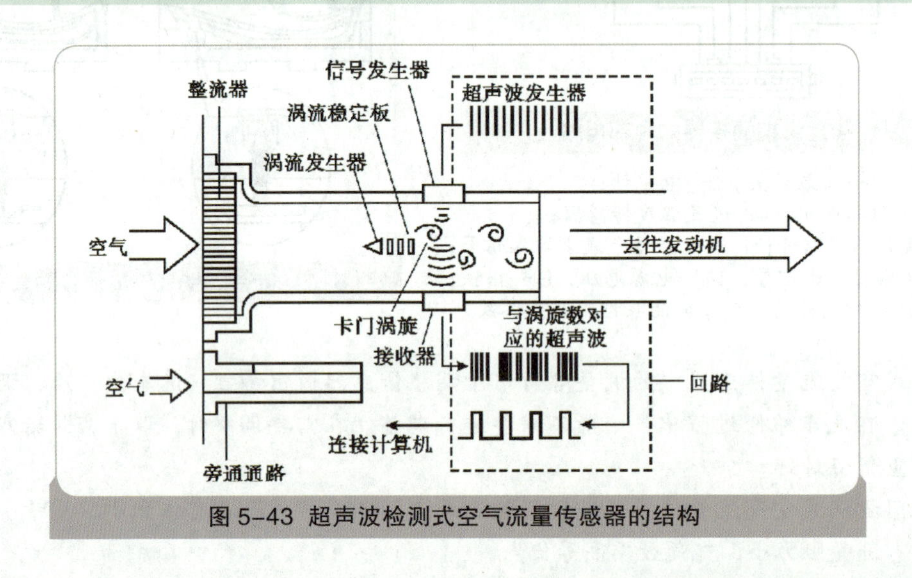

图 5-43 超声波检测式空气流量传感器的结构

超声波发生器安装在与空气流动方向垂直的方向，接收器安装在相对的位置。卡门旋涡造成空气密度变化，超声波发生器的超声波受其影响，改变到达接收器的时间，产生相位差，利用放大器将相位信号转换成矩形波，矩形波的脉冲频率即为卡门旋涡的频率。

卡门旋涡式空气流量传感器与 ECU 连接的电路如图 5-44 所示。ECU 通过 4 端子给空气流量传感器提供 5V 电压，空气流量信号经 3 端子输入 ECU，1 端子为搭铁端子。发动机转速越高，进气量越多，3 端子输出电压信号的频率就越高。

维修时，将点火开关设为“ON”位置，空气流量传感器电源端子测量电压应约为 5 V，否则检查 ECU 及其连接线路是否有故障。在发动机曲轴旋转时，空气流量传感器输出信号电压为 2 ~ 4 V（既不是 0 V，也不是 5 V），否则应更换该空气流量传感器。

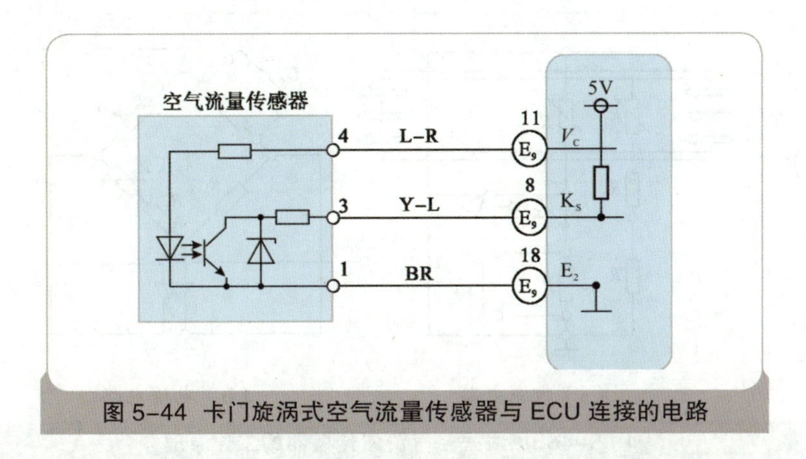

图 5-44　卡门旋涡式空气流量传感器与 ECU 连接的电路

2）质量型空气流量传感器。热式空气流量传感器是质量型空气流量传感器，可分为热线式和热膜式两种类型，其结构和工作原理基本相同。

●热线式空气流量传感器。热线式空气流量传感器主要测量元件是热线电阻，按其安装位置的不同，可分为两种：主流测量方式和旁通测量方式。主流测量方式热线电阻安装在主进气道中，旁通测量方式热线电阻安装在旁通气道中。

主流测量方式热线式空气流量传感器的结构如图 5-45（a）所示，主要由防护网、采样管、热线电阻、温度补偿电阻、控制电路板等组成。热线电阻和温度补偿电阻安装在主进气道中，控制电路板安装在空气流量传感器下方，防护网用于防止回火和脏物进入空气流量传感器。旁通测量方式热线式空气流量传感器的结构如图 5-45（b）所示。

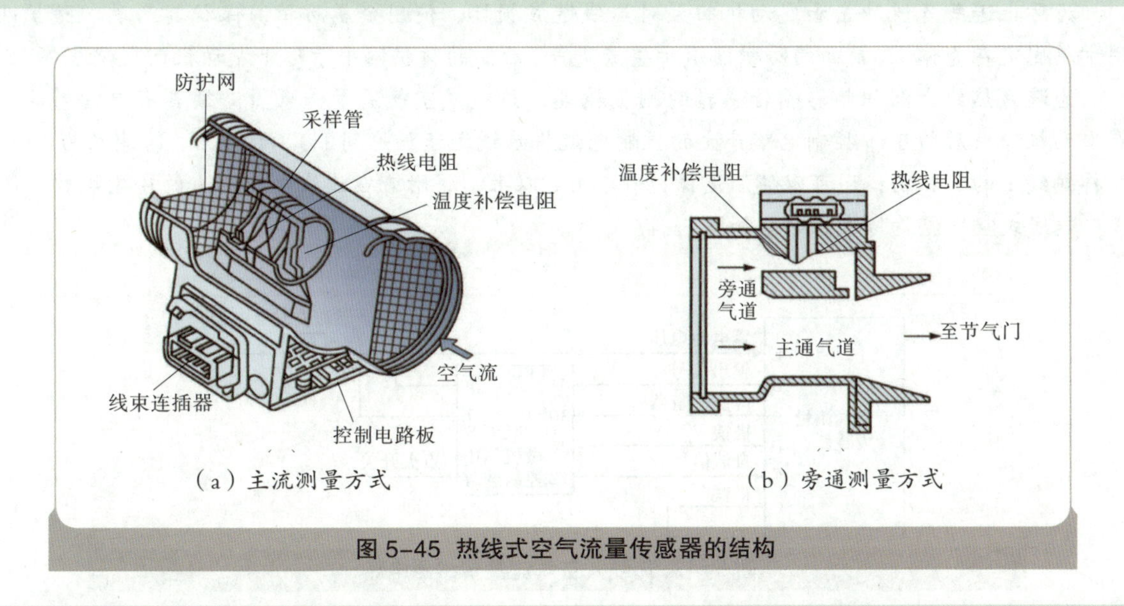

图 5-45　热线式空气流量传感器的结构

热线式空气流量传感器的工作原理如图 5-46 所示，在空气通路中放置一根直径很小的铂丝，铂丝通电后发热，被称为热线或热丝。热线的工作温度一般为 100℃ ~ 120℃。

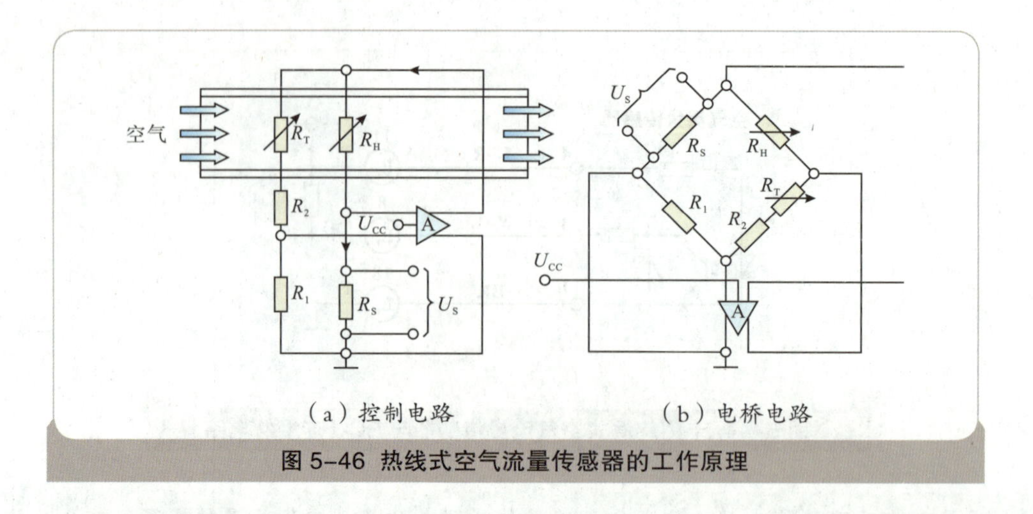

图 5-46 热线式空气流量传感器的工作原理

控制电路板上的精密电阻 R_1、R_S 与热线电阻 R_H、温度补偿电阻 R_T 组成惠斯顿电桥电路。空气流经热线电阻 R_H，使 R_H 温度降低，电阻值减小，电桥失去平衡；为保持电桥平衡，ECU 增大热线电阻 R_H 的电流，恢复其温度和阻值。电流随空气质量流量不同而不同。通过使精密电阻 R_S 和热线电阻 R_H 的电流相等，精密电阻器 R_S 的电阻值一定，控制电路将精密电阻器 R_S 两端的电压输送给 ECU，确定进气量。控制电路保持电桥平衡，使热线电阻 R_H 与温度补偿电阻 R_T 之间的温差保持不变。

热线式空气流量传感器直接测量进入发动机的空气质量流量，一般不需要根据进气温度信号对喷油时间进行修正。

为防止进气气流冲击和发动机回火对热线造成损坏，使用金属防护网保护其两端。防护网用卡箍固定在壳体上，前面的防护网用于整流进气，后面的防护网用于防止发动机回火烧坏铂丝。

为避免热线上沉积物影响传感器的测量精度，热线式空气流量传感器必须具有自洁功能，在发动机熄火后约 5 s，控制电路产生的控制电流将热线迅速加热到 1 000℃左右，时间约为 1 s，烧掉热线上的沉积物；还可以使温度保持在 200℃以上，将附着在热线电阻器上的粉尘烧掉。

热线式空气流量传感器电路如图 5-47 所示。

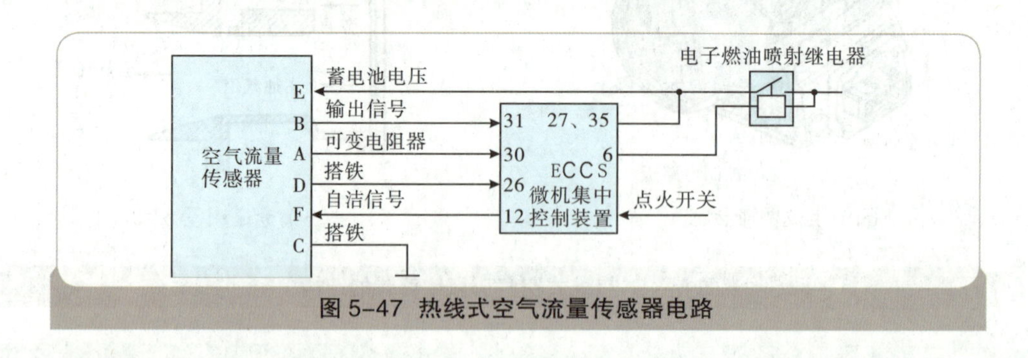

图 5-47 热线式空气流量传感器电路

点火开关接通时，各端子作用如下。

A 端子：可变电阻器的输出端子。

B 端子：空气流量信号输送给 ECU。

C 端子：直接搭铁端子。

D 端子：通过 ECU 搭铁。

E 端子：主继电器给空气流量传感器提供蓄电池电压。

F 端子：关闭点火开关时，ECU 通过 F 端子给空气流量传感器输送自洁信号。

点火开关接通，但不起动发动机时，E 端子与 D 端子、E 端子与 C 端子之间的电压均应为蓄电池电压，否则说明电源线路或搭铁线路有故障。

发动机不工作时，B 端子与 C 端子之间的信号电压应为 2 ~ 4 V，发动机工作时应为 1.0 ~ 1.5 V。发动机达到正常工作温度、转速超过 1 500 r/min 后，关闭点火开关，F 端子与 D 端子之间电压应回零，并在 5 s 后跳跃上升，1 s 后再回零，否则说明自洁信号不良。

● 热膜式空气流量传感器。热膜式空气流量传感器的结构、工作原理和检测方法与热线式空气流量传感器基本相同，其是热线式空气流量传感器的改进产品，其结构如图 5-48 所示。热膜电阻是在氧化铝陶瓷基片上采用蒸发工艺沉积铂金属薄膜，制成梳状图形的电阻，在其表面覆盖一层绝缘保护膜，再引出电极而成；或者使铂片固定在树脂薄膜上构成。

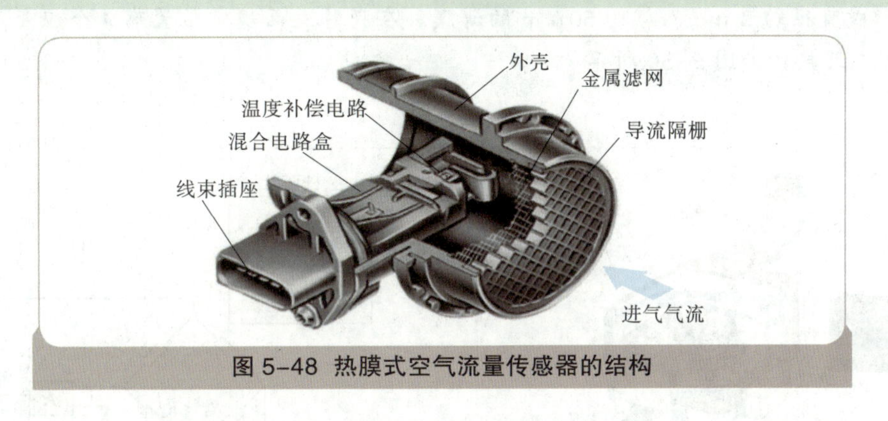

图 5-48 热膜式空气流量传感器的结构

热线式空气流量传感器和热膜式空气流量传感器响应速度快，不受进气流脉动的影响，测量精度高，不需要设置海拔高度传感器，具有进气阻力小、无磨损部件、使用寿命长等优点。

空气流量传感器性能对比如表 5-1 所示。

表 5-1 空气流量传感器性能对比

结构形式	输出信号类型	信号线性度	响应特性	怠速稳定性	EGR 适应性	海拔修正	进气温度修正	安装方便性	成本
卡门式	频率	优	良	优	良	要	要	良	较高
叶片式	模拟	良	差	良	良	要	要	差	较高
热线式	模拟 / 频率	优	优	优	优	不要	不要	良	高
热膜式	模拟 / 频率	优	优	优	优	不要	不要	良	高

②空气流量传感器故障分析与诊断

如果空气流量传感器信号中断，则 ECU 从下述传感器信号中计算出一个替代值：发动机转速信号、节气门位置信号和进气温度信号。

空气流量传感器故障通常会导致发动机加速不良、怠速不稳、尾气超标等故障。通过故障诊断仪查看有无故障码，数据流是否在正常范围内。

（2）进气歧管绝对压力传感器

在 D 型电控燃油喷射系统中，由进气歧管绝对压力传感器测量进气歧管压力，并将信号输入 ECU，作为燃油喷射和点火控制的主控制信号。

进气歧管绝对压力传感器的种类较多，按其检测原理可分为压敏电阻式、电容式、膜盒式、表面弹性波式等。在 D 型电控燃油喷射系统中应用较多的是压敏电阻式和电容式两种。

①压敏电阻式进气歧管绝对压力传感器

图 5-49 所示是压敏电阻式进气歧管绝对压力传感器。它由压力转换元件和对输出信号进行放大的混合集成电路等构成。

压力转换元件是利用半导体压阻效应制成的硅膜片。硅膜片为约 3 mm 的正方形，其中部经光刻腐蚀形成直径约 2 mm、厚约 50 μm 的薄膜。在膜片表面规定位置有 4 个应变电阻，以惠斯顿电桥方式连接，如图 5-50 所示。

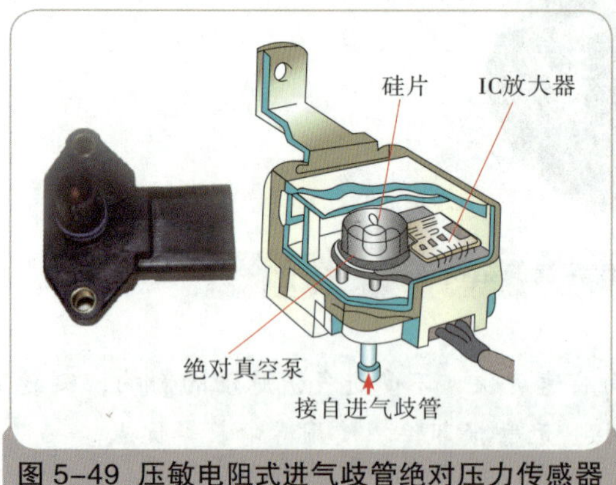

图 5-49 压敏电阻式进气歧管绝对压力传感器

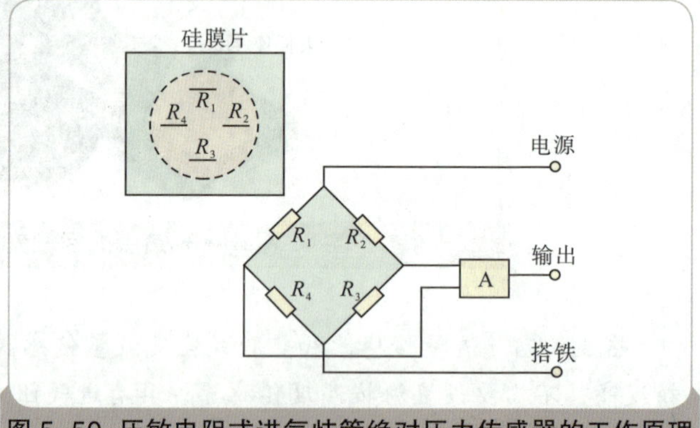

图 5-50 压敏电阻式进气歧管绝对压力传感器的工作原理

硅膜片的一侧是真空室，另一侧导入进气歧管压力。进气歧管侧的绝对压力（即进气歧管压力）越高，硅膜片的变形越大，其变形与压力成正比，膜片上的应变电阻阻值的变化也与变形成正比。这样就可利用惠斯顿电桥将硅膜片的变形转换成电信号。由于压力转换元件输出的电信号很弱，所以需用混合集成电路进行放大后才输出。

它在早期的电控燃油喷射系统中应用较为广泛，如博世的 D-Jetronic 系统、丰田 HIACE 小型客车 2RZ-E 发动机、丰田皇冠 3.0 车的 2JZ-GE 发动机等。

②电容式进气歧管绝对压力传感器

其位于传感器壳体内腔的弹性膜片用金属制成，弹性膜片上、下两个凹玻璃的表面也均有金属涂层，这样在弹性膜片与两个金属涂层之间形成两个串联的电容，如图 5-51 所示。

工作原理：

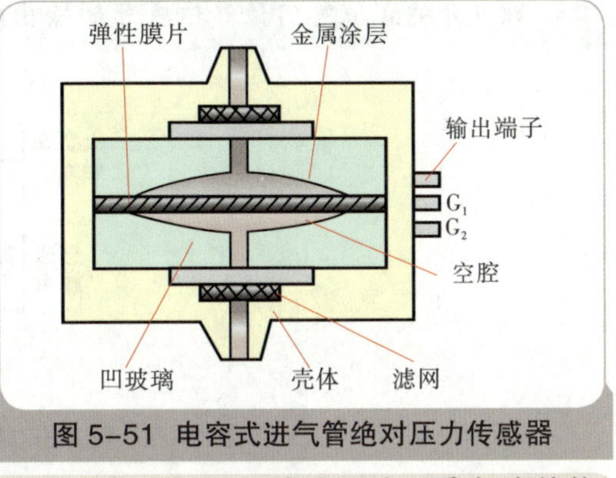

图 5-51 电容式进气管绝对压力传感器

利用电容效应检测进气歧管绝对压力。发动机工作时，进气歧管内的空气压力作用于弹性膜片上，使弹性膜片产生位移，弹性膜片与两个金属涂层之间的距离发生变化，一个距离减小，而另一个距离增大，在弹性膜片与两个金属涂层之间形成的两个电容的电容量也是一个增加，另一个减小。电容量的变化量与弹性膜片的位移成正比，而弹性膜片的位移取决于上、下两个空腔的气体压力，只要弹性膜片上部的空腔为绝对真空，下部空腔通进气歧管，则可通过检测电容量的变化来检测进气歧管的绝对压力。电容量的变化量再经过测量电路转换成电压信号输送给 ECU，测量电路可以是电容电桥电路或谐振电路等。

5. 节气门位置传感器

节气门位置传感器一般安装在节气门体上节气门轴一端，其作用是将节气门开度（即发动机负荷）大小转化为电信号输入给 ECU，ECU 根据输入的节气门位置信号判断发动机的工况（如怠速、部分负荷、大负荷工况等），并根据发动机的不同工况对喷油量进行控制；在装有自动变速器的车上，节气门位置传感器检测的节气门开度信号还是变速器确定换挡时机和变矩器确定锁止时机的主要信号之一。节气门位置传感器一般有触点开关式和可变电阻式两种。

（1）触点开关式节气门位置传感器

①触点开关式节气门位置传感器的结构与原理

●触点开关式节气门位置传感器的结构。

触点开关式节气门位置传感器（TPS）主要由节气门轴、大负荷触点（又称为功率触点 PSW）、凸轮、怠速触点（IDL）和接线插座组成，其结构如图 5-52 所示。凸轮与节气门轴同轴转动，控制怠速触点和全负荷触点的开启与闭合，节气门轴随节气门开度的大小而转动。

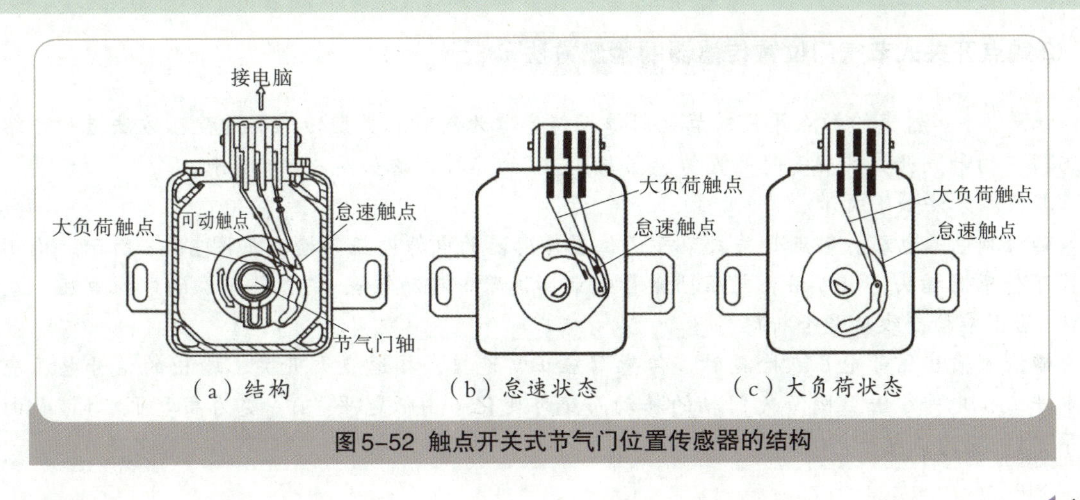

图 5-52 触点开关式节气门位置传感器的结构

●触点开关式节气门位置传感器的工作原理。

触点开关式节气门位置传感器的输出特性如图 5–53 所示。

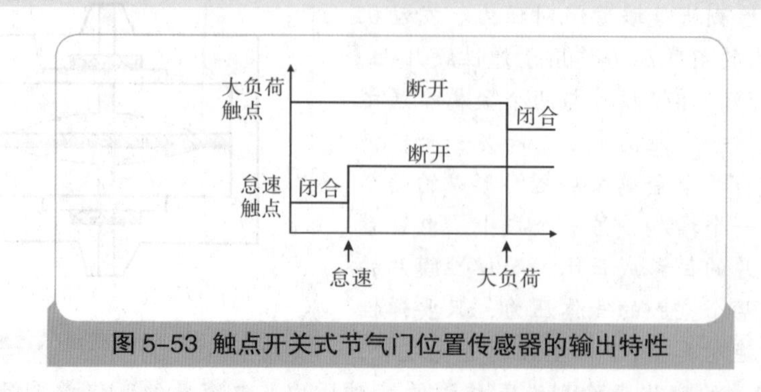

图 5–53 触点开关式节气门位置传感器的输出特性

当节气门关闭时，传感器的怠速触点 IDL 闭合，大负荷触点 PSW 断开，怠速触点 IDL 输出端子输出一个低电平信号“0”，大负荷触点 PSW 输出端子输出一个高电平信号“1”。ECU 接收到节气门位置传感器 TPS 输入的这两个电压信号时，若车速传感器输入 ECU 的信号表示车速为 0，那么 ECU 便可根据这两个信号判定发动机处于怠速状态，并控制喷油器增加喷油量，保证发动机怠速转速稳定而不致熄火；如果此时车速传感器输入 ECU 的信号表示车速不为 0，那么 ECU 便可根据这两个信号判定发动机处于减速状态，从而控制喷油器停止喷油，以减少排放量和提高经济性。

当节气门开度逐渐增大时，凸轮随节气门轴转动并将怠速触点 IDL 顶开，从而使怠速触点处于断开状态，但由于此时大负荷触点 PSW 也处于断开状态，因此怠速触点 IDL 端子输出高电平信号“1”，大负荷触点 PSW 端子也输出高电平信号“1”。ECU 接收到两个高电平信号时，便可判定发动机处于部分负荷状态，此时 ECU 再根据空气流量传感器信号和曲轴转速信号计算并确定喷油量，保证发动机的经济性和排放性能。

当节气门接近全部开启（80% 以上负荷）时，凸轮转动使大负荷触点 PSW 闭合，此时 PSW 端子输出一个低电平信号“0”，而 IDL 端子仍处于断开状态，从而输出一个高电平信号“1”。ECU 接收到这两个信号时，便可判定发动机处于大负荷运行状态，从而控制喷油器增加喷油量，保证发动机输出足够的动力。

当节气门全开时，ECU 将控制系统进入开环控制模式，此时不采用氧传感器信号。如果此时机车空调器在工作，那么 ECU 将中断空调主继电器信号约 15 s，以便切断空调电磁离合器的线圈电流，使空调压缩机停止工作，增大发动机输出功率，提高汽车的动力性。

②触点开关式节气门位置传感器的检测方法

现以丰田轿车的触点开关式节气门位置传感器为例对此类型传感器的检测方法进行介绍。丰田轿车的触点开关式节气门位置传感器与 ECU 的连接电路如图 5–54 所示。

其检测方法如下所示。

●检测电源电压。触点开关式节气门位置传感器的电源电压的检测如图 5–55 所示。检测时应拔下传感器插头，用万用表电压挡测量线束插接器中可动触点（TL 端子）的电源电压，应为 12V，否则应检查线路是否断路。

●检测输出信号电压。检测时，传感器应正常连接，接通点火开关，输出的信号电压应为高电平或低电平，并且随节气门轴的转动而交替变化（由低电平“0”变为高电平“1”或由高电平“1”变为低电平“0”）。

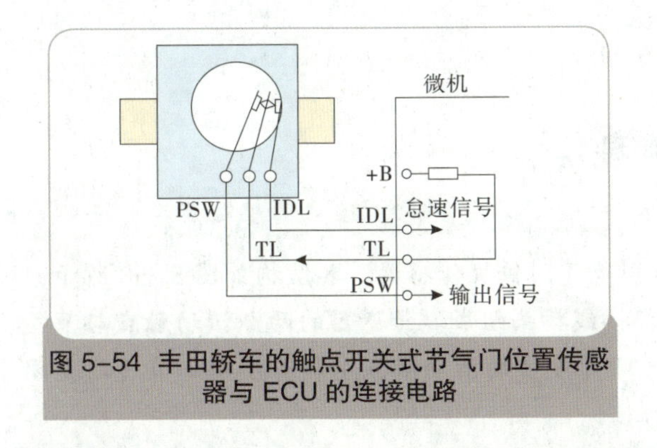

图 5-54 丰田轿车的触点开关式节气门位置传感器与 ECU 的连接电路

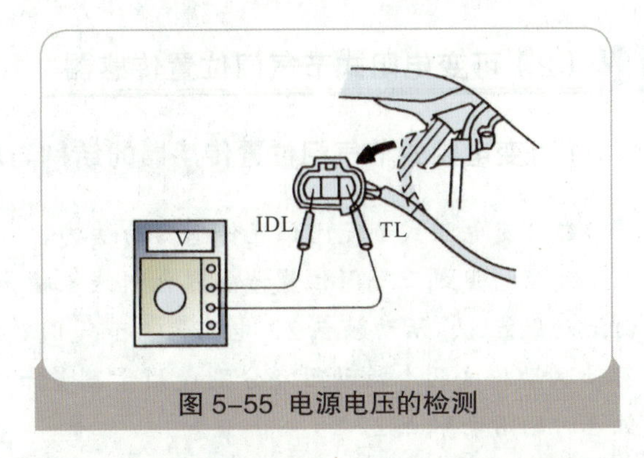

图 5-55 电源电压的检测

●检测端子电阻。

·检查怠速端子电阻。如图 5-56 所示，拔下传感器接线插头，用万用表的电阻挡测量怠速端子（IDL）与可动端子（TL）之间的电阻，其电阻值应为 0Ω。转动节气门轴约 40°，其电阻值应为∞。

·检测功率端子电阻。如图 5-57 所示，拔下传感器接线插头，用万用表的电阻挡测量传感器的功率端子（PSW）与可动端子（TL）之间的电阻值，其电阻值应为∞。转动节气门轴约 55°，电阻值应为 0Ω。

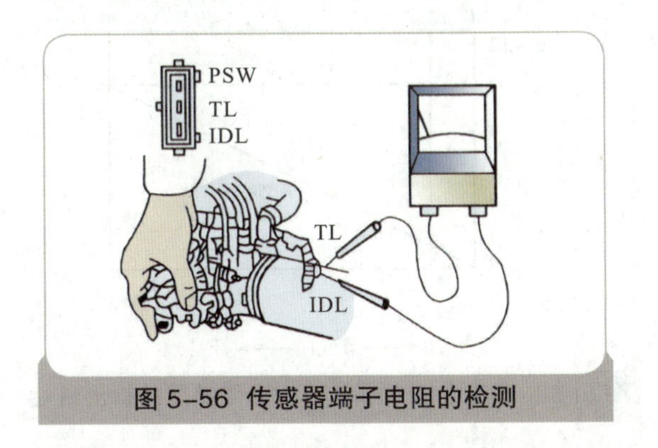

图 5-56 传感器端子电阻的检测

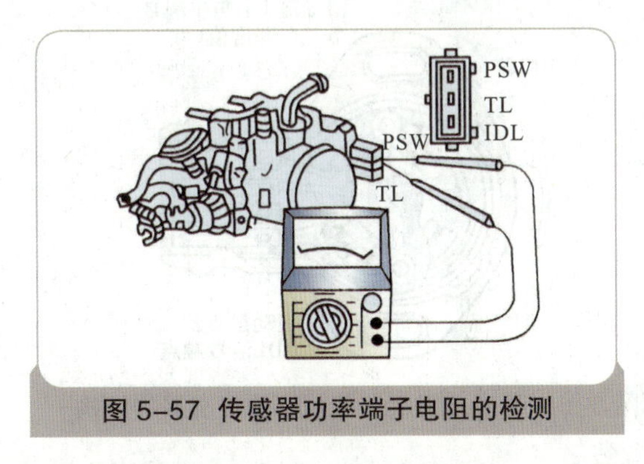

图 5-57 传感器功率端子电阻的检测

触点开关式节气门位置传感器的检测标准值如表 5-2 所示。

表 5-2 触点开关式节气门位置传感器的检测标准值

检测条件		检测端子	标准值
点火开关置于 ON 位置，节气门全闭（IDL 闭合）		IDL—E	>0.5V
		PSW—E	4.5 ~ 5V
点火开关置于 ON 位置，节气门全开		IDL—E	4.5 ~ 5V
		PSW—E	>0.5V
点火开关置于 ON 位置，节气门在全闭和全开之间（部分负荷）		IDL—E	不能同时小于 0.5V
		PSW—E	
关闭点火开关，取下传感器插接器	节气门全闭	IDL—E	10Ω
		PSW—E	>1MΩ
	节气门全开	IDL—E	>1MΩ
		PSW—E	<10Ω
	节气门在全闭与全开之间	IDL—E	不能同时低于 10Ω
		PSW—E	

（2）可变电阻式节气门位置传感器

①可变电阻式节气门位置传感器的结构与原理

●可变电阻式节气门位置传感器的结构。

可变电阻式节气门位置传感器也叫线性输出型节气门位置传感器，其结构如图 5-58 所示，由活动触点 1、活动触点 2、电阻器、节气门轴、接线插头组成。传感器的两个活动触点与节气门轴联动，这两个活动触点分别是用于测量节气门开度值的活动触点 1 和用于确定节气门全闭位置时的活动触点 2。

●可变电阻式节气门位置传感器的工作原理。

可变电阻式节气门位置传感器的活动触点1可在电阻器上滑动，并与电阻器形成一电位计，利用电阻器电阻值的变化将节气门的开度值转化为一个线性电压信号，并将此线性电压信号输入给 ECU，ECU 根据此信号确定节气门的开度，并对喷油量进行修正。而活动触点 2 则在节气门全闭时与怠速触点 IDL 接触，用于提供怠速信号，并将此怠速信号输入 ECU，使 ECU 根据此信号来实现断油及点火提前角的控制。可变电阻式节气门位置传感器的输出特性如图 5-59 所示。

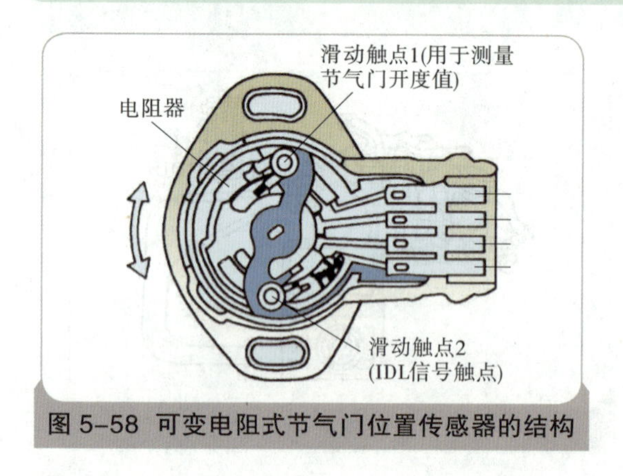

图 5-58 可变电阻式节气门位置传感器的结构

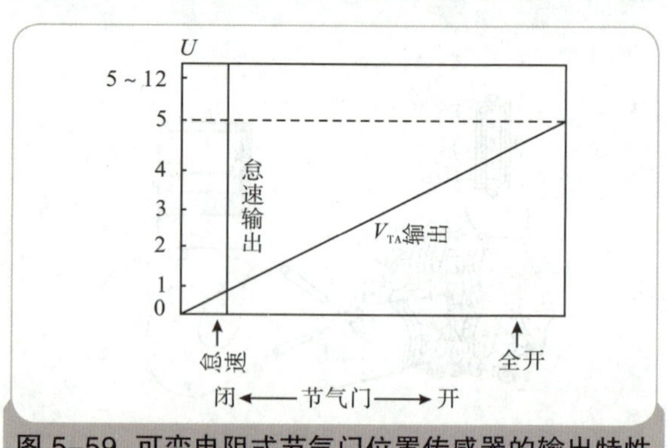

图 5-59 可变电阻式节气门位置传感器的输出特性

可变电阻式节气门位置传感器与 ECU 的连接电路如图 5-60 所示。

由图 5-60 可知，传感器内部的电阻 r 的两端加有从 ECU 输送来的 5V 电压，动触点 α 根据节气门开度的状况在电阻 r 上滑移，由此改变 ECU 的 U_{TA} 端子的电压。U_{TA} 端子的电压信号经 A/D 转换器变成数字信号，再输入到微机中去。

当节气门全闭时，IDL 触点接通，IDL 端子的电位变为 0，这样就把节气门全闭的这一情况通知给了微机。微机根据 U_{TA} 端子和 IDL 端子传来的信号之后，判断出车辆的行驶状态，修正过渡时期的空燃比，或减少燃油供给，或进行怠速稳定修正。

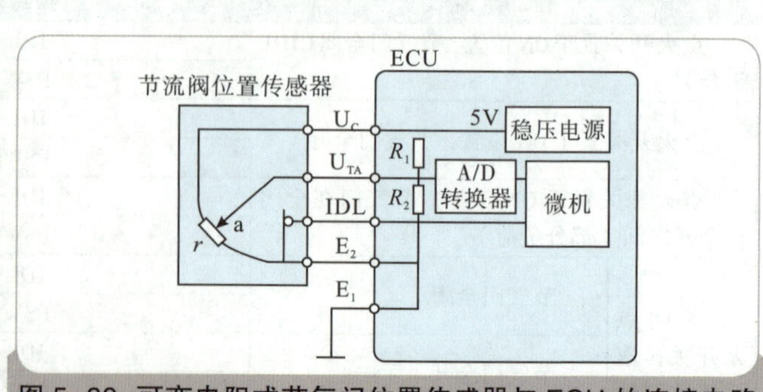

图 5-60 可变电阻式节气门位置传感器与 ECU 的连接电路

②可变电阻式节气门位置传感器的检测方法

可变电阻式节气门位置传感器的常见故障一般为怠速触头或电位计可动触头接触不良，或电位计电阻值不够准确，从而使ECU不能接收到怠速信号或接收到的节气门开度信号不准及节气门开度信号时断时通等，进而造成发动机怠速不稳或无怠速、加速性能不良、加速性能时好时坏。

现以丰田皇冠3.0轿车的可变电阻式节气门位置传感器为例对此类型传感器的检测方法进行介绍。丰田皇冠3.0轿车节气门位置传感器的原理图如图5-61所示，其与ECU的连接电路如图5-62所示。

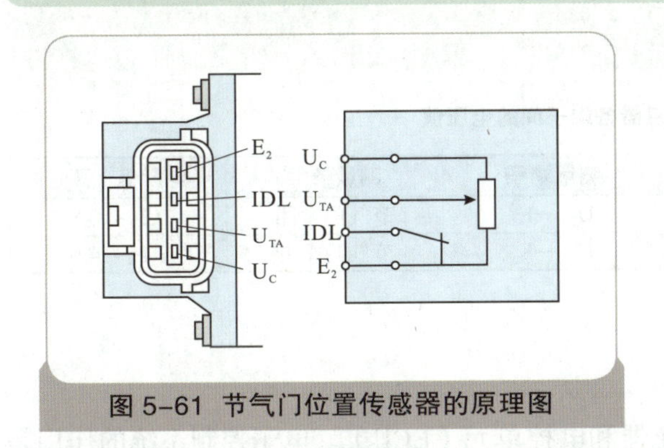

图5-61 节气门位置传感器的原理图

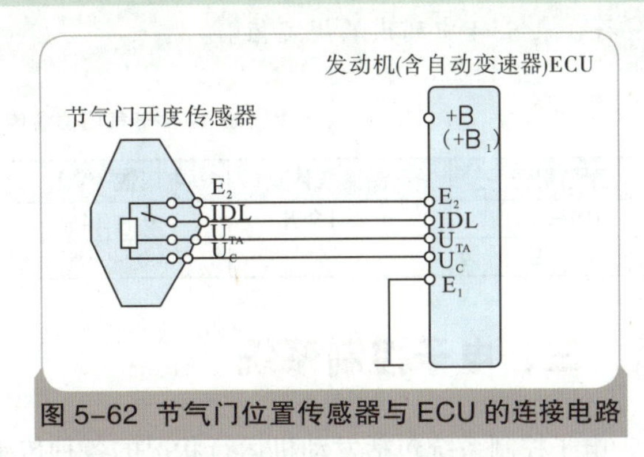

图5-62 节气门位置传感器与ECU的连接电路

●传感器怠速触点导通情况检查。

关闭点火开关，拔下节气门位置传感器导线插接器，用万用表的电阻挡检查导线连接器上IDL触点的导通情况，如图5-63所示。当节气门全关闭时，IDL—E_2端子间应导通，电阻为零；当节气门打开时，IDL—E_2端子间不导通，电阻应为无穷大；否则应更换节气门位置传感器。

●传感器电阻检查。

关闭点火开关，拔下节气门位置传感器导线插接器，用万用表电阻挡测量U_{TA}与E_2端子间电阻，其电阻值应随节气门开度的增大而呈线性增大。传感器电阻检查如图5-64所示。

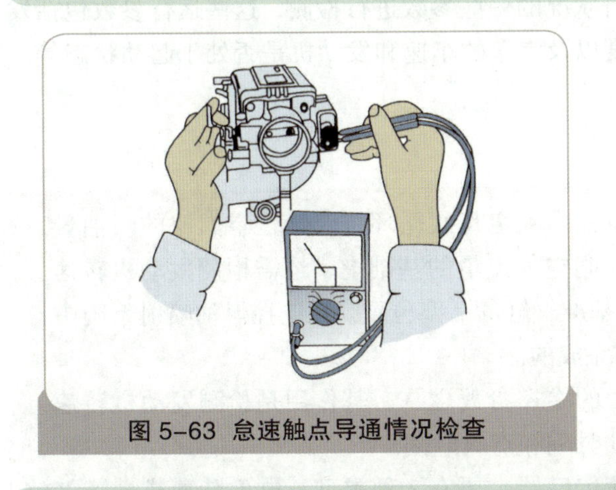
图5-63 怠速触点导通情况检查

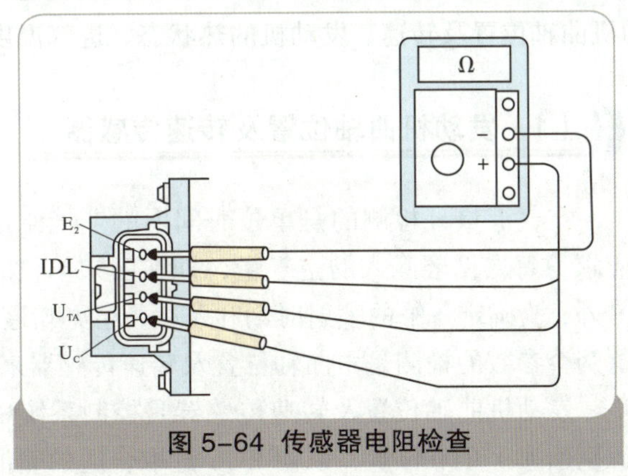

图5-64 传感器电阻检查

在节气门限位螺钉和限位杆之间插入不同厚度的厚薄规片，用万用表电阻挡测量传感器导线插接器上各端子间的电阻，其电阻值应符合表5-3中列出的规定值。

表 5-3 可变电阻式节气门位置传感器各端子间的电阻值

限位螺钉与限位杆之间间隙	测量端子	电阻值
0mm	U_{TA}—E_2	0.34 ~ 6.30kΩ
0.45mm	IDL—E_2	0.50kΩ 或更小
0.55mm	IDL—E_2	∞
节气门全开	U_{TA}—E_2	2.40 ~ 11.20kΩ
—	U_C—E_2	3.10 ~ 7.20kΩ

●传感器电压检查。

把导线插接器重新插好，打开点火开关，用万用表测量IDL—E_2、U_C—E_2、U_{TA}—E_2间的电压值，应符合表 5-4 中列出的规定值。

表 5-4 节气门位置传感器各端子间的电压值

测量端子	测量条件	电压值（V）	测量端子	测量条件	电压值（V）
IDL—E_2	节气门全开	9 ~ 14	U_{TA}—E_2	节气门全闭	0.3 ~ 0.8
U_C—E_2	—	4.0 ~ 5.5	U_{TA}—E_2	节气门全开	3.2 ~ 4.9

三、电子控制系统

电子控制系统包括发动机运行状况的各种传感器和电控单元（ECU）。电子控制系统的作用是接收来自表示发动机工作状态的各个传感器输送来的信号，根据 ECU 预置的程序，对喷油时刻、喷油量以及点火时刻等进行确定和修正。

随着计算机控制功能的不断扩展，其控制项目也在不断增加，如怠速控制、废气再循环控制、发动机闭环工作控制、二次空气控制等，形成多功能控制的集中管理控制系统。

1. 发动机运行状况传感器

发动机运行状况传感器用于对反映发动机运行状况的一些参数进行检测，这些运行参数包括发动机曲轴位置及转速、发动机的热状态、进气温度以及汽车的车速和发动机是否处于起动状态等。

（1）发动机曲轴位置及转速传感器

空气流量计检测的是单位时间内的空气流量，为确定每次循环符合最佳空燃比的喷油量，应求得每次循环吸入的空气量，即在已知单位时间空气流量的基础上，还需检测发动机转速。另外，为确定各缸的喷射时刻和顺序，还需知道基准气缸的活塞位置。在电控燃油喷射系统中，这两个参数的检测是由曲轴位置及转速传感器来完成的。

发动机曲轴位置及转速传感器是控制系统中的主控参数之一，其作用是检测发动机转速，识别活塞上止点位置，以便 ECU 选取合适的喷油时刻和点火时刻。

电控燃油喷射系统中使用的曲轴位置及转速传感器主要有 3 种类型：电磁脉冲式、霍尔效应式和光电式。现代汽车常用的是电磁脉冲式、霍尔效应式曲轴位置及转速传感器。

①电磁脉冲式曲轴位置及转速传感器

电磁脉冲式曲轴位置及转速传感器由电磁感应式传感器和脉冲盘等组成，其安装位置有的在曲轴前端的带盘上，或曲轴后端的飞轮处，也有装在分电器内的，如图 5-65 所示。电磁感应式传感器安装在缸体一侧靠近飞轮处，用来检测曲轴转角和发动机转速；脉冲盘安装在曲轴后端，位于飞轮与曲轴之间。脉冲盘在圆周上等分地布置着 60 个转子齿，其中空缺 2 个转子齿，供 ECU 识别曲轴位置，作为点火正时的参照基准。发动机运转时，脉冲盘上的转子齿每通过传感器一次，便在传感器内的感应线圈中感应出一个交变电压信号，而在缺齿处产生一个畸变的交变电压信号，如图 5-65（b）所示。ECU 根据这些交变电压信号和畸变的电压信号就可计算出曲轴位置和发动机的转速。

电磁脉冲式曲轴位置及转速传感器由转子和绕在永久磁铁上的耦合线圈等组成。永久磁铁的磁力线经转子、耦合线圈、托架构成封闭回路。转子旋转时，由于转子凸齿与托架间的磁隙不断发生变化，通过线圈的磁通也不断变化，线圈中便产生交变的感应电动势，将此信号放大后传输给 ECU。

②霍尔效应式曲轴位置及转速传感器

霍尔效应式曲轴位置及转速传感器是利用霍尔效应原理对曲轴位置进行检测的一种传感器如图 5-66 所示。

霍尔式曲轴位置及转速传感器的基本原理是：当电流 I_V 通过放在磁场中的半导体基片，且电流方向与磁场方向垂直时，在垂直于电流与磁场的半导体基片的横向侧面上，即产生一个与电流和磁场强度成正比的霍尔电压 U_H。

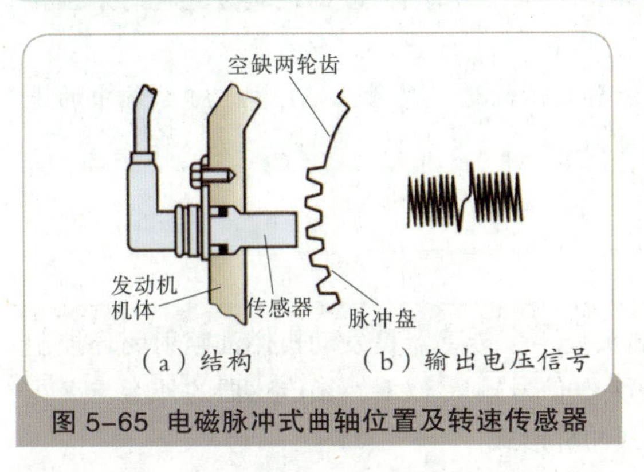

图 5-65 电磁脉冲式曲轴位置及转速传感器

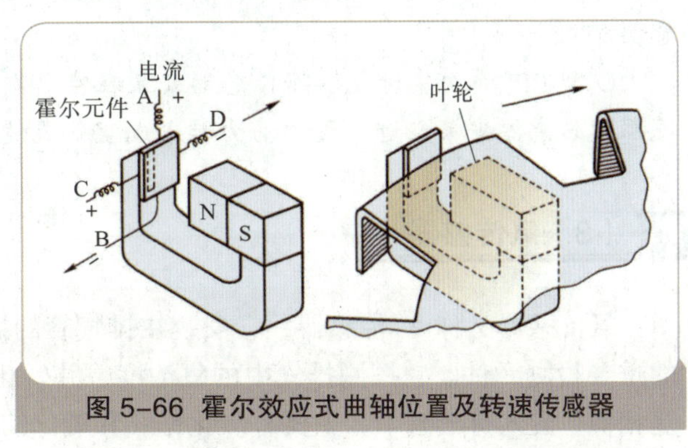

图 5-66 霍尔效应式曲轴位置及转速传感器

（2）温度传感器

①水温传感器

水温传感器安装在发动机缸体或缸盖的水套上，与冷却水接触，用来检测发动机的冷却水温度。

ECU 中的电阻与水温传感器的热敏电阻值串联，如图 5-67 所示，热敏电阻阻值变化时，其分电压值随之改变。

冷却水温度较低时，燃油蒸发性差，应供给较浓的混合气。由于水温低，负热敏电阻阻值大，ECU 检测到的分压值就高。根据该信号，ECU 增加燃油喷射量，使发动机的冷机运转性能得以改善。

水温高时，发动机已达正常工作温度，混合气形成条件较好，可燃混合气过浓。这时，ECU 检测到相应的分压值较小，并依此信号减少喷油量。

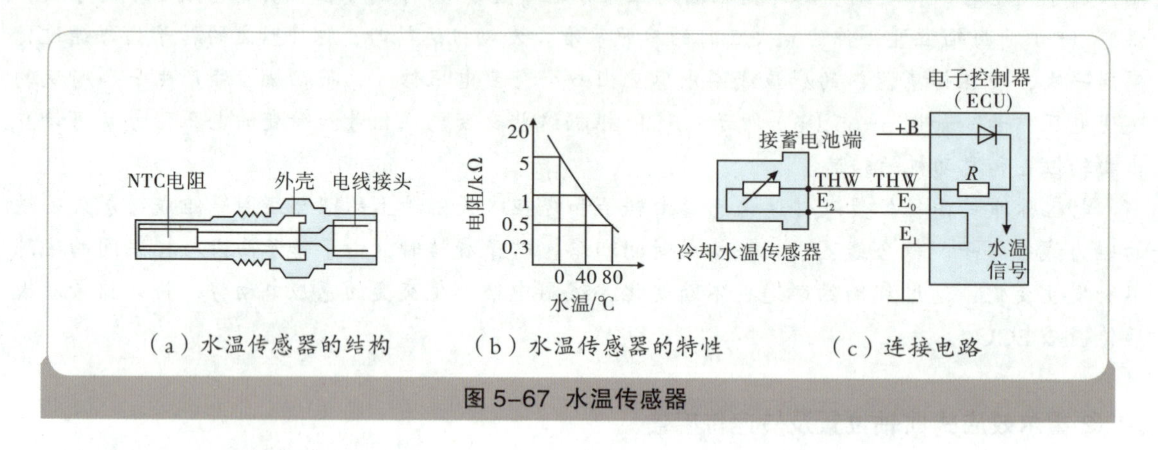

图 5-67 水温传感器

②进气温度传感器

无论 D 型 EFI 系统，还是采用翼片式或卡门涡旋式空气流量计的 L 型 EFI 系统中，均应考虑空气密度对实际进气量的影响。空气密度是随空气的温度和压力而变化的。进气温度传感器的作用就是检测进气温度，并将检测信息输送给 ECU 作为修正喷油量的参考依据之一。进气温度传感器的原理结构与水温传感器相同，也是采用热敏电阻，它与 ECU 的连接方式也与水温传感器相同。

D 型 EFI 系统中进气温度传感器安装在空气滤清器之后的进气总管上。L 型 EFI 系统中的进气温度传感器安装在进气管的动力腔上或空气流量计内。

（3）氧传感器

氧传感器又称 λ 传感器，它安装在排气管的插头处。氧传感器是发动机燃油喷射闭环控制的重要检测元件。它探测排气中的氧浓度，并转化为电信号输入 ECU。氧传感器的外形与火花塞相似，旋入排气管中，主要有氧化锆式和氧化钛式两种形式。

①氧化锆式氧传感器

这种传感器体内有一个由氧化锆陶瓷制成的一端封闭不透气的管状体，称为锆管，如图 5-68 所示。锆管的内、外表面各覆盖着一层透气的多孔性薄铂层，作为电极。锆管内表面电极与大气相通，外表面则与废气接触。锆管外部套有一个带缝槽的耐热金属套管，对锆管起保护作用。

氧化锆在温度超过 300℃后，才能进行正常工作。现在大部分汽车使用带加热器的氧传感器。在这种传感器内有一个电加热元件，可在发动机起动后的 20 ~ 30 s 内迅速将氧传感器加热至工作温度。这种传感器有 4 根接线：一根接 ECU，一根接电加热元件，另外两根分别接地。

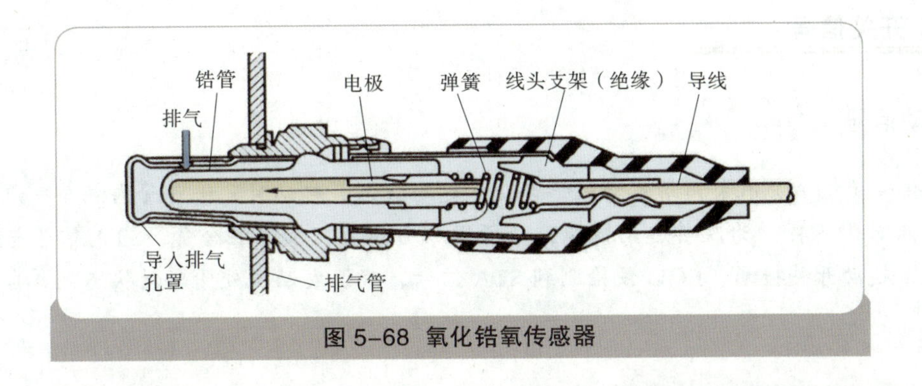

图 5-68 氧化锆氧传感器

发动机运转时，排出的废气从氧传感器锆管外表面流过，在高温状态下氧分子发生电离。由于锆管内、外表面上氧分子浓度不同，因而氧离子从浓度大的锆管内表面向浓度小的锆管外表面移动，从而在锆管内、外表面的两个电极之间产生一个微小的电压。当混合气的实际空燃比小于理论空燃比，即发动机以较浓的混合气运转时，排气中缺氧，锆管中氧离子移动较快，并产生 0.9V 左右的电压；当混合气的实际空燃比大于理论空燃比，即发动机以较稀的混合气运转时，废气中有一定的氧分子，使锆管中氧离子的移动能力减弱，只产生约 0.1V 的电压。因此，这种氧传感器输出的电压信号是随混合气成分不同而变化的，并以理论空燃比（约 0.45V）为界产生突变。

②氧化钛式氧传感器

氧化钛式氧传感器是利用二氧化钛材料的电阻值随排气管中氧的浓度变化的特性制成的一种氧传感器。二氧化钛材料是在室温下具有很高电阻值的半导体，其阻值随排气中氧含量的减少（混合气变浓时）而下降。该传感器电阻特性除了与氧的浓度有关外，还与工作温度有关。在 300℃ ~ 900℃排气温度中连续使用时，必须进行温度补偿，即内装加热器，增设温度修正回路，使高温下氧化钛式氧传感器的性能比较稳定。

氧化钛式氧传感器的结构如图 5-69 所示。它具有两个氧化钛元件，一个是多孔性二氧化钛陶瓷，用来检测排气中氧含量；另一个为实心二氧化钛陶瓷，用来加热调节，补偿温度的误差。在传感器外端加装具有孔槽的金属保护层，可以让废气自由进出，同时可防止二氧化钛元件受到外物撞击，传感器接线端用橡胶材料密封，以防外界气体渗入。

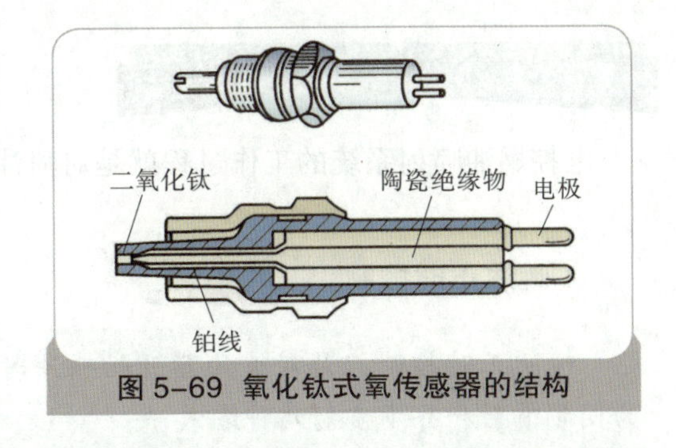

图 5-69 氧化钛式氧传感器的结构

因此，通过氧传感器探测废气中氧含量的多少，能获得上次喷油时间过长或不够的信号，供 ECU 对本次喷油时间进行修正。在发动机混合气闭环控制过程中，氧传感器相当于一个氧浓度开关，根据混合气空燃比向 ECU 输出脉冲变化的电压脉冲信号。ECU 根据氧传感器输入信号控制喷油量的增减，把空燃比精确地控制在理论值空燃比附近。

（4）开关信号

①起动信号

起动信号（STA）用来判断发动机是否处于起动状态。起动时，进气管内混合气流速慢，温度低，燃油雾化不良，为改善起动性能，必须增加喷油量以加浓混合气。STA 信号与起动开关连在一起，起动开关接通，ECU 便检测到 STA 信号，确认发动机处于起动状态，并自动增加喷油量。

②空挡起动开关信号

空挡起动开关信号（NSW）主要用于怠速系统的控制。在装有自动变速器的汽车中，ECU 用空挡起动开关信号判定变速器的挡位。识别变速器是处于空挡或停车（N 或 P 挡位）状态，还是处于行驶（OD、D、2、L 或 R 挡位）状态。ECU 通过对 NSW 信号的识别，对怠速系统进行控制，在发动机过渡工况时，修正喷油量。

③空调信号

空调信号（A/C）用来检测空调压缩机是否工作。该信号与空调压缩机电磁离合器的电源接在一起，ECU 根据 A/C 信号控制发动机怠速时的点火提前角和进行怠速喷油量修正等。

（5）车速传感器

车速传感器（SPD）用以检测汽车行驶速度。SPD 信号主要用于发动机怠速和汽车加、减速时的空燃比控制。车速传感器主要有舌簧开关型和光电耦合型两种，一般安装在组合仪表内。

2. 燃油喷射的控制过程

电控燃油喷射系统的工作过程就是对喷油正时和喷油持续时间（即喷油量）的控制过程。

①喷油正时控制

喷油正时控制就是对喷油器开始喷油时刻的控制。多点间歇喷射燃油机的喷油时刻控制分为同步喷射和异步喷射两种方式。

同步喷射是指燃油的喷射与发动机运转同步，ECU 根据曲轴的转角位置来控制开始喷射的时刻。在发动机稳定工况的大部分运转时间里，燃油喷射控制系统以同步方式工作。

异步喷射是指 ECU 只是根据传感器的输入信号控制开始喷油时刻，与曲轴转角位置无关。异步喷射方式是一种临时的补偿性喷射，发动机处于起动、加速等非稳定工况时，燃油喷射控制系统以异步喷射方式工作或增加异步喷射对同步喷射的喷油量进行补偿。

②喷油持续时间（即喷油量）控制

电控燃油喷射系统对喷油量的精确控制是通过精确地确定和控制喷油的持续时间来实现的。根据发动机的运行特点，喷油持续时间控制分为起动时喷油持续时间的控制和起动后喷油持续时间的控制。

发动机起动时的基本喷油时间不是根据进气量（或进气歧管绝对压力）和发动机转速确定的，这与发动机起动后的控制方式不同。发动机起动时，由于转速低且波动大，因此，ECU不能根据进气量来计算喷油量，而是根据发动机的热状态而定的，即ECU根据发动机当时的冷却水温度，从预存的水温－喷油时间图中找出相应的基本喷油时间，如图5-70所示。然后进行进气温度和蓄电池电压修正，得到起动时的喷油持续时间。

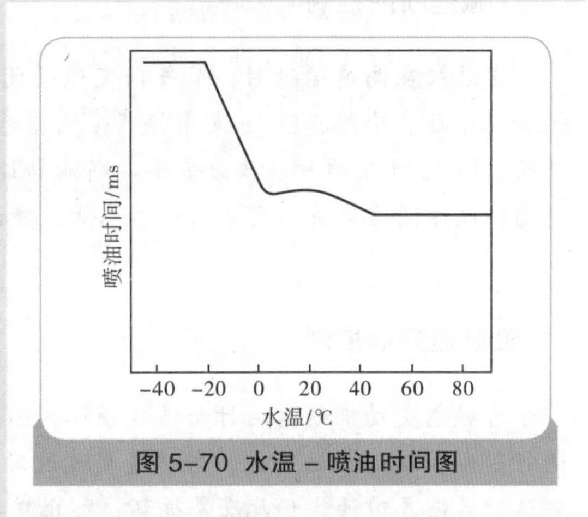

图5-70　水温－喷油时间图

有些电控燃油喷射系统为改善发动机的起动性能，在起动时，除同步喷射外，还根据起动开关接通状态，ECU自曲轴位置传感器检测到的第一个转速信号开始，以一个固定的喷油持续时间，同时向各缸和安装在进气总管的冷起动阀进行异步喷射，以补充冷起动过程中对燃油量的额外要求。

发动机起动后喷油持续时间由基本喷油持续时间（发动机转速和进气量确定）、修正喷油持续时间（由发动机运行状态参数决定构成）。

在发动机冷车起动后的暖机过程中，为了使冷车怠速能平稳运转并缩短暖机过程的时间，应让发动机的转速高于热车时的怠速转速，这种工况称为冷车快怠速。此时，ECU额外增加喷油量，以保持较浓的混合气。喷油量的初始修正值根据冷却水温度确定，且随着冷却水温度的上升，燃油喷射修正量逐渐减少，逐步达到正常。

发动机在大负荷工况下运转时，要求供给较浓混合气以满足动力性的要求。发动机负荷状况可以根据节气门开度或进气量的大小确定。故ECU可根据进气压力传感器、空气流量计、节气门位置传感器的信号判断发动机的负荷状况，决定相应增加的燃油喷射量。大负荷的加浓量约为正常喷油量的10%～30%。有些发动机的大负荷加浓量还与冷却水温度信号有关。

为保证发动机具有良好的加速性能，在加速时需要额外地增加喷油量，以增大发动机的输出功率。对于加速工况，ECU根据一定时间内节气门开度的变化，或者空气流量的变化来判断。当ECU确认汽车正处于加速工况时，则ECU除了根据空气流量增加同步喷射的喷油量外，还增加异步喷射，以满足加速工况对喷油量的特殊要求。

当ECU发出喷油信号后，喷油器电磁线圈通电，但喷油器针阀实际开启时刻（开始喷油时刻）相对于喷油信号存在动作滞后。同样，喷油器停止喷油时，针阀实际关闭时刻也有一个动作滞后，且针阀开启的滞后时间比关闭的滞后时间长。通常把开启滞后与关闭滞后时间的差值称为无效喷射时间。由于在无效喷射时间内，实际上没有进行喷射，因此，需要进行补偿修正。发动机实际运行时，针阀开启滞后时间受蓄电池电压影响较大，针阀关闭滞后时间受蓄电池电压影响较小，因此，ECU根据蓄电池电压对喷油持续时间进行修正。

（3）断油控制

断油控制是指ECU停止向喷油器驱动电路发送喷油信号，喷油器暂时停止工作。电控燃油喷射系统中，ECU断油控制基于两种情况：①以降低燃油消耗，改善排气污染为目的的减速断油控制；②以防止发动机超速运转为目的的超速断油控制。

①减速断油控制

发动机在高速运行时，节气门突然关闭而处于急减速状态，为避免混合气过浓、燃料经济性和排放性能变坏，ECU发出停止喷油信号。当发动机转速降至预定转速之下或节气门重新打开时，ECU才使喷油器恢复喷油。断油转速和恢复喷油转速与冷却水温度、空调是否工作、用电器情况等因素有关。发动机水温越低，断油转速越高。

②超速断油控制

为避免发动机超速运行而造成损坏，ECU执行发动机超速断油控制，对发动机的最高转速进行限制。发动机运行时，当转速超过设定转速时，ECU停止输出喷油信号，转速下降至设定转速时再恢复喷油，如此反复循环，防止发动机转速继续上升。

任务三　电控燃油喷射系统的检修

一、空气供给系统的检修

1. 检修注意事项

电控燃油喷射系统按进气量检测方式一般分为流量型（L 型）和压力型（D 型）两种。流量型电控燃油喷射系统用空气流量计直接检测进气管，压力型电控燃油喷射系统用进气管压力间接计算出进气量，因此，不论是流量型还是压力型，只要进气系统不密封就会影响喷油量，其影响程度要比化油器式发动机更大，所以对进气系统检修应注意：

●发动机量油尺，机油加油口盖必须安装好，否则，会影响发动机运行。

●进气软管不能有破裂，卡箍要安装紧固，因为漏气会影响空气流量计或进气压力传感器的信号，从而影响喷油量，使发动机怠速不稳，易熄火、动力性和加速性能差。

●真空管不能破裂、扭结，也不能插错，真空管插错会使发动机怠速不稳，甚至使各缸无规律地交替工作不良。

●喷油器应安装舒贴，密封圈完好，如果安装不舒贴或密封圈损坏，上部安装密封不良会漏油造成严重事故，下部密封不良会造成漏气使发动机真空度下降，运行不良还会使进气压力传感器信号增加，喷油量增加使混合气偏浓。

2. 检修主要内容

空气流量计检测

（1）进气系统中的传感器

进气系统中的传感器有空气流量计、进气歧管绝对压力传感器、节气门位置传感器。流量型电喷车采用空气流量计直接检测进气量，压力型电喷车采用进气歧管绝对压力传感器间接检测进气量。SGM 别克（3.0L）车上既有空气流量计，又有进气压力传感器，其作用有所不同，空气流量计测量一定时间内进入发动机的进气量，发动机控制电脑 PCM 根据空气流量信号监视发动机操纵状况，进行供油计算。进入发动机的空气量大，表示加速或大负荷工况；反之，则表示减速或怠速。如从空气流量计来的信号未能与根据大气压力（进气压力传感器信号）、节气门位置和发动机转速确定的预期值相匹配，则设置故障码 P0101。进气压力传感器监测进气歧管内压力（真空）的变化，信号电压在怠速时低于 2V，点火开关接通发动机不发动或在节气门全开（低真空度）时高于 4V。进气压力传感器监视废气循环时的歧管压力变化，还为某些其他诊断确定发动机的真空度，并确定大气压力（气压计）。

空气流量计信号弱的原因，除了空气流量计本身故障，进气系统故障也会造成空气流量计信号弱，常见的进气系统故障原因有空气流量计滤网堵、空气滤清器脏堵、吸入的塑料薄膜等堵塞、空气流量计后方进气管路有漏气、进气管积炭、节气门体积炭、怠速空气通道积炭、怠速控制阀卡滞、发动机气缸压缩压力低、排气管（主要三元催化净化器）堵塞、废气再循环系统漏气、曲轴箱通风阀有故障等。

进气歧管绝对压力传感器信号取决于进气歧管内压力（真空）。所有进气压力传感器信号偏离标准值的原因，除了进气压力传感器本身故障，还与进气歧管真空度有关，所以必须检查发动机真空度，如真空度不良则应检查影响真空度的原因。

节气门位置传感器监测节气门开度，节气门位置传感器信号偏离正常值，除了节气门位置传感器本身故障外，常见的故障原因有安装位置不正确、节气门卡滞、节气门拉索过紧或过松、节气门限位高速螺钉高速不当等。

（2）桑塔纳 2VQS 发动机的怠速控制装置

这种怠速控制装置是通过节气门体控制部件中的怠速稳定控制器直接控制节气门的开启来实现怠速稳定控制的，没有怠速空气旁通道。怠速稳定控制器由一个电动机通过齿轮传动控制节气门开启，如图 5-71 所示。

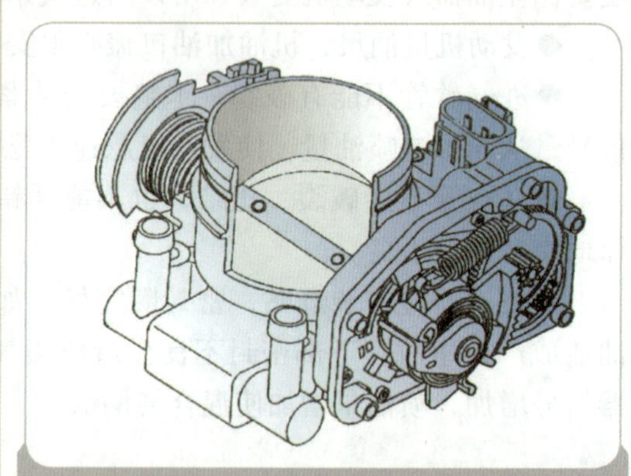

图 5-71 桑塔纳时代超人汽车节气门控制部件

发动机怠速时，怠速稳定控制器根据发动机的负荷（进气量）和发动机温度对节气门进行控制。当发动机温度低时，节气门开度大；当发动机温度高时，节气门开度小。当突然放松加速踏板时，节气门由怠速稳定控制器逐渐关闭，直到所需的怠速。在紧急运行状态下，节气门控制部件电源被切断，节气门控制部件内的紧急运行弹簧将节气门定位在预先设定的紧急运行位置，此时驾驶员对节气门调节无效。

①检查怠速

怠速转速是由发动机控制电脑预先设置的，不可以调整，使用诊断仪进入发动机检测地址，选择读取数据块功能，可以检查怠速。

怠速转速标准值应在（800±30）r/min，如果怠速转速过低，可能产生故障的原因如下：发动机负荷太大，节气门控制部件与发动机控制单元没有匹配，节气门控制部件损坏。

如果怠速转速过高，可能产生故障的原因如下：进气系统有泄漏，节气门控制部件与发动机控制单元没有匹配，节气门控制部件损坏，活性炭罐电磁阀常开。

②检测节气门控制部件

节气门控制部件位于节气门拉索轮的对面。节气门电位计、怠速开关、节气门定位电位计和紧急弹簧全部安装在节气门控制组件壳体内，这个壳体不必打开，全部调整由诊断仪基本设定功能来完成。节气门控制部件控制电路如图 5-72 所示。

●节气门电位计：节气门电位计也就是节气门位置传感器，当节气门电位计出现故障时，发动机控制电脑就用发动机转速和空气流量计的信号值计算替代。

测量节气门电位计的供电电压：拔下节气门控制部件的插头，用数字式万用表测量插头上4端子和7端子之间的电压值，打开点火开关，此电压值应接近5V（发动机控制电脑提供）。

测量节气门电位计导线的导通情况：用数字式万用表测量插头上的4、5、7端子分别至ECU线束插座62、75、67端子之间的电阻值，测得电阻值应小于1Ω。

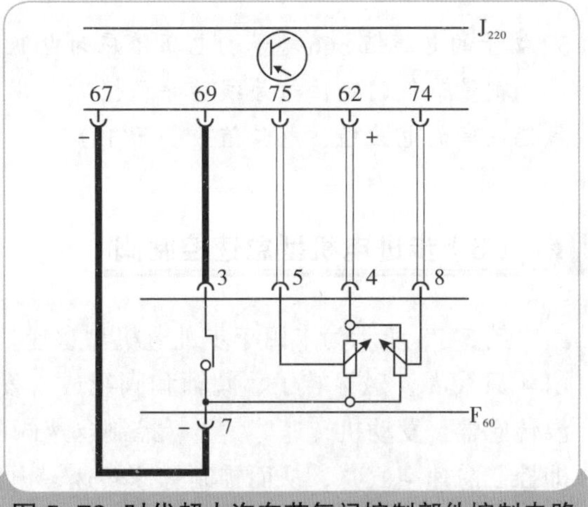

图5–72　时代超人汽车节气门控制部件控制电路

测量节气门电位计的信号电压（万用表）：插上节气门控制部件的插头，用数字式万用表测量插头上的5端子和7端子（5端子和7端子分别对应ECU插座上的75端子和67端子）之间的电压值，打开点火开关，使节气门开度变化，此电压值应在0.5～4.9V之间变化。

测量节气门电位计的信号电压，也可使用诊断仪选择读取数据块功能进行检查。

●节气门定位电位计：节气门定位计的作用是输出怠速时怠速电机动作使节气门打开的位置信号，当节气门定位电位计出现故障时，节气门控制部件中的紧急运行弹簧起作用，使发动机处于紧急运行状态，此时发动机的怠速升高，约1 500r/min。

测量节气门定位电位计的供电电压：拔下节气门控制部件的插头，用数字式万用表测量插头上4端子和7端子之间的电压值，打开点火开关，此电压值应接近5V。

测量节气门定位电位计导线的导通情况：用数字式万用表测量插头上的4、8、7端子分别至ECU线束插座62、74、67端子之间的电阻值，测得的电阻值应小于1Ω。

测量节气门定位电位计的信号电压（万用表）：插上节气门控制部件的插头，用数字式万用表测量插头上8端子和7端子（8端子和端子7分别对应ECU插座上的74端子和67端子）之间的电压值，打开点火开关，使节气门开度变化，此电压值应在0.5～4.9V之间变化。

测量节气门定位电位计的信号电压，也可使用诊断仪选择读测量数据块功能进行检查。

●怠速开关：当怠速开关出现故障时，ECU就对节气门电位计和节气门定位电位计的信号值进行比较，判断出怠速位置。

测量怠速开关的电阻：将万用表两个表笔接触ECU插座上的69端子和67端子。当打开节气门时，测到的电阻值应为无穷大；当节气门关闭时，测得的电阻值应小于1Ω。

测量怠速开关导线的导通情况：拔下节气门控制部件的插头，用数字式万用表测量节气门控制部件插头上的3端子和7端子至ECU线束插座69端子和67端子间的电阻值，测得的电阻值应小于1Ω。

测量怠速开关信号：用诊断仪进入08功能读数据块，选择98显示组，屏幕显示及检查见“节气门电位计检查”。

●节气门定位器：节气门定位器即怠速稳定装置，称怠速电机，怠速电机损坏或ECU对怠速控制出现故障，节气门控制部件内的紧急运行弹簧设置节气门处于紧急运行位置。

测量节气门定位器的供电电压：打开点火开关，用数字式万用表测量ECU上的66端子和

59端子的电压值，66端子的电压值应为电瓶电压值（12V左右），59端子的电压值应为10V左右。

测量节气门定位器导线的导通情况：用数字式万用表测量ECU线束插座至节气门定位器电线插头间的电阻值，电阻值应小于1Ω。

（3）步进电机型怠速控制阀

图5-73所示为丰田车步进电机型怠速控制阀的工作原理，其安装在怠速控制阀（ISC）内，由4只线圈、磁性转子、阀轴和阀组成。发动机控制电脑（ECU）根据节气门位置传感器、水温传感器、发动机转速等信号，控制怠速阀的步级数，阀前后移动控制怠速旁通道开启截面积，即控制怠速空气量，从而控制怠速转速，电路如图5-74所示。

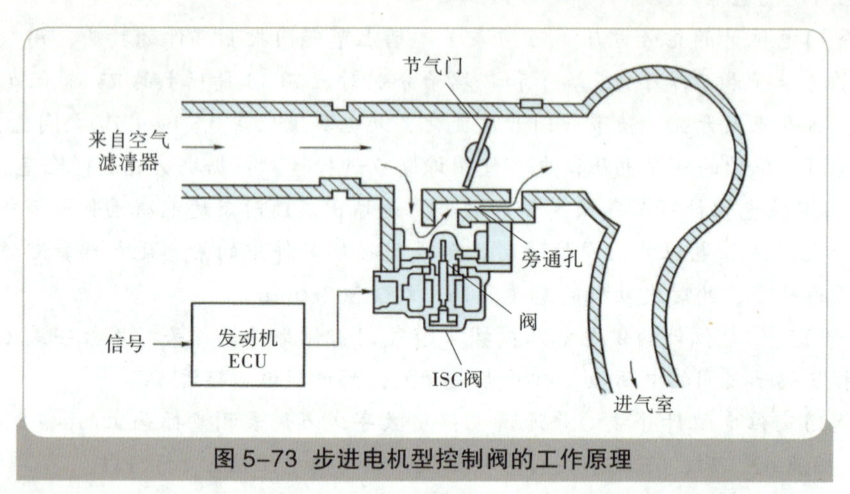

图5-73 步进电机型控制阀的工作原理

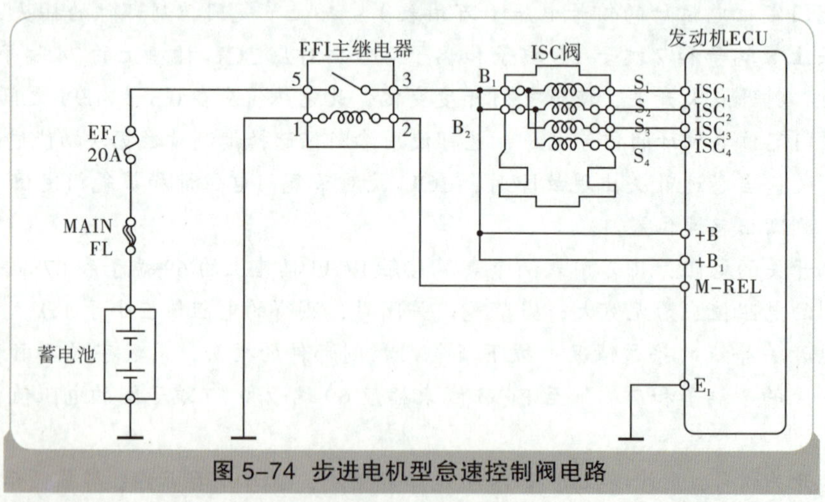

图5-74 步进电机型怠速控制阀电路

●在车上检查怠速控制阀：当发动机熄火时，怠速控制阀会发出“咔嗒”一声，如果不响，应检查ISC阀和ECU。

●检查ISC阀的电阻：检测B_1—S_1、B_1—S_3、B_2—S_2和B_2—$S_4$4个线圈电阻，均应是10～30Ω，如电阻不对，应更换ISC阀。

●检查 ISC 阀的工作情况：B_1 端子和 B_2 端子上接上蓄电池正极，然后依次将 S_1、S_2、S_3、S_4 接负极（搭铁），阀应逐步关闭，如图 5-75 所示。B_1 端子和 B_2 端子上接上蓄电池正极，然后依次将 S_4、S_3、S_2、S_1 接负极（搭铁），阀应逐步开启，如图 5-76 所示。

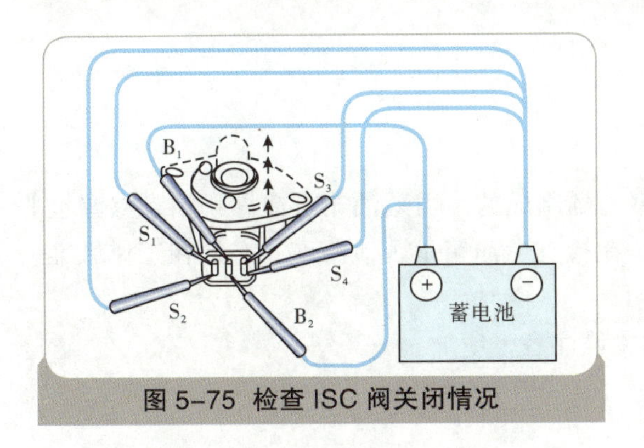

图 5-75　检查 ISC 阀关闭情况

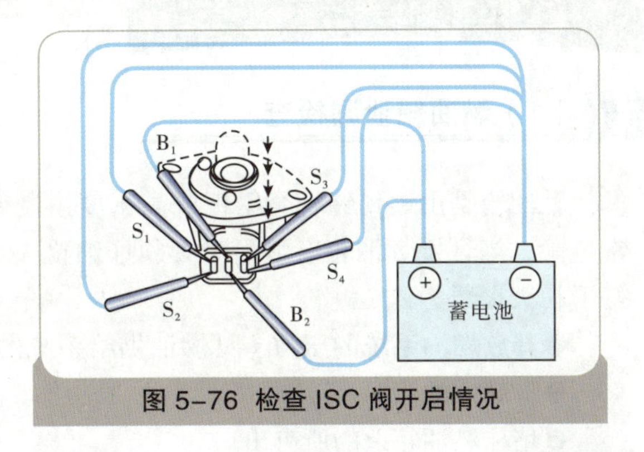

图 5-76　检查 ISC 阀开启情况

二、燃油供给系统的检修

电控发动机燃油供给系统维修注意事项

1. 检修注意事项

拆卸油管前首先应卸压，以防止较高压力的燃油喷洒出来引起火灾。卸压的方法有以下两种。

方法 1：

●松开燃油箱上的加油盖，释放燃油箱中的蒸气压力。

●将三通油压表一端软管连接到燃油压力检测头上，连接燃油压力表时，用抹布罩好燃油压力插头周围，防止燃油溢洒，将另一端软管装入准许的容器中，打开三通油压表的切断阀，系统中的燃油从燃油压力检测孔通过三通油压表软管流入准许的容器中，最后将燃油压力表中残留的燃油放入准许的容器中。

●释放油压后，在维修燃油管路或插头时，将有少量燃油泄出，所以在断开油管前，用抹布将拆卸处罩住，以吸附泄漏的燃油，将吸附燃油的抹布放入准许的容器中。

方法 2：

●拆卸前，首先拔去燃油泵继电器或熔断丝，也可拔下燃油泵导线插头，再起动发动机，直至发动机自然停机，在拆卸油管前用抹布罩住拆卸处以吸附泄漏的燃油。

●连接螺母或接头螺栓与高压油管接头连接时必须使用新垫片，先用手拧接头螺栓，再用工具拧紧到规定力矩。连接螺母时先在喇叭口上涂一薄层润滑油，再用工具把接头拧紧到规定力矩。

●拆装喷油器时要小心仔细，重新安装时，O 形圈一般要更换，安装喷油器前先用汽油润滑 O 形圈，不可使用机油、齿轮油或制动油。

●不能通过燃油箱加油管放出燃油箱中的燃油，否则，会损坏燃油箱加油管的定位部件。正确方法是首先释放系统油压，卸下燃油箱，然后用手动油泵装置从燃油箱上的维修圆孔抽出燃油。不得将燃油放入开口容器中，否则会导致失火或爆炸。

●燃油系统维修后不能立即起动发动机运行，应仔细检查有无漏油处。有的车接通点火开关油泵工作 1 ~ 2s，不发动立即停止工作，可接通点火开关 2s，再关闭点火开关 10s，连续几次看有无漏油，还可夹住回油管，使系统油压上升，在这种状态下检查和观察燃油系统是否有部位漏油；

有的车起动时油泵才工作，可先起动一下，检查起动时有无部位漏油。不管哪一种方法，确认无部位漏油后才能正式起动，起动后使发动机怠速运转，再仔细检查有无部位漏油，此后才能关上发动机罩正常运行。

2. 检修主要内容

（1）燃油箱泄漏检查

燃油箱是由镀铅锡合金钢板或高密度模制聚乙烯制成的。当燃油箱有泄漏哪怕是渗漏也非常危险，当怀疑燃油箱有泄漏时必须仔细检查。在检查燃油箱是否泄漏前，必须在工作区准备好干粉灭火器。

- 释放燃油系统的压力（见燃油供给系统的检修注意事项）。
- 拆卸燃油箱。
- 堵住燃油箱上的所有出口。
- 在燃油箱通风口安装一个短的油管。
- 通过通风管给燃油箱加入压缩空气，使压力达到 7－10kPa，夹紧通风管。
- 用肥皂水或浸入法检查怀疑泄漏的部位，若观察到泄漏，更换燃油箱。

（2）燃油供给系统油压及控制电路检修

① 燃油供给系统油压检测

燃油喷射系统按喷油器的安装位置可分为单点喷射（也称节气门体喷射，TBI）和多点喷射（MPI）两种，单点喷射系统油压低，多点喷射系统油压高，不同车系、不同排量的车系统油压有差异。

油压检测包括系统油压检测和熄火后系统残余压力检测。系统油压过高或过低会使混合气过浓或过稀，熄火后系统残余压保不住将造成难起动或不能发动。

● 系统油压检测：多点喷射系统如图 5-77 所示，有的系统管路中安装油压检测孔，有的系统管路中没有安装油压检测孔。有油压检测孔，可将油压表直接接在油压检测孔上（不同油压检测孔应采用不同的油压检测插头）；没有油压检测孔，可断开进油管，将三通油压表串接在系统管路中。接油压表前与单点喷射检测油压一样，首先应释放燃油箱内的压力和系统管路中的油压。

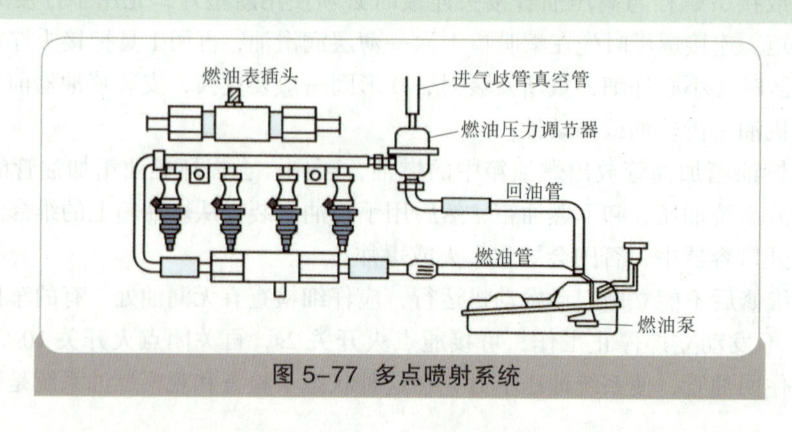

图 5-77 多点喷射系统

常见系统油压故障有油压过高和油压过低，油压过高将使混合气过浓，油压过低将使混合气过稀。

油压过高的原因是油压调节器故障或回油管堵塞，检测步骤如图 5-78 所示。

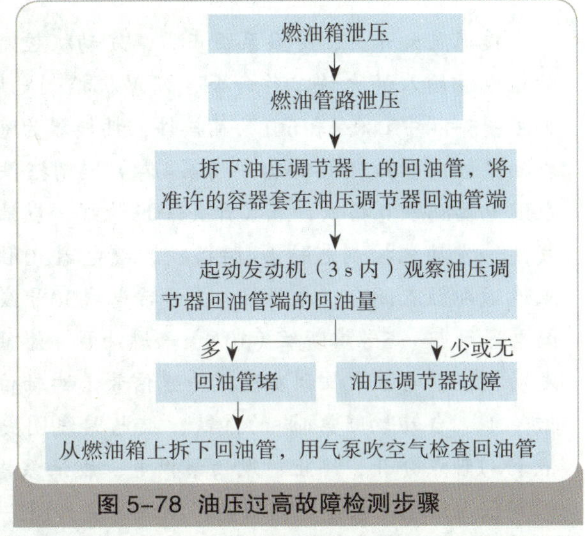

图 5-78　油压过高故障检测步骤

桑塔纳车上的回油管回至燃油泵，如果燃油泵有故障会使油压升高，回油管出油。

油压过低的原因是燃油箱中燃油少、燃油泵滤网堵、燃油泵故障、燃油泵出油管安装不好泄漏、汽油滤清器堵塞或油压调节器故障，检查步骤如下：

● 多点喷射系统残余压力检测：发动机停熄后，多点喷射系统管路中应保持一定的残余油压，便于再次起动，如果发动机停熄后，残余油压很低或等于零，将造成难发动或不能发动的故障。系统残余压力保不住的原因是燃油泵单向阀关不住，油压调节器膜片关不住回油口，喷油器漏油或燃油系统管路漏油。检测步骤如图 5-79 所示。

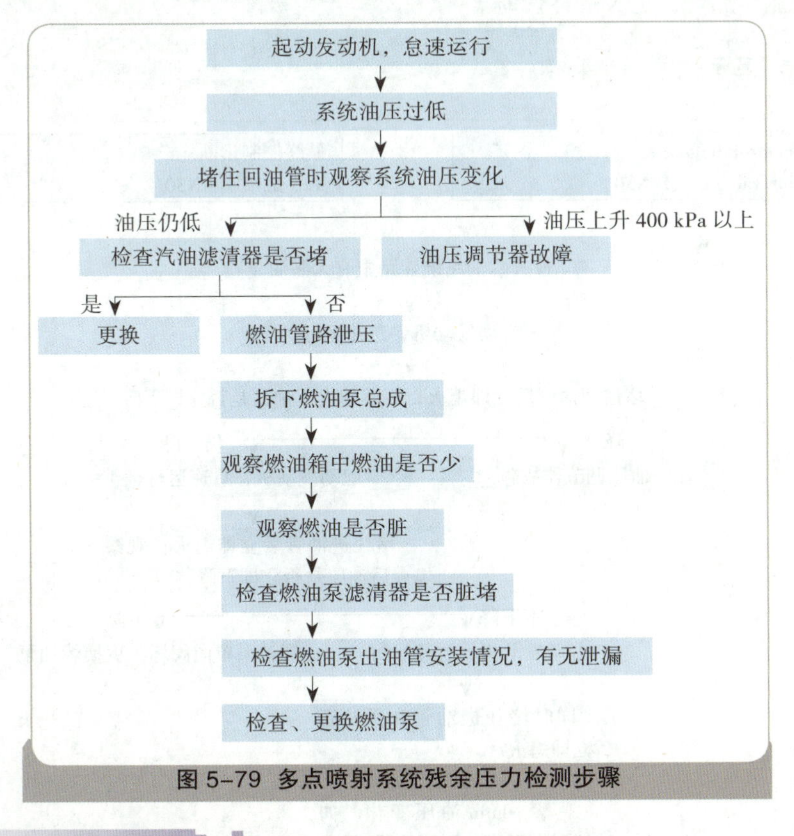

图 5-79　多点喷射系统残余压力检测步骤

②控制电路检修

燃油泵控制基本方法是发动机控制电脑根据发动机转速信号控制燃油泵继电器触点开闭控制燃油泵工作。不同车的实际燃油泵控制电路都不一样。以桑塔纳为例，桑塔纳车的燃油泵控制电路如图 5-80 所示。

接通点火开关，防盗系统正常，发动机控制电脑接收防盗电脑输入的允许工作命令，发动机控制电脑即将第4脚（图5-80中T80/4表示T为插接件，插接器为80脚，其中燃油泵继电器线圈接80脚中的第4脚）控制搭铁，使燃油泵继电器85触点搭铁，点火开关→15号线→燃油泵继电器线圈→发动机控制电脑第4脚搭铁，继电器30触点和87触点连通即触点闭合，电源（+）→常电线30号线→燃油泵继电器触点→5号熔断丝（10A）→燃油泵，燃油泵工作。发动机控制电脑未收到发动机转速信号（曲轴位置传感器信号），自动切断第4脚的搭铁，继电器线圈失电使30触点和87触点分开，终止对燃油泵供电，燃油泵停止工作。燃油泵不工作的检查方法如下：可用诊断仪测试燃油泵继电器功能，测试方法如图5-81所示。

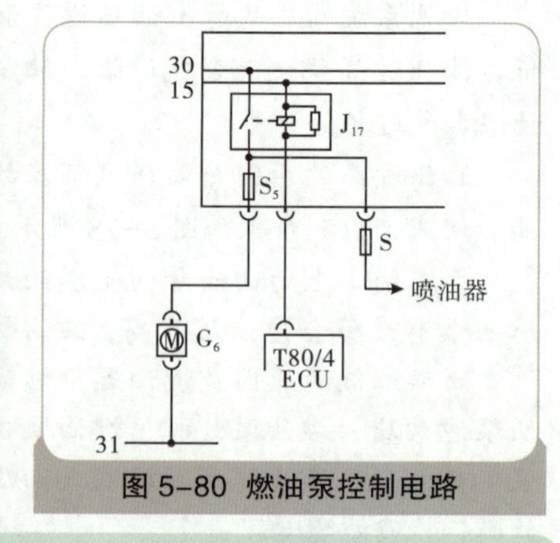

图 5-80 燃油泵控制电路

接通点火开关
↓
输入地址“01”，进入发动机检测
↓
输入选择功能“03”，进入最终诊断
↓
显示

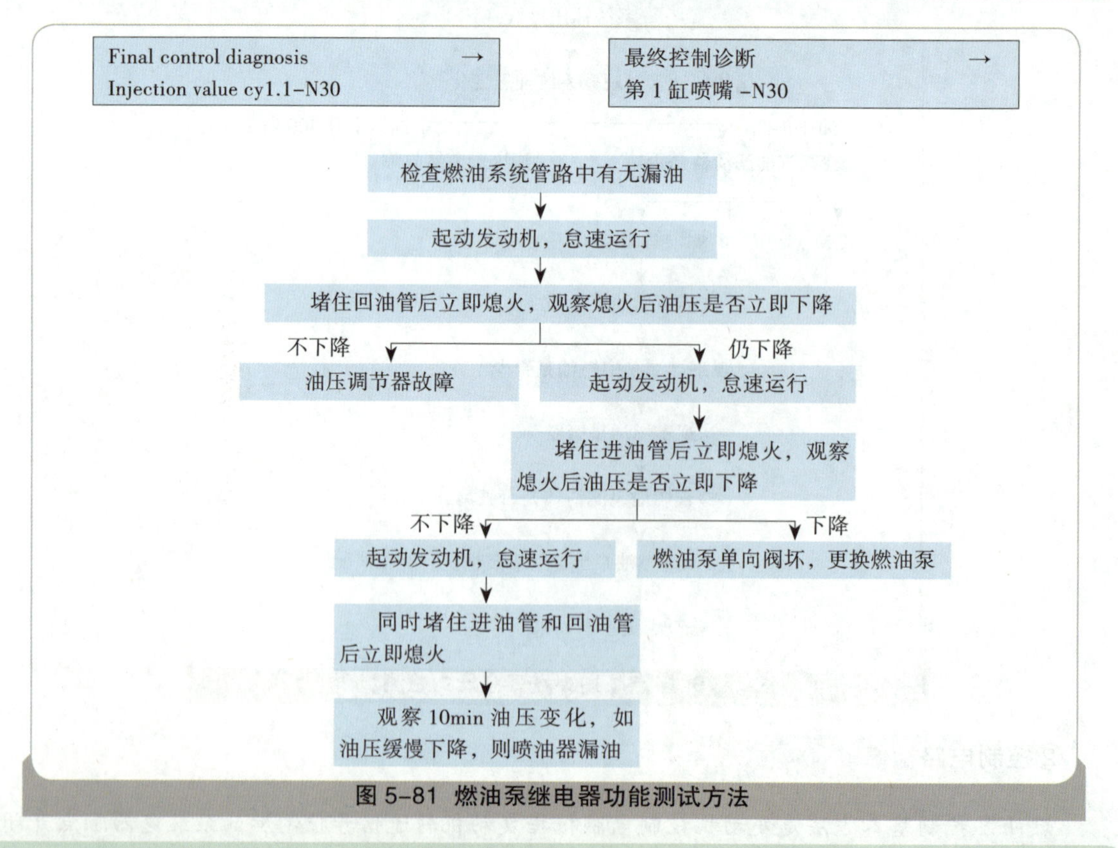

图 5-81 燃油泵继电器功能测试方法

踩加速踏板使怠速开关打开，1缸喷油器动作5次，同时可以听到燃油泵继电器动作声，并且燃油泵在运行，打开燃油箱盖可听到燃油泵运转声音，燃油分配管中可以听到燃油流动声。

（3）喷油器检查

发动机某缸不工作的故障原因有多种，其中喷油器故障是主要原因之一，一般主要检测喷油器线圈电阻是否正常，电磁阀是否动作和是否有喷油信号。检测步骤如图 5-82 所示。

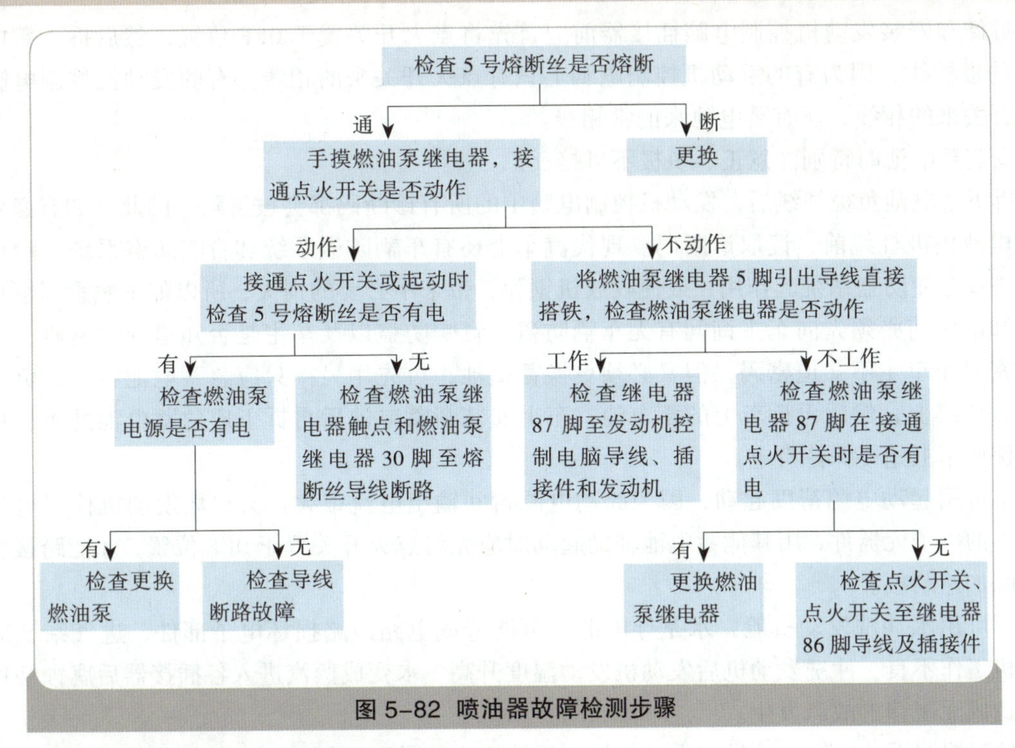

图 5-82　喷油器故障检测步骤

①检查喷油器线圈的电阻

断开点火开关，拔下喷油器的插头，用万用表电阻挡测量喷油器线圈的电阻值，如图 5-83 所示。喷油器按阻值可分为低阻和高阻两种，低阻 2 ～ 3Ω，高阻 13 ～ 18Ω。

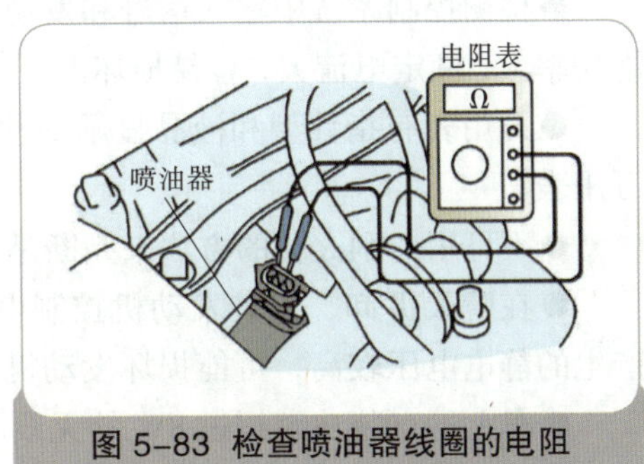

图 5-83　检查喷油器线圈的电阻

②检查喷油器电磁阀是否动作

发动机怠速运行时，用手接触喷油器，应有振动感，如图 5-84 所示，或用一把螺钉旋具搭在喷油器上，在螺钉旋具另一端应听到清脆的“嗒嗒”声（电磁阀开、关声）。如用手摸无振动感或听不到电磁阀动作声音，说明该喷油器不工作，但如果手摸有振动感或听到电磁动作声音，并不能确定喷油雾化是否良好或是否漏油，还需将喷油器拆下做进一步检查。

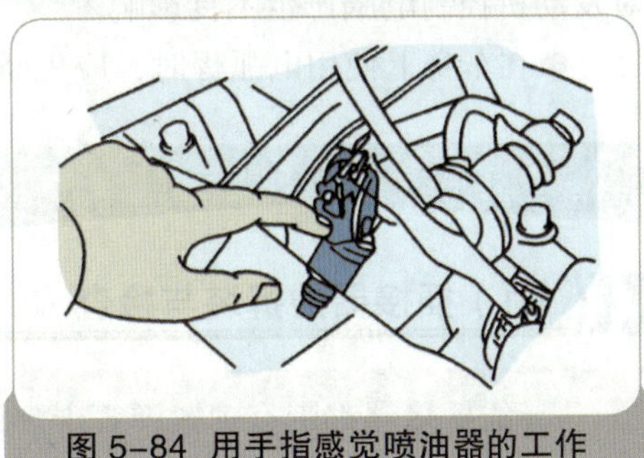

图 5-84　用手指感觉喷油器的工作

三、电子控制系统的检修

1. 检修注意事项

●拆卸和安装传感器和信号开关的插接器前应首先将点火开关置于OFF。

●拆卸和安装发动机控制电脑插接器前应首先将点火开关置于OFF位置，然后拆下蓄电池负极柱上的极桩线，因为有的发动机控制电脑上只有点火开关来的相线，有的发动机控制电脑不仅有点火开关来的相线，还有蓄电池来的常相线。

●安装蓄电池时特别注意正、负极不可接反。

●拆下蓄电池负极柱线后，发动机控制电脑中的所有诊断码都会被清除，因此，如有必要，应在拆蓄电池负极柱线前，读取诊断码。现代汽车上还有车辆防盗系统和音响防盗系统，随意拆蓄电池极桩线会使防盗系统起作用，或使收放机锁死，带来不必要的损失，所以如不熟悉车辆情况，应在拆卸电瓶前必须先向车主询问有无车辆防盗、音响防盗以及车主是否知道音响密码；如果音响带有密码而车主不知道密码，但又必须更换蓄电池，可先用另一只应急蓄电池将正、负线接在车上正、负线上，然后再拆车上的蓄电池，车上安装新蓄电池后再拆下应急蓄电池的正、负线，这样可保证车上始终保持有电。

●不可用起动电源帮助起动，因为起动电源瞬间输出电流很大，会损坏发动机控制电脑与其他部件上的电子元器件，用其他蓄电池辅助起动时应先将点火开关置于OFF位置，才能跨接线缆，不可猛踩加速踏板。

●不可用水冲洗发动机舱，水是导电的，可能造成电路短路损坏电子部件，进气系统进入后使发动机工作不良，冲洗发动机后发动机发动温度升高，水变成蒸汽进入各插接器后腐蚀插接件，以后会造成无规律的故障发生。

●检测控制系统中输入信号和发动机控制系统输出信号不可用汽车上的灯泡作为试灯，汽车灯泡功率大，额定电流大，容易损坏电子元器件，可用330Ω电阻串联一个发光二极管自制一个试灯。

●万用表有指针型和液晶显示两种，检测中控系统电阻必须使用内阻10MΩ以上的液晶显示万用表。

●不可用“刮火”的方法来判断是否有电或是否是相线。

●在晴天拆卸、安装发动机控制电脑时应注意防止静电，先使自己搭铁（接触车身），人体产生的静电电压较高，可能损坏发动机控制电脑。

●车上不宜装功率超过8W的无线电台，如必须装，天线应尽量远离发动机控制电脑，否则会对发动机控制电脑产生不良影响。

●在车身上使用电弧焊时，应先断开蓄电池负极线。

2. 检修主要内容

（1）插接器的拆装与检查

导线插接器都带有锁紧弹簧卡环或锁卡，如图5-85所示。拆下插接器前应先将卡环拿下或脱开锁卡，然后才能拆下插接器。年份较长的车辆其挂件均老化，所以应特别小心，防止折断锁卡。安装插接器后应将弹簧钢丝卡环装好，用锁卡的只要直接推到底即可。

插接器常见故障是松脱或插接器端脏污，或插接器线束端后面的导线拉伸而断路，如图 5-86 所示。导线在中间折断是很罕见的，大多是在插接器处断开的，因此，应仔细检查插接器线束端的导线。插接器端子锈蚀，外界脏污物进入端子，或插接器插头与插座之间接触压力降低会使插接器接触不良。检查插接器应首先脱开插接器，检查插接器端子有无松脱或脏污，检查端子片是否松动或损坏，检查端子固定是否牢靠，轻轻拉动时端子应无松动，如接触压力低，可用小螺钉旋具将弹簧铜片夹紧一些。

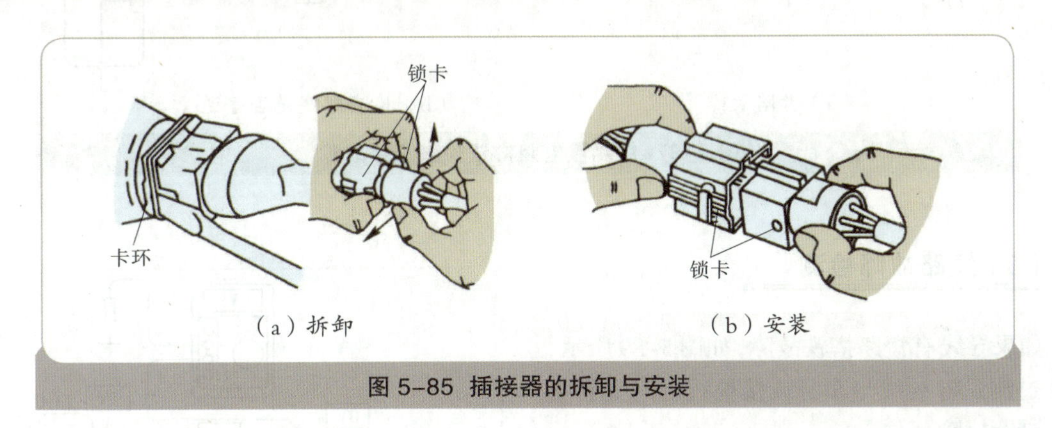

图 5-85　插接器的拆卸与安装

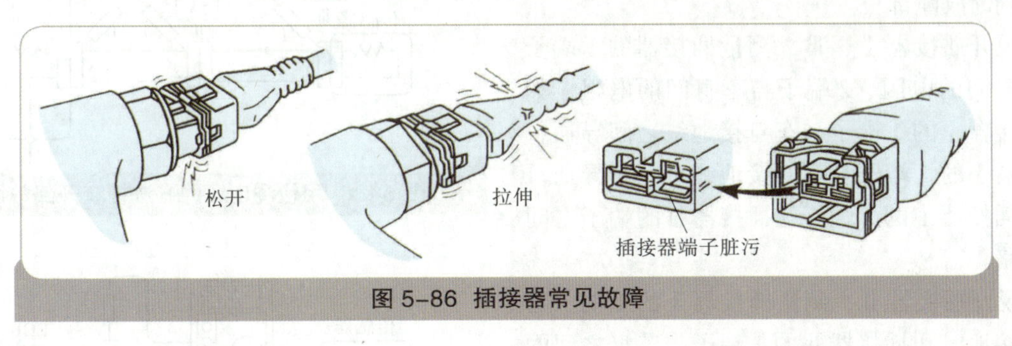

图 5-86　插接器常见故障

（2）开路故障检测

①检测电阻方法

图 5-87 所示是线路之间开路的电路。检查方法如下：脱开插接器Ⅰ、Ⅲ，测量Ⅰ与Ⅲ间的电阻。如果插接器Ⅰ的 1 端子与插接器Ⅲ的 1 端子之间不导通，插接器Ⅰ的 2 端子与插接器Ⅲ的 2 端子之间导通，说明插接器Ⅰ的 1 端子与插接器Ⅲ的 1 端子之间有开路故障。

②检测电压方法

图 5-88 是用检测电压的方法检查开路故障，发动机控制电脑输出 +5V 通过插接器Ⅰ、Ⅱ、Ⅲ给传感器，插接器Ⅱ、Ⅲ之间有开路故障。

检测：插接器Ⅰ的 1 端子与车身之间电压为 5V，插接器Ⅱ的 1 端子与车身之间电压为 5V，插接器Ⅲ的 1 端子与车身之间电压为 0V，说明插接器Ⅱ的 1 端子与插接器Ⅲ的 1 端子之间的导线开路。

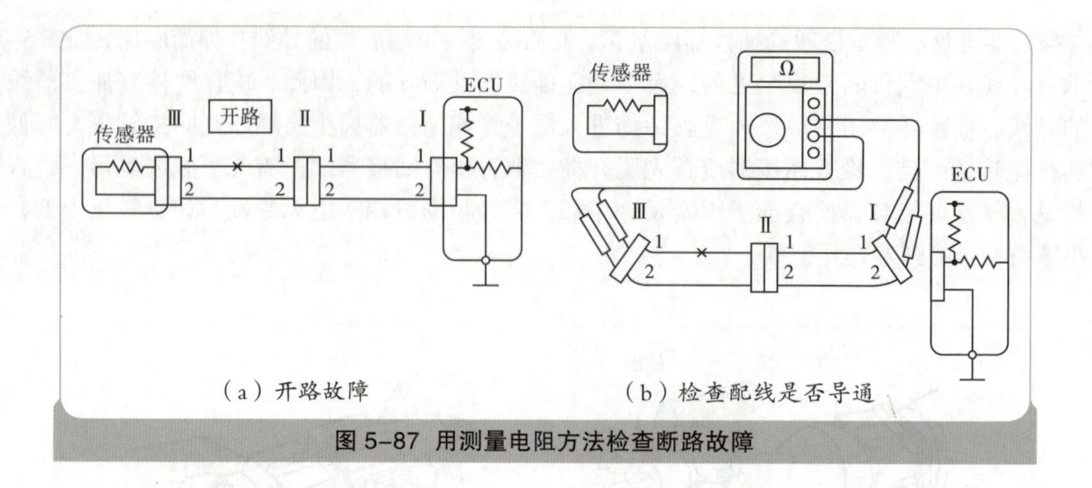

图 5-87 用测量电阻方法检查断路故障

(3) 短路故障检测

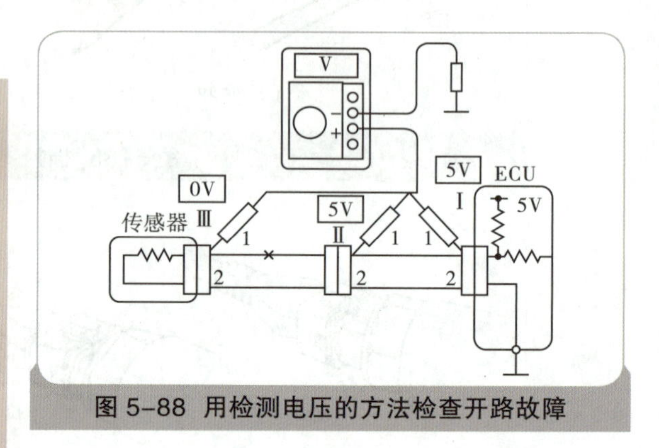

图 5-88 用检测电压的方法检查开路故障

如果导线有短路搭铁故障，如图 5-89 所示，可通过测量各导线与车身或接地线之间是否导通来判断故障部位。

脱开插接器Ⅰ、Ⅲ，测量插接器的 1 端子与车身间的电阻、2 端子与车身间的电阻，如果插接器Ⅰ的 1 端子与车身接地线之间导通，插接器Ⅰ的 2 端子与车身接地线之间不导通，说明插接器Ⅰ的 1 端子与插接器Ⅲ的端子之间有短路。

脱开插接器Ⅱ，测量插接器Ⅰ的 1 端子与车身接地线和插接器Ⅱ的 1 端子与车身之间的电阻。如果插接器Ⅰ的 1 端子与车身接地线之间不导通，插接器Ⅱ的 2 端子与车身接地线之间导通，说明插接器Ⅱ的 1 端子与插接器Ⅲ的 1 端子之间有短路搭铁。

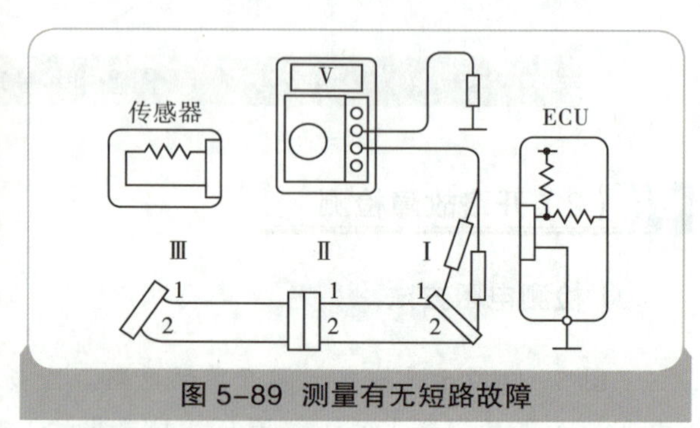

图 5-89 测量有无短路故障

一、填空题

1. 电控燃油喷射系统按__________、__________、__________、__________、__________等方法进行分类。

2. 单点喷射系统又称为__________或__________。

3. 汽油机电控燃油喷射系统由__________、__________和__________3个子系统组成。

4. 燃油供给系统的作用是提供汽油喷射所需的__________，并在ECU的控制下将__________喷入进气歧管或__________。

5. 喷油器的作用是按照__________指令将一定数量的__________以__________喷入进气道或进气歧管内，电控燃油喷射系统中都采用__________喷油器。

6. 进气歧管绝对压力传感器的种类多，按其检测原理可分为__________、__________、__________、__________等。在D型电控燃油喷射系统中应用较多的是__________和__________两种。

二、选择题

1. 接测量方式测量进气量的是（　）。

A. 翼板式流量传感器　　B. 热膜式流量传感器

C. 真空压力传感器　　D. 以上均不正确

2. 在多点电控燃油喷射系统中，喷油器的喷油量主要取决于喷油器的（　）。

A. 针阀升程　　B. 喷孔大小　　C. 内外压力差　　D. 针阀开启的持续时间

3. 负温度系数的热敏电阻的阻值随温度的升高而（　）。

A. 升高　　B. 降低　　C. 不受影响　　D. 先高后低

4. 在将仪器的测试线与诊断座连接时，点火开关（　）。

A. 应置于ON位置　　B. 应置于OFF位置

C. 应置于RUN位置　　D. 无论在何位置均可

5. 汽油机电子控制系统由传感器、（　）和执行元件三大部分组成。

A. 电子控制单元　　B. 输入系统　　C. 输出系统　　D. 储存器

6. L型电控发动机喷油器的基础喷油量是由（　）和曲轴转速决定的。

A. 节气门位置　　B. 冷却液温度　　C. 空气流量　　D. 发动机负荷

7. 根据汽油喷射方式的不同，汽油喷射可分为连续喷射和（　）喷射两种。

A. 间歇　　B. 同时　　C. 分组　　D. 顺序

8. 进气歧管绝对压力传感器是一种（　）测量空气流量的传感器。

A. 直接　　B. 间接　　C. 快速　　D. 慢速

9. 节气门体装在（ ）和（ ）之间的进气管上。

A. 空气滤清器、空气流量传感器 B. 空气流量传感器、发动机进气总管

C. 发动机进气总管、进气歧管 D. 进气歧管、进气门

10. 电控燃油喷射系统中使用的电动燃油泵有外装式和（ ）两种。

A. 涡轮式 B. 内装式 C. 叶片式 D. 齿轮式

11. 燃油压力调节器的主要功能是使（ ）压力与（ ）压力的差值保持不变。

A. 燃油分配管、大气环境 B. 燃油分配管、进气歧管

C. 燃油泵、环境 D. 燃油泵、进气歧管

三、判断题

1. 通过进气管压力与发动机转速测量计算出进气量的方式是间接测量方式。（ ）
2. 通过空气流量计测量单位时间内发动机吸入的空气量是直接测量方式。（ ）
3. 空气流量计的作用是测量发动机的进气量，电脑根据空气流量计的信号确定基本喷油量。（ ）
4. 进气歧管绝对压力传感器与空气流量计的作用是相当的，所以一般车上，这两种传感器只装一种。（ ）
5. 冷起动喷油器一般不受 ECU 控制，而由热控正时开关控制。（ ）
6. 当发动机在高转速运行下节气门突然关闭时，将切断喷油。（ ）
7. 汽油机电子控制系统由传感器、电控单元和执行元件三大部分组成。（ ）
8. 进气歧管绝对压力传感器是一种直接测量空气流量的传感器。（ ）
9. 当发动机转速增加时，点火提前角应增大。（ ）
10. 节气门位置传感器用来检测节气门开度的大小。（ ）
11. 进气歧管绝对压力传感器中的压力转换元件有一种是利用半导体压阻效应制成的硅膜片。（ ）

四、简答题

1. 按控制方式分类，燃油喷射系统可分为几类？它们各有什么特点？

2. 什么叫同步喷射？什么叫异步喷射？

3. 体积流量型空气流量传感器有哪几种？各有什么特点？

课题六

汽油发动机电控点火系统

学习目标

通过本课题的学习，你应能：

1. 熟悉汽油发动机电控点火系统的分类方式。
2. 掌握汽油发动机电控点火系统的组成和工作原理。
3. 能够辨别、认识点火系统各部件。
4. 掌握电控点火系统各部件的检测、更换方法。

任务一 发动机电控点火系统的功用、要求与分类

一、点火系统的功用

在汽油发动机中，气缸内的可燃混合气是靠高压电火花点燃的，而产生电火花的功能是由点火系统来完成的。

点火系统的作用是将汽车电源供给的低压电转变为高压电，并按照发动机的做功顺序与点火时刻的要求，适时准确地将高压电送至各缸的火花塞，使火花塞跳火，点燃气缸内的混合气。

二、发动机对点火系统的要求

在发动机不同工况和使用条件下，点火系统应保证可靠而准确地点燃混合气。为此，点火装置应满足下列 3 个基本要求。

1. 能产生足以击穿火花塞间隙的电压

发动机正常工作时，击穿火花塞间隙的电压一般在 10 kV 左右，而在低温起动时，由于火花塞电极温度低，气缸内的温度与压力均低，混合气雾化不良，因此，击穿火花塞间隙的电压需要在 19 kV 以上。为了保证发动机点火的可靠性，点火系统必须有一定的次级电压储备。但过高的次级电压，将造成线路绝缘困难，使成本提高。一般点火系统的次级电压设计能力为 30 kV，或者稍高一些。

2. 电火花应具有足够的能量

要使混合气可靠点燃，火花塞产生的电火花必须具有一定的能量。发动机正常工作时，由于混合气压缩终止的温度已接近其自燃温度，因此，所需的电火花能量很小（1 ~ 5mJ）。但发动机在低温起动时，因为混合气雾化不良，所以需较高的电火花能量。为了保证发动机可靠点火，一般应保证火花塞跳火时有 100mJ 以上的电火花能量。

3. 点火时刻应适应发动机的工况

首先，点火系统应按发动机的工作顺序进行点火。一般六缸发动机的点火顺序为 1 → 5 → 3 → 6 → 2 → 4，四缸发动机的点火顺序为 1 → 3 → 4 → 2，但也有不同，一般应以制造厂家提供的技术数据为准。其次，必须在最有利的时刻进行点火。在低温起动时，因为混合气雾

化不良，所以需较高的电火花能量。为了保证发动机可靠点火，一般应保证火花塞跳火时有 100mJ 以上的电火花能量。

三、点火系统的分类

目前应用在汽车上的点火装置较多，点火系统的分类方法如表 6–1 所示。

表 6–1 点火系统的分类方法

分类原则	名 称	说 明
按点火能量的储存方式分类	电感储能式电子点火系统	也称电感放电式电子点火系统。所谓电感储能式，就是点火系统电火花的能量以磁场的形式储存在点火线圈中。其应用比较广泛，目前使用的绝大部分点火系统为电感储能式
	电容储能式电子点火系统	也称电容放电式电子点火系统。所谓电容储能式，就是点火系统电火花的能量以电场的形式储存在专门的储能电容器中。其应用较少，主要应用于赛车上
按信号发生器的原理分类	电磁感应式电子点火系统	一般由分电器轴驱动导磁转子转动，改变磁路磁阻，使感应线圈的磁通量发生变化而产生点火电压信号。其应用比较广泛，如丰田车系
	霍尔效应式电子点火系统	一般由分电器轴驱动导磁转子转动，通过霍尔元件所通过的磁通量的变化而产生点火信号。其应用比较广泛，如大众车系
	光电式电子点火系统	一般由分电器轴驱动遮光转子转动，通过遮挡和穿过发光二极管光线的变化使光电晶体管产生点火信号。其应用较少，常见于日产车系
按照初级电路的控制方式分类	传统点火系统	也称蓄电池点火系统，由断电器的触点（俗称“白金”）来控制点火初级电路的接通与切断。其结构简单，成本低，但工作可靠性较差，故障率较高，目前已淘汰
	电子点火系统	也称晶体管点火系统，由晶体管来控制初级电路的接通与切断。与传统点火系统相比，电子点火系统具有工作可靠性高、体积小、点火时间精确等优点。其应用于早期生产的捷达、奥迪、桑塔纳等车型
	计算机控制点火系统	也称微机（电脑）控制点火系统，由计算机根据各种传感器的输入信号，经过运算和处理，控制点火初级电路的接通与切断。计算机控制点火系统可根据发动机工况的变化对喷油时刻、点火提前角等进行调整，使发动机获得良好的动力性、经济性和排放性能。计算机控制点火系统是目前最先进的点火系统，已被广泛应用
按照高压电的配电方式分类	机械配电点火系统	也称有分电器点火系统，在传统点火系统和电子点火系统中曾广泛应用
	计算机配电点火系统	即无分电器点火系统，也称直接点火系统（Direct Ignition System，DIS）。在 DIS 中，各缸的火花塞直接与点火线圈次级绕组相连，在计算机控制下，各次级绕组产生的高压电直接加到各缸的火花塞上，依照发动机点火顺序控制各缸火花塞点火，目前生产的车型均广泛应用

任务二 发动机点火系统的组成与工作原理

一、电子点火系统的结构与工作原理

1. 电子点火系统的结构

电子点火系统由电源、分电器、点火线圈、点火控制器、火花塞、高压线和点火开关等组成，如图 6-1 所示。

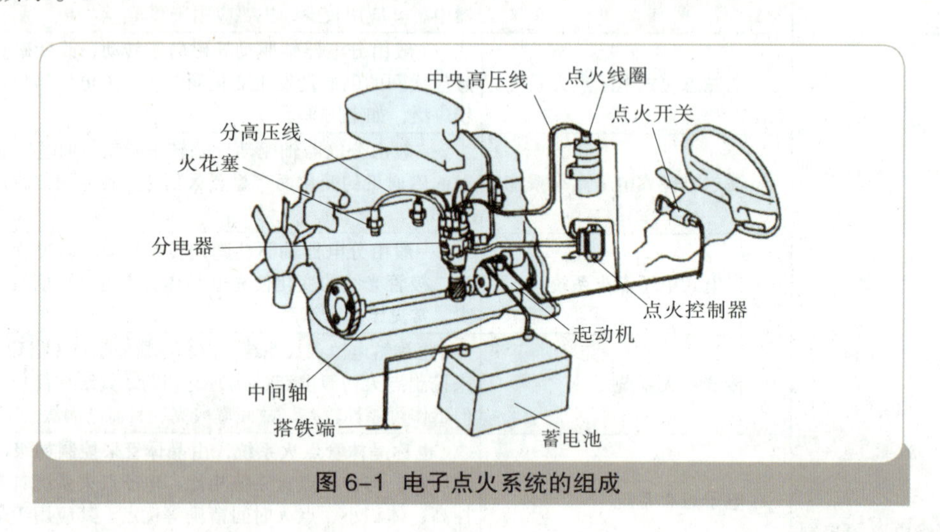

图 6-1 电子点火系统的组成

(1) 电源

点火系统的电源为蓄电池或发电机，其作用是给点火系统提供低压直流电源，电压一般为 12 V。

(2) 分电器

分电器由配电器、信号发生器和机械式点火提前角调节机构等组成。

①配电器

如图 6-2 所示，配电器由分电器盖和分火头组成，其作用是按发动机点火顺序，将高压电分配到各缸火花塞上。分火头插装在分电器轴的顶端，和信号发生器转子一起旋转，其上有金属导电片。分电器盖的中间有高压线插孔，其内装有带弹簧的碳柱，碳柱压在分火头的导电片上。

分电器盖的外围有与发动机气缸数相等的旁电极插孔，以安装分高压线。

分火头上的导电片距离旁电极有 0.2 ~ 0.8 mm 间隙。当初级电路截止、次级电路产生高压电时，分火头正好对准某一旁电极，于是高压电由分火头上的导电片跳至与其相对的旁电极，再经分高压线送至相应的火花塞。

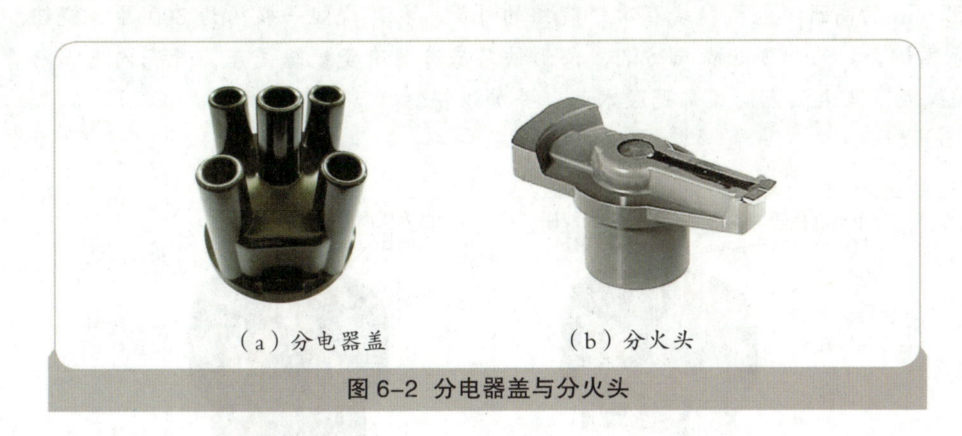

（a）分电器盖　（b）分火头

图 6-2 分电器盖与分火头

②信号发生器

常用的信号发生器有 3 种类型，分别是电磁感应式、霍尔式及光电式。当分电器轴转动时，带动转子旋转，使点火信号发生器产生电压信号（分为模拟信号和数字信号两种类型），该电压信号传送给点火控制器，经点火控制器大功率晶体管放大、整形等处理后，控制点火线圈初级绕组的通、断，使点火线圈次级绕组产生高压电。

③机械式点火提前角调节机构

点火时刻对发动机性能影响很大，从火花塞跳火开始到混合气燃烧完毕，是需要一定时间的。虽然这段时间很短，但若在活塞到达上止点时开始点火，则混合气边燃烧、活塞边下移，这将导致气缸燃烧压力降低，发动机功率减小。因此，混合气应当在活塞达到上止点前进行点火，使气缸内的最高燃烧压力出现在上止点附近。实践证明，气缸内气体最高压力在活塞到达上止点后 10° ~ 15° 时出现，此时，发动机的功率最大，热能利用率最高。所以，最佳点火时刻是在活塞到达上止点前的某一时刻。

为了保证发动机在任何工况下都能实现在最佳点火时刻点燃混合气，在分电器内设置了机械式点火提前角调节机构。

（3）点火线圈

点火线圈的作用是将 12V 低压电转变成 15 ~ 20kV 的高压电，其结构与自耦变压器相似，所以也称变压器。

点火线圈由初级绕组、次级绕组和铁芯等组成。按磁路的结构形式不同，点火线圈可分为开磁路点火线圈和闭磁路点火线圈两种类型。

①开磁路点火线圈

开磁路点火线圈的结构如图 6-3 所示，点火线圈中心是用硅钢片叠成的条形铁芯，由于铁芯没有构成闭合回路，所以称为开磁路点火线圈。铁芯外部套有绝缘的纸板套管，套管上绕有次级绕组——直径为 0.06 ~ 0.10 mm 的漆包线，次级绕组一般约为 2 万匝。初级绕组是直径为 0.5 ~ 1.0 mm 的高强漆包线，绕在次级绕组的外面，初级绕组一般约为 200 匝，绕组和外壳之间装有导磁钢套。为加强绝缘与防潮，条形铁芯底部装有瓷绝缘支座，外壳内充满沥青或变压器油等绝缘物。点火线圈的顶部是胶木盖，并加以密封。

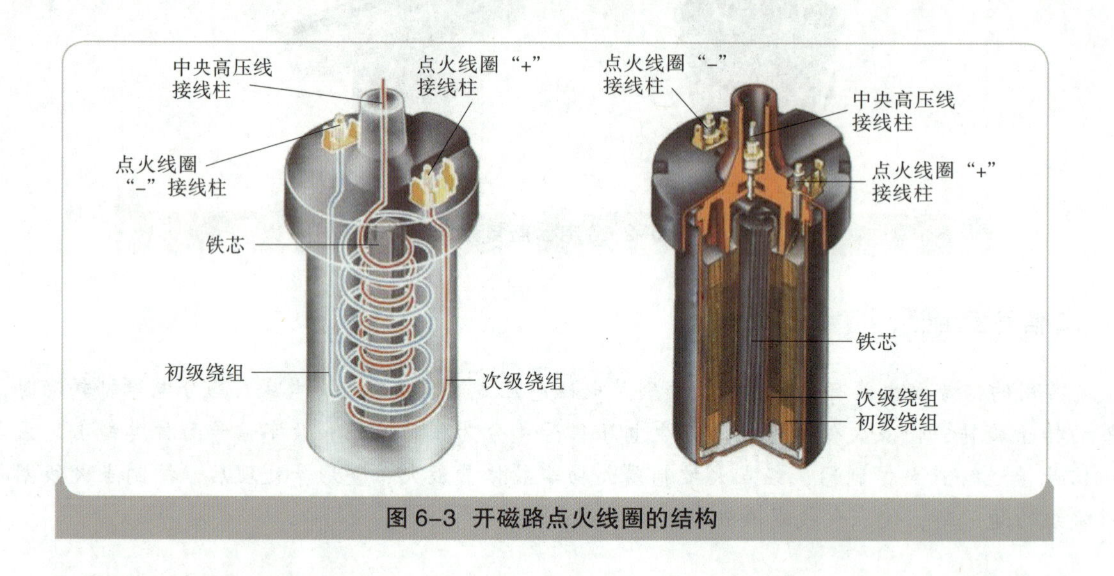

图 6-3 开磁路点火线圈的结构

为改善点火性能，在应用开磁路点火线圈的点火系统初级电路中，一般设有附加电阻（热敏电阻），温度升高，附加电阻阻值增大。这样，当点火线圈温度高时，可减小初级电流，防止点火线圈过热。同时，在起动发动机时，利用起动电路将附加电阻短路，增大初级电流，提高次级电压，有利于发动机起动。附加电阻有两种结构形式，一种是设在点火线圈外部，这种形式的点火线圈有 3 个接线柱；还有一种附加电阻为导线形式，用来连接点火开关与点火线圈，这种形式的点火线圈有 2 个接线柱。

在早期的点火系统中，开磁路点火线圈应用较多。但由于开磁路点火线圈磁路磁阻大，磁通量泄漏多，因此，能量转换效率低，现已很少应用。

②闭磁路点火线圈

闭磁路点火线圈也称为高能点火线圈，图 6-4 所示为闭磁路点火线圈实物，其结构如图 6-5 所示。在“口”字形或“日”字形铁芯内绕有次级绕组，在次级绕组外面绕有初级绕组，初级绕组产生的磁通量通过铁芯构成闭合磁路，其磁路如图 6-6 所示。

与开磁路点火线圈相比，闭磁路点火线圈具有漏磁少、能量损失小、转换效率高、体积小、质量轻和易散热等优点，因此在点火系统中被广泛应用。

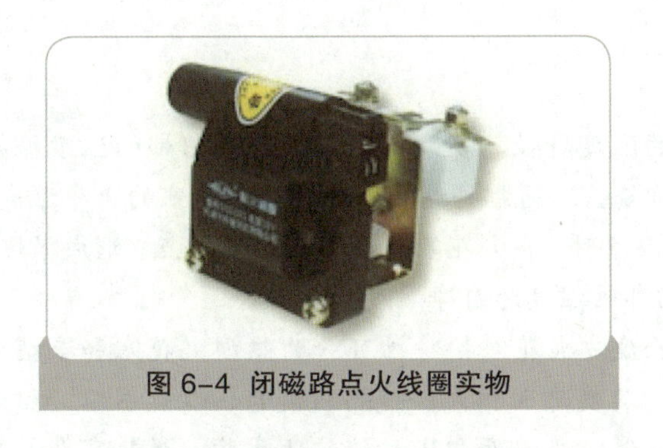

图 6-4 闭磁路点火线圈实物

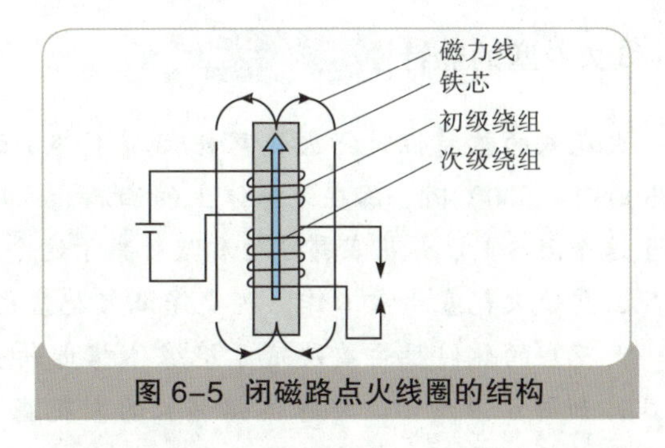

图 6-5 闭磁路点火线圈的结构

(4)点火控制器

点火控制器也称为点火模块，点火控制器内部为集成电路，全密封结构。集成电路主要由整形电路、放大电路和开关电路组成，其主要起开关作用，用来控制点火系统初级电路的导通与截止。桑塔纳轿车点火控制器的实物如图 6-7 所示。该点火控制器具有初级电流上升率的控制、闭合角控制、停车断电保护和过电压保护等功能。

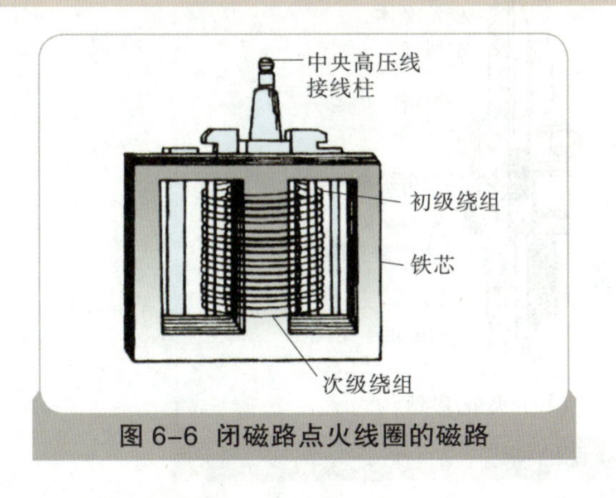

图 6-6 闭磁路点火线圈的磁路

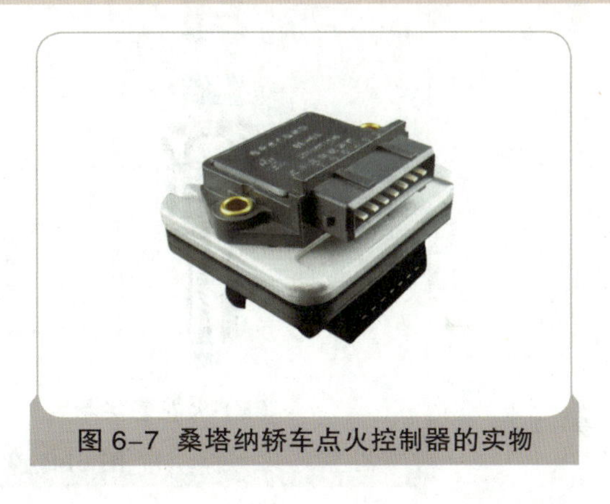

图 6-7 桑塔纳轿车点火控制器的实物

(5)火花塞

火花塞的作用是将高压电引入气缸燃烧室，产生电火花点燃混合气。

①火花塞的构造

火花塞的构造如图 6-8 所示，中心电极用镍铬合金制成，具有良好的耐高温、耐腐蚀性能。中心电极做成两段，中间加有导电玻璃，由于导电玻璃和瓷绝缘体的膨胀系数相近，因此，导电玻璃主要起密封作用。火花塞间隙多为 1.0 ~ 1.2 mm。

②对火花塞的工作要求

火花塞的工作条件十分恶劣，它承受高压、高温及燃烧产物的强烈腐蚀。因此，火花塞必须具有足够的强度，能承受温度的强烈变化，应有良好的热特性。火花塞的电极应采用难熔、耐腐蚀的材料制成。

③火花塞的热特性

火花塞的热特性是指火花塞裙部（下部）的温度特性。实践证明，火花塞裙部的温度保持在 500℃ ~ 600℃时，落在绝缘体上的油滴能立即烧去，通常将这个温度称为火花塞的自净温度。低于这个温度时，火花塞易产生积炭；高于这个温度时，在火花塞表面易产生炽热点，形成早燃。因此，要使火花塞正常工作，就要保证火花塞裙部的温度为自净温度。

火花塞的热特性主要决定于绝缘体裙部的长度。火花塞按特性可分为热型火花塞和冷型火花塞，如图 6-9 所示。绝缘体裙部长的火花塞，其受热面积大，传热距离长，散热困难，裙部温度高，称为热型火花塞；绝缘体裙部短的火花塞，吸热面积小，传热距离短，散热容易，裙部温度低，称为冷型火花塞。热型火花塞用于低压缩比、低转速、小功率的发动机中，冷型火花塞用于高压缩比、高转速、大功率的发动机中。

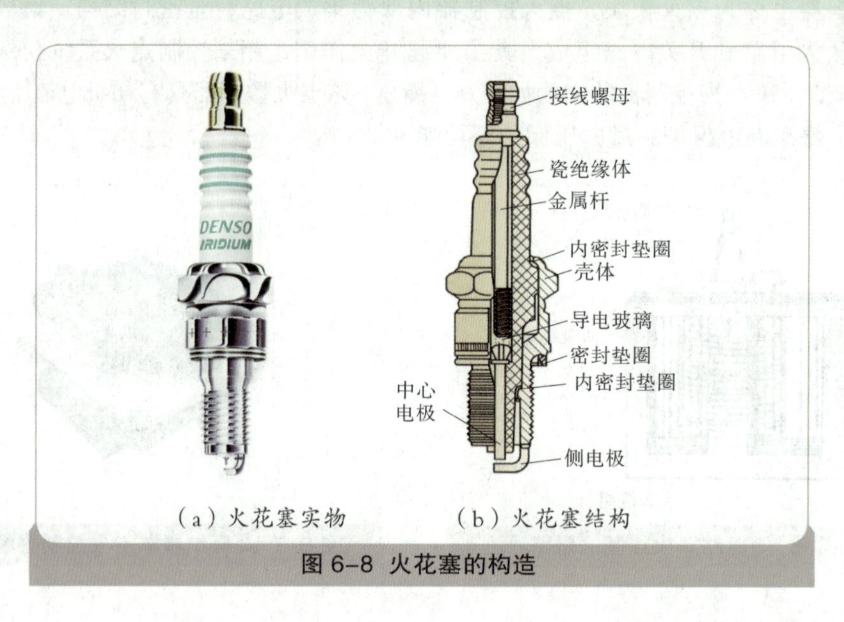

（a）火花塞实物　（b）火花塞结构

图 6-8 火花塞的构造

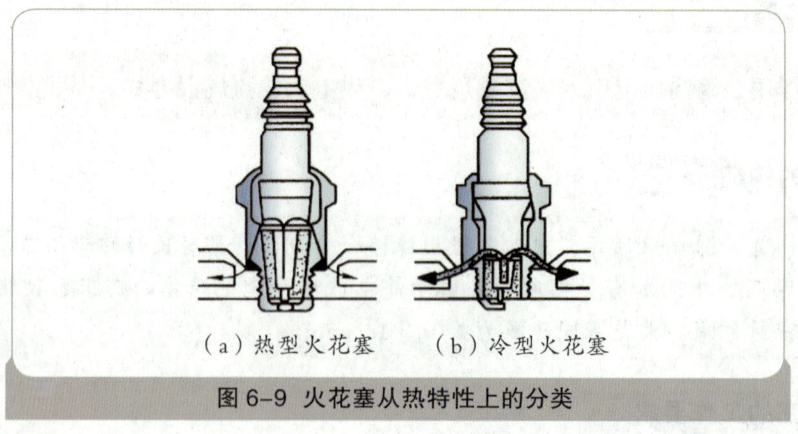
（a）热型火花塞　（b）冷型火花塞

图 6-9 火花塞从热特性上的分类

（6）高压线

高压线的作用是连接点火线圈、分电器及各个火花塞。

（7）点火开关

点火开关的作用是控制点火系统的初级电路，同时也控制充电系统的励磁电路、起动电路及由点火开关控制的所有用电设备。

2. 电子点火系统的工作原理

图 6-10 所示为电子点火系统的工作原理。在点火系统中，一般将点火线圈初级绕组 N_1 所在的闭合电路称为初级电路（低压电路），将点火线圈的次级绕组 N_2 所在的闭合电路称为次级电路（高压电路），将点火线圈到火花塞的电路称为高压电路。流经初级绕组 N_1 的电流为初级电流，一般初级电流为 7 ~ 8 A，初级电路的电压为电源电压 12 V，次级电路的电压为 1.5 ~ 2 kV 的高压电。

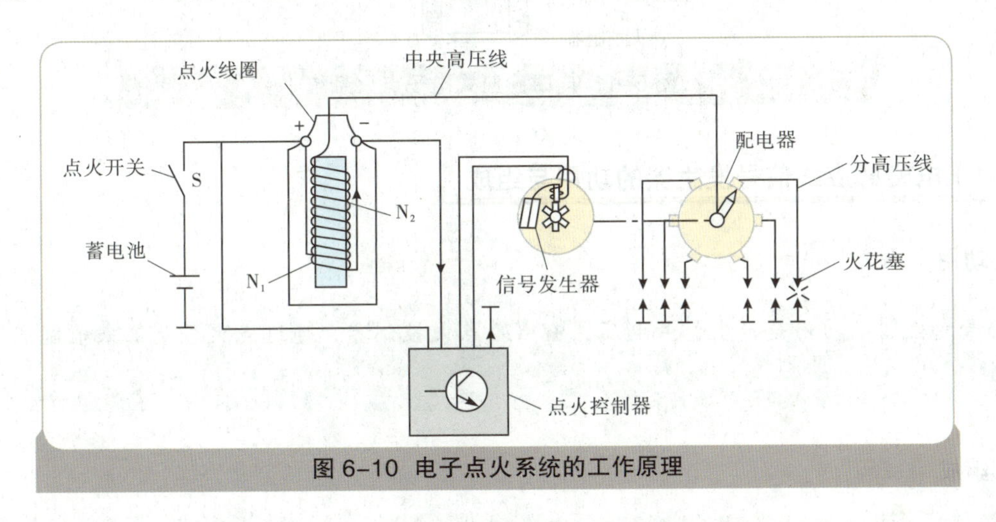

图 6-10 电子点火系统的工作原理

发动机工作时，分电器中信号发生器的转子也随之旋转。转子旋转时，在信号发生器的感应线圈中便产生正弦脉冲信号。当信号发生器传送给点火控制器的信号为正脉冲信号时，点火控制器中起开关作用的晶体管导通，初级电路导通，电路如下：蓄电池正极→点火开关→点火线圈的“+”接线柱→初级绕组 N_1→点火线圈的“-”接线柱→点火控制器→搭铁。初级电路的电流方向如图 6-10 所示。点火系统的初级电路导通时，初级绕组便产生磁场。

当信号发生器传送给点火控制器的信号为负脉冲信号时，点火控制器中起开关作用的晶体管截止，初级电路被切断，初级电流及磁场迅速消失。这时，在点火线圈两个绕组中都产生感应电动势。由于次级绕组 N_2 的匝数多，因此，在点火线圈的次级绕组中产生高压电。

此时，随分电器轴一同旋转的分火头正好对准分电器盖上某缸的旁电极，高压电由分高压线送给火花塞，使火花塞跳火，点燃混合气。

根据以上分析，点火系统的工作过程可分成 3 个阶段：①初级电路导通，点火能量储存；②初级电路截止，次级电路产生高压电；③火花塞电极产生电火花，点燃混合气。

信号发生器向点火控制器每传送一个点火信号时，点火线圈便产生一次高压电，信号发生器转子转动一周，即分电器每转动一圈，由配电器按照点火顺序将高压电轮流引至各气缸，使各个气缸火花塞点火一次。

3. 电磁感应式电子点火系统的结构与工作原理

电磁感应式电子点火系统一般由信号发生器、点火控制器、点火线圈、分电器和火花塞等组成，如图 6-11 所示。

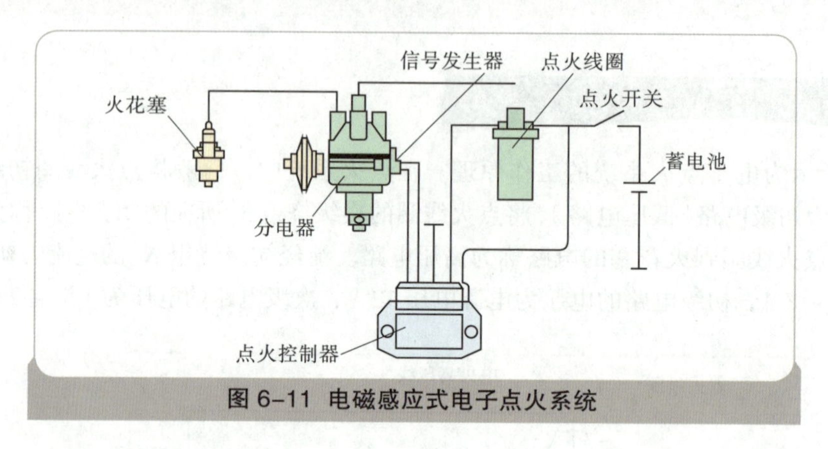

图 6-11 电磁感应式电子点火系统

(1) 电磁感应式信号发生器的功用与组成

①功用

信号发生器的功用是产生信号电压，输出给点火控制器，通过点火控制器来控制点火系统的工作。

②组成

信号发生器在分电器内，主要由转子、感应线圈和永久磁铁等组成，如图 6-12 所示。

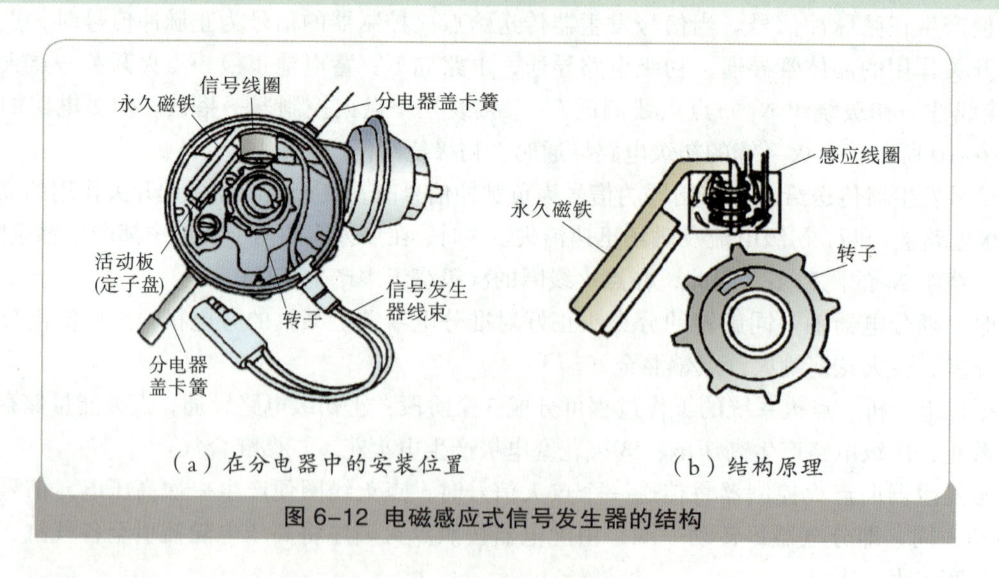

图 6-12 电磁感应式信号发生器的结构

（2）电磁感应式电子点火系统的工作原理

信号发生器的转子是由分电器轴带动的，转子上的凸齿数与发动机的气缸数相等，其工作原理如图 6-13 所示。

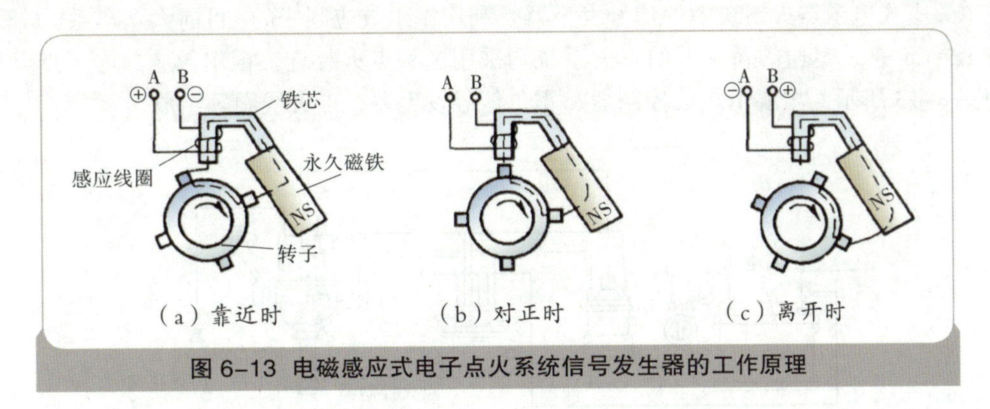

图 6-13　电磁感应式电子点火系统信号发生器的工作原理

●永久磁铁的磁路如下：永久磁铁 N 极→空气气隙→转子→空气气隙→铁芯→永久磁铁 S 极。当发动机工作时，分电器轴带动信号发生器的转子旋转，使转子与铁芯之间的空气气隙发生有规律的变化，因此穿过感应线圈的磁通量也发生变化，从而在感应线圈中产生感应电动势。

●如图 6-13（a）所示，当转子中的凸齿逐渐接近铁芯时，磁通量逐渐增加，此时感应线圈的磁通量和感应电动势的变化情况如图 6-14（a）中的 0° ~ 45° 的波形。

●如图 6-13（b）所示，当转子凸齿与铁芯对正时，穿过感应线圈的磁通量最大，此时感应线圈的感应电动势为 0，如图 6-14（a）中转子 45° 转角所对应的情况。

●如图 6-13（c）所示，当转子的凸齿离开铁芯时，磁通量逐渐减小，此时感应线圈的磁通量和感应电动势的变化情况如图图 6-14（a）中的 45° ~ 90° 的波形。

可见，转子每转过一个凸齿，感应线圈中的感应电动势正好变化一个周期，即转子每转 90° 产生一个交变信号，转子每转一周，便产生 4 个交变信号，该信号输出给点火控制器，通过点火控制器来控制点火系统的工作。此信号发生器的缺点是发动机转速的高低将影响信号发生器输出信号的大小，如图 6-14（b）所示。

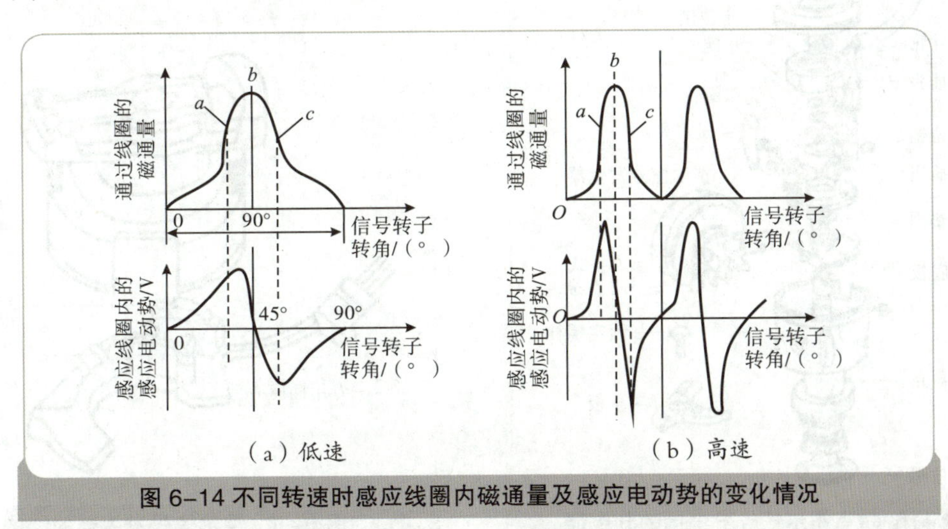

图 6-14 不同转速时感应线圈内磁通量及感应电动势的变化情况

4. 霍尔效应式电子点火系统的结构与工作原理

（1）霍尔效应式电子点火系统的结构

霍尔效应式电子点火系统中的信号发生器是利用霍尔效应制成的。目前大众车系（如桑塔纳、帕萨特 B5、宝来、奥迪等轿车）的点火系统均采用这种点火装置。霍尔效应式电子点火系统的结构如图 6-15 所示，主要由点火控制器、霍尔信号发生器、点火线圈等组成。

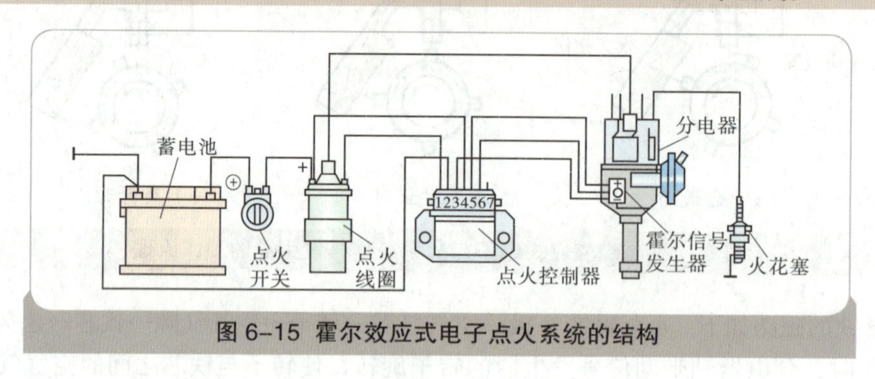

图 6-15 霍尔效应式电子点火系统的结构

（2）霍尔信号发生器的结构与工作原理

图 6-16 所示为带有霍尔信号发生器的分电器。霍尔信号发生器位于分电器内，霍尔信号发生器的结构如图 6-17 所示，主要由触发叶轮、永久磁铁、霍尔元件等组成。触发叶轮与分火头制成一体，由分电器轴带动，且触发叶轮的叶片数与发动机的气缸数相等。

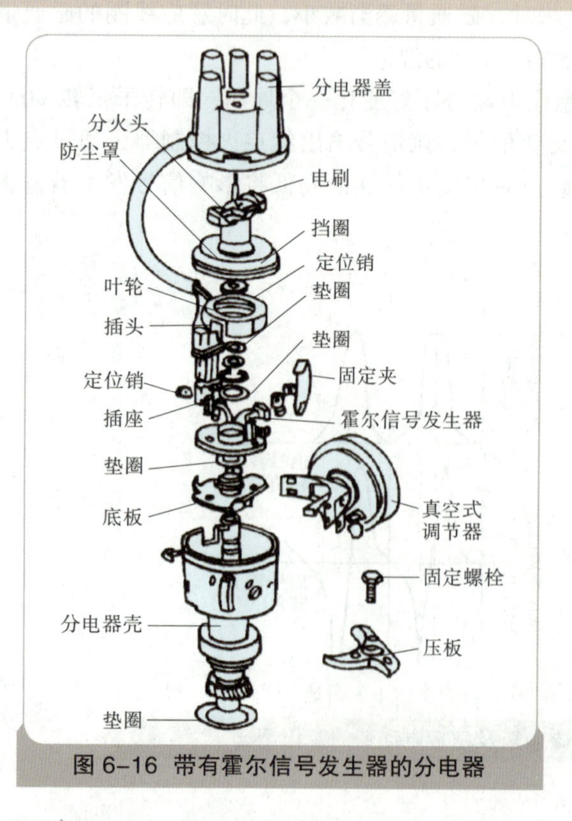

图 6-16 带有霍尔信号发生器的分电器

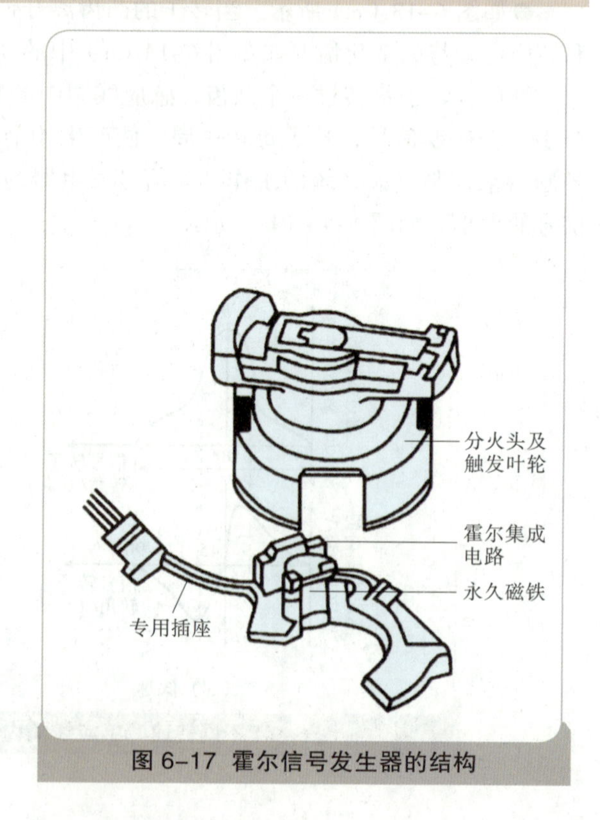

图 6-17 霍尔信号发生器的结构

在霍尔信号发生器中应用的霍尔元件实际上是一个霍尔集成电路，其内部集成电路原理如图 6-18 所示。因为在霍尔元件上得到的霍尔电压一般为 20 mV 左右，因此必须把 20 mV 的霍尔电压进行放大、整形后再输送给点火控制器。

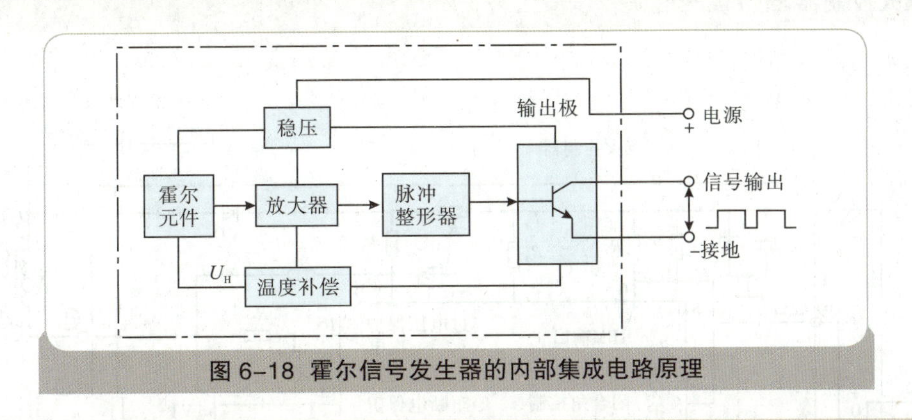

图 6-18 霍尔信号发生器的内部集成电路原理

霍尔信号发生器的工作原理如图 6-19 所示。当发动机工作时，分电器轴带动触发叶轮转动，每当触发叶轮的叶片进入永久磁铁和霍尔元件之间的空气气隙时，原来垂直进入霍尔元件的磁力线被叶片遮住，霍尔元件的磁路被触发叶轮的叶片旁路，因此霍尔元件不产生霍尔电压，霍尔集成电路输出极的晶体管处于截止状态，其集电极电位为高电位（11 ~ 12 V），即此时信号发生器的输出信号为 11 ~ 12 V（图 6-18）；当触发叶轮的叶片离开此气隙时，永久磁铁的磁力线则可垂直进入霍尔元件，于是在霍尔元件中便会产生霍尔电压，霍尔集成电路输出极的晶体管处于导通状态，其集电极电位为低电位（0.3 ~ 0.4 V），这时霍尔信号发生器输出信号为 0.3 ~ 0.4 V。故触发叶轮每转一周，霍尔信号发生器便可产生 4 个脉冲信号，将此信号输送给点火控制器便可实现对点火系统的控制。

霍尔电压受汽车发动机的转速影响小，可靠性高，霍尔感应式电子点火系统在欧洲应用较为广泛。

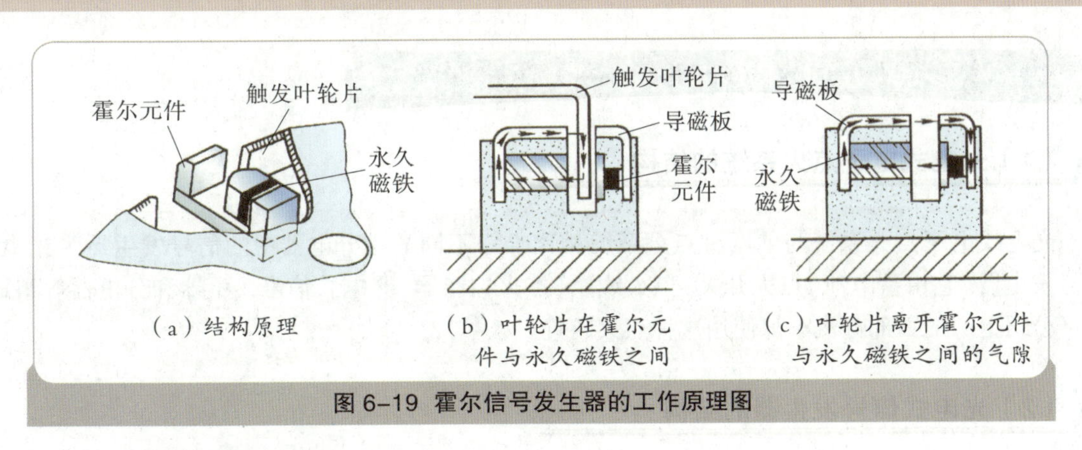

图 6-19 霍尔信号发生器的工作原理图

(3) 霍尔效应式电子点火系统的工作原理

霍尔效应式电子点火系统的工作原理如图 6-20 所示。

●发动机工作时，分电器轴带动霍尔信号发生器的触发叶轮旋转。当触发叶轮的叶片进入空气气隙时，霍尔信号发生器输出高电压信号为 11 ~ 12 V，高电压信号使点火控制器集成电路中的末级大功率晶体管 VT 导通，点火系统的初级电路导通，电流回路为：电源“+”→点火线圈 N_1→点火控制器（VT）→搭铁。

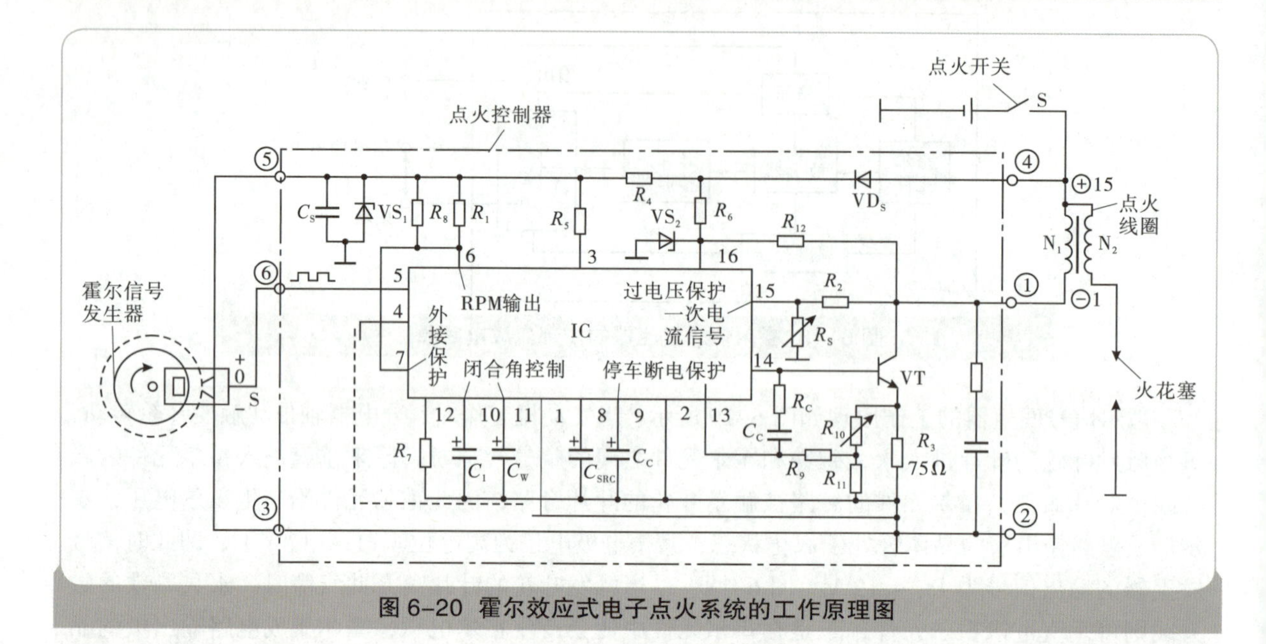

图 6-20 霍尔效应式电子点火系统的工作原理图

●当触发叶轮的叶片离开霍尔元件的气隙时，霍尔信号发生器输出 0.3 ~ 0.4 V 的低电压信号，低电压信号使点火控制器末级大功率晶体管 VT 截止，初级电路截止，初级电流消失，次级电路产生高压电。

●高压电由分电器分配到各缸火花塞，点燃混合气。

5. 光电式电子点火系统的结构与工作原理

（1）光电式电子点火系统的结构

光电式电子点火系统与前两种点火系统相比唯一不同的是分电器中的信号发生器为光电式信号发生器。它由蓄电池、点火开关、点火线圈、点火控制器、光电式信号发生器和分电器等组成。日产公司生产的大部分汽车都使用这种点火装置。

（2）光电式信号发生器的结构

光电式信号发生器主要由发光二极管、光电晶体管和遮光盘 3 部分组成，如图 6-21 所示。发光二极管作为光源，可发出红外线光束，且发光二极管耐振、使用寿命长；光敏晶体管作为光接收器，当红外线光束照射到晶体管时，晶体管导通；遮光盘安装在分电器上，遮光盘外缘上的缺口与发动机的气缸数相等。

(3)光电式信号发生器的工作原理

如图 6-22 所示，遮光盘随分电器轴旋转时，当遮光盘的叶片转至发光二极管与光电晶体管之间时，便把发光二极管发出的光束阻断，使其不能射入光电晶体管，此时光电晶体管截止；当遮光盘上的缺口通过发光二极管与光电晶体管之间时，发光二极管所发出的光束直接照到光电晶体管上，使其导通。遮光盘每转一周，信号发生器便产生 4 个交变信号，输送给点火控制器，控制着点火系统的正常工作。

光电式信号发生器输出的信号不受发动机转速的影响，且没有时间上的滞后。

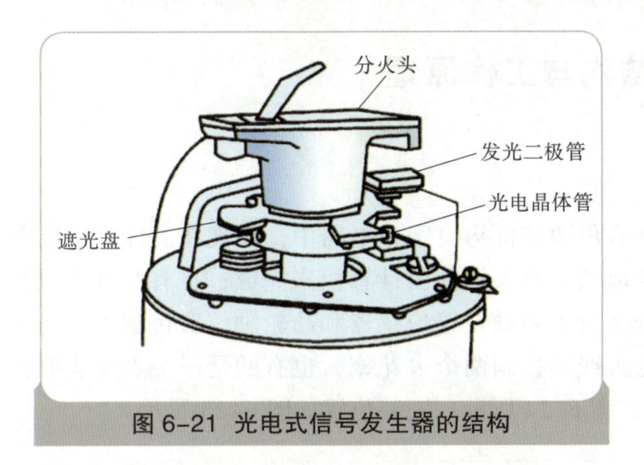

图 6-21 光电式信号发生器的结构

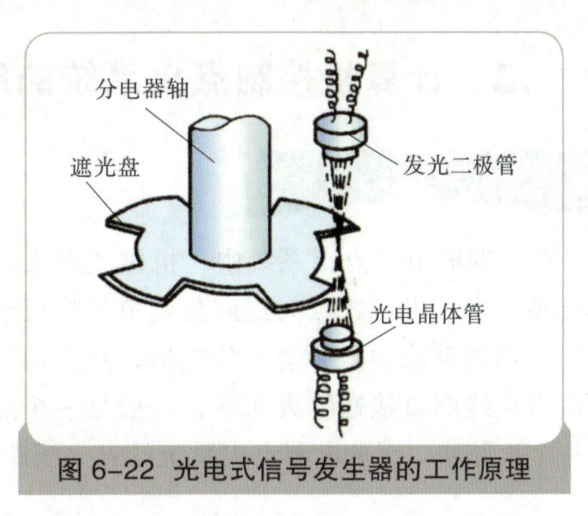

图 6-22 光电式信号发生器的工作原理

(4)光电式电子点火系统的工作原理

光电式电子点火系统的工作原理如图 6-23 所示。VL 为发光二极管，VT 为光电晶体管。

●当发动机工作时，遮光盘随分电器转动，当遮光盘的缺口通过 VL 与 VT 时，红外线通过缺口照射到 VT，使其导通，则 VT_1 导通，VT_2 导通，VT_3 截止，由于 R_6、R_8 的分压为 VT_4 提供偏置电压，VT_4 导通，于是点火系统的初级电路导通。

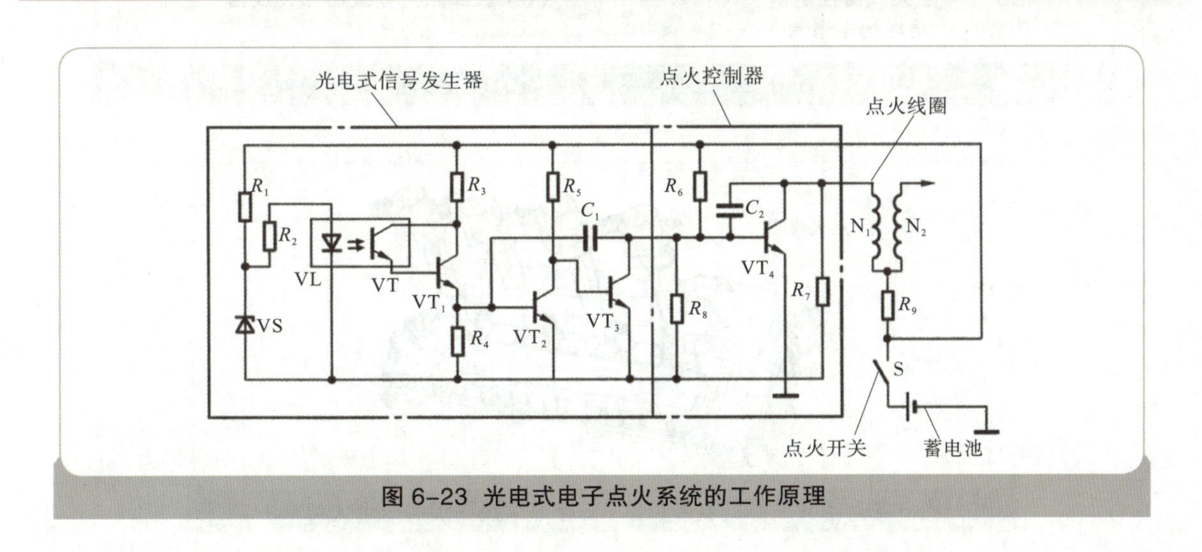

图 6-23 光电式电子点火系统的工作原理

●当遮光盘的叶片部分遮住发光二极管发出的红外线光束时，VT 截止，则 VT_1、VT_2 截止，VT_3 经 R_5 获得偏流而导通，VT_4 截止，使点火系统的初级电路截止，点火线圈的次级绕组产生高压电。

●高压电通过分电器分配给各缸火花塞，点燃混合气。

电路中其他元件的作用如下。

· 稳压管 VS 使 VL 的工作电压维持在 3V 左右。

· 电阻 R_7 的作用是当 VT_4 截止时，短路初级电路中的自感电动势，保护 VT_4。

· 电容器 C_1 对 VT_2 正反馈，使 VT_2、VT_3 加速翻转。

二、计算机控制点火系统的结构与工作原理

1．概述

在早期的电子点火系统中，机械式点火提前角调节机构位于分电器中，而现在的计算机控制点火系统中，机械式点火提前角调节机构已经取消，点火提前由计算机来完成；在有些计算机控制的发动机系统中已取消了分电器，点火信号来自于曲轴位置传感器和凸轮轴位置传感器，高压电由点火线圈直接送给火花塞，一般是一个点火线圈控制两个火花塞，也有的是一个点火线圈控制一个火花塞。无分电器点火系统的点火线圈如图 6-24 所示，安装位置如图 6-25 所示。

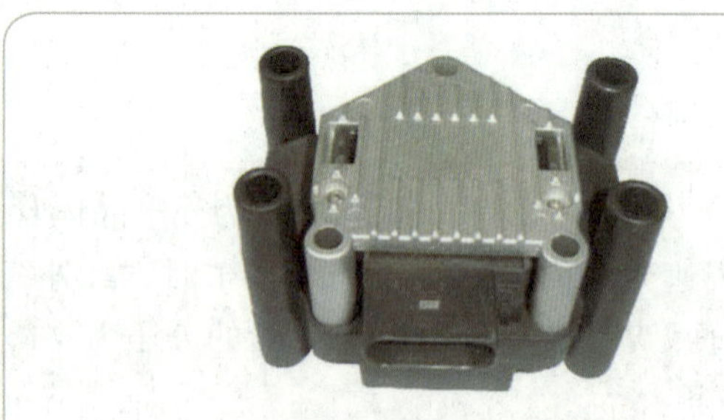

（a）一个点火线圈控制两个火花塞（桑塔纳车型用）

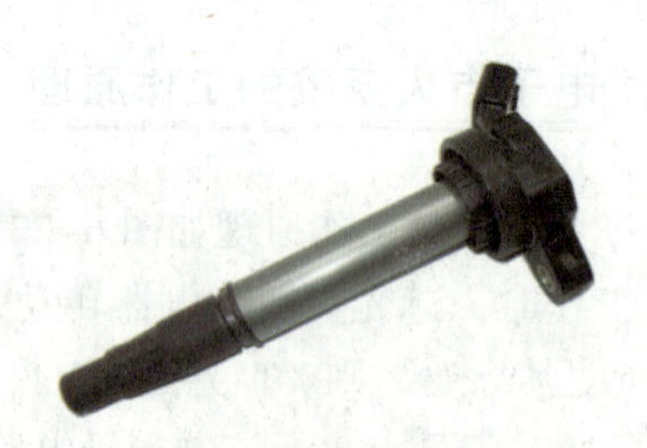

（b）独立点火方式的点火线圈

图 6-24 无分电器点火系统的点火线圈

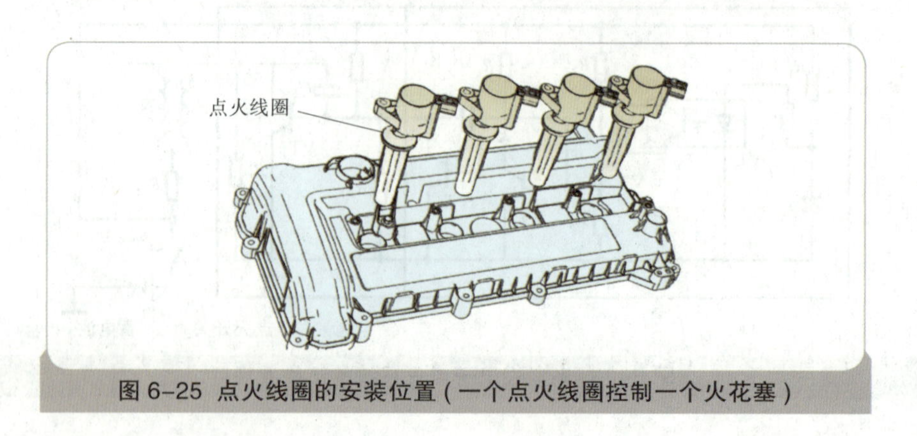

图 6-25 点火线圈的安装位置（一个点火线圈控制一个火花塞）

2. 计算机控制点火系统的类型

计算机控制点火系统目前主要有两种形式：一种是带分电器的计算机控制点火系统，另一种是不带分电器的直接点火系统（DIS）。

3. 计算机控制点火系统的组成及功用

计算机控制点火系统的组成及功用如表 6–2 所示。

表 6–2 计算机控制点火系统的组成及功用

组成		功用
传感器	空气流量计（L 型）	检测进气量（负荷）信号输入 ECU，点火系统的主控制信号
	进气歧管绝对压力传感器（D 型）	
	曲轴位置传感器（Ne 信号）	检测曲轴转角（转速）信号输入 ECU，点火系统的主控制信号
	凸轮轴位置传感器（G_1、G_2 信号）	检测凸轮轴转角信号输入 ECU，点火系统的主控制信号
	节气门位置传感器	检测节气门开度信号输入 ECU，点火提前角的修正信号
	冷却液温度传感器	检测发动机冷却液温度信号输入 ECU，点火提前角的修正信号
	起动开关	向 ECU 输入发动机正在起动中的信号，点火提前角的修正信号
	空调开关 A/C	向 ECU 输入空调的工作信号，点火提前角的修正信号
	进气温度传感器	检测进气温度信号输入 ECU，点火提前角的修正信号
	N 位开关	检测 P 位或 N 位信号输入 ECU，点火提前角的修正信号
	爆燃传感器	检测发电机的爆燃信号输入 ECU，点火提前角的修正信号
	发电机负荷信号	检测发电机负荷信号输入 ECU，点火提前角的修正信号
执行器	点火控制器	根据 ECU 输出的点火控制信号控制点火线圈初级电路的通断，产生次级高压，同时向 ECU 反馈点火确认信号
ECU		根据各传感器输入的信号，计算出最佳点火提前角，并将点火控制信号输送给点火控制器

4. 计算机控制点火系统的控制内容

（1）点火提前角（点火时刻）的控制

点火提前角的大小对发动机功率、油耗、排放、爆燃、行驶特性等都会产生较大的影响，而影响点火提前角的因素有很多，因而为满足各种工况下的最佳点火提前角，使点火提前角适应发动机所有工况，需经大量试验获得最佳数据，并将此数据存在 ECU 的存储器中，以便发动机工作时供 ECU 采用，ECU 综合各种传感器输入的信息，从存储器中选出最佳的点火提前角，再根据曲轴位置传感器判别曲轴位置，然后控制大功率管的导通和截止，即控制点火线圈低压电流的断续。

●原始点火提前角。为了确定点火正时，ECU 须根据上止点位置确定点火的时刻，一般发动机点火系统的正时记号位于压缩行程上止点前 8° ~ 12°，ECU 计算点火正时时，就把这一点作为参考点。这个角度就称为原始点火提前角。

●点火提前角的计算。发动机工作时，ECU根据空气流量（或进气歧管压力）和发动机转速，从存储器存储的数据中找到相应的基本点火提前角，再根据其他参数如发动机水温、进气温度、节气门开度、爆燃等加以修正，计算出最佳点火提前角。

最佳点火提前角 = 原始点火提前角 + 基本点火提前角 + 修正点火提前角

●点火提前角控制。点火提前角控制有两种工作情况：一是起动期间的点火时间控制，二是起动后发动机正常运转期间的点火时间控制。

· 起动期间点火时间控制。在起动期间，发动机转速较低，由于空气流量或进气歧管压力信号不稳定，点火时间固定在原始点火提前角 8° ~ 12° ，与发动机工况无关，此时控制信号主要是发动机转速和起动开关信号。

· 起动后点火时间控制。起动后点火时间控制分为怠速点火提前角控制和正常行驶点火提前角控制。

发动机在怠速工况运行时，节气门传感器怠速触点闭合，此时ECU根据发动机转速和空调开关是否接通确定点火提前角。在此工况的控制信号有节气门位置信号、发动机转速信号、空调开关信号等。

发动机在正常运行工况下行驶时，节气门位置传感器的怠速触点（IDL）断开，ECU根据转速信号和空气流量计（或进气歧管压力）信号，在存储器中找到此工况相应的点火提前角，然后再根据有关的传感器信号确定修正点火提前角。在此工况下的控制信号有空气流量计或进气歧管压力信号、发动机转速信号、节气门位置信号以及爆燃信号、进气温度信号、冷却液温度信号等。

●点火时刻优化控制。点火时刻优化控制的基本准则是使发动机在任何工况下的功率、燃油消耗和废气排放特性达到最佳，但也有适当的侧重。例如，在怠速工况下，点火提前角首先应使有害气体排放量最低，然后考虑怠速稳定与怠速油耗；在部分负荷工况下，点火提前角应突出行驶性和节油性；而在全负荷运行时，点火提前角的重点是提高最大转矩和避免产生爆燃。

（2）通电时间（或闭合角）的控制

通电时间是指大功率管的导通时间，即点火线圈初级绕组的通电时间。它直接影响点火线圈产生的二次电压和火花能量。当通电时间过短时，初级绕组电流未达到饱和即断开，次级线圈产生的电压和火花能量就达不到额定值；当通电时间过长时，初级绕组电流达到饱和后仍长时间通电，会使点火线圈发热并使电能消耗过大。因此要控制一个最佳的通电时间，兼顾上述两方面的要求。此外，蓄电池的电压也会影响初级绕组的电流值。为此，需要一个根据发动机转速和蓄电池电压进行通电时间（或闭合角）的控制装置，以保证点火能量不变。当蓄电池电压不变时，大功率管的导通时间也是不变的，在ECU内的存储器内储存有大功率管的导通时间；当蓄电池电压变化时，应对通电时间做适当的修正，其修正曲线如图6-26所示。ECU可以从存储器中查出导通时间，对通电时间加以修正。

在实际的控制中，ECU是将导通时间转换成曲轴转角进行控制的，因此通电时间控制又常称闭合角控制。

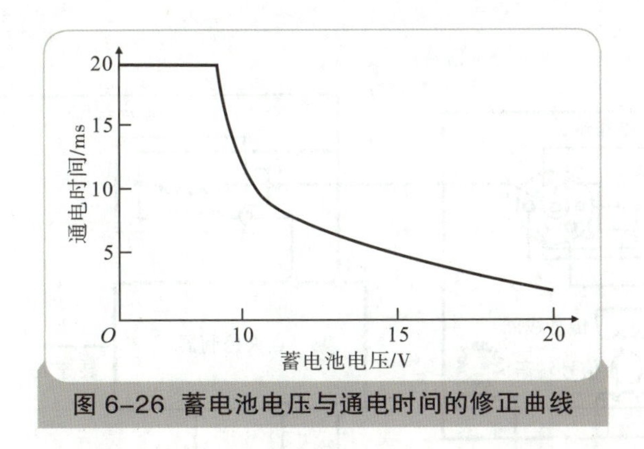

图 6-26 蓄电池电压与通电时间的修正曲线

（3）爆燃控制

为了获得最大的动力性和最佳的经济性，需要增大点火提前角。但点火提前角过大，又会引起爆燃。对于上述问题，计算机控制点火系统增加了爆燃控制。爆燃控制方法示意图如图 6-27 所示。爆燃传感器安装在气缸体上，其实物如图 6-28 所示，其原理是利用压电晶体的压电效应，把爆燃时传到气缸体上的机械振动转换成电压信号，输入 ECU，ECU 把爆燃传感器输出的信号进行滤波处理并判断有无爆燃及爆燃的强度。爆燃强，推迟点火的角度大；爆燃弱，推迟点火的角度小。每次调整都以一固定的角度递减，直到爆燃消失为止。而后又以一固定的角度提前，当发动机再次出现爆燃时 ECU 又使点火提前角再次推迟，调整过程如此反复。

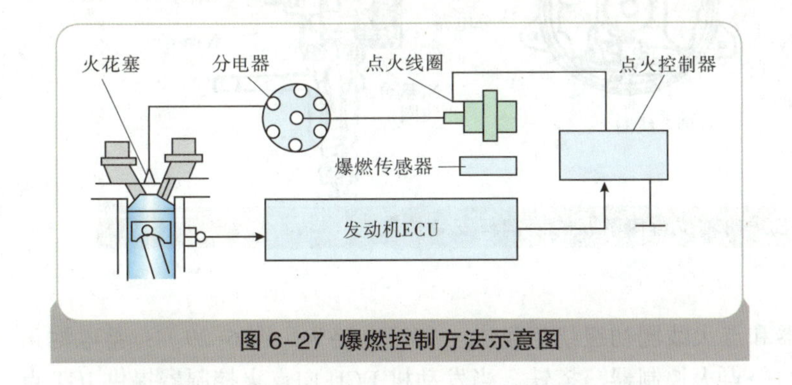

图 6-27 爆燃控制方法示意图

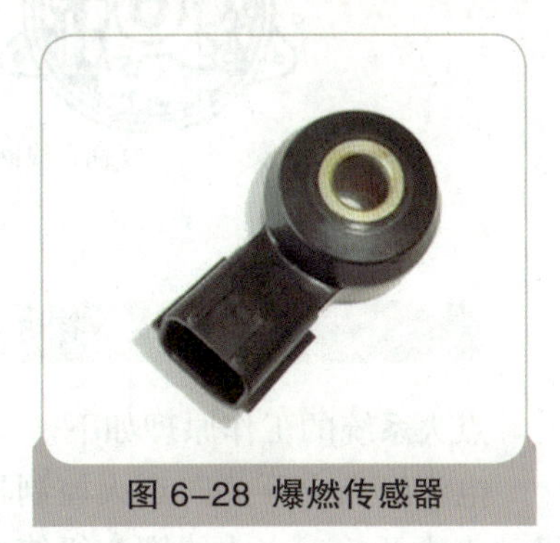

图 6-28 爆燃传感器

5. 计算机控制点火系统的工作原理

图 6-29 所示为计算机控制点火系统电路图。由图可见，在计算机控制点火系统中，发动机 ECU 通过点火信号 IGT 控制点火控制器的搭铁，进而控制初级电路的导通与截止，控制次级电路高压电的产生，控制点火系统的工作。

在该点火系统中，曲轴位置传感器安装在分电器中，其结构与安装位置如图 6-30 所示，该传感器为电磁式的。分电器轴转动时，G 转子与 Ne 转子同步转动，具有一个齿的 G 转子与 G_1、G_2 线圈间的磁隙不断变化，分电器每转一圈，G_1、G_2 线圈各产生一个电压脉冲。这样发动机 ECU 可根据 G_1、G_2 信号判别一、六缸压缩行程上止点位置。

具有 24 个齿的 Ne 转子对应 Ne 线圈，分电器轴每转一圈，Ne 线圈将产生 24 个电压脉冲。这样发动机 ECU 可根据 Ne 信号更精确地检测曲轴转角位置和发动机转速。

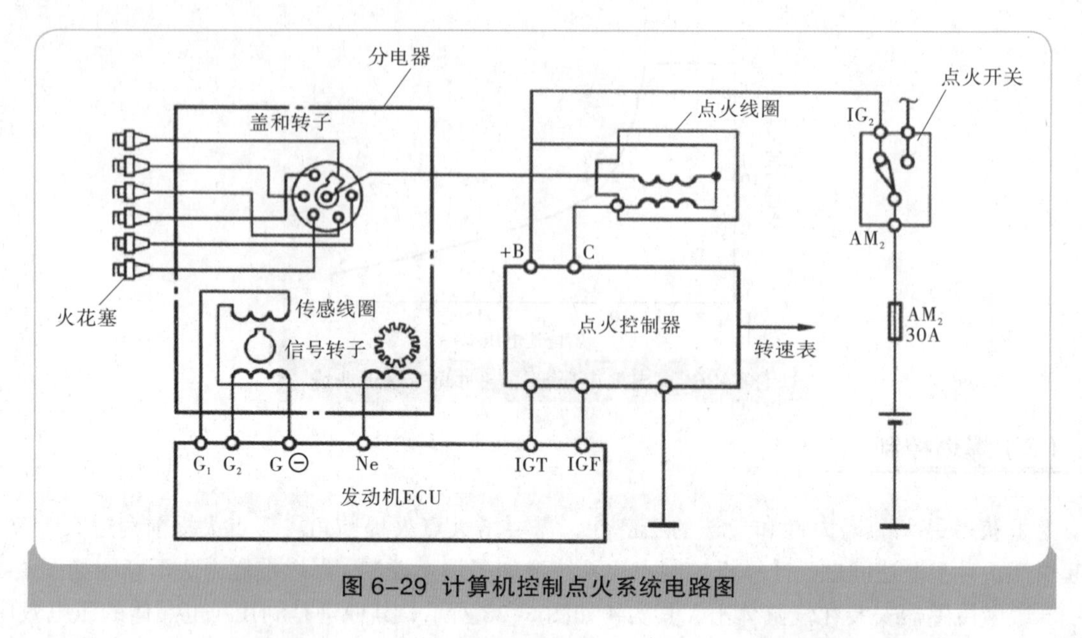

图 6-29 计算机控制点火系统电路图

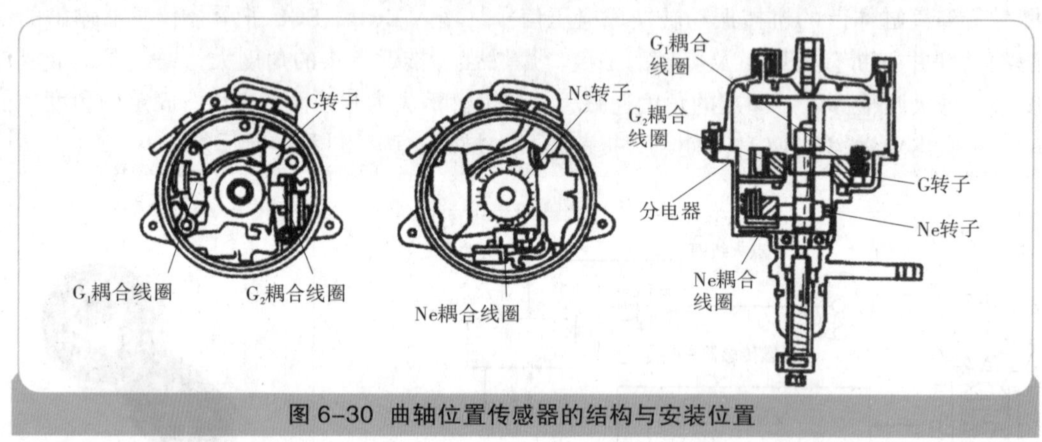

图 6-30 曲轴位置传感器的结构与安装位置

点火系统的工作原理如下。

电流经点火开关向点火控制器和点火线圈初级绕组供电。初级电路为（图 6-29）：蓄电池正极→点火开关→点火线圈初级绕组→点火控制器→搭铁。当发动机 ECU 向点火控制器提供 IGT 点火信号时，点火控制器立刻切断初级电路，次级绕组产生高压电，火花塞跳火，点燃混合气。

发动机 ECU 根据转速信号（Ne）、曲轴位置信号（G_1、G_2）、进气歧管真空度信号、起动开关信号、进气温度信号、冷却液温度信号等计算点火提前角，通过 IGT 端子向点火控制器输出点火正时信号，即点火正时。同时，点火控制器向 ECU 反馈点火确认信号 IGF，当 EGU 接收不到点火控制器反馈的 IGF 点火确认信号时，ECU 立即切断喷油器的电路，停止燃油喷射，发动机熄火。

6. 无分电器点火系统的工作原理

无分电器点火系统是在计算机控制的基础上将点火系统中原分电器总成用电子控制装置取代，又称直接点火系统。这种全电子点火系统没有分电器，无机械磨损，无须调整，点火电压高，是较理想的点火系统。

无分电器点火系统的控制原理如图 6-31 所示，与前面介绍的点火系统不同的是：无分电器点火系统的点火控制器同时具备电子配电功能，即可控制点火线圈组中点火线圈导通与截止的时序，以此控制火花塞依次跳火，完成点火控制过程。

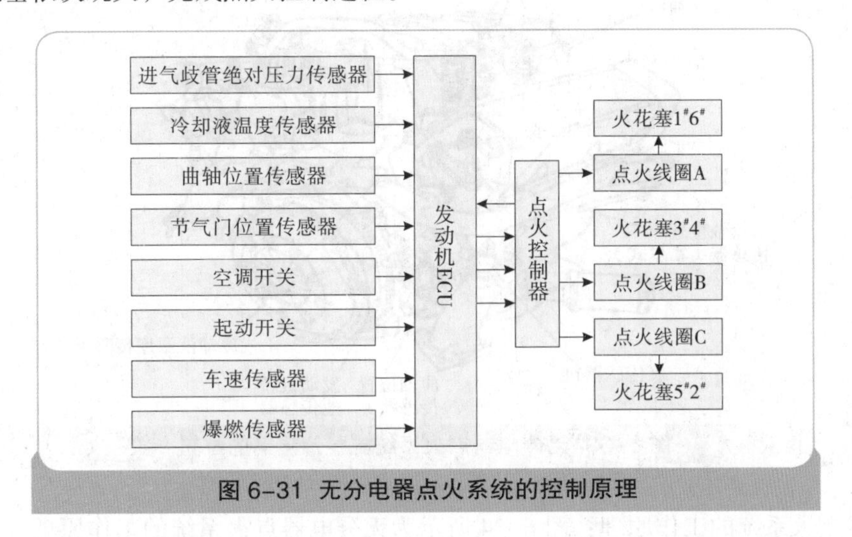

图 6-31　无分电器点火系统的控制原理

无分电器点火系统的组成如图 6-32 所示。由于点火系统无分电器，点火系统主要传感器的位置如图 6-33 所示。

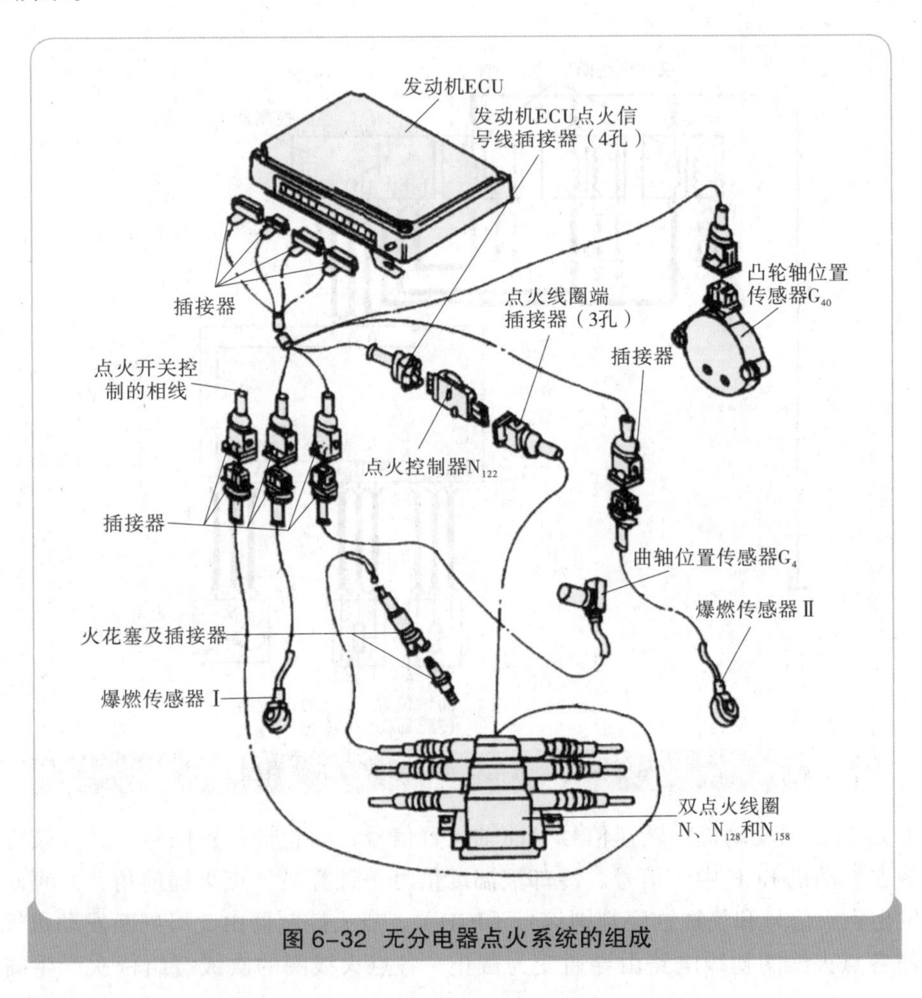

图 6-32　无分电器点火系统的组成

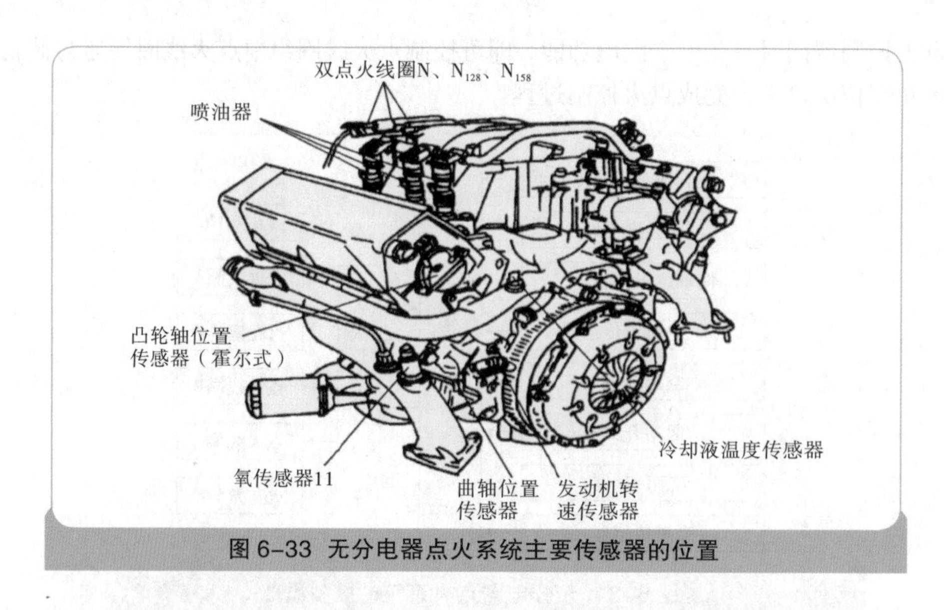

图 6-33 无分电器点火系统主要传感器的位置

无分电器点火系统的工作原理：图 6-34 所示为无分电器点火系统的工作原理，蓄电池经点火开关向 3 个双点火线圈 N、N_{128}、N_{158} 提供初级电流，3 个点火线圈的初级电路分别经点火控制器 N_{122} 搭铁。

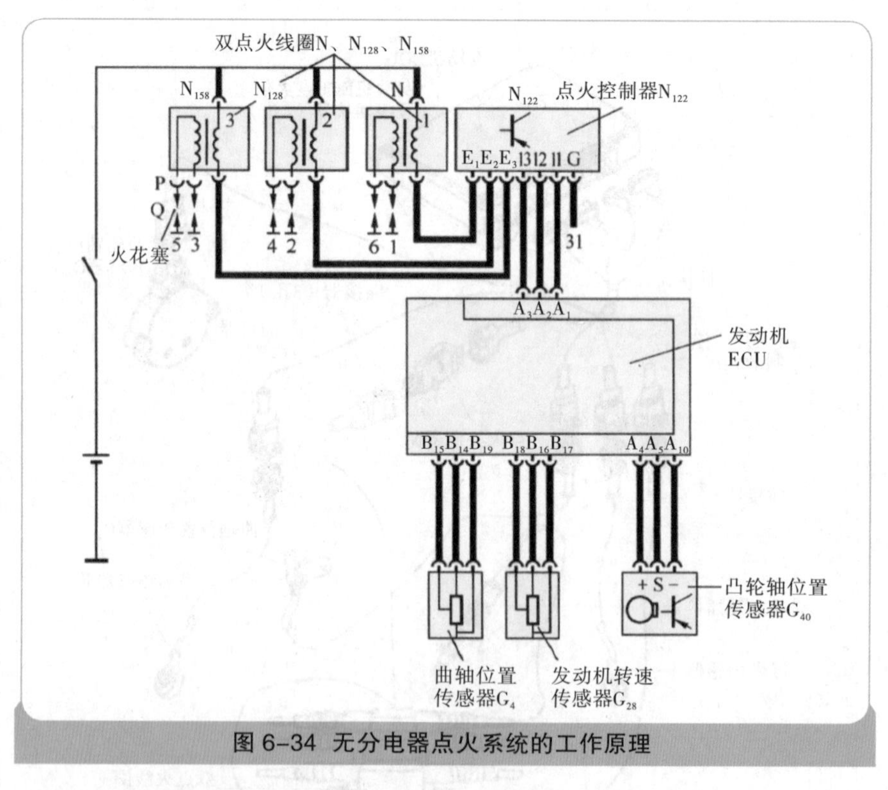

图 6-34 无分电器点火系统的工作原理

发动机 ECU 根据发动机的转速信号、曲轴位置信号、凸轮轴位置信号、进气歧管绝对压力传感器（安装在发动机 ECU 中）信号、冷却液温度信号等计算最佳点火提前角，并判断缸位，向点火控制器发出点火信号和气缸缸序判别信号（IGD）。点火控制器由此可判断发动机气缸的点火次序，依次使各点火线圈初级电路由导通变为截止，各点火线圈的次级绕组依次产生高压电，使对应的两个火花塞同时跳火，点燃其中处于压缩行程气缸内的混合气。

发动机的 1 缸和 6 缸、2 缸和 4 缸、3 缸和 5 缸同时处于上止点，并且总是一个气缸为压缩行程的上止点，另一个气缸为排气行程的上止点，每两个气缸共用一个双点火线圈，如图 6–35 所示。点火时，由点火控制器交替地控制 3 个点火线圈，每个点火线圈产生高压电时，两个气缸的火花塞同时跳火：其中一个火花塞点燃处于压缩行程气缸内的可燃混合气，另一个火花塞虽然也跳火，但是由于该气缸处于排气行程，因而不起作用。

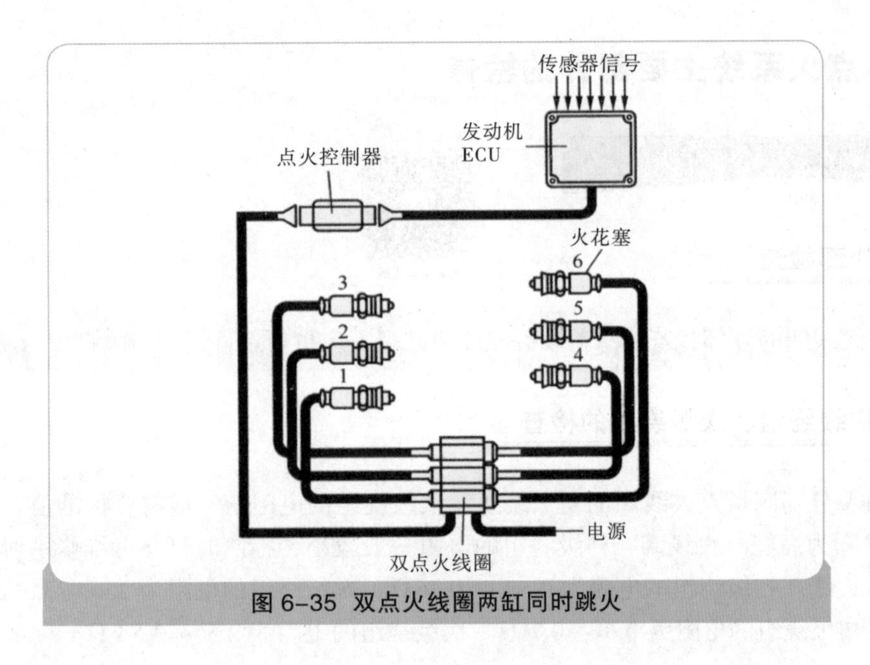

图 6–35　双点火线圈两缸同时跳火

任务三 发动机电控点火系统的检修

一、点火系统主要部件的检修

1. 点火线圈的检测

检查点火线圈

（1）外部检查

检查点火线圈的外部，若绝缘盖破裂或外壳破裂，应更换新件。

（2）初级绕组、次级绕组的检查

用万用表分别测量点火线圈的初级绕组、次级绕组的电阻值，应符合标准值。电子点火系统的点火线圈为高能点火线圈，初级绕组的电阻一般较小，检测时可参考维修手册。例如，桑塔纳轿车点火线圈初级绕组的电阻为0.52 ~ 0.76 Ω，次级绕组的电阻为2.4 ~ 3.5 kΩ；奥迪轿车点火线圈初级绕组的电阻为0.6 ~ 0.7 Ω，次级绕组的电阻为2.5 ~ 3.5 kΩ。

（3）点火线圈性能的测试

点火线圈的性能可在万能试验台上进行测试，主要通过测量跳火间隙来判断点火线圈的性能。

2. 信号发生器的检测

（1）磁感应信号发生器的检测

●检查信号发生器的间隙，信号转子与传感线圈铁芯之间的间隙一般为0.2 ~ 0.4 mm。如果不符合标准值，应进行调整。

●用万用表测量信号发生器感应线圈的电阻，应符合标准值。

（2）霍尔信号发生器的检测

霍尔信号发生器有3根引线，分别为“+”、“–”和“S”。检测时，分别测“+”与“–”

之间的电压和“S”与“–”之间的电压，然后与维修手册中的标准值进行比较，判断是否有故障。霍尔信号发生器位于分电器内，引出的3根导线分别如下。

●霍尔信号发生器的“+”极，红/黑色，接点火控制器5端子。

●霍尔信号发生器的输出信号端子“S”，绿/白色，接点火控制器6端子。

●霍尔信号发生器的“–”极，棕/白色，接点火控制器3端子。

用万用表测量霍尔信号发生器的“+”与“–”之间的电压应为11 ~ 12 V。测量“S”与“–”之间的电压，当转子缺口对正霍尔元件的气隙时，应为0.3 ~ 0.4 V；反之，应为11 ~ 12 V。

3. 点火控制器的检测

(1)电磁感应式电子点火系统中的点火控制器的检测

●如图6-36所示，用一只1.5 V的干电池代替信号发生器，接到点火控制器信号输入端子上。

●正接时，点火线圈的初级绕组导通，用万用表测量点火线圈的“–”接线柱与搭铁之间的电压，应为1 ~ 2V，如图6-36（a）所示。

●将电池的极性颠倒后，再进行测量，其值应为12V，如图6-36（b）所示。若与上述不符，说明点火控制器有故障，应更换。

(2)霍尔效应式电子点火系统中的点火控制器的检测

检查点火控制器，应掌握点火控制器的接线。以桑塔纳轿车为例，其点火控制器的接线如图6-37所示，1接点火线圈“–”（绿色），2接电源负极（棕色），3接霍尔信号发生器“–”（棕/白色），4接点火线圈“+”（黑色），5接霍尔信号发生器“+”（红/黑色）；6接霍尔信号发生器信号输出端“S”（绿/白色）。

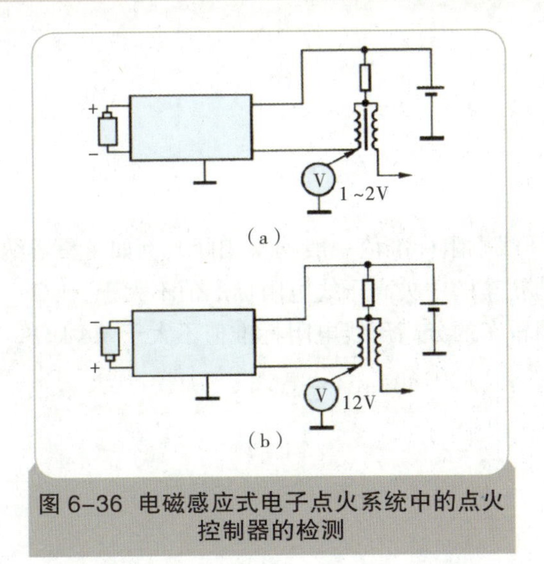

图6-36　电磁感应式电子点火系统中的点火控制器的检测

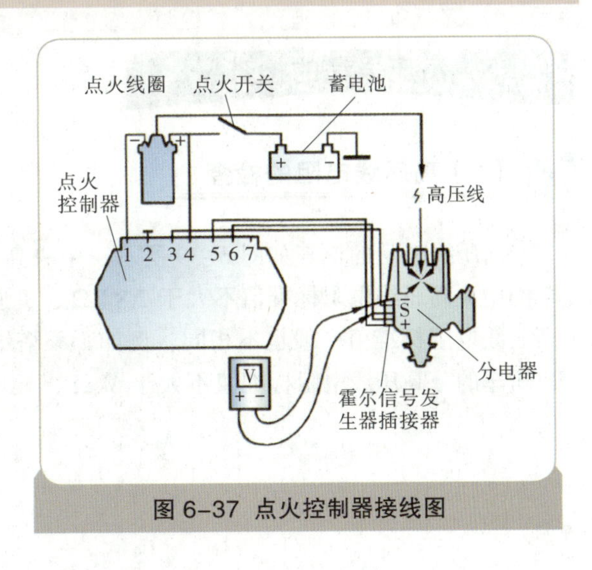

图6-37　点火控制器接线图

●接通点火开关，用万用表测量 1 端子与 4 端子之间的电阻，应为 0.52 ~ 0.76Ω。

●测 2 端子与 4 端子之间的电压应为 12 V。

●测 3 端子与 5 端子之间的电压应为 11 ~ 12 V。

●测 3 端子与 6 端子之间的电压时，应慢慢转动分电器轴，其电压应在 0.3 ~ 0.4V 与 11 ~ 12 V 之间变化。

●将电压表接在点火线圈的“+”与“-”接线柱上，接通点火开关，观察电压表读数应大于 2V，1 ~ 2 s 后，压降为 0。

若上述检测结果不正常，说明点火控制器有故障，应更换。

4. 分火头的检测

（1）外观检查

观察分火头的外观，分火头应无裂痕、烧蚀或击穿等现象，否则应更换新件。

（2）漏电检查

将分火头倒放在缸体或缸盖上，用跳火正常的分缸高压线将高压电引到分火头上。如果分缸高压线有明显跳火现象，说明分火头已漏电，应更换新件。

（3）电阻的测量

用万用表测量分火头顶部的电阻，如图 6-38 所示，正常值应为（1 ± 0.4）kΩ。

5. 高压导线的检查

（1）高压线电阻的检查

高压线电阻的检查如图 6-39 所示，中央高压线电阻标准值一般均不相同，例如，桑塔纳轿车的中央高压线电阻标准值不大于 2.8 kΩ，奥迪轿车的中央高压线电阻标准值不大于 2 kΩ；分高压线电阻标准值一般也不相同，例如，桑塔纳轿车的分高压线电阻标准值不大于 7.4 kΩ，奥迪轿车的分高压线电阻标准值不大于 6kΩ。

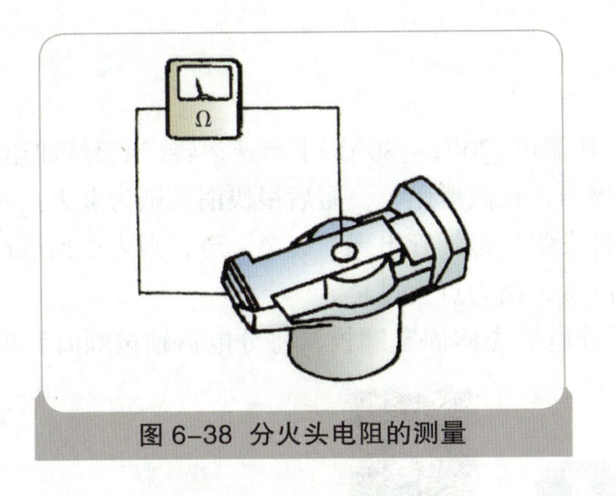

图 6-38　分火头电阻的测量

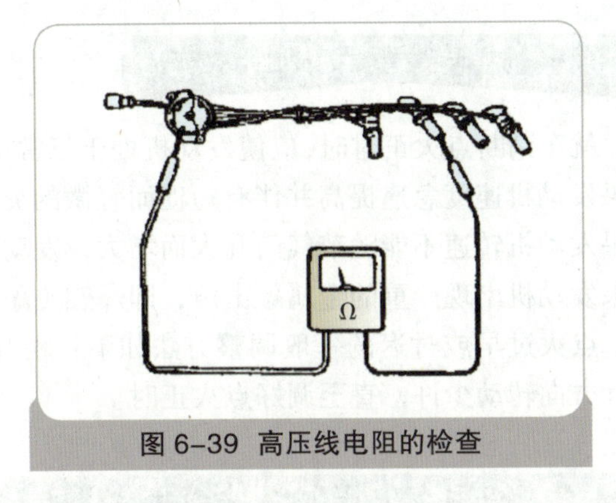

图 6-39　高压线电阻的检查

（2）火花塞插头电阻的检查

如图 6-40 所示，用万用表测量火花塞插头的电阻值，一般为(1 ± 0.4)kΩ(无屏蔽)和(5 ± 1.0)kΩ（有屏蔽）。

（3）防干扰插头电阻的检查

如图 6-41 所示，用万用表测量防干扰插头的电阻值，一般为（1 ± 0.4）kΩ。

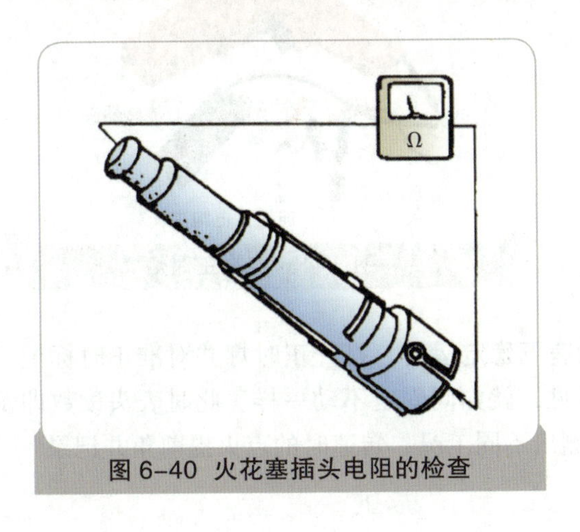

图 6-40　火花塞插头电阻的检查

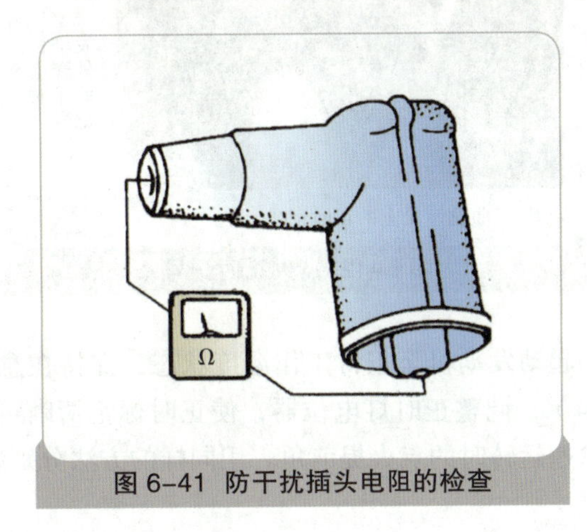

图 6-41　防干扰插头电阻的检查

二、点火正时的检查与调整

为保证气缸中的混合气在正确的时间被点燃，在安装分电器或更换燃油品种时，要靠人工确定和调整初始点火提前角。点火正时是否正确对发动机的性能影响很大，点火时间过早会造成发动机的爆燃燃烧，使发动机局部过热，燃料消耗增加，功率下降；点火时间过晚会使发动机燃烧所产生的最大压力下降，功率降低，经济性下降。因此，在发动机的使用与维修中，要确保有分电器点火系统点火正时的准确。

1. 就车检查点火正时

就车判断点火正时时，应使发动机处于正常工作温度（70℃～80℃）下怠速运转，当突然加速时，如果发动机速度急速提高并伴有短促而轻微的突爆声（轻微爆燃），而后很快消失则为点火正时；如果发动机转速不能随节气门开大而增大，发动机发闷且排气管出现“突突”声，则为点火过迟；如果发动机出现严重的金属敲击声，即爆燃（敲缸），则为点火过早。

点火过早或过迟的一般调整方法如下：松开分电器壳体固定螺栓，将分电器轴按顺时针或逆时针方向转动少许，直至调好点火正时。

点火控制模块检测

2. 使用点火正时灯检查点火正时

如图 6-42 所示，查找并验证飞轮或曲轴前端带盘上 1 缸压缩终了上止点标记和点火提前角标记，擦拭使之清晰可见，如标记不清晰，最好用粉笔或油漆将标记描白。

将点火正时灯（如图 6-43 所示）正确连接到汽车发动机上，将传感器夹夹在 1 缸高压线上，连接蓄电池夹分别与蓄电池正、负极连接。

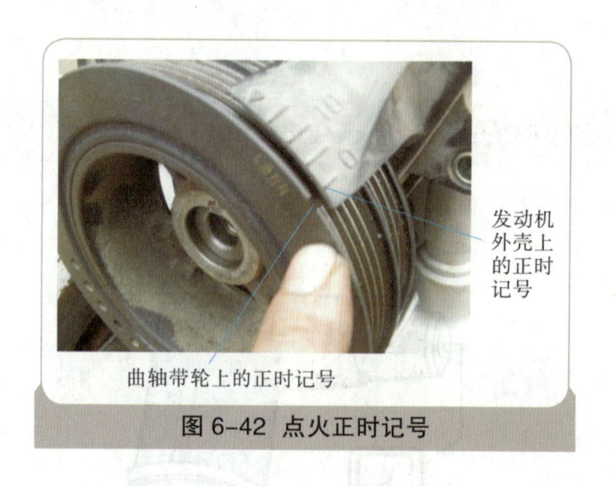

图 6-42 点火正时记号

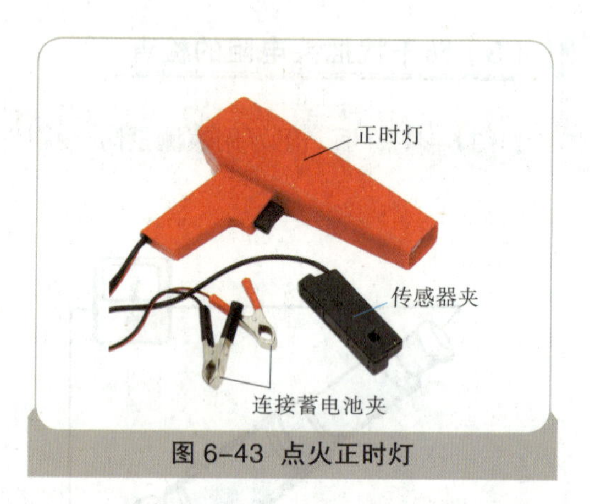

图 6-43 点火正时灯

起动发动机至正常工作温度状态，保持在怠速下稳定运转。打开正时灯并对准正时标记（图 6-44），调整正时灯电位器，使正时标记清晰可见，就如同固定不动一样。此时表头读数即发动机怠速运转时的点火提前角。用同样的方法分别测出不同工况、转速时的点火提前角并记录。

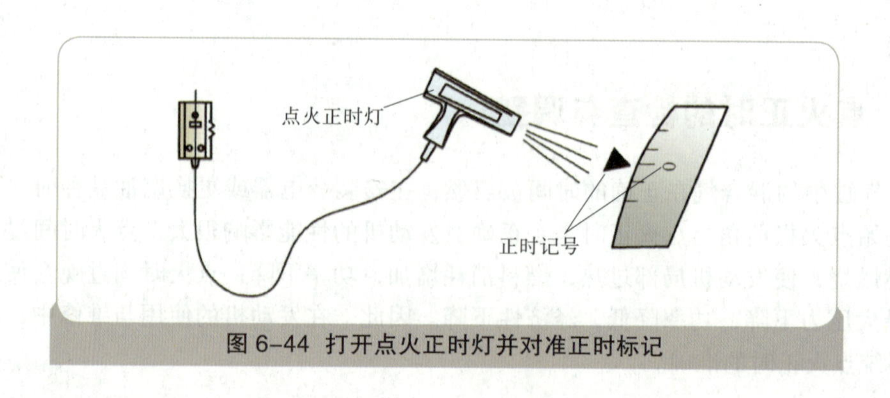

图 6-44 打开点火正时灯并对准正时标记

三、点火系统故障诊断

1. 电子点火系统故障诊断

不同电子点火系统故障诊断的区别主要在于信号发生器的检测，而其检测原理是相同的，下面以常见的霍尔效应式电子点火系统为例说明电子点火系统的故障诊断与维修。

（1）确定故障是在低压电路还是在高压电路

●打开分电器盖，转动曲轴，使分电器转子缺口对正霍尔信号发生器。

●拔出分电器盖上的中央高压线，使其端部离气缸体 5 ~ 7 mm。

●接通点火开关，用螺钉旋具在霍尔信号发生器的间隙中轻轻地插入和拔出，模拟转子在间隙中的动作，如图 6-45 所示。

●如果高压线端部跳火，表明低压电路中的霍尔信号发生器、点火控制器及点火线圈性能良好，故障在高压电路；如不跳火，在点火线圈及线路良好的情况下，可确定故障在霍尔信号发生器或点火控制器，应进一步检查。

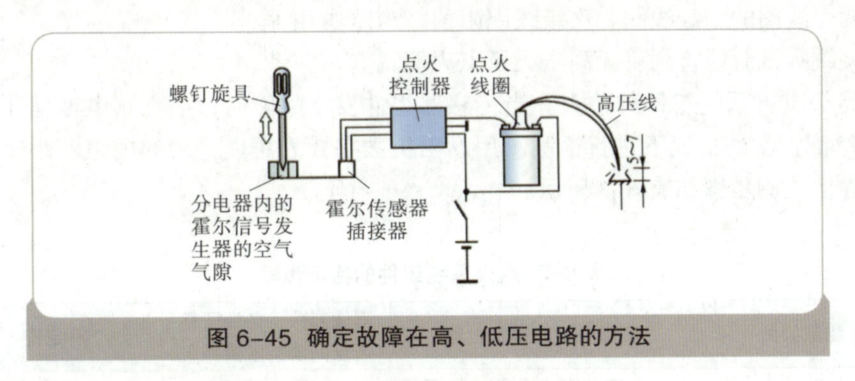

图 6-45　确定故障在高、低压电路的方法

（2）确定霍尔信号发生器和点火控制器故障诊断

用万用表测量分电器上信号发生器的信号端子“S”与搭铁端子“-”之间的电压。

转动分电器轴，万用表的测量值若在 0.3 ~ 0.4 V 与 11 ~ 12 V 之间变化，说明霍尔信号发生器良好，点火控制器有故障；若测量值与上述值不一致，说明霍尔信号发生器有故障。

2. 计算机控制点火系统故障诊断

（1）双缸同时点火系统的检测（以桑塔纳 GSi 轿车为例）

桑塔纳 GSi 轿车无分电器点火系统采用两个点火线圈，1、4 缸共用一个点火线圈，2、3 缸共用一个点火线圈，其电路如图 6-46 所示。

发动机因为点火系统故障而不能起动，检查时，一般按由易到难的次序，沿点火线路进行分段检查。

●检查各部分线路插头有无松动、断路、短路现象。

●检查点火线圈搭铁电路。拔下点火线圈插头，用数字式万用表测量电瓶正极和插头上 4 端子间的电压，应为电瓶电压（约 12 V），否则应检查插头 4 端子和接地点的线路是否开路。

●检查点火线圈的供电电压。拔下点火线圈插头，用数字式万用表测量插头上的 2 端子和发动机接地点间的电压，应为电瓶电压（约 12 V），否则应检查点火开关及与 2 端子之间线路是否开路。

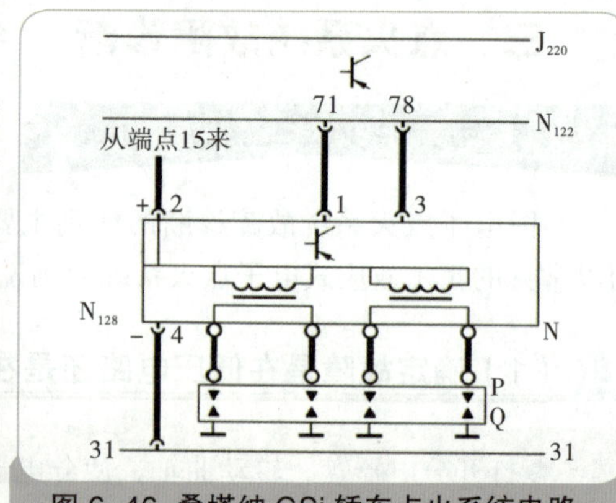

图 6-46 桑塔纳 GSi 轿车点火系统电路

●检查点火线圈工作情况。拔下点火线圈的插头和 4 个喷油器的插头，打开点火开关，用数字式万用表分别测量点火线圈插头上的 1 端子、3 与发动机接地点间的电压，起动发动机数秒钟，应有 0.4V 左右电压出现。

●用数字式万用表测量点火线圈插头和 ECU 线束插座之间的电阻，电阻应小于 1 Ω。

●测量两个线圈的初级线圈和次级线圈阻值，应基本相等。

●高压火跳火试验能检测有无高压火及点火能量。

●传感器等点火系统组件的检查。当传感器组件发生故障时，应在蓄电池电压、燃油泵继电器和熔断丝都正常的情况下进行检测（用高阻抗数字式万用表，表的内阻不小于 10 kΩ）。点火系统组件的检测步骤如表 6-3 所示。

表 6-3 点火系统组件的检测步骤

检测步骤	测量项目	测量条件（操作过程）	测量部分（各端子号请查阅读技术资料）	额定值	测量值
1	节气门位置传感器	断开点火开关，拔下插头，再接通点开关	插头端子 5 与 7	约 5V	
2	节气门定位电位计	断开点火开关，拔下插头，再接通点火开关	插头端子 4 与 7	约 5V	
3	霍尔传感器信号输出电压	拔下插头，再接通点火开头	插头端子 1 与 3	约 5V	
4	霍尔传感器供电电压	拔下插头，再接通点火开关	插头端子 2 与 3	接近蓄电池电压	
5	发动机转速传感器	断开点火开关，拔下发动机转速传感器灰色插头	插头端子 2 与 3	480 ~ 1 000Ω	
6	爆燃传感器输出信号电压	发动机运转	插头端子 1 与 2	0.3 ~ 1.4 V	
7	空气流量计供电电压	燃油泵继电器和熔断丝正常	插头端子 4 与搭铁	约 5 V	
8	发动机 ECU 供电电压	蓄电池电压高于 11V，熔丝 517 正常，接通点火	VA1598/2测试盒，端子 3 与 2 及端子 1 与 2	接近蓄电池电压	

如果检测组件电压不正常，应进行线路检修，其方法是断开点火开关，从 ECU 上拔下接线插头和所要测量组件的插头，检测连接线路的电阻。如果被检测线路正常，而被检测组件电压或电阻值不正常，则故障在被检测组件或 ECU。

（2）独立点火系统的检测（以帕萨特轿车发动机为例）

帕萨特轿车发动机独立点火系统的电路如图 6-47 所示，发动机点火系统主要由点火线圈、火花塞、爆燃传感器、霍尔传感器等组成。发动机控制单元位于前风窗玻璃左下角，采用独立点火方式。

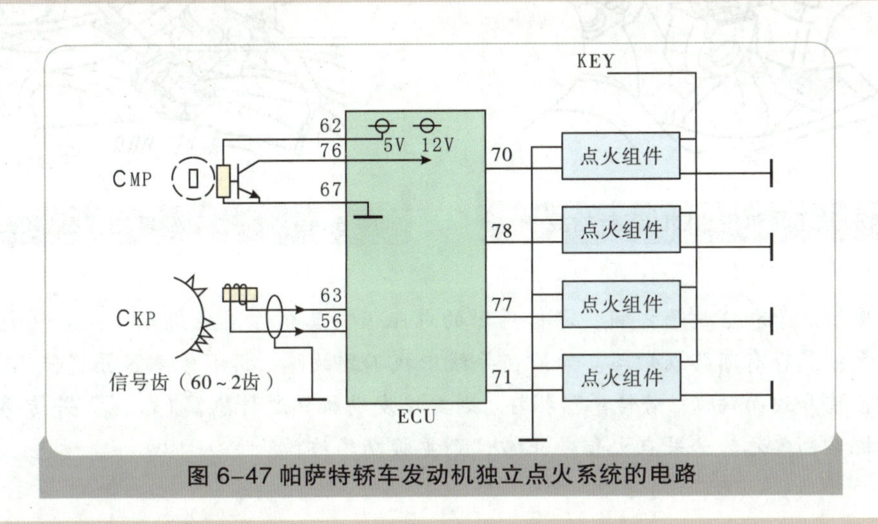

图 6-47 帕萨特轿车发动机独立点火系统的电路

帕萨特轿车发动机（ANQ 型）独立点火系统的检测方法如下。

①霍尔传感器的检修

在检测时，应保证蓄电池电压至少为 1.5 V。

●拔下霍尔传感器的三针插头，如图 6-48 所示。

●打开点火开关，用万用表测 1 端子和 3 端子之间的电压，至少 4.5 V。如果不在允许范围内，检查 ECU 到插座之间的导线。如在导线中未发现故障，且在三针插座 1 端子和 3 端子之间有电压，则更换霍尔传感器 G_{40}；若在 1 端子和 3 端子之间无电压，则更换发动机控制单元。

②带功率终端的点火线圈的检修

在检测时，应保证蓄电池电压至少为 11.5 V，霍尔传感器正常，发动机转速传感器正常。

●将点火线圈的功率终端和三针插头拔下，用万用表测量中间的端子和接地点，打开点火开关，测量供电电压，至少 11.5 V。如果无电压，检查控制单元和三针插座之间的导线以及 2 端子和继电器之间是否导通。

●拔下喷油器插头及点火线圈终端的三针插座，将二极管灯连接于端子 1 与接地点之间。起动发动机，检查发动机控制单元的点火信号，二极管灯应闪烁，如果不闪烁，检查导线。如果未找到导线的故障，而在 2 端子和接地点间有电压，则更换发动机控制单元。

③发动机转速传感器的检查

在检测时，应保证蓄电池电压至少为 11.5 V。拔下发动机转速传感器的三针插头，如图 6-49 所示。

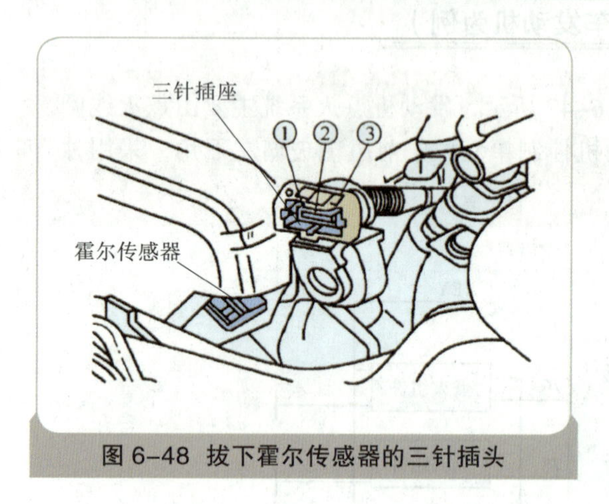

图 6-48 拔下霍尔传感器的三针插头

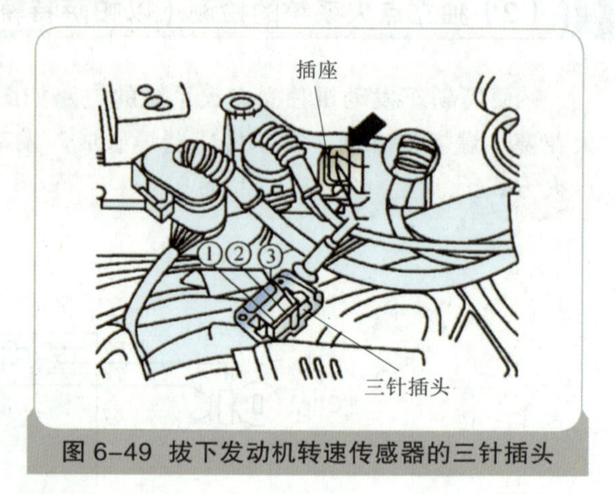

图 6-49 拔下发动机转速传感器的三针插头

测量插座 1 端子和 2 端子之间，即传感器的电阻值，其允许值应为 480 ~ 1 000 Ω，否则检查传感器的导线是否有断路或短路。如果在导线中找不到故障，拆下传感器并将传感器轮固定，检查是否有损伤和端面跳动。若传感器损坏，则更换发动机转速传感器（G_{28}）。若传感器无故障，则更换发动机控制单元。如果点火信号正常，则更换功率终端。

一、填空题

1. 点火系统的作用是将汽车电源供给的__________转变为__________，并按照发动机的做功顺序与__________的要求，适时准确地将高压电送至各缸的__________，使__________跳火，点燃汽车内的__________。

2. 电子点火系统由__________、__________、__________、__________、__________、__________和__________组成。

3. 点火系统的电源为__________或__________，其作用是给点火系统提供__________，电压一般为__________。

4. 点火线圈的作用是将__________低压电转变成__________的高压电。

5. __________的作用是用来连接__________、分电器及各个__________。

6. __________的大小对发动机__________、__________、排放、爆燃、__________等都会产生较大的影响。

7. 分火头的检查中，分火头应无__________、__________或__________等现象，否则应__________。

8. 计算机控制点火系统目前有两种形式：一种是__________计算机控制点火系统，另一种是__________计算机控制点火系统。

二、选择题

1. 转速增加，点火提前角应（　）。

   A. 增加　　B. 减少　　C. 不变　　D. 不确定

2. 发动机起动时运转和加速时燃震的原因是（　）。

   A. 点火过早　　B. 点火过迟　　C. 没有点火　　D. 一直点火

3. 点火闭合角主要是通过（　）加以控制的。

   A. 通电电流　　B. 通电时间　　C. 通电电压　　D. 通电速度

4. 混合气在气缸内燃烧，当最高压力出现在上止点（　）左右时，发动机输出功率最大。

   A. 前 10°　　B. 后 10°　　C. 前 5°　　D. 后 5°

5. 传统点火系与电子点火系统最大的区别是（　）。

   A. 点火能量的提高　　B. 断电器触点被点火控制器取代

   C. 曲轴位置传感器的应用　　D. 点火线圈的改进

6. 闭磁路点火线圈和开磁路点火线圈相比，其铁芯不是条形而是（　）字形。

   A.“日”　　B.“田”　　C.“Y”　　D.“F”

7. 拆下火花塞观察，如为赤褐色或铁锈色，表明火花塞（　）。

A. 积炭 B. 生锈 C. 正常 D. 腐蚀

8. 当发动机功率较大、转速较高、压缩比较大时，应选用（ ）火花塞。

A. 热型 B. 中型 C. 冷型 D. 前三种都可以

9. 控制点火系统由（ ）直接驱动点火线圈进行点火。

A. ECU B. 点火控制器 C. 分电器 D. 转速信号

10. ECU 根据（ ）信号对点火提前角实行反馈控制。

A. 水温传感器 B. 曲轴位置传感器

C. 爆燃传感器 D. 车速传感器

11. 点火线圈初级电路的接通时间取决于（ ）。

A. 断电器触电的闭合角 B. 发动机转速

C. A、B 都正确 D. A、B 都不正确

12. 发动机工作时，ECU 根据发动机（ ）信号确定最佳闭合角。

A. 转速信号 B. 电源电压 C. 冷却液温度 D. A 和 B

三、判断题

1. 当发动机转速升高，其点火提前角应适当减少。（ ）
2. 光电式信号发生器遮光盘上开有与气缸数相同的窗口。（ ）
3. 点火控制器的作用是按照信号发生器的电压信号接通和断开次级电路，使点火线圈初级绕组产生高压电。（ ）
4. 在霍尔式信号传感器中，当转子叶片进入气隙时，传感器输出 11.1 ~ 11.4V 的电压。（ ）
5. 电容器的作用是减小断电器触点火花，提高次级电压。（ ）
6. 闭磁路点火线圈比开磁路点火线圈的能量转换率高。（ ）
7. 清洗发动机时应断开点火开关，并不得直接清洗半导体组件。（ ）
8. 发动机曲轴转速与分电器的转速比为 2∶1。（ ）
9. 无分电器的单独点火系统是两个缸的火花塞共用一个点火线圈。（ ）
10. 无分电器的同时点火系统是两个缸的火花塞共用一个点火线圈。（ ）

四、简答题

1. 点火系统的功用是什么？

2. 点火提前角过大或过小对发动机有什么影响？

3. 无分电器的计算机控制点火系统的工作原理是怎么样的？

课题七

汽油发动机怠速控制系统

学习目标

通过本课题的学习，你应能：

1. 掌握汽油发动机怠速控制系统的组成和工作原理。
2. 能够辨别、认识发动机怠速控制系统各部件。
3. 掌握怠速控制系统的检修方法。
4. 能够对怠速控制系统进行简单的故障诊断排除。

任务一 怠速控制系统的功用、组成与工作原理

一、怠速控制系统的功用

怠速控制的实质是控制怠速时的充气量（进气量）。当发动机怠速负荷增大时或发动机起动后，冷却水未达正常温度之前，需要增加发动机转速，即暖机快怠速；另外还有当发动机转速急剧降低到怠速时，ECU 控制怠速控制阀使进气量增大，从而使怠速转速提高，防止发动机运转不稳或熄火；当发动机怠速负荷减小时，ECU 控制怠速控制阀使进气量减少，从而使怠速转速降低，以免怠速转速过高。

微机对怠速进行控制的内容包括起动后控制、暖机过程控制、负荷变化的控制等。其控制的过程是由怠速控制阀来完成的。

二、怠速控制系统的组成

怠速控制系统的组成如图 7-1 所示，由各种传感器、信号控制开关、电子控制器、怠速控制阀和节气门旁通空气道等组成。下面重点介绍怠速控制阀。

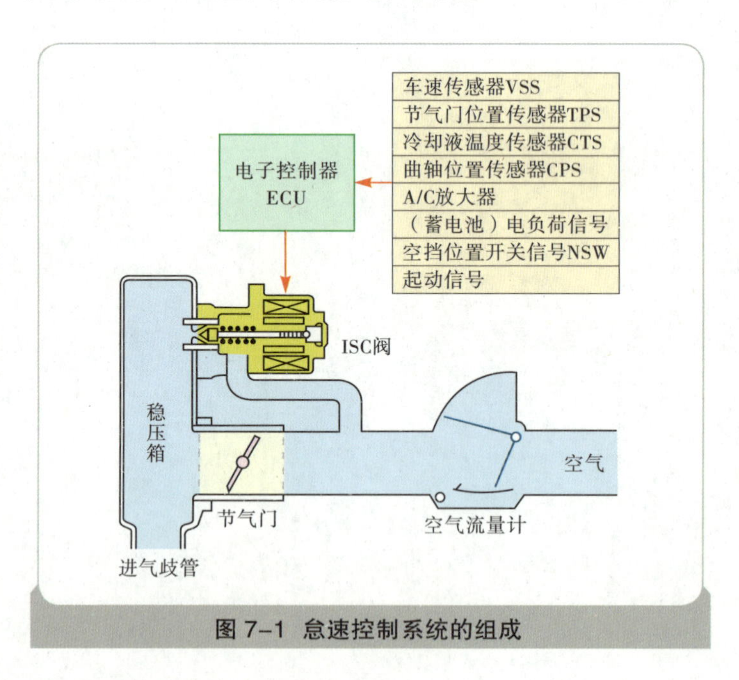

图 7-1 怠速控制系统的组成

怠速控制空气量的执行机构一般可分为两种：

第一种为控制节气门旁通气道中空气流量的旁通气道式，如图 7-2（a）所示；

第二种为控制节气门最小开度的节气门直动式，如图 7-2（b）所示。

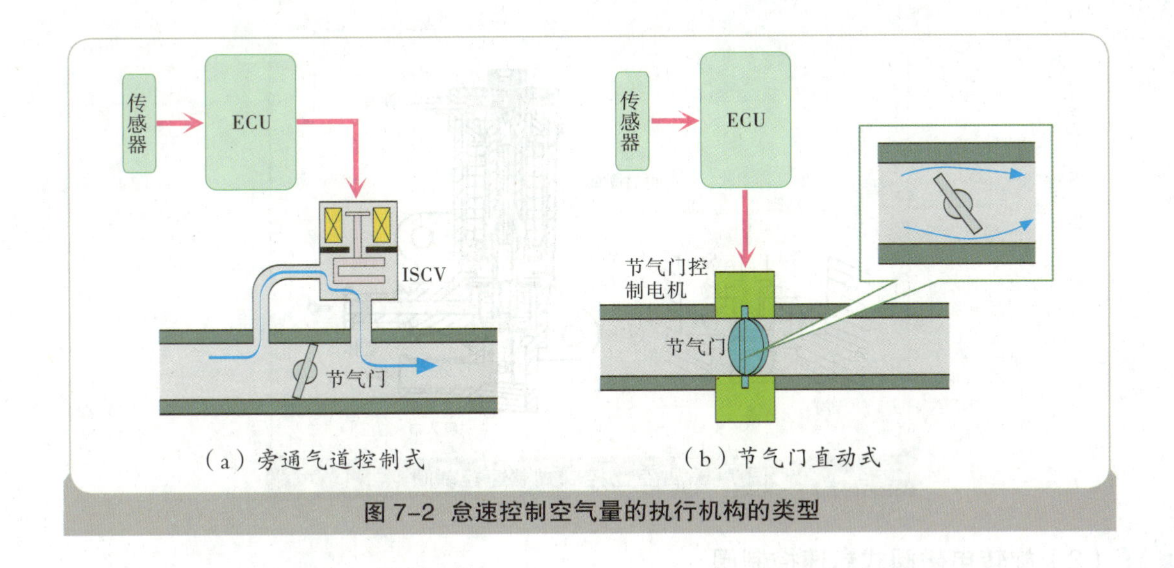

图 7-2　怠速控制空气量的执行机构的类型

1. 旁通气道控制式执行器

在发动机控制系统中，经常采用旁通进气道控制式执行器来控制发动机怠速。在早期的一些发动机上采用过双金属片式（图 7-3）和石蜡式（图 7-4）的怠速控制阀，而现今的车辆上已不再使用。现在车辆上的怠速控制阀主要有占空比控制式、旋转电磁阀式和步进电机式等类型的怠速控制阀。

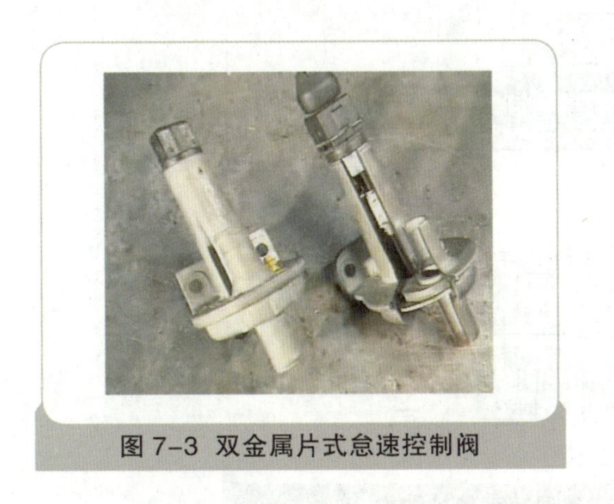
图 7-3　双金属片式怠速控制阀

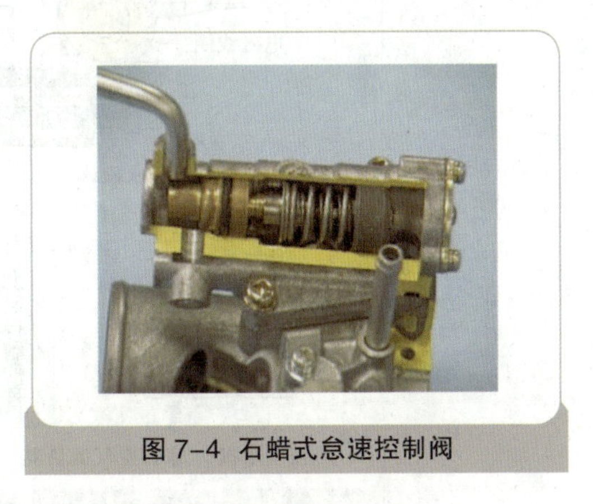
图 7-4　石蜡式怠速控制阀

（1）占空比控制式怠速控制阀

占空比控制式怠速控制阀如图 7-5 所示。

占空比控制式怠速控制阀由电磁线圈、阀轴和阀等组成。当 ECU 加大 PWM 信号的脉宽（占空比）时，电磁力加大，阀轴上移而阀门开度加大，从而导致旁通空气量的加大与怠速的提高；当 PWM 信号脉宽减小时，旁通空气量减少而怠速下降。波纹管的作用是消除阀门上、下两侧压差对开启位置的影响，便于 ECU 计算决定 PWM 信号，同时也减小了阀上的作用力。

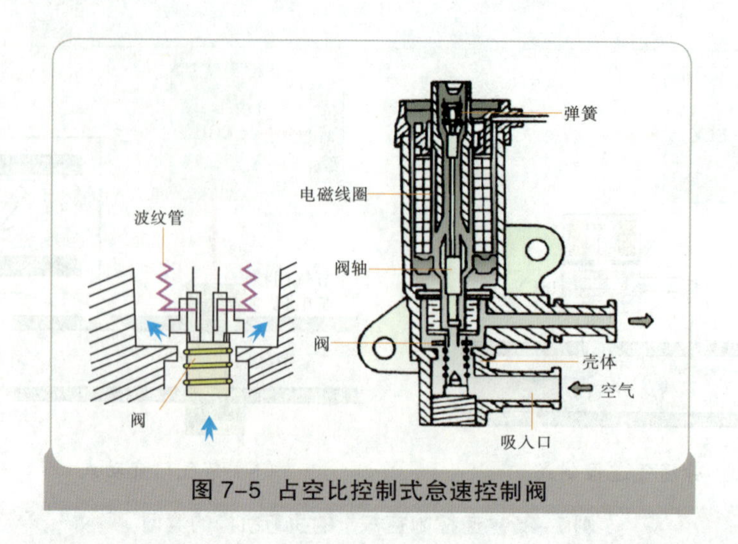

图 7-5 占空比控制式怠速控制阀

（2）旋转电磁阀式怠速控制阀

旋转电磁阀式怠速控制阀包括一组电磁线圈、永久磁铁和阀体。该阀附接在节气门体上，结构如图 7-6 所示。

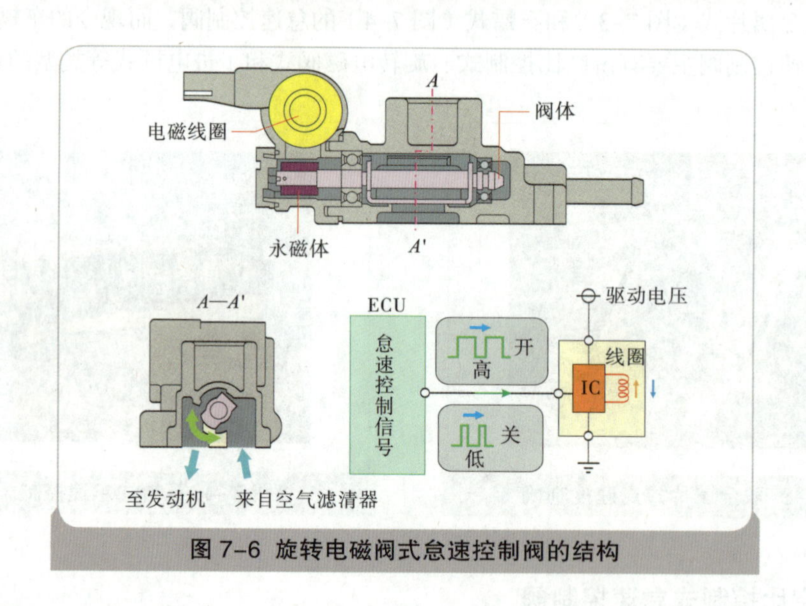

图 7-6 旋转电磁阀式怠速控制阀的结构

工作原理：

集成电路（IC）利用发动机 ECU 信号传出的占空信号，控制流向电磁线圈电流的大小及方向，同时控制从节气门的旁通通道流入的空气量，并使阀门转动。占空比较高时，IC 将阀门向打开方向转动；占空比较低时，IC 将阀门向关闭方向转动。ISCV（怠速控制阀）就这样打开和关闭。

（3）步进电机式怠速控制阀

步进电机式怠速控制阀一般安装在节气门体或进气室上。阀体被安装在转子末端上，发动机ECU发送信号到步进电机，电机转子在磁场中旋转，旋转过程中转子被转出或转入，控制流过旁通气道空气量。

这里介绍丰田汽车上的步进电机式怠速控制阀，其主要由阀轴、轴承、转子、定子线圈和阀体等组成，如图7-7所示。

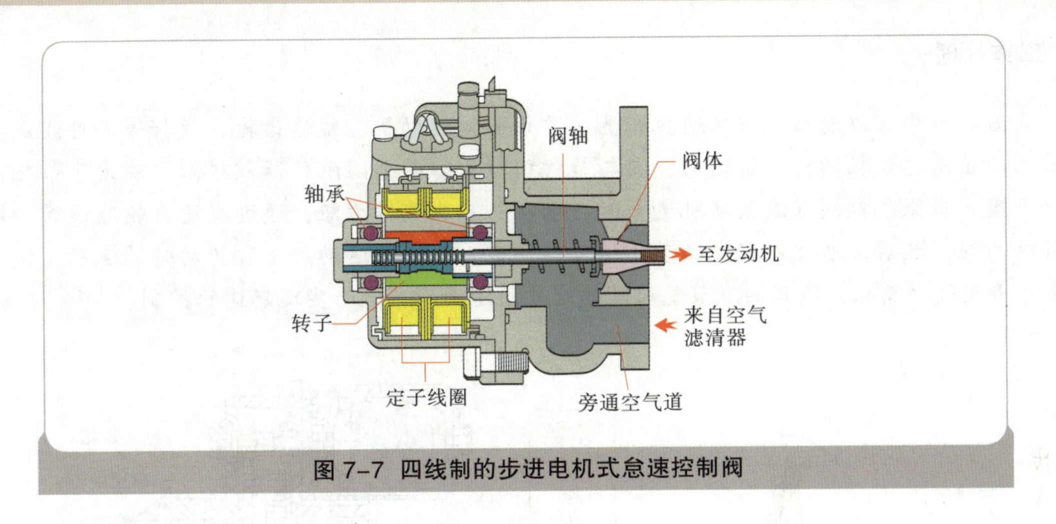

图7-7　四线制的步进电机式怠速控制阀

工作原理：

步进电机式怠速控制阀的控制电路如图7-8所示。当发动机怠速运转时，ECU根据节气门的怠速信号、车速信号确认发动机的怠速状态，再根据发动机冷却液温度传感器、空调、动力转向机构及自动变速器等工作情况，依据ECU存储的数据，确定相应的目标转速。通常采用发动机怠速反馈控制，根据发动机实际转速与目标转速比较得出的差值确定相应于目标转速的控制量，然后驱动步进电机。ECU按相序使功率管VT_1~VT_4依次导通，分别给步进电机定子线圈供电，驱动步进电机转子旋转，带动前端的阀门轴向移动，由此改变阀门开启高度，调节旁通空气流量，使发动机怠速达到所要求的目标转速。

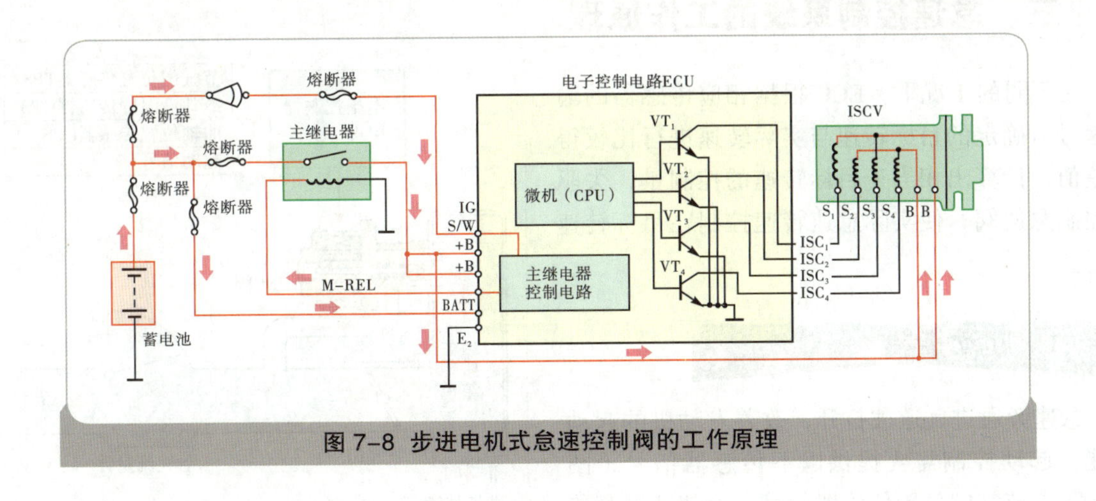

图7-8　步进电机式怠速控制阀的工作原理

2. 节气门直动式执行器

通过控制节气门开启程度，调节空气流通的面积，达到进气量，实现怠速控制的执行器，称为节气门直动式执行器。

工作原理：

从图 7-9 中可以看出，该怠速执行器主要由直流电动机、减速齿轮、丝杆等部件组成。执行器的输出是传动轴的前、后运动，它与节气门操纵臂的全闭限位器相接触，决定了节气门的最小开度。当微机控制直流电动机通电时，电动机产生旋转力矩，通过减速齿轮减速时，增大了旋转力矩，然后又通过丝杆变转动为传动轴的前、后直线运动。通过传动轴的运动，使节气门最小开度随之变化，达到调节节气门处的空气通道面积，进而实现怠速的控制。

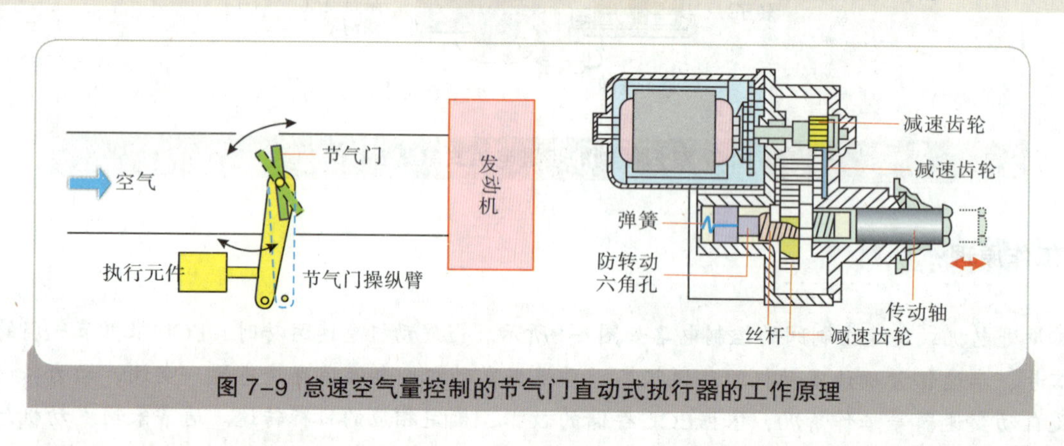

图 7-9 怠速空气量控制的节气门直动式执行器的工作原理

这种节气门直动式怠速控制执行机构较强的工作能力，控制稳定性好，但反应速度不是很快。同时，整个执行器的外形尺寸也较大，安装时受到一定的限制。

三、怠速控制系统的工作原理

在不同的工况下，ECU 根据相应传感器的输入信号所确定的目标转速与实际转速进行比较得出差值，计算出相当于目标转速的控制量，去驱动控制怠速阀，使实际怠速转速控制在目标转速附近。

1. 起动控制

怠速旁通进气道被打开，改善发动机的起动性能。起动控制需要提供以下传感器信号（图 7-10）：节气门位置传感器信号、冷却液温度传感器信号、曲轴位置传感器信号、起动信号。

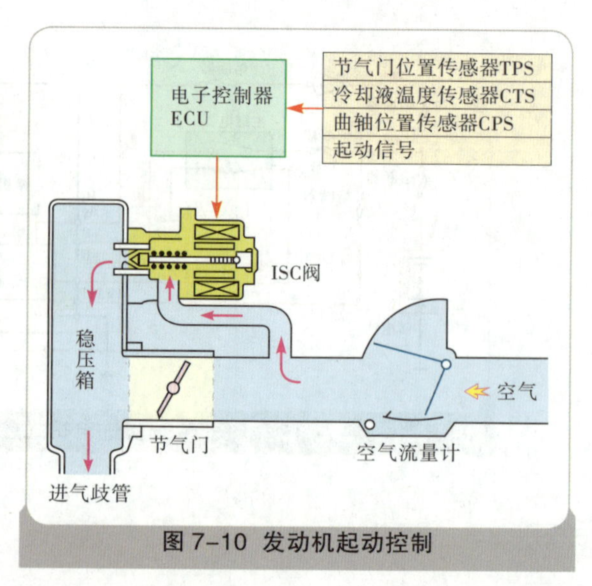

图 7-10 发动机起动控制

2. 暖机（快怠速）控制

在发动机冷却液的温度较低时，需要将发动机怠速转速提高以便发动机能够平稳运行（暖机快怠速）。当发动机冷却液温度升高后，则减低怠速转速。暖机（快怠速）控制需要提供以下传感器信号（图 7-11）：车速传感器信号 VSS、节气门位置传感器信号、冷却液温度传感器信号、曲轴位置传感器信号、起动信号。

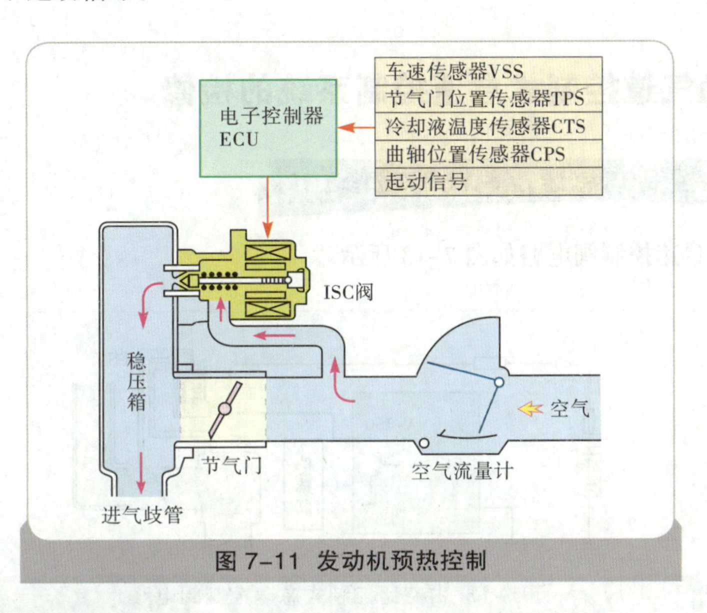

图 7-11　发动机预热控制

3. 反馈控制

在车辆怠速时，使开关空调、开关前照灯以及驻车时变速杆在 N 位与 D 位之间变换时，发动机的负荷会发生变化，此时的怠速转速也将随之变化。反馈控制需要提供以下传感器信号（图 7-12）：车速传感器信号 VSS、节气门位置传感器信号、冷却液温度传感器信号、曲轴位置传感器信号、A/C 放大器信号、电负荷信号、空挡位置开关信号。

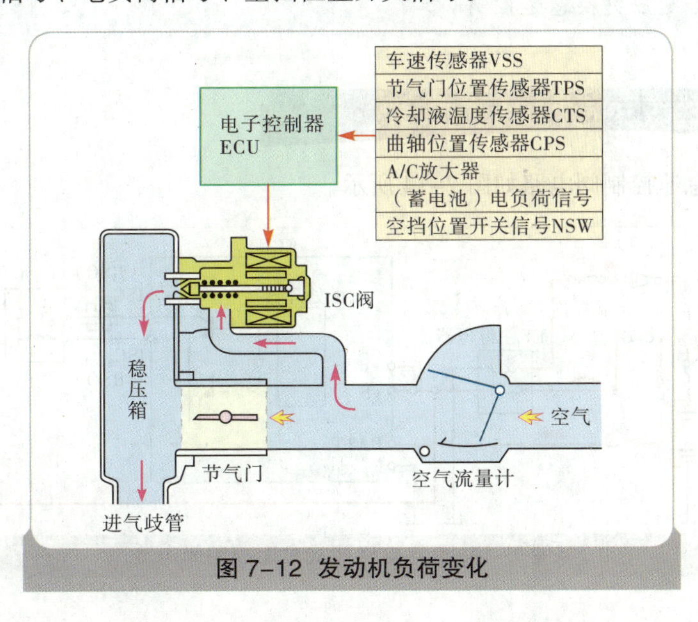

图 7-12　发动机负荷变化

任务二 怠速控制系统的检修

一、旁通气道控制式怠速控制系统的检修

1. 占空比控制式怠速控制阀的检修

占空比控制式怠速控制阀电路如图 7-13 所示。

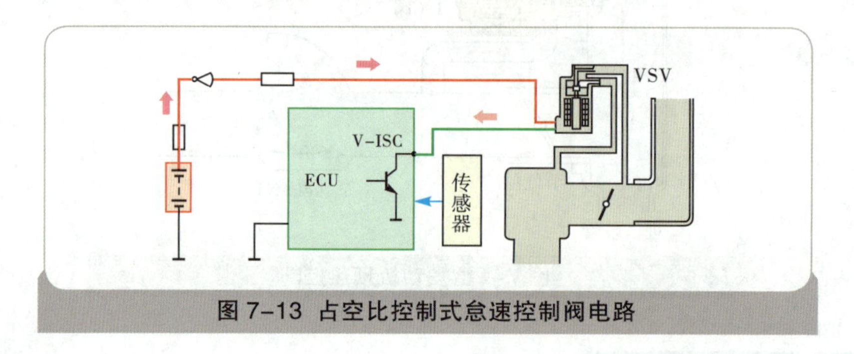

图 7-13 占空比控制式怠速控制阀电路

检修步骤

1）拆开怠速控制阀线束插接器，将点火开关转至“ON”位置但不起动发动机，在线束侧测量电源端子与搭铁之间的电压，应为蓄电池电压，否则说明怠速控制阀电源电路有故障。

2）拆开怠速控制阀上的两端子线束插接器，在控制阀侧分别测量两端子之间的电阻，正常应为 10～15Ω，否则应更换怠速控制阀。

2. 旋转电磁阀式怠速控制阀的检修

旋转电磁阀式怠速控制阀电路如图 7-14 所示。

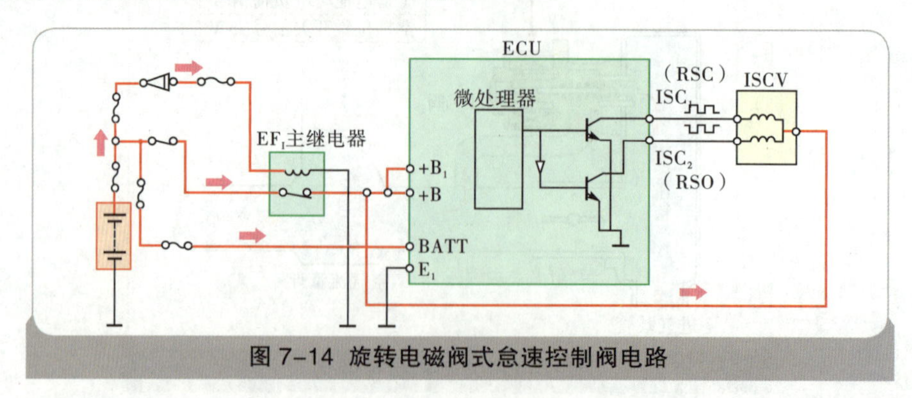

图 7-14 旋转电磁阀式怠速控制阀电路

检修步骤

1）拆开怠速控制阀线束插接器，将点火开关转至“ON”位置但不起动发动机，在线束侧测量电源端子（+B）与搭铁之间的电压，应为蓄电池电压（9～14V），否则说明怠速控制阀电源电路有故障。

2）发动机达到正常工作温度、变速器处于空挡位置时，使发动机维持怠速运转，用专用短接线短接故障诊断座上的 TE_1 与 E_1 端子，发动机转速应保持在 1 000～1 200r/min，5s 后转速下降约 200r/min。若不符合上述要求，应进一步检查检查怠速控制阀电路、ECU 和怠速控制阀。

3）拆开怠速控制阀上的 3 端子线束连接器，在控制阀侧分别测量中间端子（B）与两侧端子（ISC_1 和 ISC_2）之间的电阻，正常应为 18.8～22Ω，否则应更换怠速控制阀。

3. 步进电机式怠速控制阀的检修

步进电机式怠速控制阀电路如图 7–15 所示。

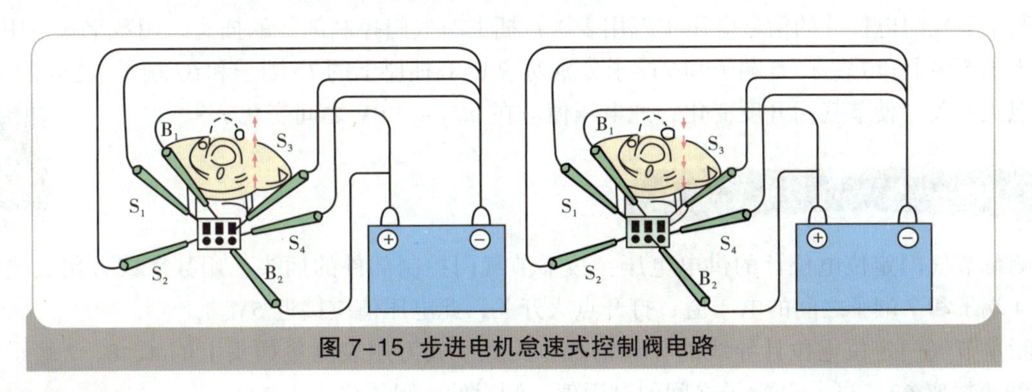

图 7–15　步进电机怠速式控制阀电路

检修步骤：

1）拆开怠速控制阀线束插接器，将点火开关转至“ON”位置但不起动发动机，在线束侧分别测量 B_1 和 B_2 端子与搭铁之间的电压，均应为蓄电池电压（9～14V），否则说明怠速控制阀电源电路有故障。

2）发动机起动后再熄火时，2～3s 内在怠速控制阀附近应能听到内部发出的“嗡嗡”响声，否则应进一步检查怠速控制阀、控制电路及 ECU。

3）拆开怠速控制阀线束插接器，在控制阀侧分别测量端子 B_1 与 S_1 和 S_3、B_2 与 S_2 和 S_4 之间的电阻，阻值均应为 10～30Ω，否则应更换怠速控制阀。

4）拆下怠速控制阀后，将蓄电池正极接至 B_1 端子和 B_2 端子，负极按顺序依次接通 $S_1 \rightarrow S_2 \rightarrow S_3 \rightarrow S_4$ 端子时，随步进电机的旋转，控制阀应向外伸出；蓄电池负极按相反顺序依次接通 $S_4 \rightarrow S_3 \rightarrow S_2 \rightarrow S_1$ 时，则控制阀应向内缩回。若工作情况不符合上述要求，应更换怠速控制阀。

注意：

1）不要用手推或拉控制阀，以免损坏丝杠机构的螺纹；

2）不要将控制阀浸泡在任何清洗液中，以免步进电机损坏；

3）安装时，检查密封圈不应有任何损伤，并在密封圈上涂少量润滑油。

二、节气门直动式怠速控制系统的检修

以桑塔纳轿车为例，其电路如图 7–16 所示。

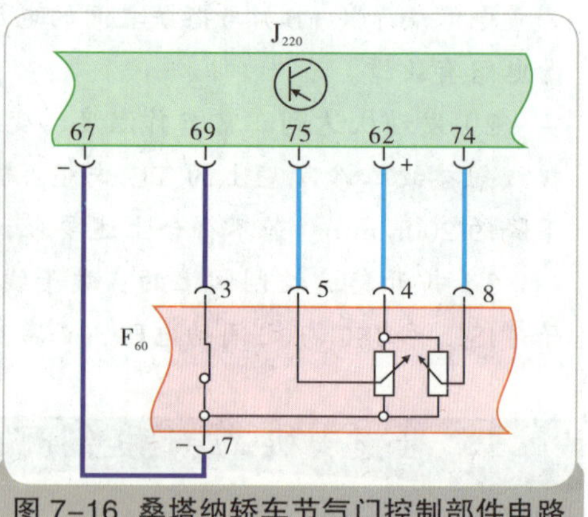

图 7–16 桑塔纳轿车节气门控制部件电路

1. 测量节气门位置传感器（节气门电位计）

测量节气门电位计的供电电压：拔下节气门控制部件的插头，用数字式万用表测量插头上的 4 端子和 7 端子之间的电压值，打开点火开关，此电压值应接近 5V（发动机 ECU 提供）。

测量节气门电位计导线的导通情况：用数字式万用表测量插头上的 4、5、7 端子分别至 ECU 线束插座 62、75、67 端子之间的电阻值，测得电阻值应小于 1Ω。

测量节气门电位计的信号电压（万用表）：插上节气门控制部件的插头，用数字式万用表测量插头上的 5 端子和 7 端子（5 端子和 7 端子分别对应 ECU 插座上的 75 端子和 67 端子）之间的电压值，打开点火开关，使节气门开度变化，此电压值应在 0.5 ~ 4.9V 之间变化。

节气门位置传感器检测

2. 测量节气门定位电位计

测量节气门定位电位计的供电电压：拔下节气门控制部件的插头，用数字式万用表测量插头上的 4 端子和 7 端子之间的电压值，打开点火开关，此电压值应接近 5V。

测量节气门定位电位计导线的导通情况：用数字式万用表测量插头上的 4、8、7 端子分别至 ECU 线束插座 62、74、67 端子之间的电阻值，测得的电阻值应小于 1Ω。

测量节气门定位电位计的信号电压（万用表）：插上节气门控制部件的插头，用数字式万用表测量插头上的 8 端子和 7 端子（8 端子和 7 端子分别对应 ECU 插座上的 74 端子和 67 端子）之间的电压值，打开点火开关，使节气门开度变化，此电压值应在 0.5 ~ 4.9V 之间变化。

3. 检查怠速开关

测量怠速开关的电阻：将万用表两个表笔接触 ECU 插座上的 69 端子和 67 端子，当打开节气门时，测到的电阻值应为无穷大，当节气门关闭时，测得的电阻值应小于 1Ω。

测量怠速开关导线的导通情况：拔下节气门控制部件的插头，用数字式万用表测量节气门控制部件插头上的 3 和 7 端子至 ECU 线束插座 69 端子和 67 端子间的电阻值，测得的电阻值应小于 1Ω。

测量怠速开关信号：可用诊断仪检测进入 08 功能读数据块。选择 98 显示组，屏幕显示及检查见“节气门电位计检查”。

4. 检查节气门定位器（怠速电机）

测量节气门定位器的供电电压：打开点火开关，用数字式万用表测量 ECU 上的 66 端子和 59 端子这时电压值，66 端子的电压值应为蓄电池电压值（12V 左右），59 端子的电压值应为 10V 左右。

测量节气门定位器导线的导通情况：用数字式万用表测量 ECU 线束插座至节气门定位器电线插头间的电阻值，电阻值应小于 1Ω。

三、怠速控制系统的就车检测方法

1. 发动机怠速运转状况检测

（1）冷车状态下起动发动机时

暖机过程开始时，发动机的怠速转速应能达到规定的快怠速转速（通常为 1 200 r/min）；在发动机达到正常工作温度后，怠速转速应能恢复正常（通常为 800 r/min）。如果冷车起动后怠速不能按上述规律变化，则说明怠速控制系统有故障。

（2）发动机达到正常工作温度后

在打开空调开关时，发动机怠速转速应能上升到 1 000 r/min 左右。若打开空调开关后发动机转速下降，则说明怠速控制系统有故障。

（3）发动机怠速运转中

若对怠速调节螺钉做微量转动，发动机怠速转速应不会发生变化（转动后应使怠速调节螺钉恢复到原来的位置）。若在转动中怠速转速发生变化，则说明怠速控制系统不工作。

2. 怠速控制阀的工况检查

（1）脉冲线性电磁阀式怠速控制阀

在发动机怠速运转中拔下怠速控制阀线束插接器，观察发动机的转速是否有变化。如此时发动机转速有变化，则怠速控制阀工作正常。

（2）步进电机式怠速控制阀

在发动机熄火后的一瞬间倾听怠速控制阀是否有“嗡嗡”的工作声音（此时步进电机应工作，直到怠速控制阀完全开启，以利发动机再起动）。如怠速控制阀发出“嗡嗡”声，则说明怠速控制阀良好。为了检查步进电机式怠速控制阀的工作状况，也可以在发动机起动前拔下怠速控制阀线束插接器，待发动机起动后再插上，观察发动机转速是否有变化。如果此时发动机转速发生变化，则说明怠速控制阀工作正常；否则，说明怠速控制阀或控制电路有故障。

3. ECU 控制电压的检测

（1）脉冲线性电磁阀式怠速控制阀

拔下怠速控制阀线束插接器，用万用表电压挡测量其端子电压。如果在发动机运转过程中，怠速控制阀线束插接器端子有脉冲电压输出，则说明 ECU 和怠速控制系统线路无故障。若无脉冲电压输出，可打开空调开关后再测试，若仍无脉冲电压输出，则说明怠速控制系统不工作，检查 ECU 与怠速控制阀之间的线路，判断是否存在接触不良或断路故障；如怠速系统的线路无故障，则 ECU 有故障，应更换 ECU。

（2）步进电机式怠速控制阀

将点火开关置于“ON”位置，然后测量 ECU 的 ICS_1、ICS_2、ICS_3、ICS_4 端子与 E_1 端子间的电压值（应为 9 ~ 14V）。如无电压，则说明 ECU 有故障。

一、填空题

1. 怠速控制主要包括______、______、______等，其控制的过程是由______来完成的。

2. 怠速控制空气进气量的执行机构一般可分为______和______两种。

3. 占空比控制式怠速控制阀由______、______和______组成。

4. 步进电式怠速控制阀一般安装在______或______。

5. 怠速控制的实质是控制怠速时的______。

6. 现在的车辆上的怠速控制阀主要有______、______和______等类型。

7. 通过控制节气门开启程度，调节______的面积，达到______，实现______，称为______。

二、选择题

1. 旁通空气式怠速控制是通过调节（　）来控制空气流量的方法来实现的。

A. 旁通气道的空气通路面积　B. 主气道的空气通路面积

C. 主气道或旁通气道的空气通路面积　D. 节气门开度

2. 汽油机怠速和很小负荷时供给（　）的混合气。

A. 很稀　B. 较稀　C. 较浓　D. 很浓

3. 下面（　）现象不会引起怠速不稳。

A. 喷油器滴漏　B. 进气管漏气　C. 排气不畅　D. EGR 阀关闭

4. 下列不是旋转电磁阀型怠速控制项目的是（　）。

A. 起动控制　B. 反馈控制　C. 固定占空比控制　D. 暖机控制

5. 活性炭罐在（　）工况下不工作。

A. 高度　B. 怠速　C. 在负荷　D. 中速大负荷

6. 在怠速控制系统中，ECU 需要（　）信号确认怠速工况。

A. 节气门和挡位　B. 车速和空调　C. 节气门和车速　D. 空调和挡位

三、判断题

1. 怠速运转的高低直接影响燃油消耗和排放污染。（　）

2. 只有在节气门全关、车速为零时，才可进行怠速控制。（　）

3. 节气门直动式怠速控制器动态响应性比较差。（　）

4. 开关型怠速控制阀只有开或关两个位置。（　）

5. 当发动机刚刚起动后，开关型怠速控制阀的线圈处在通电状态。（　）

6. 怠速控制的目的是在保证发动机运转稳定的前提下，尽量使发电机保持高怠速运转。（ ）

7. 怠速控制系统可以包括冷车起动提速及空调提速装置的功能，从而使进气系统更加简化。（ ）

8. 节气门直动式怠速控制执行机构具有很强的工作能力，控制位置稳定性良好，控制速度快，响应性较好。（ ）

9. 旋转电磁阀式怠速控制阀具有体积小、质量轻、可控制快怠速等特点。（ ）

10. 只要点火开关置于 OFF 位型，无论步进机式怠速电磁阀位于何位置，都将迅速退回到全部打开状态，为下次冷起动做好准备。（ ）

四、简答题

1. 怠速控制系统有何功用？由哪些部件组成？

2. 简述步进电机式怠速控制执行机构的工作原理。

3. 简述旋转电磁阀式怠速控制执行机构的工作原理。

课题八

汽油发动机辅助控制系统

学习目标

通过本课题的学习，你应能：

1. 熟悉发动机谐波增压系统的构造和工作原理。
2. 熟悉可变进气歧管系统的构造和工作原理。
3. 掌握发动机废气涡轮增压控制系统的构造和工作原理。
4. 掌握可变气门正时控制系统的分类、构造和工作原理
5. 掌握废气再循环系统的类型、组成和工作原理
6. 能够辨别、认识发动机辅助控制系统各部件。
7. 掌握电控发动机辅助控制系统各部件的检测、更换方法。

任务一 谐波增压控制系统

空气在进气管内流动时，具有一定的惯性，并会在进气管内产生一种往复运动的压力波，当压力波到达进气门时即可开启进气门，会明显增大进气量。谐波增压控制系统就是利用进气惯性产生的压力波来提高进气效率的。

谐波增压控制形式很多，其工作原理大体上可分为两种形式，一种是根据发动机转速和负荷的变化情况，自动地改变进气管的有效长度；另一种是可改变波长的谐波增压控制系统。

一、谐波增压控制系统的结构

谐波增压控制系统在发动机的进气管中部加设了一个谐振室（大容量的真空室）和相应的控制装置。它主要由进气导流管、副谐振室、空气滤清器、空气流量传感器、主谐振室和进气歧管等组成，其结构如图 8-1 所示。

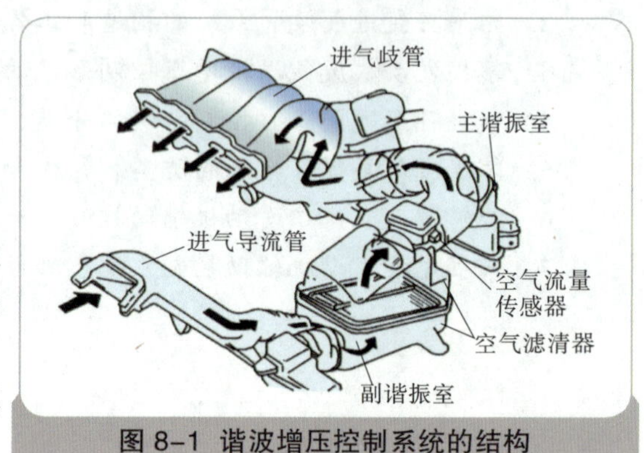

图 8-1 谐波增压控制系统的结构

二、谐波增压控制系统的控制原理

谐波增压控制系统根据发动机转速的变化，改变进气管内压力波的传播距离，以提高充气效率，改善发动机性能。如图 8-2 所示，ECU 根据转速信号控制电磁真空通道阀的开闭。低速时，电磁真空通道阀电路不通，真空罐的真空度不能进入真空室，受真空室控制的进气增压控制阀处于关闭状态，进气管内的脉动压力波在空气滤清器与进气门之间传播，满足发动机中低速进气增压的要求。高速时，ECU 接通电磁真空通道阀的电路，将进气增压控制阀打开，由于大容量谐振室的参与，在进气通道控制阀处形成气帘，进气脉动压力波只能在进气门和大容量气室之间传播，压力波的传播距离被缩短，满足了发动机在高速区进气增压的要求。

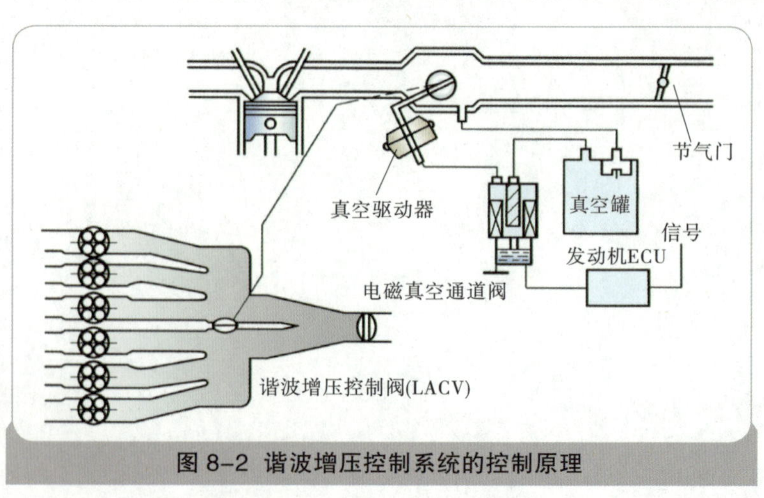

图 8-2 谐波增压控制系统的控制原理

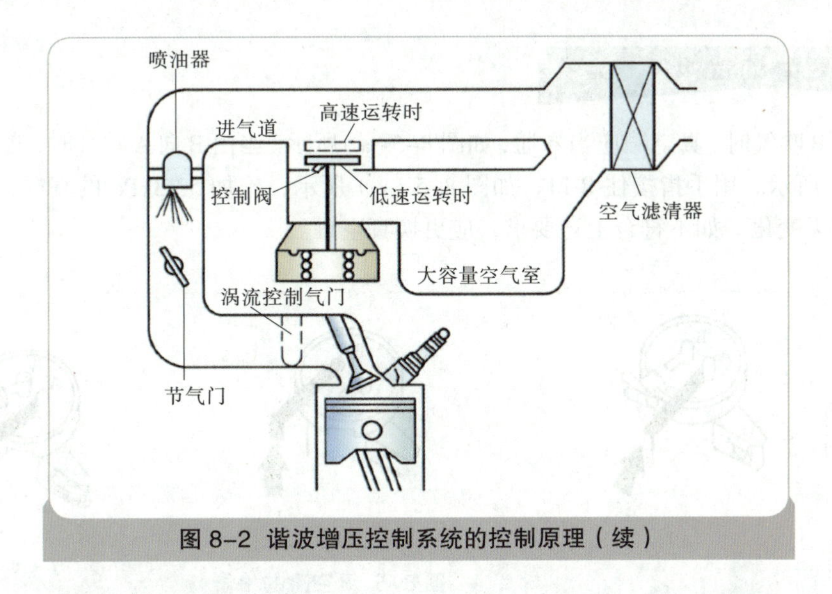

图 8-2 谐波增压控制系统的控制原理（续）

三、谐波增压控制系统检修

谐波增压控制系统的检修主要包括对真空部件和电控部件工作情况的检查。下面介绍电磁阀、真空驱动器、真空罐及控制系统的检修。

检查换挡电磁阀

1. 电磁阀的检修

在常温下，电磁阀两端子间的电阻的测量如图 8-3 所示。当测得两端子间的电阻为 38.5 ~ 44.5Ω，同时两端子与电磁阀壳体不导通时，表示正常；否则应予以更换。

给电磁阀通电，当电磁阀未接通时，空气应能从通道 E 进入，然后从空气滤清器中排出，如图 8-4（a）所示。当在电磁阀的两端子间施加 12V 电压时，空气应能从通道 E 进入，然后从通道 F 排出，如图 8-4（b）所示，否则应予以更换。

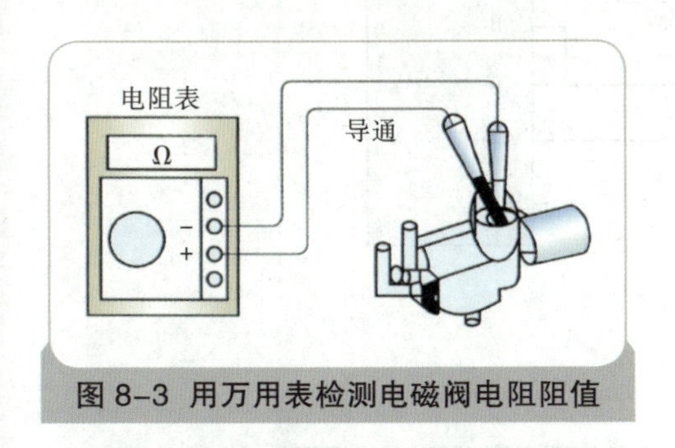

图 8-3 用万用表检测电磁阀电阻阻值

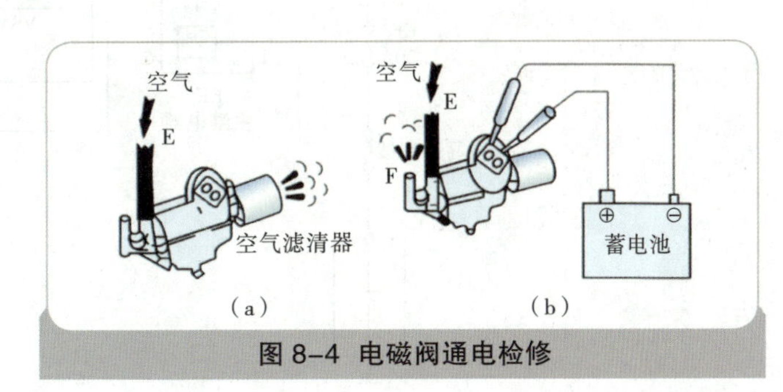

图 8-4 电磁阀通电检修

2. 真空驱动器的检修

当施加 53.3 kPa 的真空度时，检查真空阀杆有无移动。当真空施加 1min 后，泄放真空，观察阀杆是否回位，如果发现阀杆不动或不回位，先旋转其调整螺钉来调节位置，如仍无反应，则应予以更换。

3. 真空罐的检修

当由A向B吹气时，真空罐应当导通，如图8-5(a)所示。当由B向A吹气时，真空罐应当截止，如图8-5（b）所示。用手指按住B口，如图8-5（c）所示，施加53.3kPa的真空，观察1min，表头真空度应该无变化。如不符合上述要求，应更换真空罐。

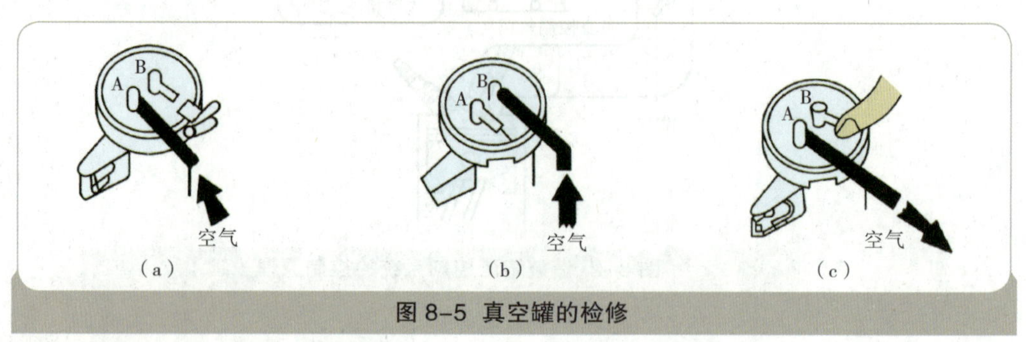

图8-5 真空罐的检修

（a）导通；（b）截止；（c）施加真空

4. 控制系统检修

●电压检测：关闭点火开关，断开真空电磁阀插接器，将点火开关置于“ON”位置，测量电磁阀线束插接器1端子，其电压应为蓄电池电压，如图8-6所示，否则应检查主继电器EFI、熔断丝。

●电阻检测：关闭点火开关，断开真空电磁阀插接器，用万用表检查电磁阀1端子与2端子之间的电阻，标准阻值为38.5 ~ 44.5Ω，否则应更换。检测相关导线间的电阻值应小于0.5Ω，否则应修复。

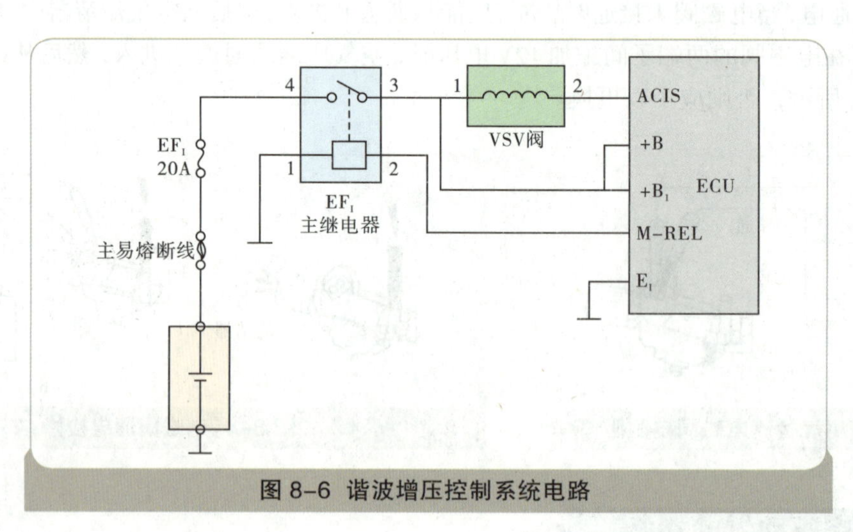

图8-6 谐波增压控制系统电路

任务二　废气涡轮增压控制系统

一、废气涡轮增压控制系统的构造与工作原理

废气涡轮增压控制系统的组成如图 8-7 所示，ECU 控制释压电磁阀，释压电磁阀控制进入驱动气室的气体压力，驱动气室控制废气流动路线切换阀的工作。

当控制单元检测到进气压力低于规定值时，ECU 控制释压电磁阀搭铁电路断开，释压电磁阀关闭，切断了释压电磁阀的进气通道，接通了增压器进气出口与驱动气室的通道，从涡轮增压器进气出口引入的进气压力，经释压电磁阀进入驱动气室，克服气室弹簧的压力推动切换阀，打开废气进入涡轮室的通道，关闭旁通气道，废气流经涡轮室。废气的惯性冲力推动涡轮室内的涡轮，涡轮带动同轴的叶轮，从空气滤清器进入的空气被叶轮压送进入气缸，进气增压。

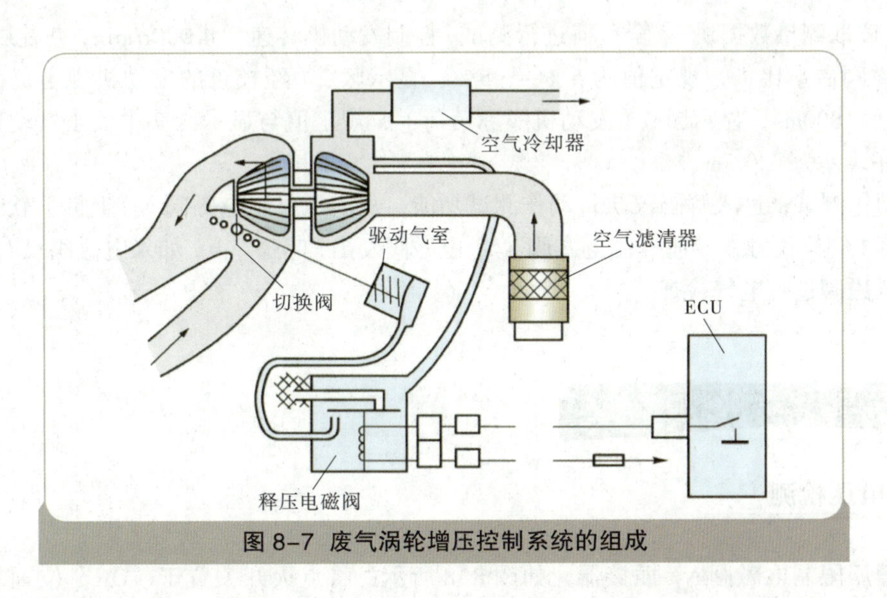

图 8-7　废气涡轮增压控制系统的组成

当控制单元检测到进气压力高于规定值时，ECU 将释压电磁阀的搭铁电路接通，释压电磁阀打开，切断了增压器进气出口与驱动气室的通道，接通了释压电磁阀的进气通道，驱动气室在回位弹簧的作用下打开切换阀，排气旁通道口打开，进入涡轮室的通道被关闭，废气不经涡轮室直接排出，增压器停止工作，进气压力下降。当进气压力降至规定的压力时，ECU 关闭释压电磁阀，切换阀打开进入涡轮室的通道口，废气涡轮增压器开始工作。

ECU 根据发动机加速、爆燃、冷却液温度、进气量等运行工况信号，确定增压压力的目标值，通过进气管压力传感器来检测发动机实际增加的压力值，实现闭环控制。

二、废气涡轮增压控制系统的检修

1. 解码仪检测诊断

（1）故障诊断分析

关闭点火开关，连接 VAS5051 或 KT600 解码仪到诊断座（DLC），打开点火开关，开启解码仪电源，按界面提示进入，按解码仪操作流程读取故障码，如表 8-1 所示。

表 8-1 进气增压控制电磁阀故障

DLC	DLC 含义	故障部位
01262	增压限制电磁阀 N_{75} 对地短路	N_{75}、增压压力系统、ECU
	增压限制电磁阀 N_{75} 对正极短路	

（2）读取数据流

选择“读取测量数据块”，全负荷进行测试，控制发动机转速为 4 000r/min，查看显示区 4（增压限制电磁阀占空比），规定值为 5% ~ 95%；显示区 2（经校正的发动机规定负荷），规定值为 0.001 ~ 800ms；显示区 3（发动机实际负荷），规定值与显示区 2 中校正发动机规定负荷相同（允许误差为 ±0.3ms）。

执行动作测试，进入解码仪执行动作测试功能，从增压限制电磁阀 N_{75} 上拆下软管，接上辅助软管，操作解码仪触发专业控制电磁阀 N_{75}，电磁阀发出“咔嚓”声，如果电磁阀没有发出声响，则应对该电磁阀进行电气检查。

2. 万用表检测诊断

（1）电压检测

断开增压限制电磁阀 N_{75} 插接器，如图 8-8 所示，将点火开关置于“ON”位置，用万用表电压挡检测 1 端子与搭铁之间的电压（蓄电池电压），如没有电压，则应检查电源线。

（2）电阻检测

断开增压限制电磁阀 N_{75} 插接器，检测电磁阀电阻，标准电阻应为 10 ~ 20Ω，否则应更换；检测电磁阀线束插接器电磁阀侧 2 端子与 ECU 侧端子 T60a/3 之间的电阻，应小于 0.5Ω，否则应修复线束。

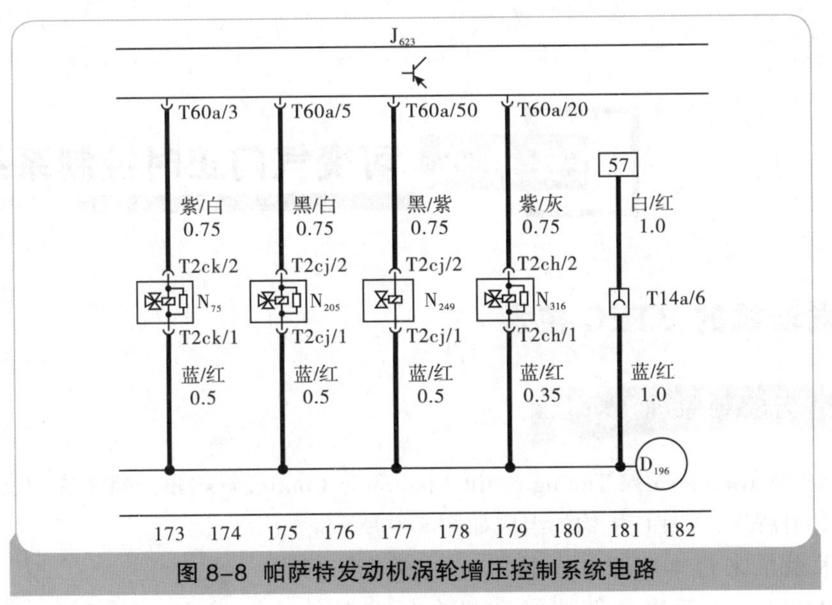

图 8-8　帕萨特发动机涡轮增压控制系统电路

N_{756}—增压限制电磁阀；D_{196}—87a 连接线；J_{6236}—ECU

3. 进气增压控制系统的常见故障诊断

涡轮增压器故障表现在整车上主要有发动机功率不足、涡轮增压器工作噪声过大、涡轮增压器压气机侧漏油、涡轮增压器排气涡轮侧漏油、发动机润滑油消耗量过大或排气冒蓝烟等。如果遇到以上问题，应采用以下步骤进行机上诊断，确定故障原因以后，再决定是否更换涡轮增压器。其判断方法如下。

●发动机功率不足。检查空气滤清器是否阻塞，压气机与发动机进气管的连接是否松动，发动机进气管是否漏气，气缸压力是否正常，发动机的排气歧管是否漏气，中冷器是否损坏，涡轮增压器壳体是否损坏，涡轮增压器转子总成是否有黏合或摩擦现象，压气叶轮和排气涡轮是否磨损等。

●涡轮增压器工作噪声过大。检查空气滤清器是否阻塞，发动机进气或排气管是否松动，压气机进气口管道或压气机壳中是否有异物，发动机排气系统中是否有异物，涡轮增压器转子总成是否有黏合或摩擦现象，压气叶轮和排气涡轮是否磨损等。

●涡轮增压器压气机侧漏油。检查空气滤清器是否阻塞，涡轮增压器回油管路是否阻塞，发动机曲轴箱内的压力是否过高，曲轴箱内润滑油是否过多等。

●涡轮增压器排气涡轮侧漏油。检查发动机曲轴箱内的压力是否过高，润滑油是否过多，涡轮增压器润滑油回油管路是否阻塞等。

●发动机润滑油消耗量过大或发动机排气冒蓝烟。检查发动机曲轴箱压力是否过高，发动机本身是否烧机油，涡轮增压器压气机侧的油封是否漏油，涡轮增压器涡轮侧的油封是否漏油等。

总之，在故障诊断中要积极使用检测电脑，有方向性地优先排除电气故障。在怀疑涡轮增压器损坏的故障诊断中，如果涡轮增压器的损坏不易检查、无法确定，则按排除法，先排除其他可能性原因，进而确定是否为涡轮增压器的故障；反之，则优先检查涡轮增压器。在使用过程中，不宜将涡轮增压器汽车视同一般汽车进行操作。

任务三 可变气门正时控制系统

一、发动机的 VTEC 技术

1. 构造与控制原理

VTEC 全名是 Variable valve Timing & lift Electronic Control system，翻译成中文是“电子控制可变气门正时和升程”，VTEC 机构的组成如图 8-9 所示。

VTEC 技术最早来自本田摩托车技术——1983 年 12 月发布的 CBR400F。为解决高转速发动机在低速时的转矩输出问题，本田公司为该车的发动机（NC07E）配置了 REV（Revolution Modulated Valve Control）系统，399mL 空冷四冲程 DOHC 直列四缸 16 气门，功率输出为 58ps/12 300rpm，转矩为 3.6kg · m/11 000rpm。从 1988 年起，本田公司开始研究在汽车上应用可变气门技术，早期应用在汽车上的 VTEC 有 3 种：VTEC-E、VTEC、DOHC VTEC。VTEC-E 只能改变进气门数量，应用在 Civic ETi 1.5L 车上。

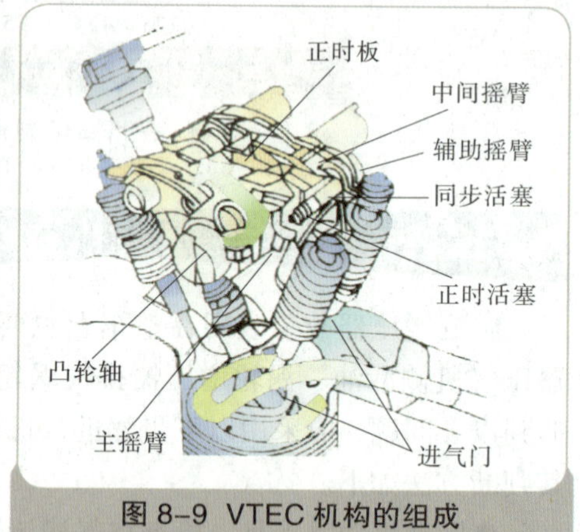

图 8-9 VTEC 机构的组成

工作原理：

VTEC 发动机进气凸轮轴如图 8-10 所示，发动机低速时，VTEC 机构的油道内设有机油压力，正时活塞、同步活塞 A、同步活塞 B 和止推活塞在回位弹簧作用下都处于左端，正时板卡入正时活塞，使其不能移动，此时 3 个摇臂分离，彼此独立工作。主凸轮升程较大，所以它驱动的气门开度较大；辅助凸轮升程较小，所以它驱动的气门开度较小。这时，中间摇臂虽然也被凸轮驱动，但因为 3 个摇臂彼此分离独立，所以中间摇臂并不参与工作，对气门动作无影响。

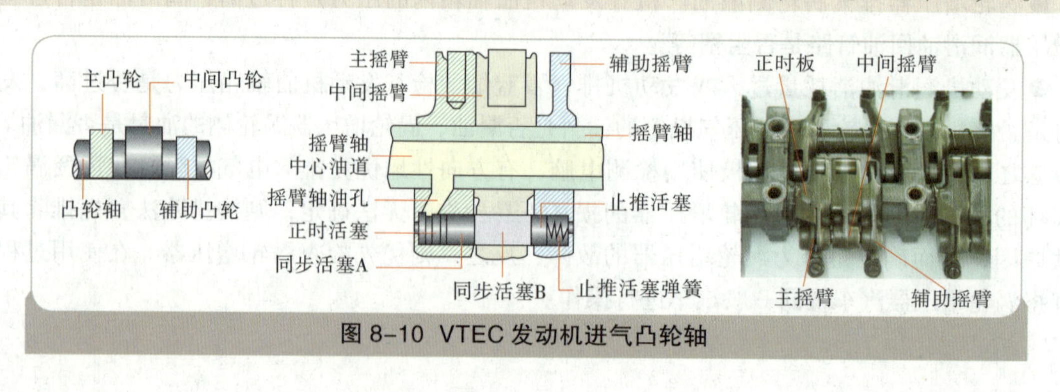

图 8-10 VTEC 发动机进气凸轮轴

发动机达到某一个设定的高转速（如 3 000r/min）时，由 ECU 传来的信号打开 VTEC 电磁阀，压力机油通过摇臂轴上的摇臂轴油孔进入正时活塞，正时板移出，推动摇臂内的正时活塞，使 3 个摇臂锁成一体。由于中间凸轮升程最高，摇臂锁为一体后由它驱动，进气门开启时间延长，升程增加。

工作过程电路控制：

发动机控制单元 ECU 根据传感器信号进行判断，输出相应的控制信号，通过电磁阀调节摇臂内活塞液压系统，使发动机在不同的工况下由不同的凸轮控制，从而使进气门的开度和正时处于较佳状态。VTEC 电磁阀开启后，控制系统通过压力开关反馈信号给 ECU，以监控系统工作，如图 8-11 所示。

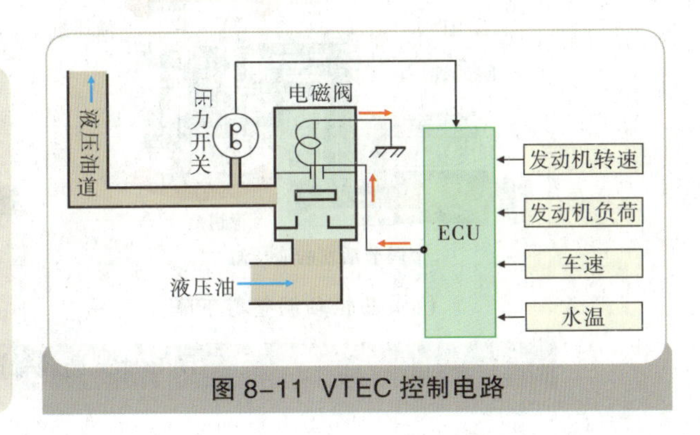

图 8-11　VTEC 控制电路

2. VTEC 系统的检修

拆下 VTEC 电磁阀总成，检测电磁阀滤清器，如有堵塞现象，应更换滤清器和发动机润滑油。电磁阀密封垫一经拆下，必须更换新件。检查电磁阀运动状况，如有发卡现象，应更换。

发动机不工作时，拆下气门罩，转动曲轴分别使各缸处于压缩终了上止点位置，用手按压中间摇臂，应能与主摇臂和次摇臂分离单独运动。

使用解码仪检测，如有故障码 21，则说明 VTEC 系统电磁阀或电路有故障，可以按以下步骤进行检查。

- 清除故障码，再重新调取故障码。
- 关闭点火开关，断开 VTEC 电磁阀线束，测量电磁阀电阻应为 14 ~ 30Ω。
- 检查 VTEC 电磁阀与 ECU 之间的连接线是否有短路或断路故障。
- 起动发动机运转到正常水温时，检查发动机转速在 1 000r/min、2 000r/min 和 4 000r/min 时的机油压力。如果机油压力均高于 49kPa，则说明电磁阀不能开启，应更换电磁阀。
- 检查 ECU 是否有故障（可采用换件法检查）。

二、可变配气相位

1. 构造与控制原理

大众奥迪的可变配气相位技术与前面不同的地方在于，大众奥迪可变配气不能调节气门升程，只改变了进气门开启和关闭的时间。采用油压控制的链轮链条结构，如图 8-12 所示。

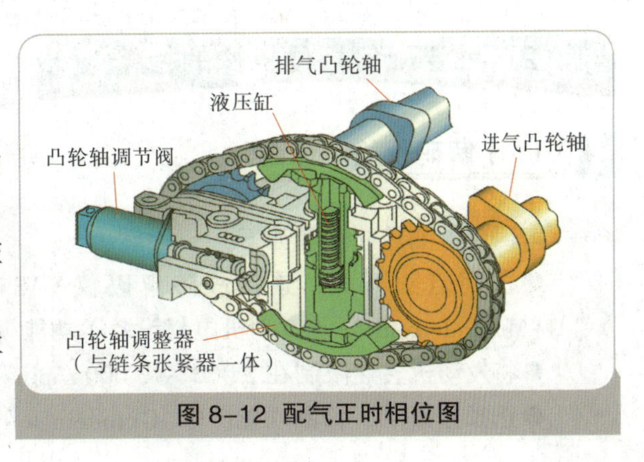

图 8-12　配气正时相位图

左、右列缸对应的可变气门正时机构均设置了一个可变气门正时电磁阀，如图 8-13 所示。发动机在获得转速传感器的信息后，对左、右列缸对应的可变气门正时电磁阀的控制方式做出正确选择并控制阀体动作。当获得不同阀体位置时，通往可变气门正时调节器内的液压缸油路变换，使得可变气门正时调节器上升或下降，以至于左、右列缸对应的进气门获得不同的迟闭角。

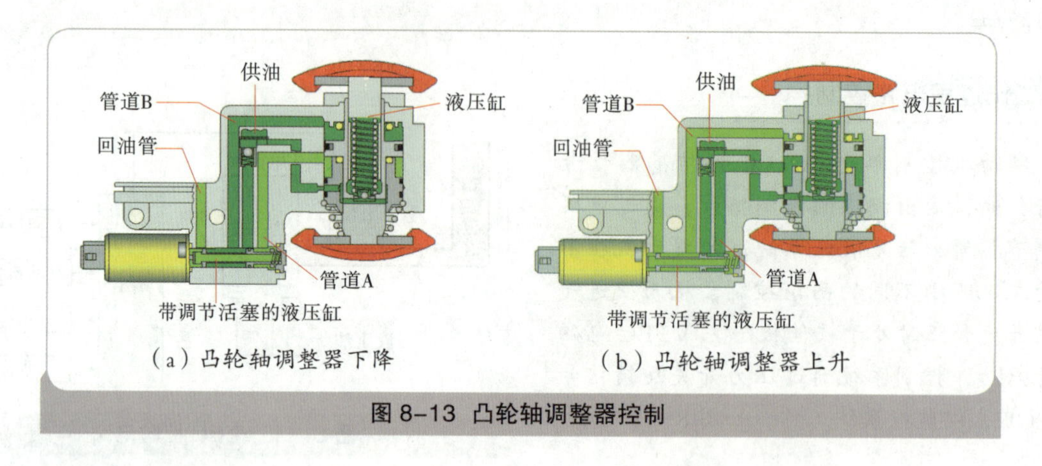

（a）凸轮轴调整器下降 （b）凸轮轴调整器上升

图 8–13 凸轮轴调整器控制

调整器的工作原理：

凸轮轴调整器向下拉长，于是链条上部变短，下部变长。因为排气凸轮轴被齿形带固定了，此时排气凸轮轴不能被转动，进气凸轮轴被转一个角度，进气门提前关闭。在这个位置时，在中、低转速可获得大转矩输出，如图 8–14（a）所示。

调整功率时，链条下部短，上部长，进气门延迟关闭。进气管内气流速高，气缸充气量足。因此高转速时，功率大，如图 8–14（b）所示。

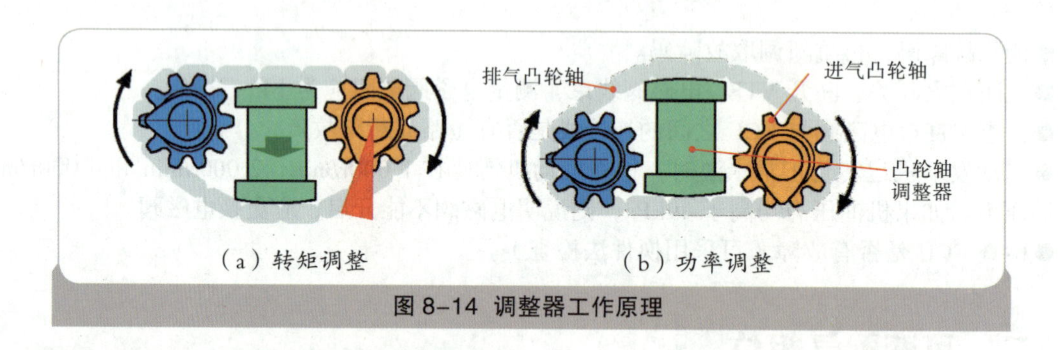

（a）转矩调整 （b）功率调整

图 8–14 调整器工作原理

2. 可变配气相位机构的检修

（1）解码仪检测诊断

解码仪检测诊断步骤如下：

●关闭点火开关，连接故障解码仪 VAS5051，选择车辆自诊断和车辆系统，按故障“01–Mororeletronic”（发动机电气设备）功能模块起动发动机。

●将发动机转速限制在 2 000 ~ 3 000 r/min。

●选择界面 –1– 诊断功能“04–Grundeinstellung”（基本设置）。

●根据屏幕提示输入显示组 094，按 O 键确认。

●检查显示区 3、4 内的数据并记录。

●检查进气凸轮调节器：切换到显示组 091，发动机怠速运转，检查显示区 3、4 内的显示数据并记录。

●凸轮轴调节器电磁阀诊断检查：进入“03-Stellglieddiagnose”（执行元件诊断），对凸轮轴调节电磁阀进行控制，控制电磁阀操作大约 1min，可以听到“咔嚓”的声音；如果电磁阀没有发出声音，则需要进行凸轮轴调节器电磁阀的电气检查。

（2）万用表检查诊断

万用表检查诊断步骤如下：

●电压检测：断开凸轮轴调节器电磁阀插接器，如图 8-15 所示，将点火开关置于“ON”位置，万用表负极表笔接搭铁，正极表笔连接凸轮轴调节器电磁阀侧供电端子 1，应显示蓄电池电压，否则应检查熔断丝、主继电器和线束。

●电阻检测：断开凸轮轴调节器电磁阀插接器，用万用表电阻挡检测电磁阀线圈电阻，标准值应为 10 ~ 18Ω，否则应更换电磁阀；检测电磁阀与 ECU J_{623} 之间的线束，线束电磁阀侧 2 端子与 J_{623} 侧 T60a/5 端子之间电阻应小于 0.5Ω，否则应修复。

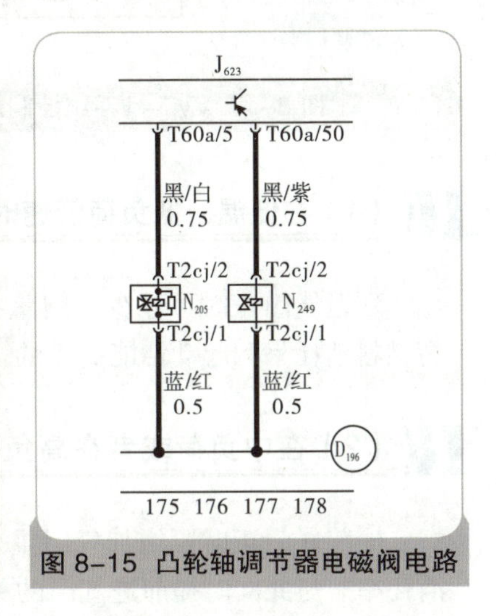

图 8-15　凸轮轴调节器电磁阀电路

三、发动机的 VVT-i 技术

1. 构造与控制原理

一般地，气门正时是固定不变的，但为了提高功率输出，改善燃油经济性和减少废气的排放，丰田公司开发了 VVT-i 系统。该系统利用油压来控制进气凸轮轴转角，对气门正时进行优化。VVT-i 系统由传感器、发动机 ECU、凸轮轴正时机油控制阀和 VVT-i 控制器等组成，如图 8-16 所示。

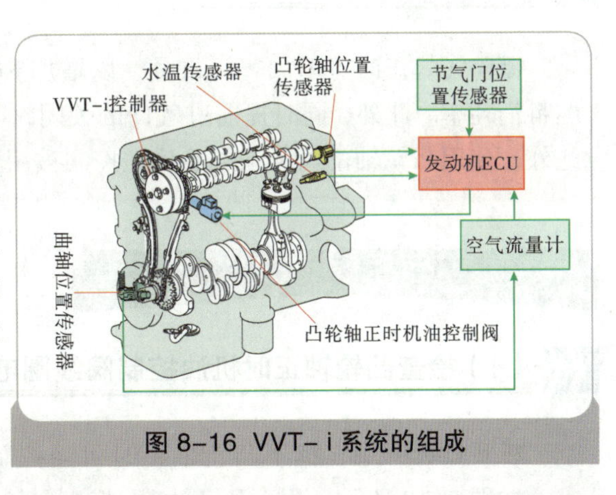

图 8-16　VVT- i 系统的组成

控制原理：

ECU 储存了最佳气门正时参数值，曲轴位置传感器、进气歧管空气压力传感器、节气门位置传感器、冷却液温度传感器和凸轮轴位置传感器等反馈信息汇集到 ECU 并预定参数值进行对比计算，计算出修正参数并发出指令到控制凸轮轴正时液压控制阀，控制阀根据 ECU 指令控制机油槽阀的位置，也就是改变液压流量，把提前、滞后、保持不变等信号指令选择输送至 VVT-i 控制器的不同油道上，如图 8-17 所示。

气门正时的控制过程如图 8-18 所示。

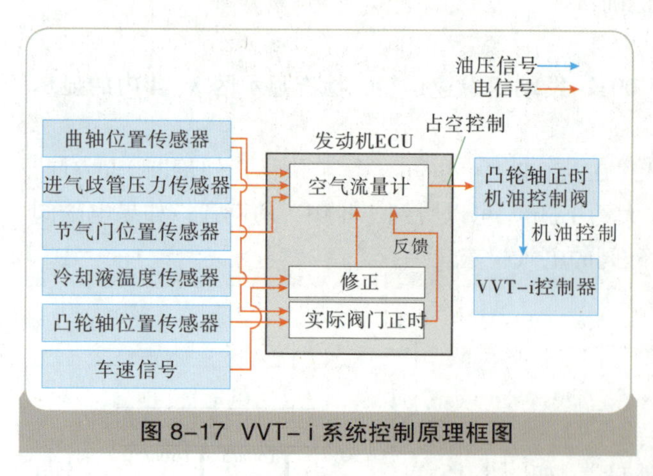

图 8-17 VVT-i 系统控制原理框图

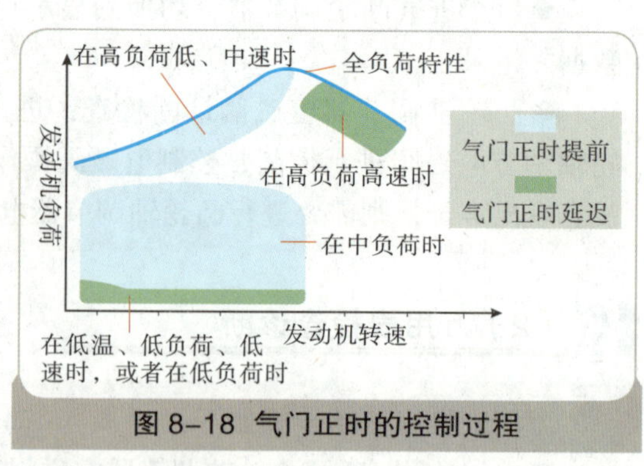

图 8-18 气门正时的控制过程

（1）在低温、低负荷低速时或者在低负荷时

延迟气门正时可减少气门重叠，以减少排出的废气逆吹入进气侧，从而达到稳定怠速、提高燃料消耗率和起动性能的目的。

（2）在中负荷或者在高负荷中、低速时

提前气门正时可增加气门重叠，以增加使用和降低填充损失，从而改善了排放控制和燃料消耗率。与此同时提前进气门的关闭时间可减少进气被逆吹回进气侧，改善了容积效率。

（3）在高负荷高速时

提前气门正时可增加气门重叠，以增加 EGR 使用和降低填充损失，从而改善了排放控制和燃料消耗率。此外，同时提前进气门的关闭时间可减少进气被逆吹入进气侧，改善了容积效率。此外，使用凸轮轴位置传感器的反馈控制被用于将实际进气的气门正时维持在目标气门正时。

2. VVT-i 系统的检修

（1）检查凸轮轴正时机油控制阀线圈电阻及工作状况

断开点火开关，拆下凸轮轴正时机油控制阀总成，如图 8-19 所示，用万用表电阻挡测量 1 端子和 2 端子之间的电阻，20℃时阻值应为 6.9 ~ 7.9Ω，否则应更换。

将蓄电池电压施加在凸轮轴正时机油控制阀端子间，1 端子接正极，2 端子接负极，阀应迅速移动，无卡滞现象，否则应更换。

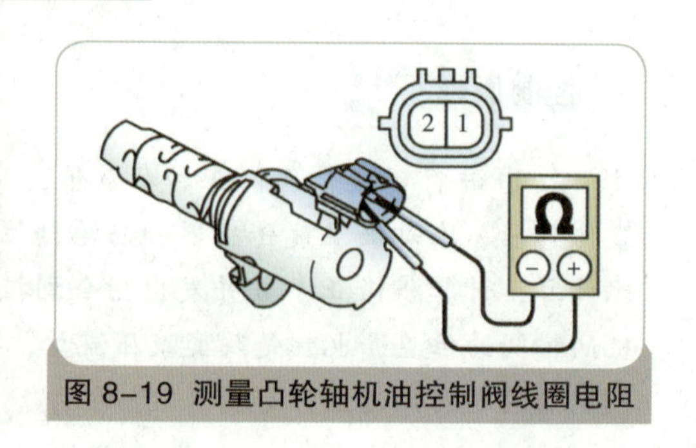

图 8-19 测量凸轮轴机油控制阀线圈电阻

（2）检查发动机 ECU 与凸轮轴正时机油控制阀间的配线和插接器

关闭点火开关，断开凸轮轴正时机油控制阀插接器和 ECM 插接器，如图 8-20 所示。用万用表检测 B_{23}-1 和 B_{31}-100 之间的电阻，应小于 0.5Ω；B_{23}-2 和 B_{31}-123 之间的电阻，应小于 0.5Ω，否则应视为断路，需修复；检测端子 B_{23}-1 和搭铁间、B_{23}-2 和搭铁间的电阻，应为 10kΩ 或更大，否则应视为短路，需修复。

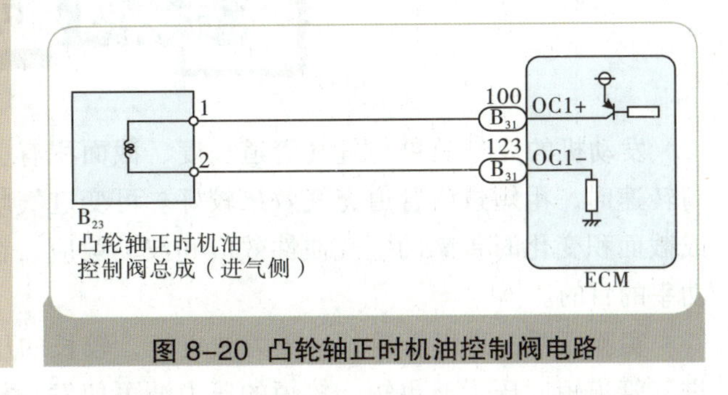

图 8-20　凸轮轴正时机油控制阀电路

（3）故障码诊断分析

当 VVT-i 可变正时系统发生故障时，会产生相关的故障码，如表 8-2 所示。

表 8-2　卡罗拉 VVT-i 故障码

DTC	DTC 含义	故障位置
P0010	凸轮轴位置“A”——执行电路（B_1）	进气侧凸轮轴正时机油控制阀电路断路或短路 进气侧凸轮轴正时机油控制阀总成 ECM
P0011	凸轮轴位置“A”——正时过于提前（B_1）	进气侧凸轮轴正时机油控制阀总成 机油控制阀滤清器 进气凸轮轴正时齿轮总成 ECM 气门正时
P0012	凸轮轴位置“A”——正时过于滞后（B_1）	进气侧凸轮轴正时机油控制阀总成 机油控制阀滤清器 进气凸轮轴正时齿轮总成 ECM 气门正时
P0013	凸轮轴位置“B”——执行电路短路或断路（B_1）	排气侧凸轮轴正时机油控制阀电路断路或短路 排气侧凸轮轴正时机油控制阀总成 ECM
P0014	凸轮轴位置“B”——正时过于提前（B_1）	排气侧凸轮轴正时机油控制阀总成 机油控制阀滤清器 排气凸轮轴正时齿轮总成 ECM 气门正时
P0015	凸轮轴位置“B”——正时过于滞后（B_1）	进气侧凸轮轴正时机油控制阀总成 机油控制阀滤清器 排气凸轮轴正时齿轮总成 ECM 气门正时
P0016	曲轴位置——凸轮轴位置相关性（B_1 SA）	正时链条跳齿或拉长 凸轮轴正时机油控制阀（进气凸轮轴） 机油控制阀滤清器 进气凸轮轴正时齿轮总成 ECM
P0017	曲轴位置——凸轮轴位置相关性（B_1 SB）	正时链条跳齿或拉长 凸轮轴正时机油控制阀（排气凸轮轴） 机油控制阀滤清器 进气凸轮轴正时齿轮总成 ECM

任务四 可变进气歧管控制系统

发动机的充气效果与进气管道长度、截面积有关，低转速时，细长进气管道充气效果较好；高转速时，粗短进气管道充气效果较好。可变进气歧管控制系统利用发动机工作时进气管道长度或截面积变化时带来的空气惯性效应和波动效应，在发动机转速范围内，达到增大发动机转矩和功率的目的。

实验证明，进气管道长，压力波也长，较长的压力波能使发动机低、中速区段的功率增大；进气管道短，压力波也短，较短的压力波可使发动机高转速区段内的功率增大。因此，通过改变进气管道的长度，使之与进气门的启闭时间密切配合，就可以明显增大发动机的进气量，从而使发动机在预定的转速获得最佳动力。

一、可变进气歧管的类型

根据发动机的不同工况，可变进气歧管控制系统采用不同长度及容积的进气歧管向气缸充气，利用充气惯性充气效率，提高发动机动力性能。常见的可变进气歧管有可变长度进气歧管和双通道可变进气歧管两种类型。

1．可变长度进气歧管

根据发动机转速和负荷变化，可变长度进气歧管系统自动改变进气歧管的有效长度。长度适中的进气歧管，可使压力波恰好在进气门开启时到达进气门，有助于将更多的空气燃料混合物压入气缸，达到与增压器一样的效果。

发动机可变进气歧管控制系统进气歧管的几何形状如图 8-21 所示，ECU 控制发动机进气歧管内转换阀的开启。

发动机低转速运行时，ECU 输出指令控制转换阀关闭，空气经空气滤清器和节气门，沿着弯曲、细长的进气歧管流进气缸。细长的进气歧管提高了进气速度，增强了气流的惯性，使进气量增多，如图 8-21（a）所示。

当发动机高速运转时，ECU 输出指令控制转换阀开启，空气经空气滤清器、节气门及转换阀直接进入粗短的进气歧管。粗短的进气歧管进气阻力减小，使进气量增大，如图 8-21（b）所示。

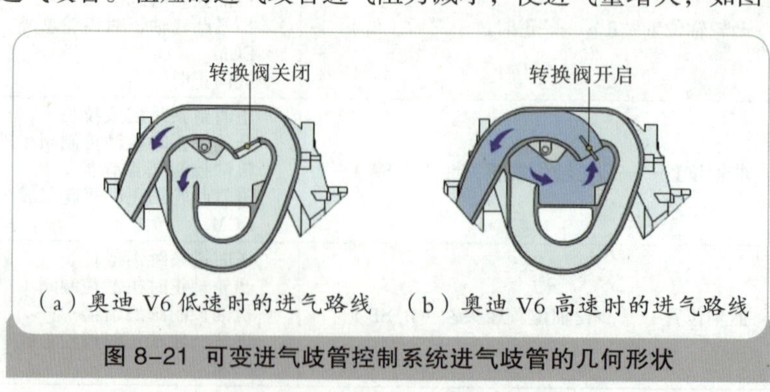

（a）奥迪 V6 低速时的进气路线　（b）奥迪 V6 高速时的进气路线

图 8-21 可变进气歧管控制系统进气歧管的几何形状

发动机采用这种高、低速进气歧管长度可变充气系统后，提高了充气效率，输出转矩和功率都有所提高。

2. 双通道可变进气歧管

双通道可变进气歧管主要由长/短进气通道、旋转阀等组成，每个进气歧管都有一长一短两个进气通道，喷油器安装在长进气通道中。其结构如图 8-22 所示。

汽油发动机中、低速运转时，ECU 模块发出指令，旋转阀封闭短进气通道，新鲜空气经空气滤清器、节气门、长进气通道、缸盖上的进气道和进气门进入气缸。

汽油发动机高速运转时，ECU 模块发出指令，旋转阀打开短进气通道，长进气通道变成辅助进气通道，新鲜空气同时经过两个进气通道进入气缸。

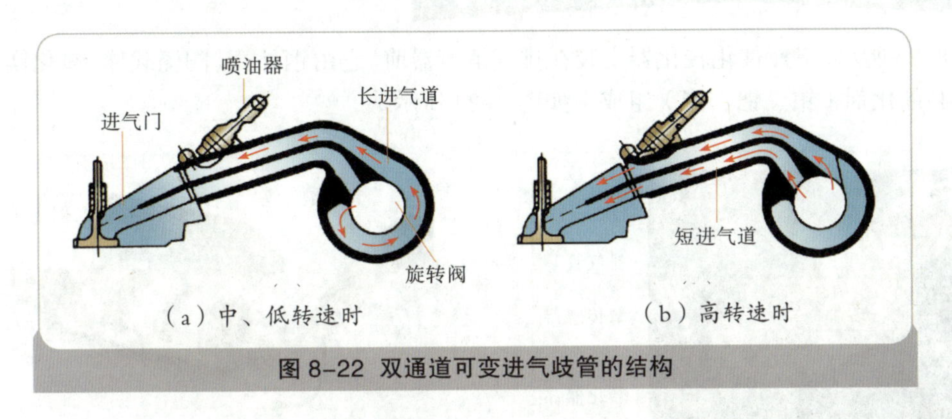

图 8-22 双通道可变进气歧管的结构

双通道可变进气歧管可提高汽油发动机在中、低速和中、小负荷工况下的有效输出转矩，提高动力性；降低汽油发动机在中、低速和中、小负荷工况下的最低燃油消耗率，提高经济性；减少汽油发动机有害污染物的排放量，提高排气净化性。

二、可变进气歧管控制系统检测

可变进气歧管控制系统的故障主要是当发动机负荷变化时，进气歧管的长度不能发生变化。检查时，主要针对控制电磁阀进行检修。检测电磁阀的电阻情况，以判断电磁阀是否正常，若电磁阀不正常，则应该更换新件。

任务五 排气管废气污染物控制

一、三元催化转化器（TWC）

1. 三元催化转化器的安装位置和结构

如图 8-23 所示，三元催化转化器安装在排气消声器前。它由钢外壳、陶瓷载体（氧化镁、氧化铝、硅酸盐）和催化剂（铂、钯、铑）组成，如图 8-24 所示。

图 8-23 三元催化转化器的安装位置

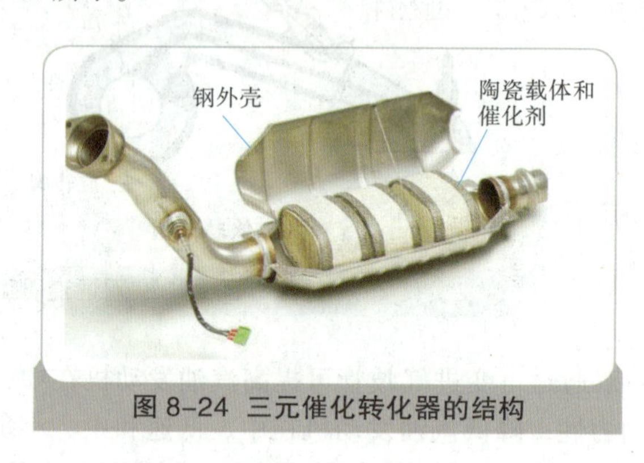

图 8-24 三元催化转化器的结构

2. 三元催化转化器的工作原理

当高温的汽车尾气通过净化装置时，三元催化转化器中的净化剂将增强 CO、HC 和 NO_x 3 种气体的活性，促使其进行一定的氧化 - 还原化学反应，其中 CO 在高温下氧化成为无色、无毒的二氧化碳气体；HC 化合物在高温下氧化成水（H_2O）和二氧化碳；NO_x 还原成氮气和氧气。这样，CO、HC 和 NO_x 通过三元催化转化器孔道时，转化为无毒无害的水（H_2O）、氧气（O_2）和氮气（N_2），净化了汽车尾气，如图 8-25 所示。由于这种催化转化器可同时将废气中的 3 种主要有害物质转化为无害物质，故称三元。

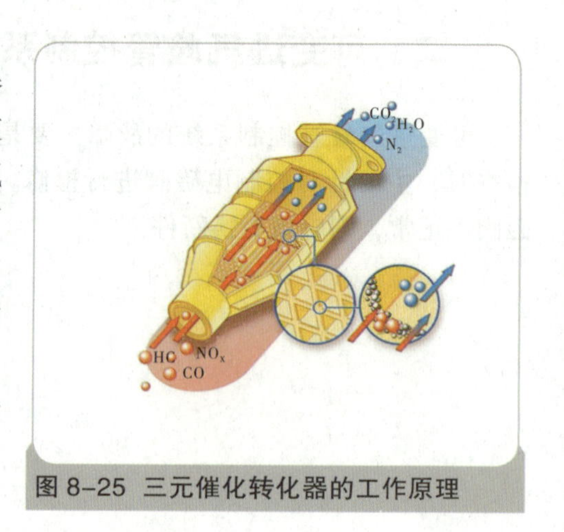

图 8-25 三元催化转化器的工作原理

3. 三元催化转化器失效的原因

● 高温烧结催化剂的温度为 400℃ ~ 800℃时，净化率和使用寿命最高。如果温度过高，催化剂过热，会加速老化，丧失催化功能。

●催化剂孔道堵塞，如图 8-26 所示。

●铅、硫、磷中毒。为预防三元催化转化器铅中毒，应使用 93 号及以上优质无铅汽油。

●催化转化器中出现未完全燃烧的燃油。在 800℃高温下，未完全燃烧的燃油只要 30s 就可使三元催化转化器损坏。因此，在发动机工作时，绝对不允许拔下点火线圈的高压线。

图 8-26 催化剂孔道堵塞

二、废气再循环系统

1. 废气再循环控制系统的功能

当发动机燃烧室温度在 1 204℃～1 371℃时，空气中的 N_2 与 O_2 在高温、高压条件下容易形成 NO_x。气缸内温度越高，排出的 NO_x 越多。降低燃烧温度是减少 NO_x 生成量的有效办法，通过 EGR 系统使燃烧温度下降，可有效抑制 NO_x 生成。

ECU 控制废气再循环（Exhaust Gas Recirculation，EGR）系统把适量的废气重新引入进气系统，和新鲜混合气一起参与燃烧。废气稀释混合气，降低燃烧速度；废气中的 CO_2、H_2O 和 N_2 的热容量较高，降低气缸内的最高温度，减少 NO_x 的排放。但过量的废气参与再循环，会影响混合气的着火性能，降低发动机输出功率。发动机怠速、低速、小负荷及冷机时，废气再循环会影响发动机的性能。为保证发动机正常工作及其性能，必须根据发动机工况的变化，控制废气再循环。

EGR 控制系统的任务是对进入进气系统的废气量进行最佳控制，保证排放物中的 NO_x 含量最低。废气再循环程度可用 EGR 率表示，即

EGR 率 =[EGR 流量 /（吸入空气量 +EGR 流量）]×100%

一般来说，根据发动机工况的不同，进入进气歧管的废气量应为 6%～23%。EGR 率达 15% 时，NO_x 的排放量减少 60%，随着 EGR 率的增加，油耗上升，HC 排放量增多。EGR 率过高，会造成“喘车”、功率下降，甚至熄火故障；EGR 率过低，会导致废气中的 NO_x 排出量猛增，使得燃烧不稳定，造成“喘车”或功率下降，甚至熄火故障，因此，必须对 EGR 率实行适时控制，降低 NO_x 的含量，保证发动机的动力性。

2. 废气再循环控制系统的分类、组成与工作原理

根据其控制模式的不同，EGR 控制系统分为 EGR 开环控制系统和 EGR 闭环控制系统。

（1）EGR 开环控制系统的组成与工作原理

●普通 EGR 开环控制系统。其组成如图 8-27 所示，ECU 根据发动机点火开关、曲轴位置、冷却液温度、节气门位置等传感器信号，确定发动机的运行工况，发出控制指令，控制电磁阀电磁线圈的导通与截止，利用进气歧管真空控制 EGR 控制阀的开启或闭合，进而控制 EGR 控制系统的工作。

●可变 EGR 率的 EGR 控制系统。其组成如图 8-28 所示。ECU 根据发动机转速、负荷、温度、进气流量等工况信号，参照预先标定的 EGR 流量脉谱图，计算出最佳 EGR 率，驱动控制精度

较高的脉冲控制型真空电磁阀，由真空控制阀（VCM）间接控制 EGR 阀膜片室的真空度，改变 EGR 阀的开启度，调节 EGR 率。

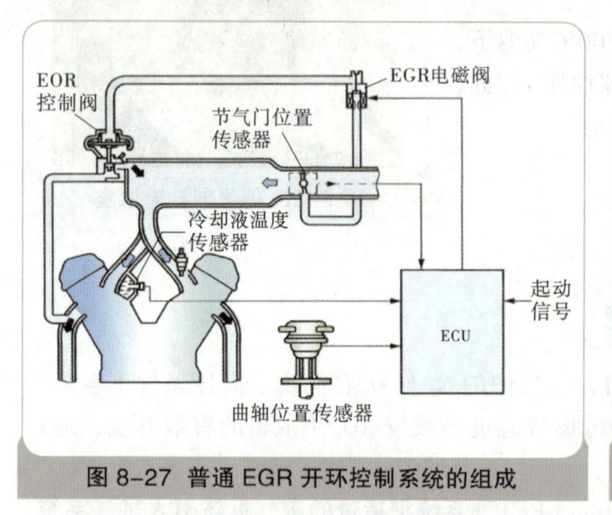

图 8-27 普通 EGR 开环控制系统的组成

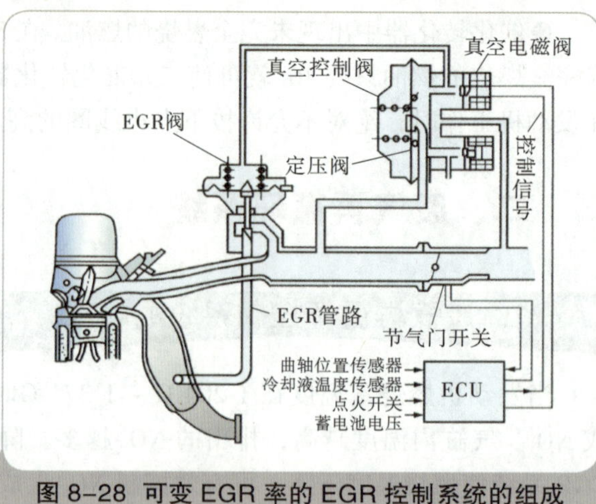

图 8-28 可变 EGR 率的 EGR 控制系统的组成

ECU 控制施加在 VCM 电磁线圈上脉冲电压的占空比，实现对 EGR 率的可变控制。占空比越大，电磁线圈通电时间相对越长，膜片室的真空度越小，EGR 阀的开启高度越小，进入气缸中的废气越少，EGR 率越低。

EGR 开环控制系统不能检测和控制发动机各种工况下的实际 EGR 率，ECU 只能根据各种传感器信号确定发动机工况，按照内存的 EGR 率与转速、负荷的对应关系进行控制。真空管路的滞后效应也是开环控制方式的缺点。

（2）EGR 闭环控制系统的组成与工作原理

EGR 闭环控制系统在开环控制的基础上，增设了 EGR 温度传感器或 EGR 针阀位置传感器，ECU 根据传感器的反馈信号对输出信号进行修正，使实际的 EGR 率接近控制目标，实现对 EGR 率的精确控制。

● EGR 阀开度反馈控制。EGR 阀开度反馈控制系统如图 8-29 所示。与普通 EGR 开环控制系统相比，该系统在 EGR 阀上增设了一个电位计式的 EGR 阀开度位置传感器，其工作原理与电位计式节气门位置传感器类似。

EGR 阀开度传感器与 ECU 之间有电源线、搭铁线和信号线 3 条连接线路，ECU 通过电源线给 EGR 阀位置传感器提供 5V 的标准电压，EGR 阀位置传感器将 EGR 阀开启高度转换为电信号输送

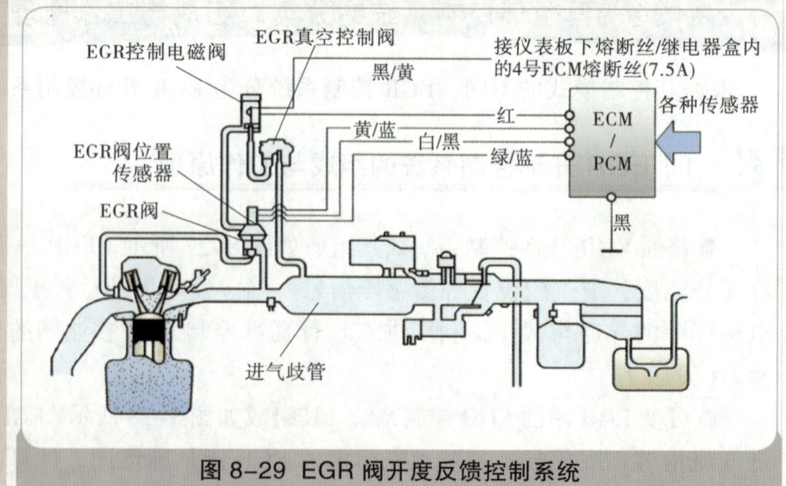

图 8-29 EGR 阀开度反馈控制系统

给 ECU，ECU 根据位置传感器反馈信号控制真空电磁阀的动作，调节 EGR 阀膜片室的真空度，将 EGR 率调整为最佳值。

● EGR 率反馈控制。用 EGR 率作为反馈信号的 EGR 闭环控制系统如图 8-30 所示，EGR 率控制在 15% ~ 20%，ECU 根据 EGR 率传感器信号对 EGR 电磁阀进行反馈控制。

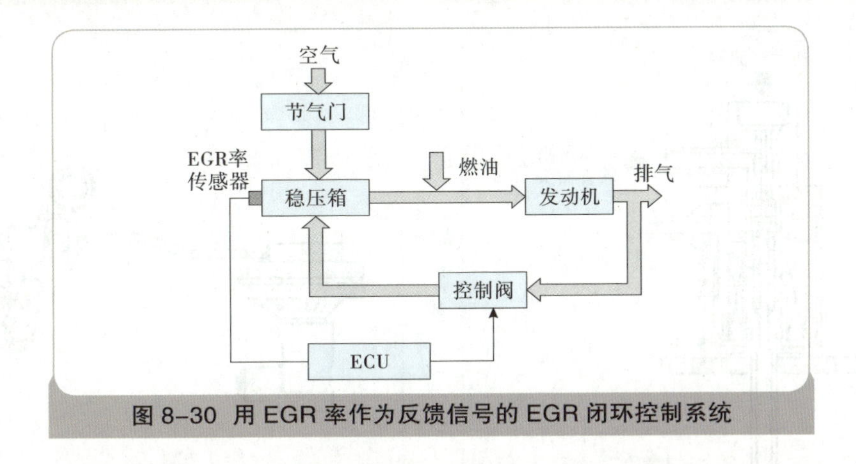

图 8-30 用 EGR 率作为反馈信号的 EGR 闭环控制系统

EGR 率传感器安装在进气总管中的稳压箱上，新鲜空气经节气门进入稳压箱（进气总管），参与再循环的废气经 EGR 电磁阀进入稳压箱，EGR 率传感器检测稳压箱内气体中的氧浓度（氧浓度随 EGR 率的增加而降低），并转换成电信号输送给 ECU，ECU 经分析、计算后向控制阀输出控制信息，不断调整 EGR 阀的开启高度，控制混合气中的 EGR 率，使其始终保持在最佳状态，从而有效减少 NO_x 的排放量。该装置取消了进气管真空度的机械控制，所以精度很高，响应迅速，但其生产成本高。

EGR 控制系统技术先进，效果较好，因此被广泛使用。

3. 废气再循环控制系统的检修

（1）一般检查

对所有真空管路的状态进行外观检查，检查是否有泄漏、裂缝，以及管路的弯曲性能和抗干扰性。如果管路有缺陷，一定要先进行更换。

怠速时，拆下 EGR 阀上的真空软管，发动机转速应无变化，用手触试真空管口，应无吸力；转速达 2 500r/min 以上时，拆下此真空软管，发动机转速应明显升高（中断了废气再循环）。

（2）检查 EGR 电磁阀

在冷态下测量电磁阀电阻，阻值应为 33 ~ 39Ω。电磁阀不通电时，从连通进气管侧的软管插头吹入空气时应畅通，从连通大气的滤网处吹入空气时应不通；通电时，与上述情况恰好相反，如图 8-31 所示。

（3）检查 EGR 阀

如图 8-32 所示，用手动真空泵给 EGR 阀膜片上方施加约 15kPa 的真空度，EGR 阀应能开启；不施加真空度时，EGR 阀应完全关闭。

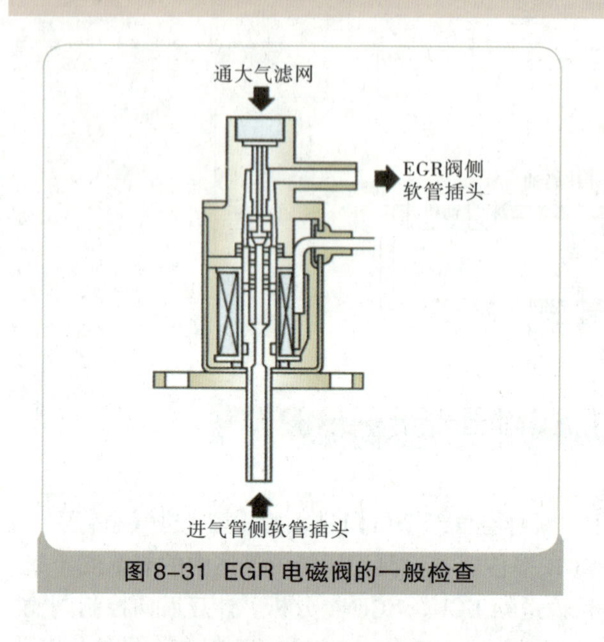

图 8-31 EGR 电磁阀的一般检查

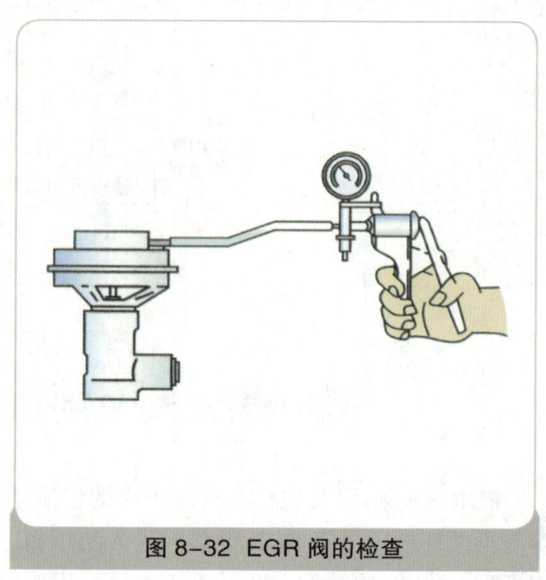

图 8-32 EGR 阀的检查

三、燃油蒸发控制系统

燃油蒸发控制（EVAP）系统的功能是收集燃油箱内蒸发的燃油蒸气，根据发动机工况，控制导入气缸参与燃烧的燃油蒸气量，将燃油蒸气引入进气歧管，与正常混合气混合进入气缸参与燃烧，使燃油得以充分利用，同时，阻止燃油蒸气直接排入大气造成环境污染。

1. 结构组成

为了不使燃油箱逸出的燃油蒸气排入大气造成污染，电控发动机普遍采用由 ECU 控制的活性炭罐 EVAP 系统。

活性炭罐 EVAP 系统如图 8-33 所示，该系统主要由燃油箱盖、活性炭罐、真空控制阀、电磁阀和相应的连接软管等组成。

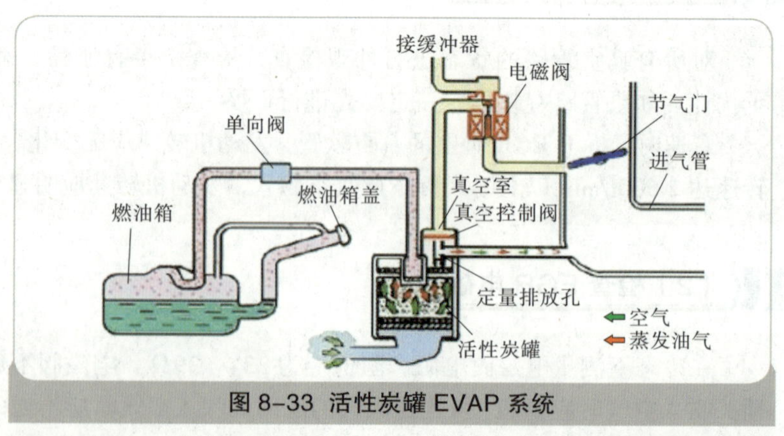

图 8-33 活性炭罐 EVAP 系统

在部分电控 EVAP 系统中，活性炭罐上不设真空控制阀，而将受 ECU 控制的电磁阀直接装在活性炭罐与进气歧管之间的吸气管中。图 8-34 所示为现代轿车的 EVAP 系统。

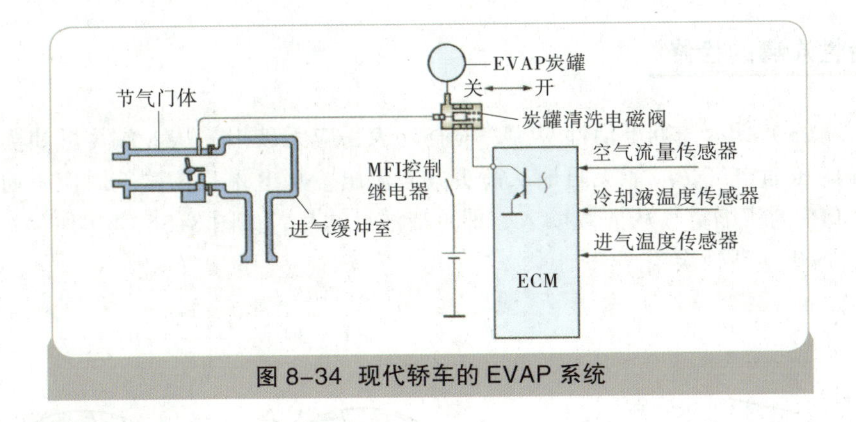

图 8-34　现代轿车的 EVAP 系统

2. 工作原理

发动机工作时，ECU 根据发动机转速、温度、空气流量等信号，通过控制炭罐清洗电磁阀的开闭来控制真空控制阀上部的真空度，从而控制真空控制阀的开度。当真空控制阀打开时，进气歧管通过真空控制阀吸入燃油蒸气。发动机怠速或温度较低时，ECU 使电磁阀断电，关闭吸气通道，进气歧管不能吸入活性炭罐内的燃油蒸气。

3. 检修

（1）一般诊断方法

首先对系统进行彻底的外观检查，检查各连接管路是否破损、漏气、堵塞或连接松动，必要时更换连接软管。检查系统电路连接是否松动，接线端是否腐蚀，绝缘部分是否可靠。若炭罐电磁阀和相关电路有故障，系统会提示故障码，在进一步系统诊断之前，一定要先清除故障码所指示的故障。检查活性炭罐壳体有无裂纹，底部进气滤芯是否脏污，必要时更换活性炭罐或滤芯。一般汽车每行驶 20 000km，就应更换活性炭罐底部的进气滤芯。

（2）就车检测

图 8-35 所示为就车检测，具体步骤如下。

●将发动机预热至正常工作温度，并使之怠速运转。

●拔下蒸气回收罐上的真空软管，检查软管内有无真空吸力。若 EVAP 系统工作正常，则发动机怠速运转中电磁阀应关闭，真空软管内无真空吸力。如果此时真空软管内有真空吸力，则用万用表电压挡检查电磁阀线束插接器端子上是否有电压。若电磁阀线束插接器端子上有电压，则说明 ECU 有故障；若无电压，则说明电磁阀有故障。

●踩下加速踏板，当发动机转速大于 2 000 r/min 时，检查真空软管内有无真空吸力。若真空软管内有真空吸力，则说明该系统工作正常；若真空软管内无真空吸力，则用万用表电压挡检查电磁阀线束插接器端子上是否有电压。若电压正常，则说明电磁阀有故障；若电压异常，则说明 ECU 或控制电路有故障。

（3）活性炭罐的检修

如图 8-36（a）所示，拆下活性炭罐，检查外表，应无破损，从 A 端（燃油蒸气输入端）吹入约 5kPa 的压缩空气，应能无阻地从箭头方向流出。从 B 端反向吹气时应不通。用手堵住 B 端，将 300kPa 的压缩空气从 A 端吹入，即可清洁过滤片，如图 8-36（b）所示。如上述检查不符合要求，应更换活性炭罐。

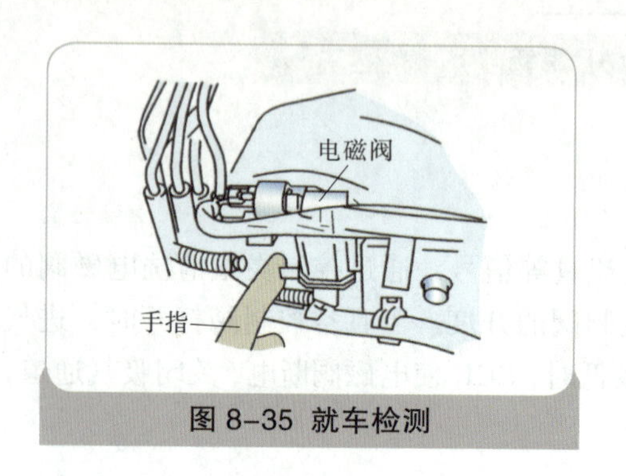

图 8-35 就车检测

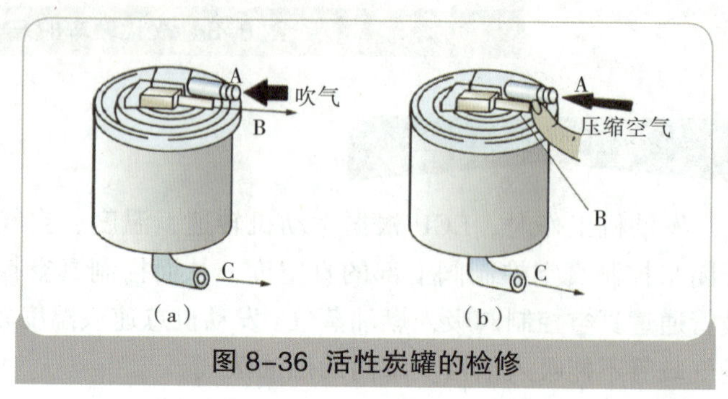

图 8-36 活性炭罐的检修

（4）VSV 的检修

用电阻表测量 VSV 电控插接器两端子的电阻，其标准值（20℃时）应为 30 ~ 34Ω。检查电控端子与外壳，应保证绝缘。

如图 8-37 所示，从 E 端吹入压缩空气，F 端应不通；将蓄电池电压加到电控端子上，从 E 端吹入压缩空气，F 端应畅通。如上述检查不符合要求，则应更换 VSV。

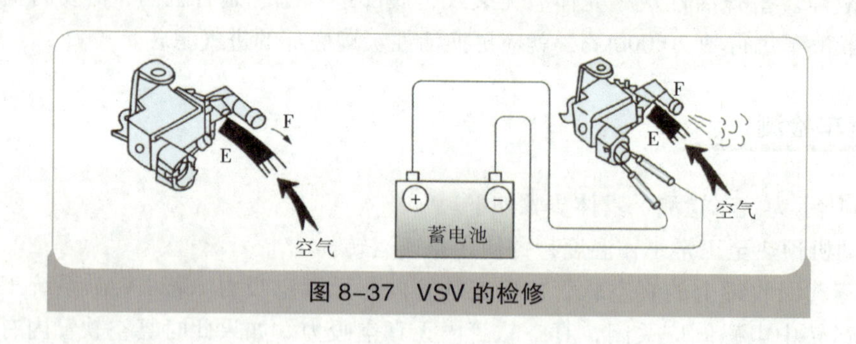

图 8-37 VSV 的检修

一、填空题

1. ECU根据发动机__________、__________、__________、__________等运行工况信号，确定__________的目标值，通过__________来检测发动机实际增加的__________，实现__________。

2. VTEC机构的油道内设有__________、__________、__________、__________和__________，在回位弹簧作用下都处于__________，正时板卡入__________，使其不能移动，此时，3个摇臂__________，彼此独立工作。

3. 根据其控制模式的不同，EGR控制系统分为EGR __________和EGR __________。

4. 燃油蒸发控制系统主要由__________、__________、__________、__________和相应的连接软管等组成。

二、选择题

1. 行驶时（　）排放量最多，（　）排放量最少。

A. NO_x、HC　B. NO_x、CO　C. HC、CO　D. CO、HC

2. 发动机过热将使（　）。

A. EGR系统工作不良　B. 燃油蒸发量急剧增多

C. 三元催化转化器易损坏　D. 曲轴箱窜气增加

3. 增压压力传感器和温度传感器安装在（　）。

A. 中冷器与节气门之间　B. 空气滤清器壳

C. 进气歧管　D. 排气管末端

4. 影响发动机功率的基本因素是（　）。

A. 进气　B. 排量　C. 点火　D. 喷油

5. 在（　）时，EGR控制系统不工作。

A. 行驶　B. 怠速　C. 高转速　D. 热车

三、判断题

1. 涡轮增压器损坏会造成发动机性能下降。（　）
2. EGR系统会对发动机的性能造成一定影响。（　）
3. 怠速运转的高低直接影响燃油消耗和排放污染。（　）
4. 所有的EVAP系统中，活性炭罐上都设有真空控制阀。（　）
5. EGR系统可以减少有害气体中的碳氢化合物。（　）
6. 怠速工况下的进气量原本很少，所以不需要进行外部的废气再循环。（　）

7. 发动机气缸温度过高时容易产生氮氧化合物。 ( )

四、简答题

1. EGR 系统在哪些情况下不投入工作?

2. 为了减少污染排放，汽车上都装了哪些排放控制系统?

3. 简述废气涡轮增压控制系统的工作原理。

课题九

电控发动机故障诊断

学习目标

通过本课题的学习，你应能：

1. 掌握电控发动机的诊断方法与注意事项。
2. 掌握电控发动机故障诊断的基本流程。
3. 能够对电控发动机故障进行诊断、排除。

任务一 电控系统的基本诊断方法

根据所采用的手段与方法的不同，故障诊断的基本方法可分为直观诊断法、自诊断法和仪器诊断法 3 种。

一、直观诊断法

直观诊断法就是通过人的感觉器官对车辆故障现象进行问、看、听、摸、嗅、试等初步的、直观的检查。通过“问”可以了解故障出现的时间、出现的过程（是自然产生还是人为造成）、故障现象的特征等。通过“看”可以观察到元件损坏的表面现象，如断裂、脱落、松旷、泄漏、堵塞、脏污、烧蚀等。通过“听”可以听到各种正常和不正常的响声，如漏气、高压漏电、爆燃、放炮、回火、电磁阀动作等响声。通过“摸”可以感觉到抖动、温度、湿度等。通过“嗅”可以嗅出漏油、异常的尾气排放和高温烧煳味等。通过“试”可以直观地试验出某些元件或系统的性能好坏，如火花塞的跳火、油压调节器的调压性能、点火时刻、发动机的动力性、自动变速器的各项检验效果和 ABS 的工作效果等。诊断时要做到认真、细心和周到。

通过以上诊断，可以再现故障的全过程，了解和掌握故障现象的详细特征，根据积累的经验，通过分析和判断，可以直接推断到故障的具体部位。这种方法简单、实用，不需要任何仪器与设备，有很多的故障都是通过这种方法得以排除的，但是对诊断人员的要求较高。

二、自诊断法

汽车电子控制系统是一个相当复杂的系统，ECU 在完成各项控制功能的同时，还带有自诊断功能，即控制系统中有一套监控程序，能够对系统中的传感器及其电路、执行器及其电路、ECU 的自身情况进行监控。如果被监控的电路信号超出正常的范围，ECU 将以故障码的形式记录并储存下来，同时采用应急容错控制技术，起动备用程序，调节备用参数来替代错误的信号，以维持车辆的基本工作状态，在进行故障诊断时就可以利用这一功能，如可以利用 ECU 的自诊断功能进行读取和消除故障码、数据在线检测、执行器功能测试和基本设定。

1. 故障码的读取

故障码的读取方法有两种：一种是人工读码，另一种是用故障诊断仪读码。

（1）人工读码

根据不同车型可以选用不同的方法进行人工读码。

1）根据故障指示灯闪烁的规律读取故障码。用跨接线短接故障诊断插座上的诊断输入插脚 TE_1 与搭铁插脚 E_1，ECU 根据诊断输入插脚上的电压信号进入故障码读取状态，如图 9-1 所示。

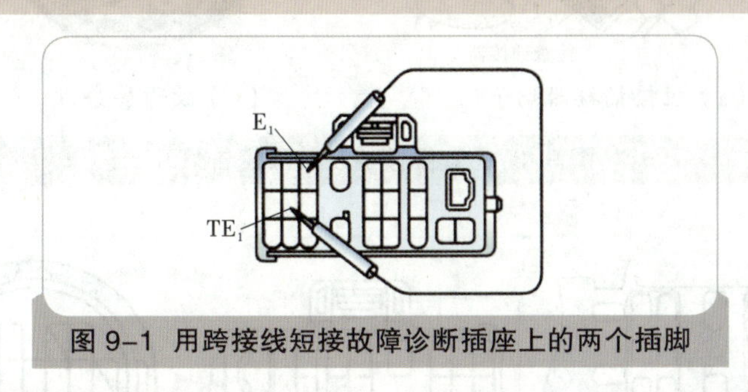

图 9-1　用跨接线短接故障诊断插座上的两个插脚

一般在汽车仪表上有发动机故障指示灯。根据故障指示灯闪烁的规律可以读出故障码，大部分发动机电子控制系统的都采用了这种显示方法。

当故障自诊断系统进入故障码显示状态时，仪表板上的发动机故障指示灯以闪烁次数和亮与灭之间的时间长短来显示故障码。图 9-2 所示为发动机故障指示灯的闪烁方式。

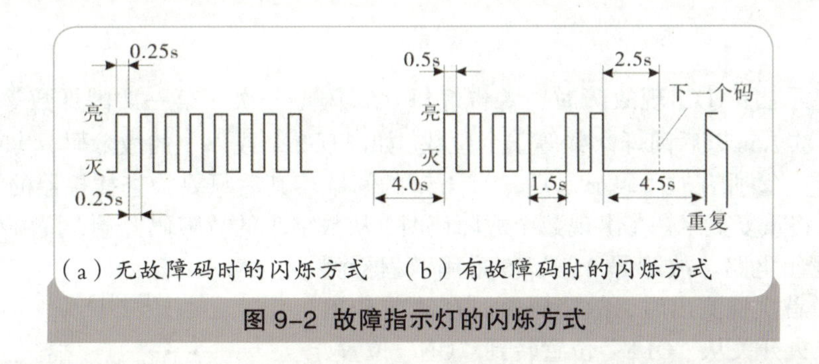

图 9-2　故障指示灯的闪烁方式

根据故障指示灯闪烁的规律读取故障码的方法应用较多，下面以丰田汽车为例讲述人工读码的过程。

●故障警告灯的检查。

· 点火开关置于“ON”位置，发动机尚未运转时，发动机故障警告灯会发光。

· 当发动机起动后，发动机故障警告灯应熄灭。如此灯仍亮，表明诊断装置检测出了发动机系统故障或异常。

●正常状态故障码输出。

要获得故障码输出，按如下步骤进行：

· 初始条件。蓄电池电压在 11V 或以上。节气门完全关闭（节气门位置传感器 IDL 触点闭合）。变速器置于空挡。附件开关均位于“OFF”（断开）位置。发动机处于正常运行温度。

· 将点火开关拧至“ON”位置，但不要起动发动机。

· 用维修专用工具（导线）连接检查插接器端子 TE_1 及 E_1，如图 9-3（a）所示。图 9-4 所示为检查插接器（又称诊断座）的几种形式。

· 如图 9-3（b）所示，根据发动机故障警告灯闪烁次数，识别故障码。发动机电控系统运行正常（无故障）警告灯每秒交替亮灭闪烁两次。

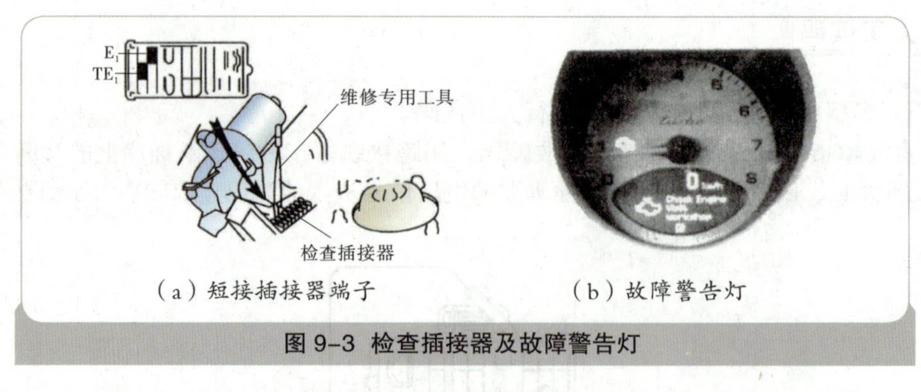

(a)短接插接器端子　　(b)故障警告灯

图 9-3 检查插接器及故障警告灯

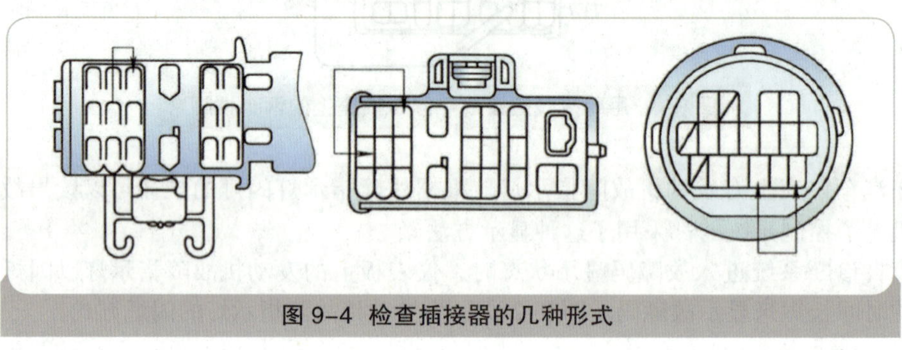

图 9-4 检查插接器的几种形式

故障码显示法：①出现故障时，警告灯每 0.5s 闪烁一次。第一次闪烁数等于 2 位数故障码的十位数；间歇 1.5s 以后闪烁次数等于个位数。如出现 2 个或以上的故障码，其间有 2.5s 的间歇，如图 9-5 所示。②所有故障码显示后，有 4.5s 的间歇。其后只要检查插接器的端子 TE_1 及 E_1 相连接，故障码将重复显示。在出现数个故障码时，从数字小的故障码开始，按由小至大顺序显示。③双程检测逻辑电路。故障码 21 及 25 采用双程检测逻辑。当故障首次检测出时，故障码暂时存储在 ECU 存储器中。点火开关从“OFF”位置转到“ON”位置，第二次道路试验中，再次检测出这一故障，发动机故障警告灯就会发光，如图 9-6（a）所示。

·诊断检查后，从检查插接器上拆下维修专用工具，如图 9-6（b）所示。

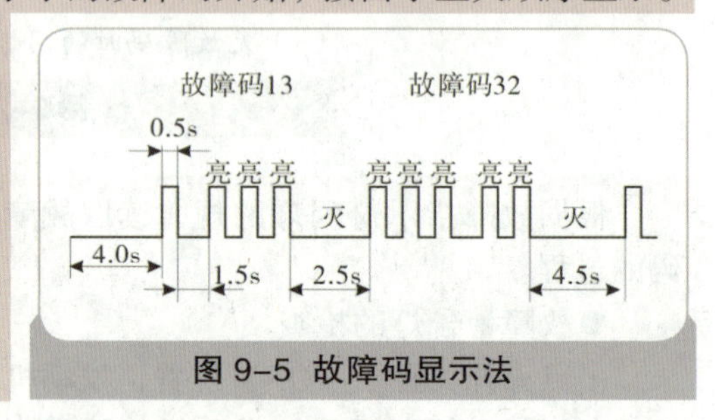

图 9-5 故障码显示法

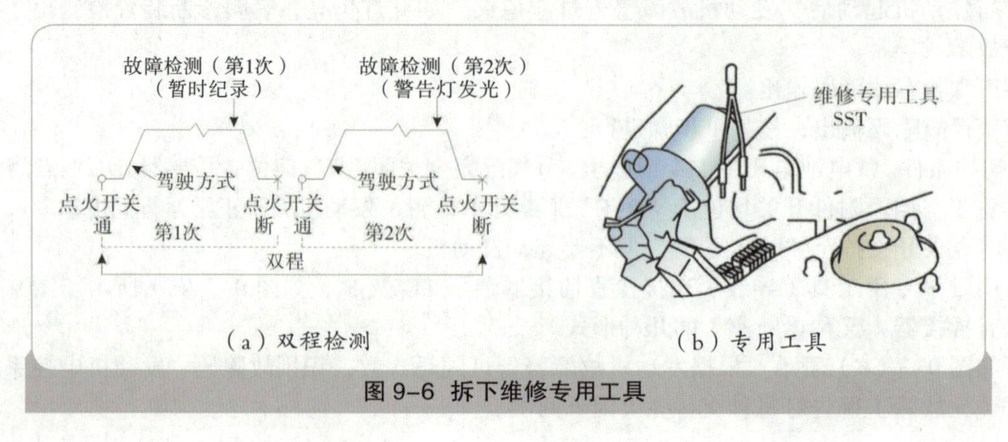

(a)双程检测　　(b)专用工具

图 9-6 拆下维修专用工具

●测试状态故障码输出。

与正常状态相比，测试状态的故障检测灵敏性较高，还能检测出来自节气门位置传感器的IDL（节气门开关）接触信号、空调器信号及空挡起动开关信号的失灵。要获得故障码输出，需按以下步骤进行。

·初始条件：初始条件与上述正常状态故障码输出相同。

·将点火开关拧至“OFF”位置。

·用维修专用工具将检查插接器端子 TE_2 与 E_1 连接。

·将点火开关拧至“ON”位置，开始测试状态诊断。这时检查确认发动机故障警告灯应间隔 0.13s 连续闪烁。

·起动发动机，并以 10km/h 或更高的车速行驶。

·模拟客户所述的故障情况。

·用 SST 将检查插接器端子 TE_1 与 E_1 连接，如图 9-3 所示。

·从发动机故障警告灯的闪烁次数，识别故障码。

·完成后，从检查插接器上拆下维修专用工具。

提示：点火开关拧至“ON”位置后，如检查插接器端子 TE_1 与 E_1 连接，测试状态就不会起动。A/T（自动变速器）变速杆在“D”、“2”、“L”、“R”位，或空调器打开，或踩住加速踏板时，会输出故障码 51，这并不表示异常。

●清除故障码。

·在修理后，ECU 存储器所储存的故障码必须清除。其方法是断开点火开关，拆下“EF_1 15A”熔断丝 10s 以上，如图 9-7 所示。环境温度越低，熔断丝取出时间要越长。

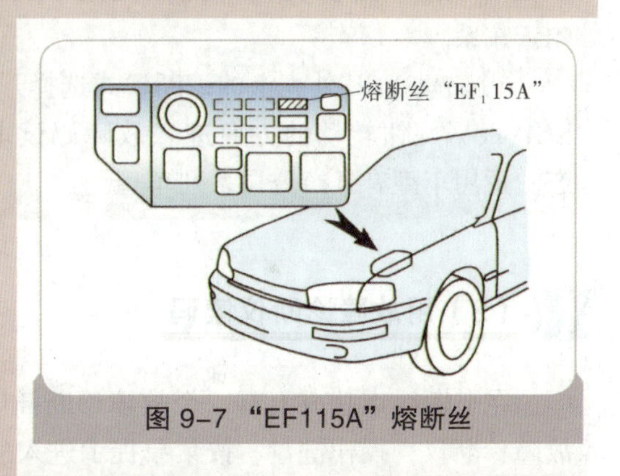

图 9-7 “EF115A”熔断丝

断开蓄电池负极（-）端子，也会清除故障码。但其他存储系统的内容（如防盗、时钟等）也清除了。故障码如不清除，就会存储在 ECU 存储器中。在出现其他故障时，该故障码会与新故障码一起显示。如在检修发动机部件时，需要断开蓄电池端子，必须首先检查是否有故障码记录。

·清除故障码后，进行车辆道路试验时，发动机故障警告灯应闪烁正常故障码。如显示的仍是同一故障码，表明故障未被排除。

●诊断显示。

·显示 2 个或更多的故障码时，首先显示数字小的。

·从检测至清除这段时间中，除了故障码 16 和 51 外，所有检测到的故障码都存储在 ECU 存储器中。

·故障被排除，仪表板上发动机故障警告灯就会熄灭，但故障码被存储于 ECU 存储器中（除故障码 16 及 51 外）。

2）用专用的发光二极管读取故障码。用专用的发光二极管（LED，带 330Ω 电阻）跨接在故障诊断插座上指定的两插脚间，如图 9-8 所示。进入自诊断状态后，LED 开始闪烁，闪烁方式如图 9-2 所示。

用专用的发光二极管读取故障码的方法通常应用于马自达车系、奔驰车系、福特车系、现代车系等。

3）按空调控制面板上的“OFF”、“WARMER”和“TEMP”等键，使 ECU 进入故障码读取状态，适用车型有通用公司部分车型（如凯迪拉克）、福特公司部分车型（如林肯）、新款奔驰等。进入自诊断状态后，空调面板的液晶显示屏将显示故障码。

4）在规定时间内连续转动点火开关3次（或5次）即 ON—OFF—ON—OFF—…… 使 ECU 根据点火开关输入的脉冲信号进入故障码读取状态。适用车型有克莱斯勒车系、切诺基等。进入故障自诊断状态后，组合仪表的故障指示灯将开始闪烁，闪烁方式见图 9-2。

5）按压诊断按钮，ECU 根据按钮开关的触发信号进入故障码读取状态，适用车型有沃尔沃车系。

6）转动 ECU 外壳上的诊断模式选择开关，ECU 根据旋钮转动的方向进入故障码读取状态，适用车型有日产公司系列车型。

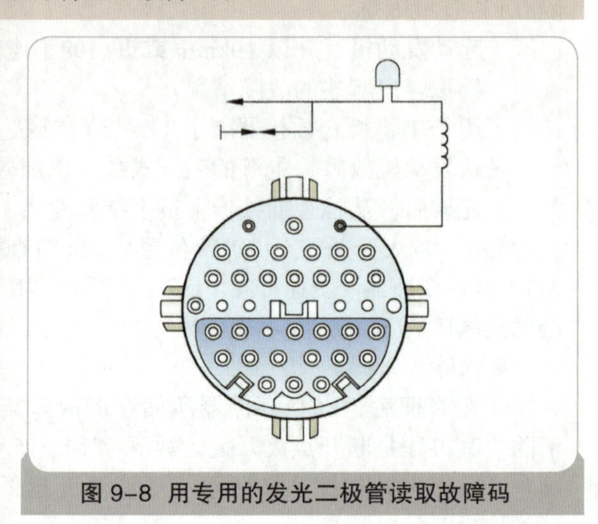

图 9-8 用专用的发光二极管读取故障码

（2）用故障诊断仪读码

在车辆线束总成上有一个故障诊断插座，故障诊断插座上设有一个串行数据传输线，接上故障诊断仪，操作键盘，按菜单提示进入故障码读取通道，即可将 ECU 内储存的故障码读出并显示在显示屏上。

汽车故障诊断仪有两类：一类是专用故障诊断仪，每个汽车厂家一般都开发了专用故障诊断仪，如通用 TECH2、本田 PGM/HDS、日产 CONSULT、丰田 IT-Ⅱ、奔驰 XP-star/star2000/Diagnosis compact-Ⅲ、宝马 GT-I/3S、大众 V.A.G1551/V.A.G1552/VAS5052 等；另一类是通用故障诊断仪，这种诊断仪能够适用于较多的车型，不同型号的车辆都配有形状各不相同的连接插头，如美国 Snap-on 公司的红盒子、美国 IAE 公司的 OTC 及我国研发的修车王、车博士、电眼睛、金奔腾等。

2. 故障码的清除

故障码的清除可以采用人工断电方式，将电控系统主电源熔断丝或车辆蓄电池拆除 10s 以上，即可清除电控单元ECU中的记忆故障码；也可利用故障诊断仪的消码功能，根据屏幕提示操作键盘，即可将故障码清除。

3. 数据流

利用故障码进行故障诊断虽然在一定程度上方便、快捷，但存在两方面的局限性：一是故障码只能指明某一部分电路有故障，只是一个范围，不能具体到故障部位；二是 ECU 只能监测到信号的范围，不能监测到被测信号的变化特性，即只对值域区和时域区超出有效范围的信号设置故障，而对于没有超出有效范围，但不合理的数据则无法判断。所以，故障码只是一个重要参考，不能完全依赖于对故障码的检测，在排除故障时还必须做更进一步的检测。许多车辆的自诊断系统除了具有故障码的设置功能外，还有行车记录功能，能记录车辆在行驶过程中的传感器、执行器及相关电路的数据和资料，将故障诊断仪通过故障诊断插座与车辆 ECU 相连，在故障诊断仪的显示屏上便可以显示出所测的数据，通过分析、比较这些数据，可以为进一步故障诊断和排除疑难故障提供更多的信息和线索。同时，利用故障诊断仪还可以通过车辆 ECU 向执行器发出控制指令，使某些执行器产生动作，以测试其功能的好坏，如喷油器动作的测试、活性炭罐电磁阀动作的测试、换挡电磁阀动作的测试等。目前一般的故障诊断仪都具有这样的功能，即数据流功能。

4. 基本设定

在大众系列的某些车型中，更换元件之后需要进行参数匹配，又称基本设定。例如，更换节气门体，该车的节气门体上有节气门电位计、节气门定位器、节气门定位电位计和怠速开关，更换后需要将节气门体与 ECU 进行匹配，如果更换了 ECU，也需要在节气门体与新 ECU 之间进行匹配，否则会出现发动机怠速抖、行驶无力等现象，这一工作必须由故障诊断仪来完成。V.A.G.1551、V.A.G.1552 及一些通用型故障诊断仪都已具备这样的功能，具体设定方法可以参考故障诊断仪的使用说明书。

三、仪器诊断法

仪器诊断法是利用最基本的检测仪器对控制电路中的输入信号和输出信号进行直接测量，测量参数可以是电阻、电压、电流、频率、信号波形等，采用的仪器可以是万用表、示波器、LED 试灯等。

1. 万用表法

此方法应选用高阻抗的数字式万用表或汽车专用万用表，它们一般都具有测量电阻、电压、温度、频率、电容等功能，可直接用于测量元件或电路的电阻、电压和通断情况，对于交流信号和脉冲信号，可以测量其频率，外接上温度传感器后还可以测量外界的温度。在确定故障具体部位时，万用表往往是最简单而实用的诊断仪器。

2. 示波器法

示波器是现代汽车故障诊断中一种重要的诊断仪器。

能够用做示波器的设备有汽车示波器、故障诊断仪和发动机综合分析仪等。采用示波器可以截取 ECU 与传感器或执行器之间的电子信号，并以波形的方式显示出来。波形记录了信号的幅值与时间之间的关系，从波形上可以得到信号的幅值（电压的大小）、频率、占空比、脉冲宽度、特性和信号的变化规律等，通过对波形的分析，理论上讲可以将导致汽车故障的所有原因一一检查出来，尤其在遇到疑难杂症时特别有效。

用示波器测量时，要将点火开关处于“OFF”状态下，拆下连接插头，用细铜线将信号插脚引出来，再插上连接插头，然后将引出线与示波器相连，特别要注意防止线路短路。

3. LED 试灯法

利用 LED 试灯可以快速、方便地检查电路的供电、搭铁情况，可以直观地检查 ECU 对执行元件的控制功能，如可以检查喷油器、电磁阀、继电器、点火放大器等的控制电路是否正常工作。

由于汽车电控系统相当复杂，所产生的故障现象也是形式多样，其中有些是连续性故障，有稳定的故障现象或故障码，且只要条件满足故障就出现，这类故障比较容易排除。有些是偶发性、间隙性故障，属疑难杂症，在诊断时往往很难再现故障症状。在遇到这类故障时，根据驾驶员反映的情况可以采用条件模拟法来诱发产生故障，常用方法有振动模拟、加热模拟、水淋模拟、加速模拟、减速模拟等。然后根据自身的条件，综合应用上述故障诊断方法，快速、准确地查找出故障部位。

四、汽车电控系统诊断注意事项

为了保证系统安全，提高诊断效率，在诊断汽车电控系统时，应注意以下事项。

1）故障诊断遵循由外到内、先易后难、由直观到复杂的原则。

2）虽然汽车的很多系统都采用了电子控制技术，但汽车的很多故障都是由于非电路故障引起的，在故障诊断时往往要先排除传统结构可能存在的问题，如真空漏气、汽油泄漏、火花塞积炭和高压漏电等，然后再检查电子控制系统可能出现的故障。

3）在检查电路故障时，不能用传统的刮火方式来检查电路是否通断，否则容易损坏电器元件。

4）不可在发动机运转时拆下蓄电池，否则电路中的浪涌电压会击穿电器元件。

5）在点火开关处于“ON”状态下，不可拆下或装上线路连接插头，尤其是那些带电感线圈的用电器插头，否则用电器的自感应电压可能会使某些电器元件击穿。

6）安装蓄电池时，千万不能将正、负极接反，且蓄电池极柱夹一定要固定牢固，否则易烧毁蓄电池极柱或损坏电器元件。

7）对采用电子控制技术的车辆进行焊接时，要注意保护好各个控制系统的 ECU，最好是将其拆下来，等焊接完后再装上去。

8）清洗车辆时，不要让水洒到电路连接插头处，尤其是分电器上，更不能用高压水枪直接喷射，否则易造成电路锈蚀、漏电和短路，甚至会造成发动机不能起动。

9）在对控制系统的元器件进行检测时，一般首先检查元器件的供电与搭铁电路是否正常，然后再检测元件的本身。

10）拔下线路插头时，应注意规范操作，安全解锁，如图 9-9 所示。

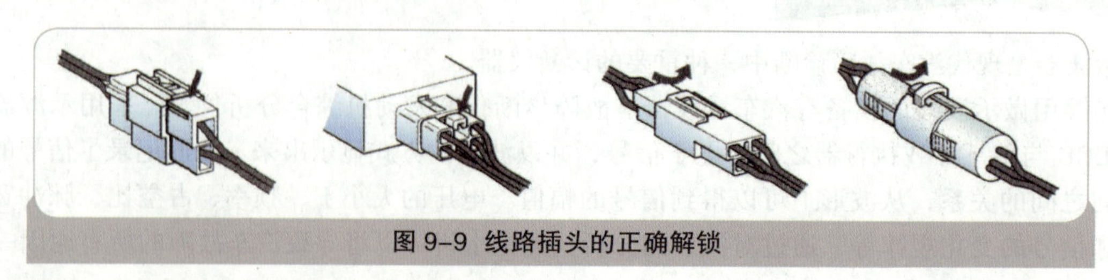

图 9-9 线路插头的正确解锁

任务二　电控发动机故障诊断流程

一、发动机故障诊断的基本流程

发动机故障诊断的基本流程如图 9-10 所示。

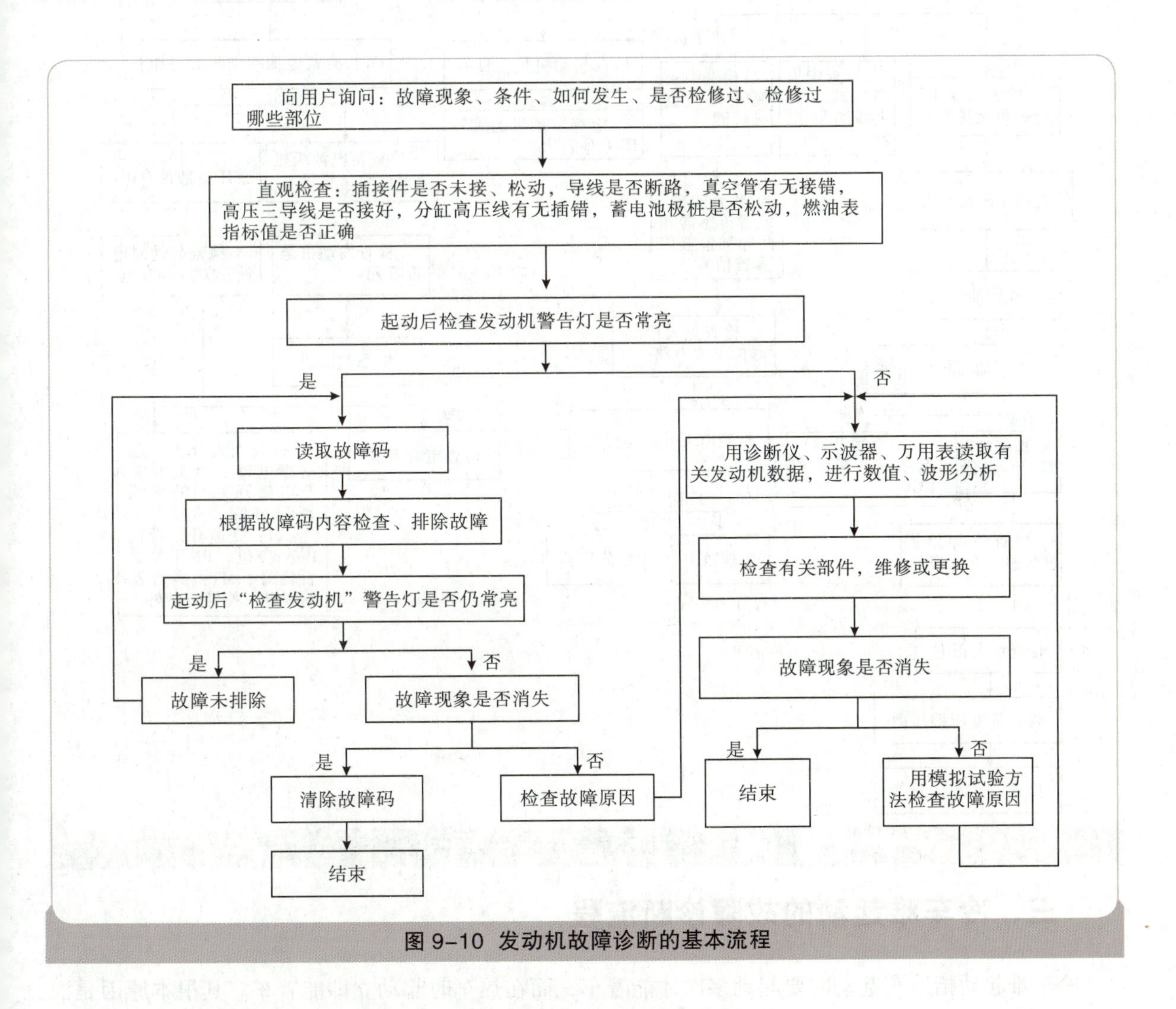

图 9-10　发动机故障诊断的基本流程

二、发动机不能起动的故障诊断流程

发动机不能起动的故障诊断流程如图 9-11 所示。

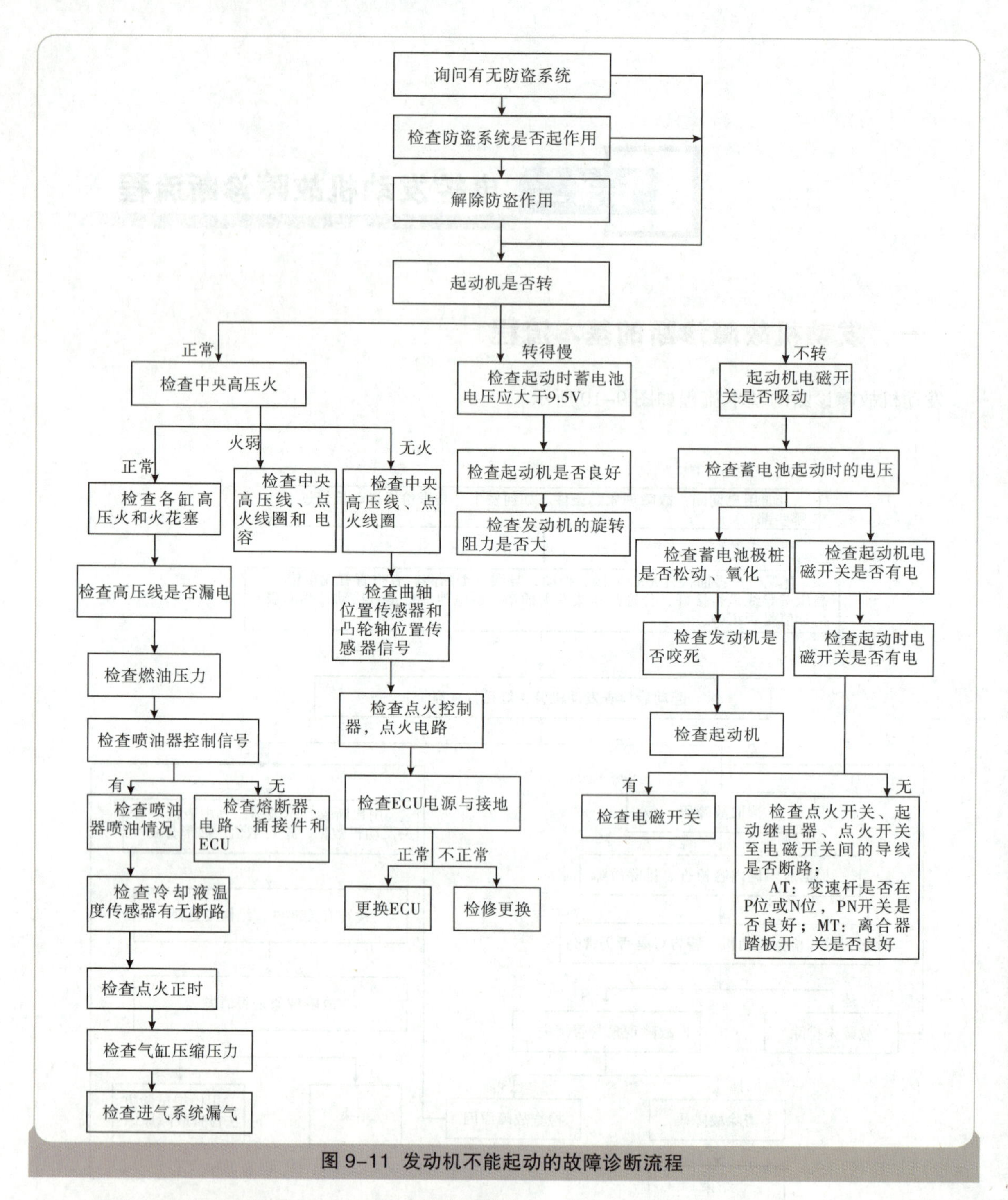

图 9-11 发动机不能起动的故障诊断流程

三、冷车难起动的故障诊断流程

冷车难起动指冷车起动时要起动多次才能着车，而在热车时起动立即能着车。其根本原因是混合气过稀或过浓。导致冷车难起动的原因有冷起动喷油器不喷油、冷却液温度传感器故障、进气温度传感器故障、喷油器雾化不良、进气管积炭、点火能量不够、火花塞故障、怠速控制阀故障等。其故障诊断流程如图 9-12 所示。

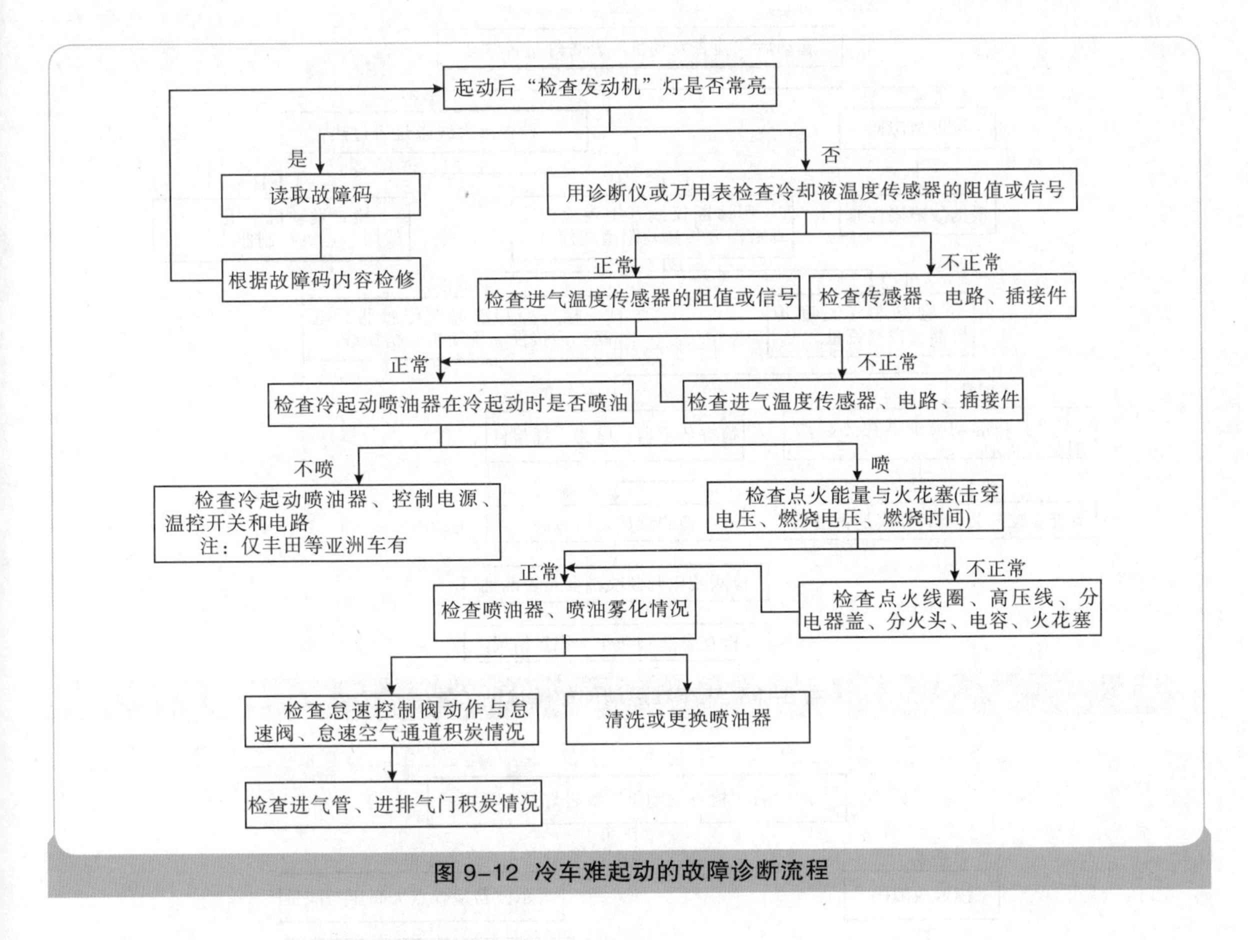

图 9-12　冷车难起动的故障诊断流程

四、热车难起动的故障诊断流程

热车难起动指冷起动正常，热起动困难，甚至不能起动。热车难起动的根本原因是混合气过浓。导致热车难起动的原因有冷却液温度传感器故障、进气温度传感器故障、几个喷油器漏油或严重雾化不良、冷起动喷油器故障、油压过高、怠速阀、点火故障等。其故障诊断流程如图 9-13 所示。

五、怠速转速过低的故障诊断流程

怠速转速与发动机温度、负荷有关。冷车时怠速高，热车时怠速低，怠速时接通空调开关，打转向（动力转向开关接通），变速杆从 P 位或 N 位改为 D 位，怠速必须提速。如果怠速太低或上述开关接通时怠速下降，造成怠速不稳甚至熄火，说明怠速控制系统有故障。

怠速转速太低的原因有怠速控制阀故障、怠速空气通道堵塞、节气门位置传感器信号不正确、空气流量计或进气压力传感器信号不良、氧传感器信号错误、油压过低、喷油器故障、点火正时不正确、真空管插错、点火系统故障、开关信号不良、废气再循环阀故障、ECU 故障和发动机机械部分故障等。其故障诊断流程如图 9-14 所示。

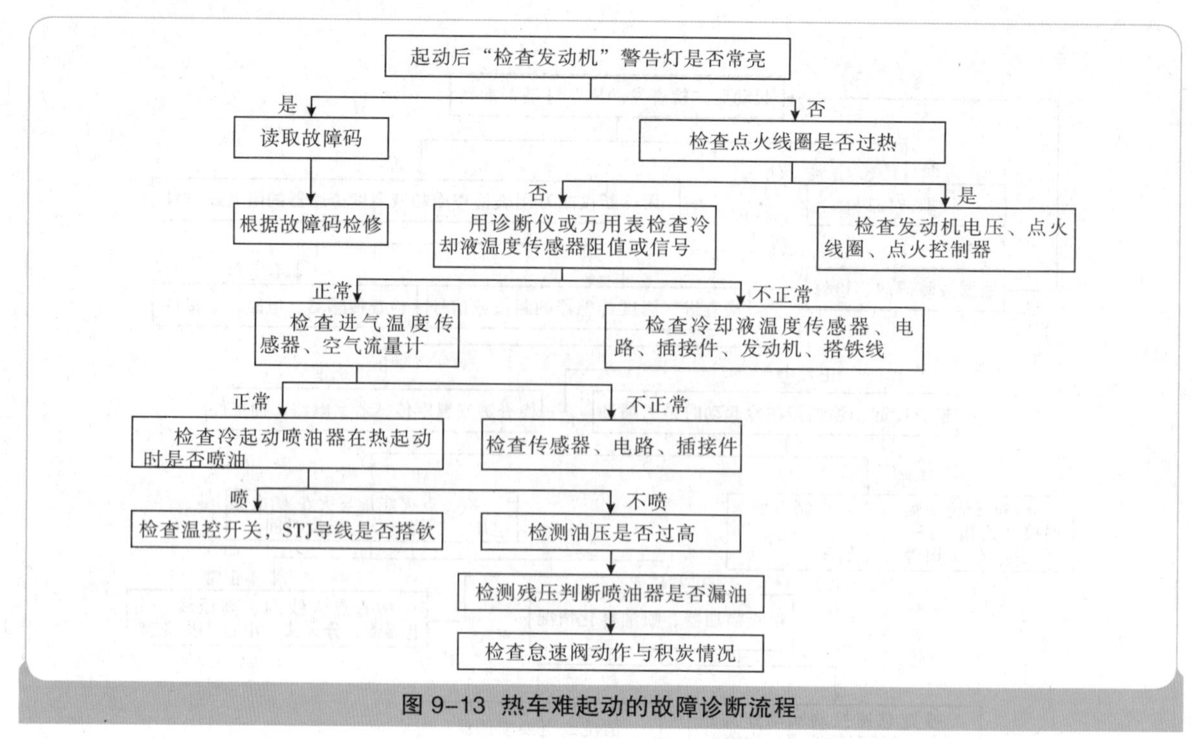

图 9-13 热车难起动的故障诊断流程

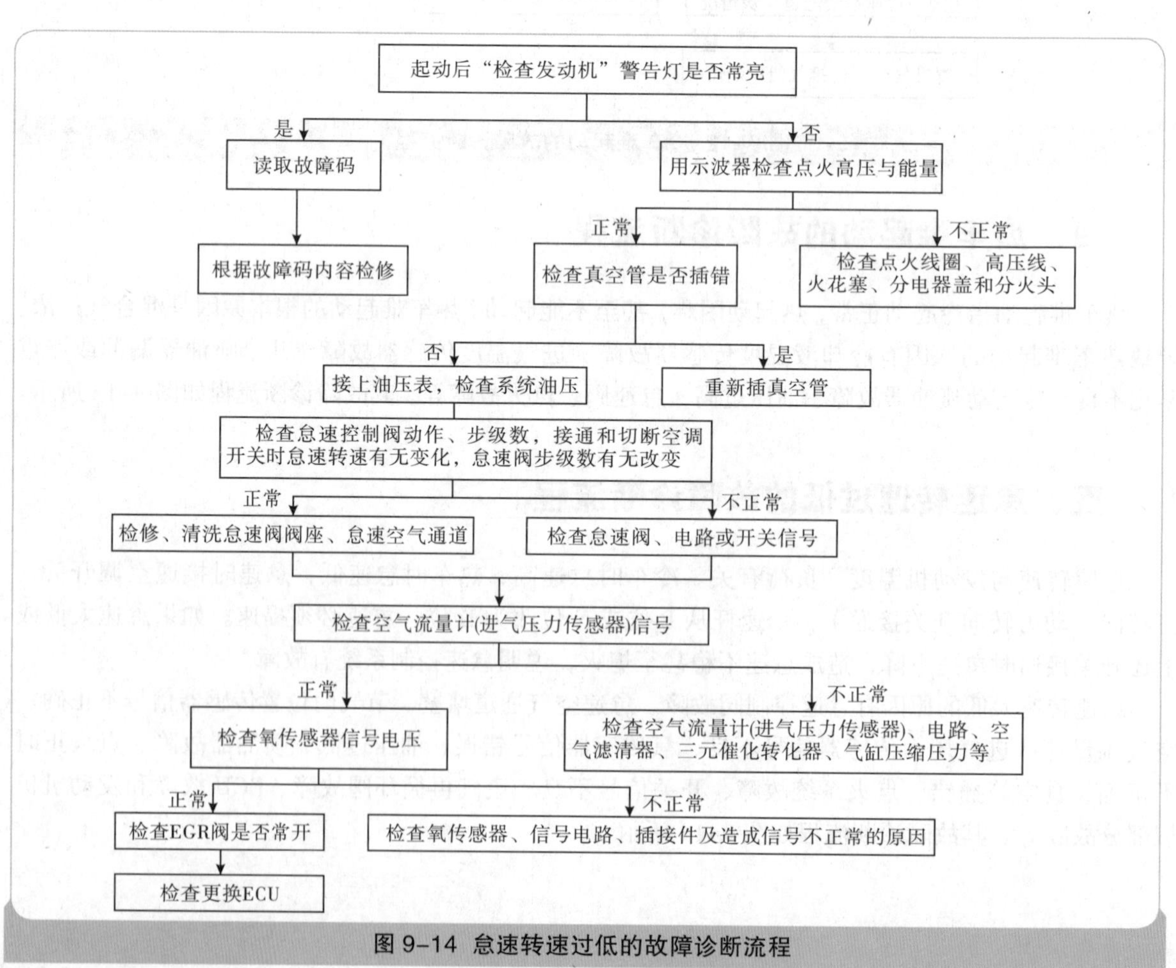

图 9-14 怠速转速过低的故障诊断流程

六、怠速转速过高的故障诊断流程

怠速转速过高主要是怠速时进气量过多或发动机控制信号错误造成的。造成怠速转速过高的原因有开关信号故障、怠速控制阀故障、节气门体故障、喷油器故障、真空管漏气、发动机控制单元故障或匹配设定不正确，以及进气温度传感器、冷却液温度传感器、节气门位置传感器、空气流量计（或进气歧管绝对压力传感器）故障等。其检测步骤如图 9-15 所示。

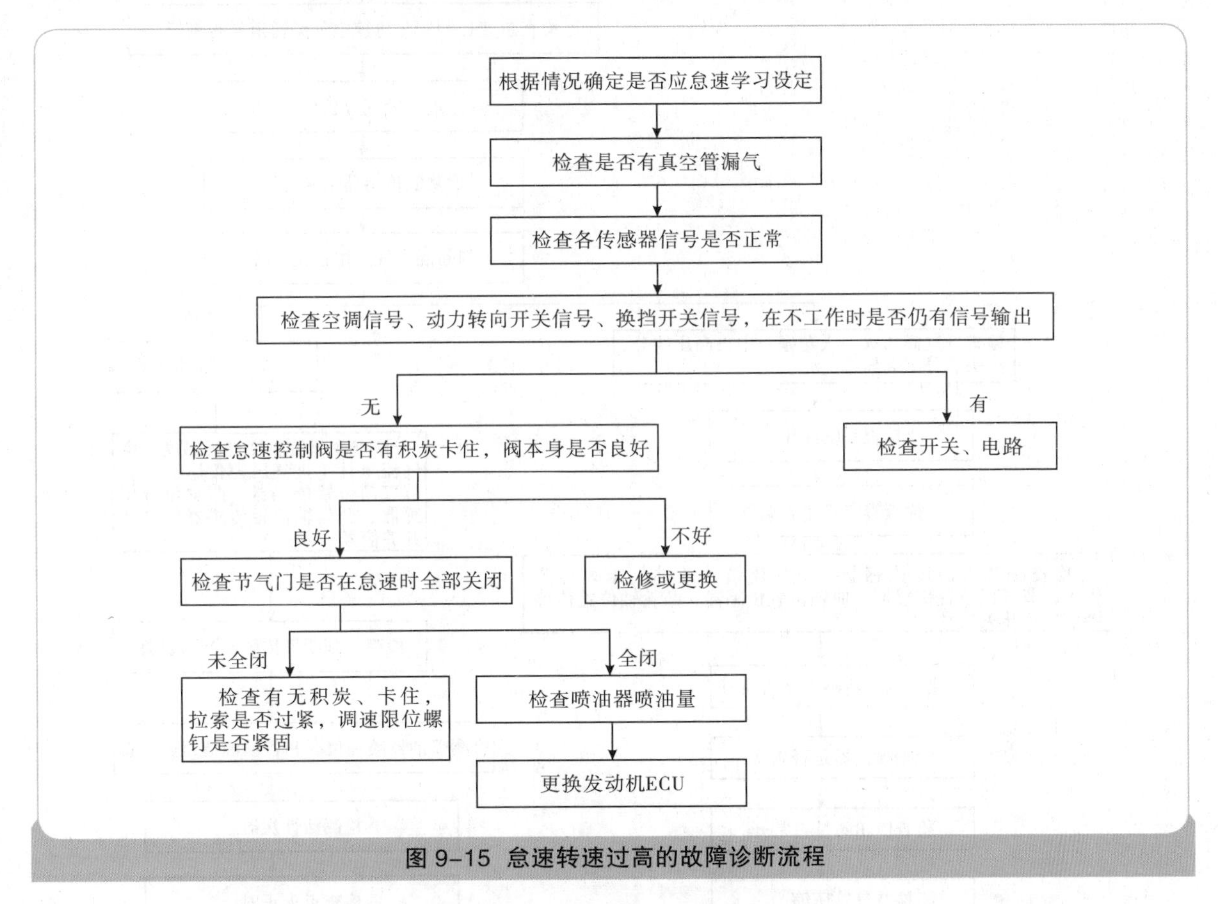

图 9-15　怠速转速过高的故障诊断流程

七、怠速抖动不稳与喘车的故障诊断流程

怠速不稳是指怠速时发动机抖动及发动机转速表上、下快速抖动。怠速喘车是指怠速时发动机转速忽高忽低。造成怠速不稳和怠速喘车的原因很多，怠速不稳的原因主要是混合气过浓或过稀、喷油器不喷油、雾化不良、某缸无高压火、点火能高压低量小、某缸压缩压力过低等造成发动机缺缸，燃烧不完全；还有高压线漏电、燃油系统油压过低、喷油器喷油不良、各缸喷油器喷油量不均衡、传感器信号不正确使发动机 ECU 控制喷油信号与实际工况不匹配、废气排放控制系统故障、发动机机械部分和真空管漏气等。造成怠速喘车的故障原因基本与怠速不稳相同，但怠速控制阀故障、真空管漏气、点火正时不正确和 EGR 阀在怠速时不能关闭是发生怠速喘车的主要原因。其故障诊断流程如图 9-16 所示。

某传感器信号不正常，或某部件发生故障，由于信号大小不同，部件损坏位置或损坏程度不同，这些均可能造成怠速过低、过高或不稳，也可能造成怠速喘车。

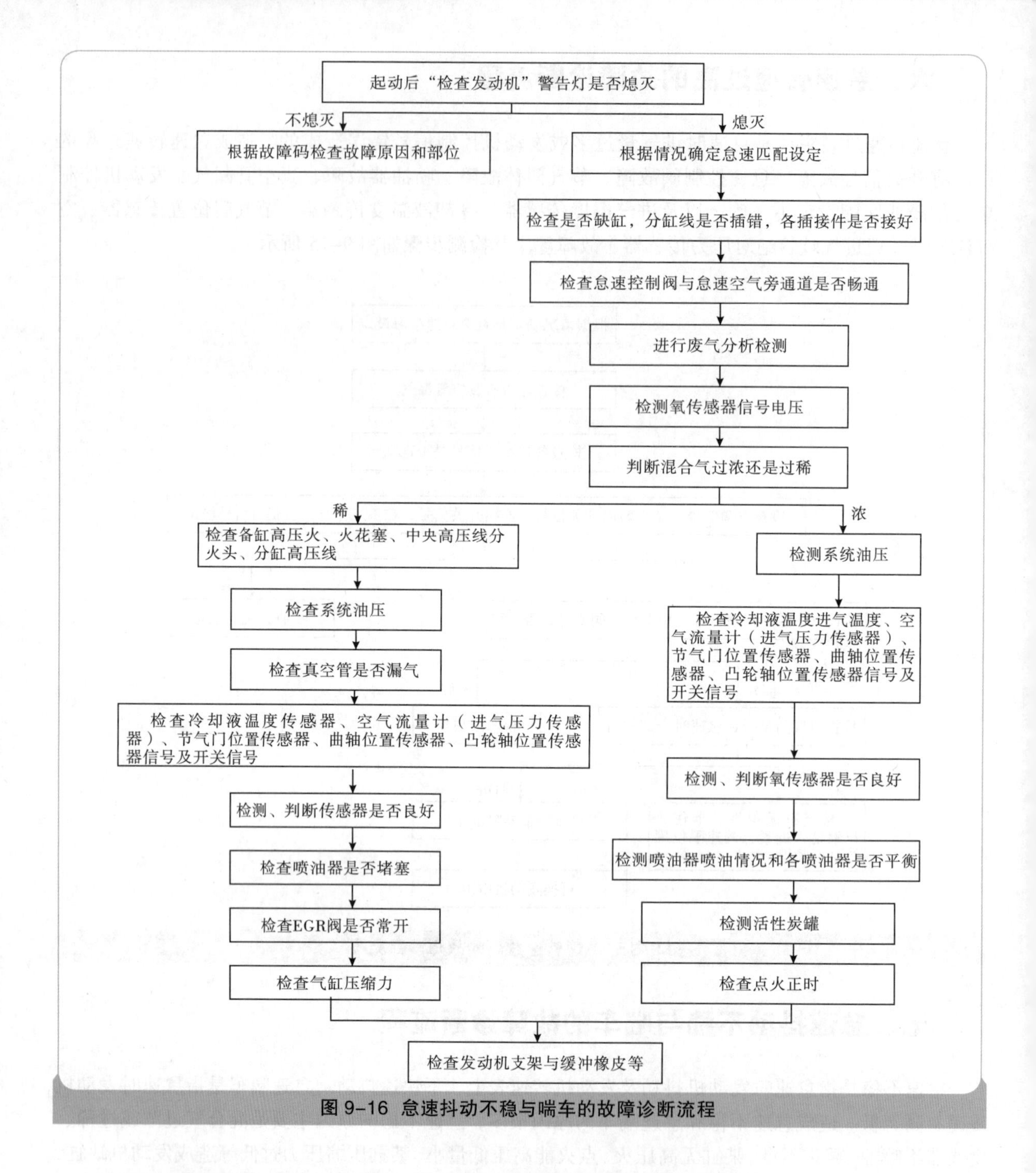

图 9-16 怠速抖动不稳与喘车的故障诊断流程

八、发动机动力不足、加速迟缓的故障诊断流程

发动机加速不良的现象：一是踩下加速踏板，发动机加速迟缓；二是踩下加速踏板，发动机转速不但不上升反而下降。踩下加速踏板，节气门开度增加，进气量增加，发动机 ECU 根据进气量和节气门位置传感器信号和信号变化率，修正增加喷油量。如果踩下加速踏板，进气量增加少，喷油量也少，或喷油器喷油量增加迟缓，加速就迟缓；如果踩下加速踏板，进气量急剧增加，但由于传感器信号出错，喷油器喷油量不增加或增加量少，或点火高压火花弱，就会使发动机转速下降。

发动机动力不足、加速迟缓通常是由于混合气过稀、过浓，点火系统故障，以及发动机机械系统故障等原因引起的。具体原因有燃油系统油压过高或过低、喷油器喷油不良、传感器信号错误、点火高压侧电压低能量小、点火正时不正确、气缸压缩压力低、排气管堵塞等。其故障诊断流程如图 9–17 所示。

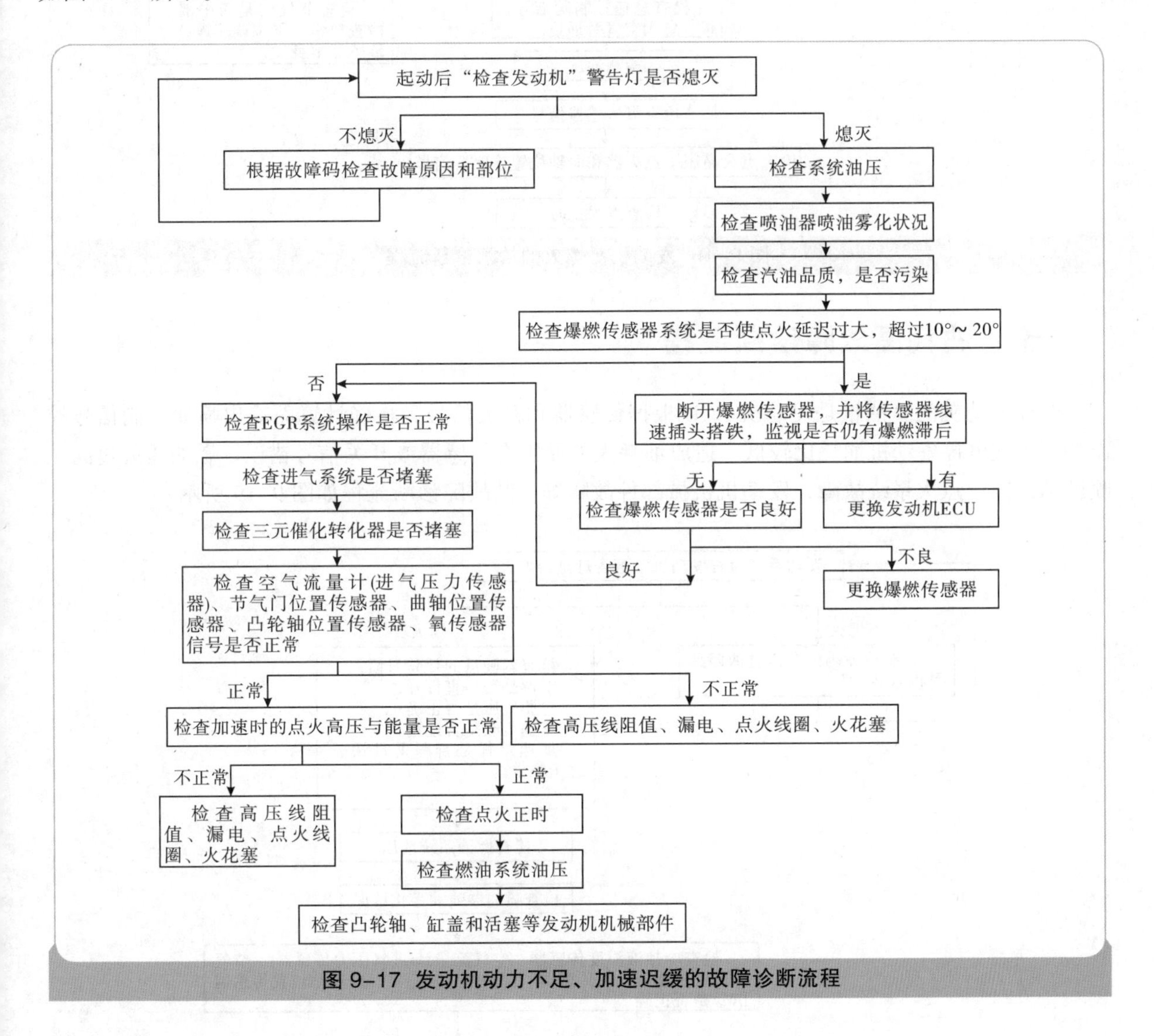

图 9–17 发动机动力不足、加速迟缓的故障诊断流程

九、发动机减速或停车后立即熄火故障诊断流程

发动机运行时放开加速踏板，或踩制动踏板，汽车停驶后立即熄火，其根本原因是发动机从非怠速至怠速时，怠速稳不住，所以立即熄火。具体原因有怠速控制阀故障、节气门位置传感器怠速信号错误、油压故障、氧传感器信号错误、点火系统故障和点火正时不正确等。应重点检查从非怠速至怠速时的数值变化情况。其故障诊断流程如图 9–18 所示。

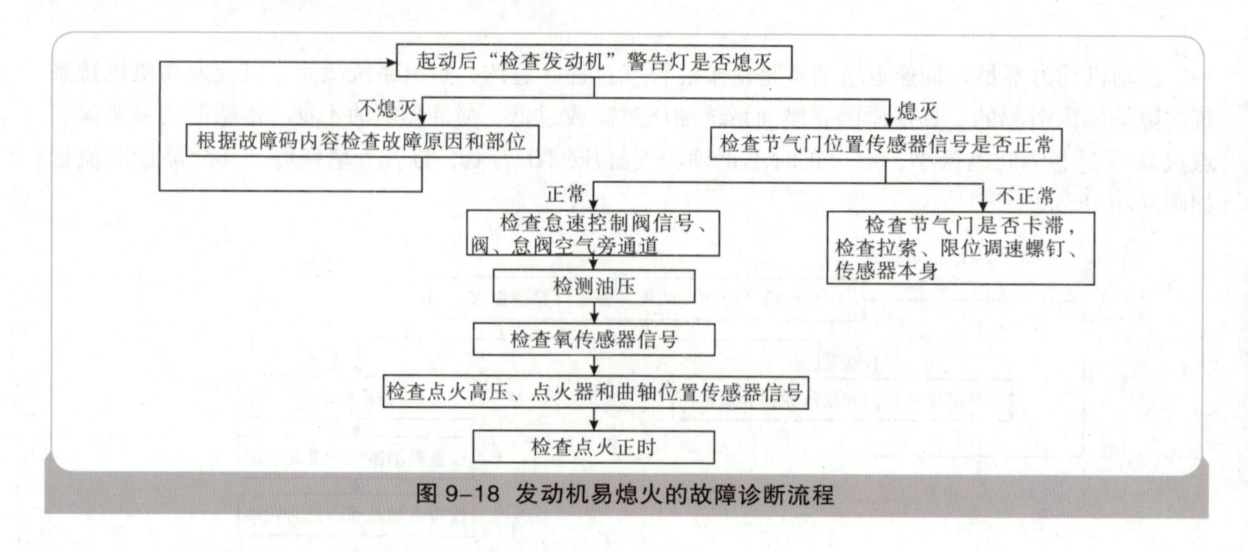

图 9-18 发动机易熄火的故障诊断流程

十、油耗高故障诊断流程

电控发动机的喷油量是发动机 ECU 根据传感器和开关信号，精确计算而输出喷油控制信号控制的，因此电控发动机油耗比较低。造成油耗大的原因有传感器或开关信号错误、燃油压力过高、喷油器故障、点火系统故障、发动机机械部件故障等。其故障诊断流程如图 9-19 所示。

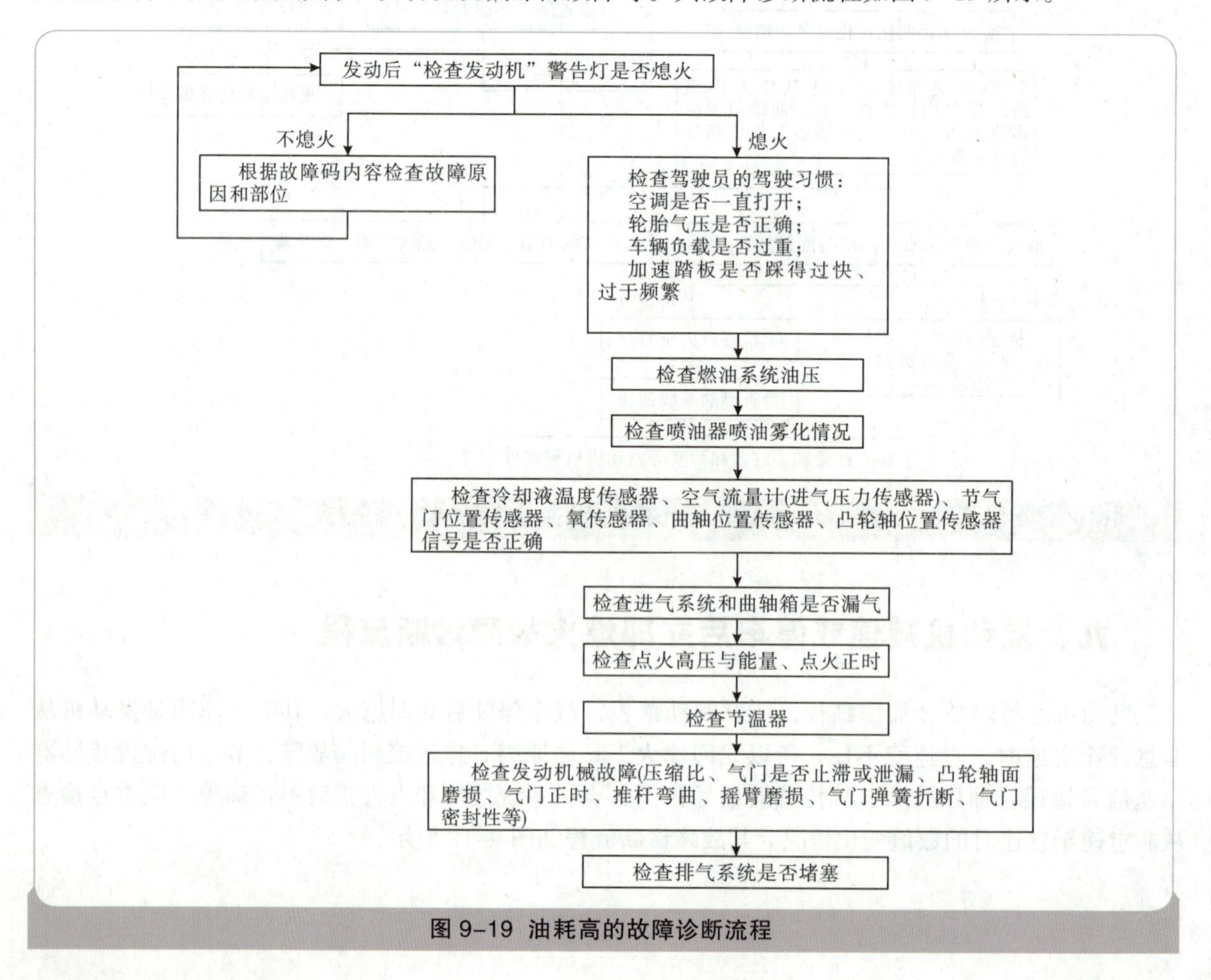

图 9-19 油耗高的故障诊断流程

一、填空题

1. 故障诊断的基本方法可分为____________、____________和____________。

2. 故障码的读取方法有两种：一种是____________，另一种是____________。

3. 在大众系列的某些车型中，更换元件之后需要进行____________，又称____________。

4. 万用表一般都具有测量____________、____________、____________、____________、____________等功能。

二、选择题

1. 起动发动机前如果点火开关位于“ON”位置，则电动燃油泵（　）。

A. 持续运转　　B. 不运转

C. 运转 10s 后停止　　D. 运转 2s 后停止

2. 每当汽车经过一个颠簸时，机油报警灯均要发光，则最可能的故障原因是（　）。

A. 机油压力低　　B. 发送装置短路接地

C. 灯电路断路　　D. 发送装置导线松动或有短路故障

3. 丰田车系采用普通方式调取故障码时，将点火开关打开，不起动发动机，用专用跨接线短接故障诊断座上的（　）端子，仪表板上的故障指示灯即闪烁输出故障码。

A. TE_1 与 EP　　B. TE_1 与 E_1

C. VF_1 与 E_1　　D. TE_2 与 E

三、判断题

1. 汽车故障率是指当汽车使用到一定的里程时，在单位行驶里程内发生故障的概率 。（　）

2. 通用型故障诊断仪是汽车生产厂家提供和指定的。（　）

3. 万用表可测量电路及元器件的电压、电流、电阻等多种参数，也可测量各种电路及电气设备的通断情况。（　）

4. 自诊断系统的功能是向驾驶员或维修人员提供故障点。（　）

5. 调取故障码的基本方法可分两种：一是使用随车自诊断系统调取，二是使用故障诊断仪调取。（　）

四、简答题

1. 发动机电控系统故障诊断的基本方法有哪几种？各有什么特点？

2. 故障码的读取和清除有哪些方法？

3. 汽油机电控系统常见故障有哪些？其原因是什么？如何排除？

参 考 文 献

[1] 姚秀驰. 汽车发动机电器与控制系统检修 [M]. 北京：人民交通出版社，2017.
[2] 赵俊山. 汽车发动机电器与控制系统检修 [M]. 北京：高等教育出版社，2018.
[3] 林文工. 汽车发动机电器维修工作页（第二版）[M]. 北京：人民交通出版社，2013.
[4] 祁栋玉. 汽车发动机电脑控制系统故障与维修（第 2 版）[M]. 北京：机械工业出版社，2015.
[5] 朱帆. 汽车发动机电子控制系统检修图解 [M]. 北京：金盾出版社，2009.
[6] 黄关山，肖旭，黎军. 汽车发动机控制系统诊断与维修（第二版）[M]. 北京：人民交通出版社，2016.
[7] 郑新强. 汽车发动机控制系统检修 [M]. 北京：化学工业出版社，2015.